中央民族大学"985工程"中国少数民族语言文化教育与边疆史地研究创新基地
中国少数民族非物质文化遗产研究中心课题

回族研究文献题录

北京市民族事务委员会古籍办编

中央民族大学出版社

图书再版编目(CIP)数据

回族研究文献题录/北京市民族事务委员会古籍办编.—北京：中央民族大学出版社.2009.7
ISBN 978-7-81108-634-8

Ⅰ.回… Ⅱ.北… Ⅲ.回族—民族学—研究—中国—题录索引 Ⅳ.Z89：K281.3

中国版本图书馆 CIP 数据核字(2009)第 022480 号

回族研究文献题录

编　　者	北京市民族事务委员会古籍办编
责任编辑	李　飞
封面设计	金　星
出 版 者	中央民族大学出版社

北京市海淀区中关村南大街 27 号　邮编：100081
电话：68472815(发行部)　传真：68932751(发行部)
　　　68932218(总编室)　　　68932447(办公室)

发 行 者	全国各地新华书店
印 刷 者	北京宏伟双华印刷有限公司
开　　本	787×1092(毫米)　1/16　印张：18
字　　数	420 千字
印　　数	1000 册
版　　次	2009 年 8 月第 1 版　2009 年 8 月第 1 次印刷
书　　号	ISBN 978-7-81108-634-8
定　　价	45.00 元

版权所有　翻印必究

《回族研究文献题录》编辑领导小组

组　　长　申建军
副组长　　金毓嶂　马　兰
主　　编　徐丽华
副主编　　张佩君　孔丽华
　　　　　马丽娟　维　娜

凡 例

一、内容

1.收录1859年至2007年7月间公开发表的有关回族研究的论文和文章5800多篇。

2. 收录1877年至2007年7月间出版的具有代表性的回族著作1000多种。

3.具有版本价值的著作只写一个提要,但著录其出版次数,以备参考。

4.本书由《回族研究论文目录》、《回族研究要籍提要》、《回族研究图书总目》(简目)三部分组成。

二、编纂体例

1.《回族研究论文目录》,按论文的出版时间顺序编排。

2.《回族研究要籍提要》,按图书的出版年代和音序编排。

3.《回族研究图书总目》(简目),按书名的音序编排。

按照年代编纂索引,可直接了解回族研究发展的脉络,掌握各阶段研究成果的数量,辅以音序排列,检索也非常方便。

编辑本题录的目的仅在于为回族研究者提供一些国内外回族研究方面的论文、图书资料及出版信息。

目 录

回族研究论文目录

1859 年 …………………………… 1	1934 年 …………………………… 4
1872 年 …………………………… 1	1935 年 …………………………… 4
1875 年 …………………………… 1	1936 年 …………………………… 5
1876 年 …………………………… 1	1937 年 …………………………… 5
1877 年 …………………………… 1	1938 年 …………………………… 6
1878 年 …………………………… 1	1939 年 …………………………… 6
1879 年 …………………………… 1	1940 年 …………………………… 7
1895 年 …………………………… 2	1941 年 …………………………… 7
1896 年 …………………………… 2	1942 年 …………………………… 7
1897 年 …………………………… 2	1943 年 …………………………… 8
1898 年 …………………………… 2	1944 年 …………………………… 8
1899 年 …………………………… 2	1945 年 …………………………… 8
1904 年 …………………………… 2	1946 年 …………………………… 9
1906 年 …………………………… 2	1947 年 …………………………… 9
1910 年 …………………………… 2	1948 年 …………………………… 9
1912 年 …………………………… 2	1949 年 …………………………… 10
1913 年 …………………………… 2	1950 年 …………………………… 10
1915 年 …………………………… 3	1951 年 …………………………… 10
1916 年 …………………………… 3	1953 年 …………………………… 10
1917 年 …………………………… 3	1955 年 …………………………… 10
1919 年 …………………………… 3	1957 年 …………………………… 11
1922 年 …………………………… 3	1958 年 …………………………… 11
1923 年 …………………………… 3	1959 年 …………………………… 12
1924 年 …………………………… 3	1960 年 …………………………… 13
1927 年 …………………………… 3	1961 年 …………………………… 13
1928 年 …………………………… 3	1963 年 …………………………… 13
1929 年 …………………………… 4	1964 年 …………………………… 13
1930 年 …………………………… 4	1974 年 …………………………… 13
1933 年 …………………………… 4	1975 年 …………………………… 13
	1976 年 …………………………… 13
	1977 年 …………………………… 13

1978 年	13	1936 年	159
1979 年	14	1938 年	159
1980 年	14	1940 年	159
1981 年	15	1943 年	159
1982 年	16	1944 年	160
1983 年	18	1946 年	160
1984 年	20	1947 年	160
1985 年	21	1948 年	160
1986 年	24	1951 年	161
1987 年	26	1953 年	161
1988 年	29	1954 年	161
1989 年	32	1955 年	161
1990 年	36	1957 年	161
1991 年	40	1958 年	161
1992 年	45	1959 年	162
1993 年	49	1960 年	162
1994 年	54	1964 年	162
1995 年	59	1969 年	162
1996 年	64	1974 年	162
1997 年	70	1975 年	163
1998 年	76	1978 年	163
1999 年	83	1979 年	163
2000 年	90	1980 年	164
2001 年	97	1981 年	164
2002 年	107	1982 年	165
2003 年	117	1983 年	166
2004 年	128	1984 年	167
2005 年	136	1985 年	167
2006 年	142	1986 年	168
2007 年	146	1987 年	169

回族研究要籍提要

		1988 年	170
		1989 年	172
1877 年	157	1990 年	173
1912 年	157	1991 年	174
1919 年	157	1992 年	176
1928 年	158	1993 年	177
1931 年	158	1994 年	179
1933 年	158	1995 年	181
1934 年	158	1996 年	183

1997 年	185	F	248
1998 年	187	G	248
1999 年	189	H	253
2000 年	193	J	257
2001 年	197	K	258
2002 年	202	L	258
2003 年	207	M	258
2004 年	212	N	260
2005 年	218	P	262
2006 年	225	Q	262
2007 年	236	R	264

回族研究图书总目

		S	264
		T	266
A	243	W	267
B	345	X	267
C	246	Y	270
D	247	Z	274
E	248		

目 次

1997年	185
1998年	187
1999年	189
2000年	193
2001年	197
2002年	202
2003年	207
2004年	212
2005年	218
2006年	225
2007年	230

国家标准题录目

A	242
B	243
C	246
D	247
E	248
F	249
G	249
H	253
J	257
K	258
L	259
M	259
N	260
P	262
Q	262
R	264
S	264
T	266
W	267
X	267
Y	270
Z	274

回族研究论文目录

1859年

逆回猖獗　（上海）万国公报　1859年9月　80册

1872年

英朝拒绝云南回匪乞师之举　瀛寰琐记　1872年11月　1卷

1875年

回教地图论（附图）　（上海）万国公报　1875年11月20日　第8年　363卷

1876年

回民兴兵　（上海）万国公报　1876年12月30日　420卷
中西关系略论：论回教本末（一）　（上海）万国公报　1876年1月1日　第8年　369卷
中西关系略论：论回教本末（二）　（上海）万国公报　1876年1月8日　第8年　370卷
中西关系略论：论回教散开形势（三）　（上海）万国公报　1876年1月15日　第8年　371卷
中国关系略论：论回教来中国缘由（四）　（上海）万国公报　1876年3月25日　第8年　386卷

1877年

回人进书酬谢　（上海）万国公报　1877年3月3日　428卷

1878年

回人攻入印度　（上海）万国公报　1878年8月10日　501卷

1879年

重建清真寺寺碑记　（上海）万国公报　1879年4月5日　533卷

1895年

回乱三志　（上海）万国公报　1895年11月　82册
剿回捷电　（上海）万国公报　1895年12月　83册
新语：附"回乱"续记　上海蔡子　（上海）万国公报　1895年10月　8册

1896年

查考各属回教发脉之处　（上海）万国公报　1896年　439卷
回氛未靖　（上海）万国公报　1896年7月　90册
回乱犹萌　中西教会报（复刊）　1896年4月　16册

1897年

回教盛衰纪略　尚贤宝　月报　1897年6月
回民用感　[美]卫理志　中西教会报（复刊）　1897年6月　第30册

1898年

回教求真记　[英]李提摩太译　李鼎皇笔录　万国公报　1898年8月　第115册

1899年

回教盛衰论　章炳麟　昌言报　1899年11月9日　第9册

1904年

唐代西教之东渐　定一　新民业报　1904年9至10月　连载55至57号
郑和传　梁启超　新民丛报　1904年3月21日

1906年

回教堂无钟　万国公报　1906年1月　第204册
回民归化　中西教会报（复刊）　1907年5月　第177册

1910年

回教人论回回教　（临清州）王焕文　中西教会报（复刊）　1910年10月　第218册

1912年

回回祸　高劳　东方杂志　1912年4月1日　8卷10号
回教徒与佛教徒之接近　钱智修　东方杂志　1912年8月1日　9卷1号

1913年

回回杂考　容子　雅言　1913年12月　1卷2期

1915年

阿富汗与中国回教之关系　东方杂志　1915年1月　12卷1号

1916年

回教徒其将蹶起乎　高劳　东方杂志　1916年5月10日　13卷5号
回族杂居内地考　孙宝贵　地学杂志　1916年7卷1期

1917年

中国回教传衍之历史及各省回教之近况　高劳　东方杂志　1917年10月15日　14卷10号

1919年

回教之世界(上)　罗罗　东方杂志　1919年11月15日　16卷11号
回教之世界(下)　罗罗　东方杂志　1919年12月15日　16卷12号

1922年

回教民族复兴的感想　化鲁　东方杂志　1922年2月25日　19卷4期
回教民族复兴运动:世界之一大问题　梓生　东方杂志　1922年7月10日　19卷13号

1923年

回教立国与我国之关系　东方杂志　1923年2月10日　20卷3号
回教民族的发展　管举光　新亚细亚月刊　1923年　6卷5期
全回教运动之将来　武佛航　东方杂志　1923年1月25日　2卷3期

1924年

回教民族之觉醒　仲虚　新建设　1924年5月　1卷6期
回教入华考　丁正熙　晨熹旬刊　1924年　1卷5号
新疆回族杂谈　杨大震　东方杂志　1924年11月10日　21卷21号

1927年

一个伊斯兰人人生哲学的观察　哲生　东方杂志　1927年11月10日　24卷21号
元西域人华化考　陈垣　燕京学报　1927年2期

1928年

广州回教风俗略志　付首保　民俗　1928年12月　38期
回回教入中国　朱杰勤编译　国立中山大学文史学研究所月刊　1928年　2卷3、4期
回回教入中国史略　陈垣　东方杂志　1928年　25卷1期
回教国家之两种联合运动与英俄　幼雄　东方杂志　1928年8月10日　25卷15号

1929年

关于三保太监下西洋的几种资料　觉明　小说月报　1929年11月6日　20卷1号
回教民族运动　黄幼雄　东方杂志　1929年10月25日　26卷20号
回教源流考　萧月笙　月华　1929年　6卷25至27期
回教之十二月祝典　子宽　国闻周刊　1929年　3卷5号
回教之世界　张其昀　地理杂志　1929年5月　2卷3期、5期
什么是回教　许地山　清华周刊　1929年　32卷第1期
中国近代汉回的冲突和融合的办法　凡隐　北新　1929年6月16日　3卷11号

1930年

马来回教徒巡礼麦加　哲生　东方杂志　1930年8月25日　27卷16号

1933年

回教概述　谭云山　新亚细亚月刊　1933年　6卷5期
回教民族的发展　管举光　新亚细亚月刊　1933年11月　6卷5期
三宝公在南洋的传说　许云樵　珊珊　1933年　7期
西北回汉民族关系之探讨及其改善办法　马霄石　拓荒　1933年12月　1卷3期

1934年

河北房山回民概况　振武　月华　1934年　6卷1期
河北省涞水县清真寺及回民概况　杨冷香　月华　1934年　6卷4期
青海互助县土人调查记　马希元　西北问题集刊　1934年9月　1卷1期
四川隆昌穆民概况　苏宣德　月华　1934年　6卷3期
四川穆民概略　苏宣德　月华　1934年　6卷12期
宋人理学由回教蜕化而出　陈子怡　师大月刊　1934年　6期
绥远回教概况　孙幼真　月华　1934年　6卷34、35、36期
问中国伊斯兰民族的前途展望　刘鲠　月华　1934年　6卷1、3、4至9期
五年以来之中国回教思想界　马学仁　月华　1934年　6卷28至30期
五年以来之中国回民经济　马浩澄　月华　1934年　6卷28至30期
五年以来之中国回民文化　虎世文　月华　1934年　6卷28至30期
五年以来之中国回民组织　穆以刚　月华　1934年　6卷28至30期合刊
西北回民派别　开发西北　1934年4期　1卷4期
新疆之回族　倪志书　新亚细亚　1934年　7卷5期
云南峨山大白邑穆民今昔概况　沐锡山　月华　1934年　6卷31至33期合刊

1935年

东方的航海家：郑和　韩定国　国学论衡　1935年6月　5期
回教之遗产　裴化行　新北辰　1935年8月　1卷8期

历史上的云南名人郑和　南诏学社　南诏报刊　1935年3月　1卷25期　1935年5月6日　4卷2期、4期

伊斯兰回教概观　晋垣　西北公论　1935年第22期

伊斯兰教概观　张觉人　边事研究　1935年1卷5期

郑和传　金天翮　国学论衡　1935年6月　5期

1936年

长乐县郑和天妃灵应碑亭记　柳诒征　边疆半月刊　1936年12月25日　1卷9期

创建清真寺碑　[日]桑原骘藏　牟润孙译　禹贡　1936年8期　5卷11期

调和西北回汉民族感情的要点　杨劲友　陆大月刊　1936年　2卷9期

回教民族说　金吉堂　禹贡　1936年　5卷11期

回教徒与中国历代的关系　刘风武　新亚细月刊　1936年4月　11卷4期、6月11卷6期、7月12卷1期、8月12卷2期

回族回教辨　王日蔚　禹贡　1936年　5卷11期

回族与摩尼教　刘风武　内外杂志　1936年4月20日　3期

回族杂居内地考　孙宝贤　地学杂志　1936年　9卷12号至10卷1号

三十年来之中国回教文化概况　赵振武　禹贡　1936年　5卷11期

陕北回民出生时风俗　钱华　申报月刊　1936年　4卷1期

陕甘回族革命起因之探讨　张穆　伊斯兰青年　1936年　3卷4期

陕西回民风俗一瞥　刘功一　伊斯兰青年　1936年　3卷1期

什么是回教　许地山　清华周刊　1936年　32卷2期

说"陕甘回乱"初起时之地理关系　单化普　禹贡　1936年8月　5卷11期

隋唐西域人华化考　[日]桑原骘藏　文哲报刊　1936年　5卷2、3、4期

西北土族史　陈万言　边疆　1936年　1卷2期、3期、4期、5期

与陈援庵先生论回纥回回等名称　王日蔚　禹贡半月刊　1936年1月16日　4卷10期

云南杜文秀建国18年之始末　何慧清　逸经　1936年9月5、20日，10月5、20日连载

中国回教史研究　白寿彝　天津大公报图书副刊　1936年6月11日

1937年

边疆回民与回回法　穆乐天　突崛　1937年　4卷3、4期

回汉纠纷经历录　苏盛华　禹贡　1937年　7卷4期

近五十年来西人之回教研究　韩儒林　禹贡　1937年　7卷4期

康藏回教　守真　戎声周报　1937年　6期

喇嘛与回教　何培琛译　丁巳杂志　1937年4月20日　1卷2期

论抗战期间之西北回汉问题　孙翰文　西北论衡　1937年　5卷7、8期

新疆回民之过去与未来　刘熙　蒙藏月刊　1937年4月　7卷1期

元西域诗人马易元　胡怀琛　创寻半月刊　1937年　1期

元西域诗人马祖常　胡怀琛　创寻半月刊　1937年　1至3期

杂谈新疆回民　世述　突崛　1937年　4卷3、4期

中国回教寺院教育之沿革记录　庞士谦　禹贡半月刊　1937年4月16日　7卷4期
中国书中回教徒之食物禁忌　安慕陶　禹贡　1937年　7卷4期
中世纪中国书中的回教记录　白寿彝译　禹贡　1937年　7卷4期
重论"郑和下西洋"事件之贸易性质　童书如　禹贡　1937年4月　7卷1至3期

1938年

甘肃回民教育之推行　克行　月华　1938年8月　10卷11至13期
回教代表团揭露敌人阴谋　新华日报　1938年6月21日
回教概况　谭云山　新亚细亚月刊　1938年　6卷5期
回教与回纥　纪颜　月华　1938年4月　10卷1期
回民救国会欢迎世界学联代表　新华日报　1938年6月17日
回民救国协会发表告西北将领文　新华日报　1938年2月23日
抗战时期之回民教育　谢澄波　月华　1938年　10卷1期
抗战下西北的安危与回民　邹起盘　边声月刊　1938年　创刊号
抗战以来中国回教之发展　月华　1938年9月　10卷14至16期
青海回教同胞欢迎宣传团　新华日报　1938年5月27日
西安反日游行回民热烈参加　新华日报　1938年2月2日
西安回民交换抗战意见　新华日报　1938年1月22日
西北汉回民族问题　杨敬之、刘喜亭记　西北论衡　1938年　6卷19期
西北回马　集纳周报　1938年　1卷6期
中国回民救国协会宣言　新华日报　1938年1月16日
中国回民救国协会正式成立：白崇禧任理事长　新华日报　1938年6月19日

1939年

安庆回教教育概述　马轶尘　回民言论半月刊　1939年6月　1卷11期
边疆教育与回民教育　马祖令　回民言论半月刊　1939年1期　1卷2期
从西北的宗教说到新西北的建立　张聿飞　新西北　1939年　1卷2期
促进西北回教文化　梦扬　月华　1939年　6卷28、29、30期合刊
孤岛上的回民教育　群言　回民言论半月刊　1939年6月　1卷1期
回教救国协会筹办难民工厂　新华日报　1939年11月18日
回教礼俗谈　石觉民　边铎半月刊　1939年　1卷2期
回民在宁夏磴石　马元仪　突厥　1939年　6卷3、4期
论回教非即回族　李安宅　新西北　1939年　2卷1至2期
马本清　回民言论半月刊　1939年3月　1卷1期
撒拉回民　李延弼　回民言论半月刊　1939年4月　1卷8期
西北的回民及教育　庞敏修　西北论衡　1939年　7卷1期
西北回教谭　白寿彝　经世战时特刊　1939年6月　39、40卷合刊
西北回民教育问题之商榷　马湘　西北论衡　1939年　7卷1期
以清真寺为中心的回民小学教育之实施　马轶尘　回民言论半月刊　1939年2月　1

卷

再论中华民族与回教　孙绳武　回民言论半月刊　1939年6月　1卷12期
中国回教的宗派　杨子伯　新西北　1939年　2卷1至2期
中华民族与回教　孙渑武　回民言论半月刊　1939年4月　1卷7期
中世纪泉州状况　张星烺　史学年报　1939年　第1期

1940年

宝庆南寺回民概况　苏宝亮　月华　1940年10月　28至30期
长期被压迫与长期奋斗的回回民族　罗迈　解放　1940年4月5日　1卷105-107期
福建回民组织概况　兰大铿　月华　1940年11月　12卷31至33期
回汉问题的剖析　马霄石　思潮月刊　1940年9月　1卷1期
回回问题研究　罗迈　解放　1940年6期　1卷
回教是中庸易行的宗教　马宏毅　月华　1940年11月　12卷31-33期
回教与回族辨　马次伯　新西北　1940年　3卷3期
回教之轮廓及我们应有之认识　温雄飞　青年中国季刊　1940年1月　1卷2期
回族辨　姜国光　蒙藏月报　1939年5月至1940年1月　10卷2、3期,11卷1期
蒋介石见回民代表纳子宜　新华日报　1940年8月27日
说回回法　穆文富　说文月刊　1941年8月　3卷1期
我对于伊斯兰的新认识(读书心得之五)　庄英　月华　1940年10月　12卷28期
西北回教问题　白云省　西北论衡　1940年　8卷22、23、24期
一个少数的队伍:回民支队　海燕　八路军军政杂志　1940年4月25日

1941年

甘肃青海"土族"史的考察　陈寄生　现代西北　1941年12月　1卷4期
回教的"宗教观"及"历史观"　马国镜　月华　1941年　14卷1、2期
回族概述　鑫浪白　解放日报　1941年10月25日
经济建设与西北回民　谢效穆　益世报(重庆)边疆研究周刊　1941年2月13、20、27日,3月7日12至15期
马松亭、纳子宜讲《回教道德纲领》　新华日报索引　1941年
蒲氏宗谱及其他　金祖同　说文月刊　1941年9月　3卷2期、3期
谈回回法　穆文富　说文月刊　1941年8月　3卷1期
西北回汉问题之解剖　马鸿逵　陇铎月刊　1941年　2卷3期
西北回教的派别　锡君　时论月刊　1941年　1卷1期
《中国回教史》　傅统先　图书季刊　1941年6月　3卷1、2期

1942年

回教饮食问题　石觉民　现代西北　1942年　3卷5期
"回教与西北"述评　王曾善　中国回教救国协会会报　1942年　4卷5至8期
沐英　吴锡译　文史杂志　1942年2月　2卷21期

撒里畏吾儿来源考　李符桐　东北集刊　1942年　3期
谈西北穆斯林固有的宗教教育　英夫　突嵝　1942年　8卷11至12期
西康回民动态　大可　月华　1942年6月　14卷5期、6期
伊斯兰回教概观　晋垣　西北公论　1942年　22期
伊斯兰教的婚姻　朱青　新华日报　1942年9月13日

1943年

甘肃土人的婚姻　杨堃　中亚细亚　1943年7月　2卷3期
回汉融和之关键　安庆澜　边疆通讯　1943年2月　1卷4期
回教传入中国与"回族"问题　李安宅　华文月刊　1943年7月　2卷2期、3期
回教与回族　李安宅　学思　1943年3月　3卷5期
回民的食肉及其繁殖问题　编者　中国文化研究汇刊　1943年9月　3卷
谈谈新疆回教徒婚姻问题　李英奇　新新疆　1943年　1卷6期
西北回民教育之严重问题　李东岳　现代西北　1943年　4卷1期
西北与回教　宁爱力　战干半月刊　1943年　201期
西北之两大问题　马鸿逵　西北问题季刊　1943年　1卷1期
西征大将左宗棠　东方镭　战干月刊　1943年　199、200期合刊

1944年

读桑原骘藏蒲寿庚考札记　白寿彝　文史杂志　1944年9月　4卷5至6期
改进西北回民教育之我见　沙恒君　新西北　1944年　7卷7至8期
回教入华路线与时代之概述(上)　彭林莹　金字塔　1944年　第1集
回教协会研讨教义和中外回教问题　新华日报　1944年7月14日
回教与非回教徒的通婚问题　沙恒君　现代西北　1944年　6卷3期
建国期中应改进的西北回教教育　沙恒君　西北日报　1944年5月14日、15日
论新疆回族　王寒生　大公报　1944年10月27日
马步青由青海到重庆　新华日报　1944年6月12日
撒里畏兀儿部族考　李符桐　边政公论　1944年　3卷8期
西北穆斯林　汪沛　突嵝　1944年　64期
伊斯兰教文化　石觉民　现代西北　1944年　5卷5至6期
郑和之家世及其境遇　郑鹤声　东方杂志　1944年12月30日　40卷24号
值得我们认识的回教　刘盛林　国民杂志　1944年7月　4卷8期
重庆清真寺教长马松亭阿衡已返渝　新华日报　1944年3月24日

1945年

回教社会学家伊木哈勒敦　陈定闳　东方杂志　1945年5月15日　41卷9号
回教问题　郑安仑　同人通讯　1945年　33期
回教先哲迁葬哈密　克元　新疆日报　1945年7月28日
太平天国时代回乱领导人物　付衣凌　福建文化　1945年6月　2卷3期

"咸同滇变见闻录"(白寿彝校集)　图书集刊　1945年12月　6卷3-4期
中国回教小史　白寿彝　图书季刊　1945年6月　6卷1、2期

1946年

保障回族自由民主生活　渤海颁布回族自治法　解放日报　1946年8月14日
边疆回民与回回法　穆乐天　突崛　1946年　4卷3、4期
回教对外法制　沙里突特著　马继高译　月华　1946年2月　16卷4-9期
回教学术之昌明　马以愚　东方杂志　1946年1月15日　42卷2号
山东渤海行署颁布回民自治办法　回胞享有自由平等民主生活　新华日报　1946年8月25日
西藏回民　益吾　月华　1946年2月　16卷4至6期
新疆回族文化促进总会改选宣言　中国回教协会　1946年报　7卷2期
信伊斯兰教的各少数民族介绍　王克　通讯　1946年　56卷10期
中国回教名礼拜寺记　马以愚　东方杂志　1946年2月1日　42卷2号
中国回教史　陈汉章　史学与地学　1946年　第1期

1947年

改正回教历史　马良骏　新疆日报　1947年11月25日至30日,1948年1月8日至31日
回教徒翻译事业及其影响　潘烙基　现代学报　1947年3月　1卷2、3期
回族史(第二讲)　王桐龄　月华　1947年　9至10期
记创建清真寺寺碑　白寿彝　月华　1947年　6月号
济宁回民及清真寺之调查　石觉民　天山月刊　1947年　1卷2期
鲁西鱼台回民及清真寺之调查　石觉民　天山月刊　1947年　1卷4期
马匪践踏下的宁夏　黄问　人民西北　1947年10月　1卷3期
墨学与伊斯兰教义　王中兴　西北通讯　1947年4月　2期
南京市回民生活及清真寺团体之调查　石觉民　天山月刊　1947年　1卷3期
清季陕甘回回大革命　月华　1947年　12月号
撒拉回　顾颉刚　西北通讯　1947年12月　10期
《西域番国志》回俗略释　李得贤　西北通讯　1947年　1卷1期
新疆回民　大雨　古尔邦　1947年　1卷2期
郑和:南洋探险家　刘元良　工人周刊　1947年1月　8、9期
中国艺术对回教艺术的影响　马继高译　西北通讯　1947年3月4日　2期
中原回回　特瓦杜阿　月华　1947年　6月号

1948年

改正回教历史　马良骏　新疆日报　1948年1月8日-31日
回回一词之语原(附:论新疆之名亟应厘正)　岑仲勉　史语所集刊　1948年1月　12本
回回与元代之戏曲　刘铭怒　西北通讯　1948年　2卷11期
回回杂居考　容子　雅言　1948年　1卷2期

临夏穆斯林的民情风俗　马兹廓　西北通讯　1948年9月　3卷5期
马鸿逵　西北通讯　1948年4月　2卷8期
穆斯林在临夏　马兹廓　西北通讯　1948年7月　3卷1期
乾隆四十六年河州事变　王树民　西北通讯　1948年7月　3卷2期
乾隆四十六年撒喇事变与西北回教新旧派分立之由来　王树民　西北通讯　1948年3卷5期
清末关中事变记　马霄石　西北通讯　1948年8月　3卷3期
西北形势与回教民族　马次伯　西北通讯　1948年3月　2卷5期
一三六六年度朝觐大事记略　闪克行　中国回教协会会报　1948年　7卷8至12期
伊斯兰在宁夏　马福龙　西北通讯　1948年4月5日　2卷8期
中国会教掌故(从平津等处阿訇说起)　王静斋　月华　1948年6月　4—6号
左军西征前奏　萧志　子日丛刊　1948年9月　4辑

1949年

"长毛贼"杜文秀建国记：咸同滇变的发生、成长及其消灭　罗郁　风土杂志　1949年7月　2卷6期
"东干"历史刍议　金光　新疆日报　1949年5月22日
汉回团结之路　王孟扬　新疆日报　1949年5月23、24日
回族(东迁)来源辩证　錄耀　光明日报　1949年6月6、7日
伊斯兰教徒的婚姻　朱青　新疆日报　1949年5月19日

1950年

回教朝觐　畲贵堂　旅行杂志　1950年9月　24卷9期

1951年

把英美帝国主义从伊斯兰世界驱逐出去　马坚　世界知识　1951年　第28期
回回民族的形成　白寿彝　光明日报　1951年2月17日
云南回民起义史料(上)　丁则民　历史教学　1951年　第11期
云南回民起义史料(下)　丁则民　历史教学　1951年　第12期

1953年

回教与回族的关系及回教对回族形成的作用　林干　历史教学　1953年　第7期
太平天国末期陕甘宁青的回民革命　林干　史学月刊　1953年　第8期
太平天国时期云南的回民革命　林干　史学月刊　1953年　第1期

1955年

马来西亚贵宾访问新疆伊斯兰教经学院　本刊编辑部　中国穆斯林　1955年　第3期
全国回民情况介绍　王兴让　通讯　1955年9月　第8期

1957年

斥马松亭所谓"回教及回族"的谬论　甘春雷　民族团结　1958年　第2期
诞生中的宁夏回族自治区介绍　王克　中国穆斯林　1957年　第2期
回回民族的历史和现状简介　丁毅民　通讯　1957年7月　第29期
穆斯林的四大任务　闻省三　中国穆斯林　1957年　第1期
穆斯林动态　本刊编辑部　中国穆斯林　1957年　第3期
庆祝筹建中的宁夏回族自治区　刘格平　中国民族　1957年　第2期
壬戌华州回变记　刘东野　近代史资料　1957年4月　第1期
"同治年间陕西回民起义历史调查记录"序言：兼论陕西回民运动的性质　马长寿　西北大学学报　1957年　第4期
我国民族政策的又一光辉成就：北京、兰州、银川等地热烈庆祝全国人大通过成立宁夏回族自治区的决议　本刊编辑部　中国穆斯林　1957年　第2期
再生记：1862年回民起义　谢恩诰　近代史资料　1957年4月
中国伊斯兰教朝觐团回国　本刊编辑部　中国穆斯林　1957年　第2期

1958年

北京市回民医院介绍　刘盛林　中国穆斯林　1958年　第2期
部队里的穆斯林生活片断　松林　中国穆斯林　1958年　第6期
从西吉县各种宗教活动看回民宗教负担　王根　中国穆斯林　1958年　第9期
对《回回民族的历史和现状》一书的意见　沙占君　中国穆斯林　1958年　第9期
对回汉通婚的浅见　冬莹　中国穆斯林　1958年　第9期
对于宁夏回族自治区人民的几点愿望　马坚　中国穆斯林　1958年　第12期
回回民族的来源和发展　丁毅民　中国穆斯林　1958年　第8期
回民支队　李俊等　电影艺术　1958年　第7期
加强民族团结　建设社会主义　林伯渠同志代表党和政府祝贺宁夏回族自治区成立的讲话（摘要）　林伯渠　中国穆斯林　1958年　第11期
解除回民的宗教负担　张树清　中国穆斯林　1958年　第11期
勘探队里的穆斯林　梁业盛　中国穆斯林　1958年　第3期
可以使回民从沉重的宗教负担下解放出来吗　杨贵、李华国　中国穆斯林　1958年第8期
老年穆斯林的幸福　马泽华　中国穆斯林　1958年　第12期
穆斯林的心　冯坚　世界知识　1958年　第7期
穆斯林动态　本刊编辑部　中国穆斯林　1958年　第2期
穆斯林离不开共产党　漾清　中国穆斯林　1958年　第7期
前进中的中国各族穆斯林妇女　拉希达　中国穆斯林　1958年　第3期
全国穆斯林继续反击右派分子马松亭　本刊编辑部　中国穆斯林　1958年　第1期
沈阳市回民大办人民公社　马诚德等　中国穆斯林　1958年　第12期
试论清代云南回民起义的性质　马汝珩　教学与研究　1958年　第3期

"天下回回是一家"的说法敌我不分没有立场　达浦生　中国穆斯林　1958年　第1期
"天下回回是一家"是反动的资产阶级民族主义思想　惠平　中国穆斯林　1958年　第3期
团结生产双跃进的回民制盒厂　马家骅　中国穆斯林　1958年　第11期
我国伊斯兰教的最高学府:中国伊斯兰教经学院　本刊编辑部　中国穆斯林　1958年　第3期
向回族人民贺喜　本刊编辑部　中国穆斯林　1958年　第1期
一个穆斯林青年的愿望　宋玉卿　中国穆斯林　1958年　第3期
伊斯兰教的天课制度　马力克　中国穆斯林　1958年　第5期
伊斯兰哲学对于中世纪时期欧洲经院哲学的影响　马坚　历史教学　1958年　第2期
盈河回民点电灯　杨学美　中国穆斯林　1958年　第7期
跃进中的兰州回民中学　马守清　中国穆斯林　1958年　第11期
在减轻回民宗教负担中阿洪要当促进派　丛峰　中国穆斯林　1958年　第1期
中国信仰伊斯兰教各民族的文学　杨正旺　中国穆斯林　1958年　第2期
中国伊斯兰教经学院设计简介　赵冬日　建筑学报　1958年　第6期

1959年

"回民之母"读后感　马成　中国穆斯林　1959年　第4期
北京回民学院师生欢庆建校十周年　鲁青　中国穆斯林　1959年　第9期
回民之母：记回民支队长马本斋之母英勇殉国　陈静波　中国穆斯林　1959年　第3期
回民之母：记回民支队长马本斋之母英勇殉国　陈静波　中国穆斯林　1959年　第4期
回民之母：记回民支队长马本斋之母英勇殉国　陈静波　中国穆斯林　1959年　第5期
回族　本刊编辑部　中国农垦经济　1959年　第6期
火炬公社全体回民大闹技术革命　马捷英　中国穆斯林　1959年　第4期
解放思想大搞文娱活动　水青　中国穆斯林　1959年　第1期
评《回回民族的历史和现状》　罗簪　读书　1959年　第3期
清末云南回民起义中各兄弟民族参加起义的情况　马汝珩　历史教学　1959年　第2期
热心为群众服务的芜湖市回民眼科诊所　马德文　中国穆斯林　1959年　第6期
人民公社给洒阳回民带来巨大幸福　花天寿　中国穆斯林　1959年　第4期
十年超过一千载:记嘉兴回民生活的变化　范瑞祥　中国穆斯林　1959年　第9期
十年来的泉州回民　黄秋润　中国穆斯林　1959年　第9期
事实驳倒了"人民公社办早了办糟了"的谬论:介绍孟村回族自治县人民公社　威力　民族研究　1959年　第11期
伟大的母亲:"回民之母"读后感　张凤成　中国穆斯林　1959年　第3期
西捻军西北回民军联合抗清斗争　陆方　史学月刊　1959年　第1期

一个双目失明的回民青年英雄　金亮　中国穆斯林　1959年　第3期
颍桥回族乡的夜明珠　马瀛洲　中国穆斯林　1959年　第2期
张北县东升公社全体回民欢度第一个休假日　马有德　中国穆斯林　1959年　第2期
中国穆斯林朝觐团赴麦加　本刊编辑部　中国穆斯林　1959年　第6期
中国穆斯林朝觐团胜利归国　本刊编辑部　中国穆斯林　1959年　第8期

1960年

从《回民支队》说起　陈西禾　电影艺术　1960年　第2期
"牛街回民十年来生活变化展览会"参观记　陈广元　中国穆斯　1960年　第1期

1961年

回民支队成立前后　马进坡　中国民族　1961年　第5期
回民妈妈和她的西瓜　李文俊　中国民族　1961年　第Z2期

1963年

1862年至1873年的西北回民起义　吴万善　历史教学　1963年　第3期
我怎样讲授《云南回民和西北回民的反清斗争》　雷先翼　历史教学　1963年　第2期

1964年

团圆福：回民马如林的家史　王洲贵　朔方　1964年　第3期

1974年

菲律宾穆斯林分离主义运动的背景　汉斯卢瑟等　南洋资料译丛　1974年　第3期

1975年

伊斯兰教史话　方思一　中央民族学院学报　1975年　第2期
伊斯兰教史话　方思一　中央民族学院学报　1975年　第3期

1976年

伊斯兰教史话　方思一　中央民族学院学报　1976年　第1期

1977年

都匀市回民饭店卫生面貌一新　本刊编辑部　贵州医药　1977年　第3期
谁在操纵菲律宾的穆斯林叛乱　红芳　南洋资料译丛　1977年　第4期
一种进步的伊斯兰式的民族教育　迪奥卜　比较教育研究　1977年　第9期

1978年

西捻军和西北回民军联合抗清的一些问题　曾立人　西北大学学报（哲学社会科学版）　1978年　第4期

1979年

从设立回族餐桌想到的　刘守刚　中国民族　1979年　第6期
杜文秀是云南回民起义的杰出领袖　钱昌明　学术月刊　1979年　第4期
回回考辨　罗禺　西北民族学院学报（哲学社会科学版）　1979年　第1期
积累　研究　再现：谈影片《六盘山》的民族特点和地方色彩　何志铭　朔方　1979年　第2期
穆斯林圣地麦加　益众　世界知识　1979年　第19期
宁夏回族自治区图书馆学会理事会组成名单　本刊编辑部　图书馆理论与实践　1979年　第1期
清代甘肃回民的三次起义　余尧　西北师大学报（社会科学版）　1979年　第1期
伊斯兰教　魏良弢　新疆大学学报（哲学人文社会科学版）　1979年　第Z1期
伊斯兰教小释　崇禄　世界知识　1979年　第12期
伊斯兰历和伊朗阳历　渝人　世界知识　1979年　第2期

1980年

阿拉伯社会主义、合作社和伊斯兰教　沈永林　国外社会科学文摘　1980年　第8期
东南亚的穆斯林　帕特里斯贝尔等　东南亚研究　1980年　第4期
华北油田纠正招工不要回民的错误　马振坤等　中国民族　1980年　第7期
回回民族来源考　达应庚　兰州学刊　1980年　第1期
回回民族问题　贺众　读书　1980年　第3期
回回姓氏考（一）　薛文波　宁夏大学学报　1980年　第4期
回民养牛好处多　本刊编辑部　中国民族　1980年　第11期
论清代陕甘回民起义的性质　韩敏等　人文杂志　1980年　第3期
马本斋和回民支队　马国超　朔方　1980年　第4期
马本斋和回民支队　马国超　朔方　1980年　第5期
马本斋和回民支队　马国超　朔方　1980年　第6期
孟村积极为回民提供特需食品　祝延青　中国民族　1980年　第3期
明代后期的回民起义与回族农民英雄马守应　马寿千　民族研究　1980年　第1期
穆斯林的复兴要求　霍斯卡等　世界民族　1980年　第4期
穆斯林妇女的面纱　益众　世界知识　1980年　第5期
宁夏农垦系统夏粮丰收　由明巨　中国农垦　1980年　第9期
世界各地的穆斯林少数民族（上）　方明等　世界民族　1980年　第2期
苏联的穆斯林与阿富汗危机　贝尼格桑等　世界民族　1980年　第4期
苏联伊斯兰教与民族　温布什　世界民族　1980年　第6期
同治初年陕西的回民起义　邵宏谟、韩敏　陕西师范大学学报（哲学社会科学版）　1980年　第3期
伊斯兰教和民族关系　阿希洛夫　世界民族　1980年　第5期
《伊斯兰教史话》再版公开发行　本刊编辑部　中央民族学院学报　1980年　第4期

伊斯兰世界现状　张迈进　阿拉伯世界　1980年　第2期
云南回族族源考略：兼论元代回回对云南的贡献　马恩惠　民族研究　1980年　第5期

1981年

阿富汗穆斯林姑娘　明涛等　中国音乐　1981年　第2期
北京市回民中学三十二周年校庆　常连生　中国穆斯林　1981年　第2期
从牛街老回回的绰号谈起　常连生　中国民族　1981年　第3期
甘肃少数民族简介　长礼　甘肃理论学刊　1981年　第3期
各地穆斯林欢度古尔邦佳节　本刊编辑部　中国穆斯林　1981年　第2期
各地相继召开伊斯兰教代表会议和成立地方伊斯兰教协会　尤素福　中国穆斯林　1981年　第2期
关于回民不吃猪肉问题　马汝邻　西北民族学院学报　1981年　第1期
关于伊斯兰音乐　梁今知　青海师范学院学报　1981年　第1期
海固回民1938—1941年三次起义始末　谢生忠等　宁夏大学学报　1981年　第1期
海固回民1938—1941年三次起义始末（二）　谢生忠等　宁夏大学学报　1981年　第2期
呼和浩特回族历史及其它　刘桢　内蒙古社会科学（汉文版）　1981年　第3期
回回识宝　明言诗　中国民族　1981年　第1期
回回姓氏考（二）　薛文波　宁夏大学学报　1981年　第1期
回回姓氏考（三）　薛文波　宁夏大学学报　1981年　第2期
回回姓氏考（四）　薛文波　宁夏大学学报　1981年　第3期
回回姓氏考（五）　薛文波　宁夏大学学报　1981年　第4期
回族　李松茂　历史教学　1981年　第9期
回族的形成与伊斯兰教　马苏坤　新疆大学学报　1981年　第3期
今后伊斯兰科学的各项计划　本刊编辑部　世界科学　1981年　第5期
卡力岗地区部分群众昔藏今回的调查　李耕砚、徐立奎　青海社会科学　1981年　第2期
开封回民一条街　周广义　中国民族　1981年　第11期
科学终将在伊斯兰世界得到新生　马瑞琦、马瑞瑜等　世界科学　1981年　第5期
穆斯林对科学的贡献　欧麦尔　中国穆斯林　1981年　第1期
穆斯林在斋月的传统食物　刘文昭　阿拉伯世界　1981年　第3期
蒲松龄先世为回回说：畏兀儿村读书札记之一　伯颜　中央民族学院学报　1981年　第2期
泉州伊斯兰教寺址考　庄为玑　厦门大学学报　1981年　第2期
苏联的穆斯林少数民族问题　希克等　世界民族　1981年　第4期
咸同年间贵州回民的反清斗争　保健行　贵州文史丛刊　1981年　第1期
新中国穆斯林历年朝觐情况　陈进惠　中国穆斯林　1981年　第1期
形神兼备的回族人物：喜读《中国回族文学作品选》　试验　朔方　1981年　第1期
许庄回民赞十多　刘凤振、祁振广　中国民族　1981年　第1期

雪莱和他的《伊斯兰的起义》　车英　武汉大学学报(人文科学版)　1981年　第6期
伊斯兰国家　劳园　世界知识　1981年　第16期
伊斯兰教的圣地:麦加　范绍民　阿拉伯世界　1981年　第6期
伊斯兰教对世界文化的贡献　纳忠　中国穆斯林　1981年　第2期
伊斯兰教何时传入中国　丁国勇　阿拉伯世界　1981年　第4期
伊斯兰教和回族风俗习惯　李松茂　中央民族学院学报　1981年　第4期
伊斯兰教和艺术　仕林　阿拉伯世界　1981年　第4期
伊斯兰教简介　马肇椿　中国穆斯林　1981年　第1期
伊斯兰教历的计算方法　俞观涛　历史教学　1981年　第1期
伊斯兰教是怎样对待艺术的　克里莫夫　国外社会科学文摘　1981年　第2期
伊斯兰教在黑非洲的发展　李玉英　中国穆斯林　1981年　第2期
中国穆斯林朝觐团胜利归来　哈逢吉　中国穆斯林　1981年　第2期
中国伊斯兰教协会简章　本刊编辑部　中国穆斯林　1981年　第1期

1982年

"阿拉伯社会主义"和伊斯兰教　郁景祖　湘潭大学社会科学学报　1982年　第2期
埃及穆斯林兄弟会的产生与发展　钟山　西亚非洲　1982年　第1期
白寿彝创议　晓鱼　宁夏大学学报(人文社会科学版)　1982年　第1期
当代伊斯兰复兴运动初探　申钟　西亚非洲　1982年　第6期
各地穆斯林动态　本刊编辑部　中国穆斯林　1982年　第2期
固原地区办起一批寄宿制回民中小学　刘金声、张隽义　宁夏教育　1982年　第2期
关于伊斯兰教历的几个问题　陈进惠　中国穆斯林　1982年　第3期
关于中国伊斯兰教史的分期问题　杨兆钧　思想战线　1982年　第2期
回回娃涌进了学堂(花儿)　杨少青　宁夏教育　1982年　第5期
回民的风俗习惯　黄承才　阿拉伯世界　1982年　第1期
回族群众养奶山羊使得吗？　本刊编辑部　中国民族　1982年　第5期
回族文学民族特点初探　杨继国　宁夏大学学报(人文社会科学版)　1982年　第3期
抗日战争时期延安的回回民族工作　郭敬　宁夏社会科学　1982年　第1期
兰州市新华巷回民近亲婚配及其子女健康状况调查的初步报告　魏中和　中国优生与遗传杂志　1982年　第2期
林则徐笔下的边疆穆斯林生活　林松　中国穆斯林　1982年　第4期
略述元代的回回　刘祯　内蒙古社会科学(汉文版)　1982年　第2期
论清代同治年间甘肃回民起义的性质　何玉畴等　西北师大学报(社会科学版)　1982年　第2期
漫谈回族文学与宗教　高嵩　朔方　1982年　第8期
穆罕默德与伊斯兰教　朱锡强　徐州师范大学学报(哲学社会科学版)　1982年　第4期
穆斯林动态　本刊编辑部　中国穆斯林　1982年　第3期
宁夏"回民骑兵团"的成长　谢生忠等　宁夏大学学报(人文社会科学版)　1982年　第1期
"宁夏回族研究会"和"宁夏伊斯兰教研究会"正式成立　宗民　宁夏社会科学　1982

年　第1期
"宁夏回族研究会"和"宁夏伊斯兰教研究会"成立　余振贵　阿拉伯世界　1982年第3期
宁夏穆斯林的变迁和宗教生话　余振贵　阿拉伯世界　1982年　第3期
前进中的北京市回民医院　李序儒　中国穆斯林　1982年　第2期
青海回族来源初探　孔祥录、喇秉德　青海民族学院学报　1982年　第4期
全国各地穆斯林欢度古尔邦节　穆白　中国穆斯林　1982年　第4期
《泉州伊斯兰石刻》序　白寿彝　史学史研究　1982年　第1期
日本的伊斯兰教　蒋敬　中国穆斯林　1982年　第3期
山东济宁地区积极帮助回民发展生产　丁乐春　中国民族　1982年　第3期
上海穆斯林简介　张志诚　阿拉伯世界　1982年　第1期
什么是伊斯兰教　霍尔特　国外社会科学文摘　1982年　第3期
苏联中亚穆斯林对莫斯科的威胁　南希鲁宾等　世界民族　1982年　第5期
我国伊斯兰教学术研究呈现新气象　马通　中国穆斯林　1982年　第1期
香港穆斯林观光团回内地参观访问　穆白　中国穆斯林　1982年　第2期
徐州回族穆斯林生活掠影　文阳　中国穆斯林　1982年　第3期
伊朗"伊斯兰革命"和神权统治　郭隆隆　国际展望　1982年　第28期
伊斯兰国家清真寺概述　赛生发　中国穆斯林　1982年　第2期
伊斯兰建筑艺术在新疆　万叶　中国穆斯林　1982年　第2期
伊斯兰教传到贵州省的时间　保健行　中国穆斯林　1982年　第1期
伊斯兰教的沐浴　金慧明　中国穆斯林　1982年　第3期
伊斯兰教的起源和犹太教　周燮藩　中国社会科学院研究生院学报　1982年　第1期
伊斯兰教和回民起义　李松茂　西北民族学院学报　1982年　第1期
伊斯兰教教派(一)　王怀德　阿拉伯世界　1982年　第1期
伊斯兰教教派(二)　王怀德　阿拉伯世界　1982年　第2期
伊斯兰教教派(三)　王怀德　阿拉伯世界　1982年　第3期
伊斯兰教历　西亚非洲　1982年　第5期
伊斯兰教三大圣寺　赛生发　中国穆斯林　1982年　第3期
伊斯兰教什叶派的形成　刘月琴　西亚非洲　1982年　第5期
伊斯兰科学基金会的活动　薛克坚　国外社会科学　1982年　第3期
伊斯兰学术研究的势头　马瑞瑜　阿拉伯世界　1982年　第2期
伊斯兰学者王宽　黄庭辉　中国穆斯林　1982年　第2期
"油香"和"杜阿"：回民习俗　刘宁刚　阿拉伯世界　1982年　第3期
在渤海回民支队战斗过的地方：孟村回族自治县精神文明建设纪实　徐柄春　中国民族　1982年　第4期
中国穆斯林向索马里难民提供援助　穆白　中国穆斯林　1982年　第1期
中国伊斯兰教的教派和门宦　王琦　西北民族学院学报　1982年　第4期
中国伊斯兰教西道堂信仰述评　朱刚　青海民族学院学报　1982年　第4期
中国伊斯兰教协会向埃及派出留学生　伊丁　中国穆斯林　1982年　第2期

1983年

泊头镇认真落实民族宗教政策 切实解决实际问题 张文远、马兴忠 中国穆斯林 1983年 第2期

从一座回民专用小冷库所想到的 黄林 中国民族 1983年 第2期

当代"伊斯兰复兴运动"初探 陈和丰、郭隆隆等 阿拉伯世界 1983年 第1期

各地穆斯林度"圣纪" 本刊编辑部 中国穆斯林 1983年 第2期

各族顾客的贴心店：记廿里铺回民饭店 尹广恩 中国穆斯林 1983年 第4期

关心回民教育的米长茂教长 白文华 中国穆斯林 1983年 第3期

关于陕甘回民起义中回汉"联合"问题的商榷 吴万善 西北民族学院学报（哲学社会科学版） 1983年 第2期

回回入居宁夏及其发展演变概况 丁国勇等 宁夏社会科学 1983年 第4期

回回形成为民族起关键作用的是伊斯兰教 马苏坤 宁夏社会科学 1983年 第1期

回回姓氏何以马姓居多 薛文波 宁夏社会科学 1983年 第1期

《回族简史》座谈会在银川举行 本刊编辑部 宁夏社会科学 1983年 第4期

回族民间文学的人物塑造 杨继国 朔方 1983年 第7期

记巴基斯坦国际伊斯兰经书展览 马肇椿、陈进惠 中国穆斯林 1983年 第3期

金平县关心穆斯林生活 林增琪 中国穆斯林 1983年 第4期

近现代埃及伊斯兰改革思潮的社会历史根源 韩小兴 西亚非洲 1983年 第5期

进一步开展回族史研究的几点意见 李松茂 宁夏社会科学 1983年 第1期

领导成分的不纯是陕甘回民起义的主要弱点 胡绳 宁夏社会科学 1983年 第1期

穆斯林动态 本刊编辑部 中国穆斯林 1983年 第1期

穆斯林动态 本刊编辑部 中国穆斯林 1983年 第2期

穆斯林动态 本刊编辑部 中国穆斯林 1983年 第3期

穆斯林学者盛赞中国艺术 扎基等 中国穆斯林 1983年 第2期

内蒙古草原上的穆斯林 程德淦 中国穆斯林 1983年 第1期

南京回民殡葬服务所 本刊编辑部 中国穆斯林 1983年 第3期

尼日尔伊斯兰教协会代表团访问中国 丁文 中国穆斯林 1983年 第4期

宁古塔回民小吃 关庆成 北方文物 1983年 第1期

宁夏回族苯硫脲尝味能力的测定 李长潇 遗传 1983年 第1期

宁夏回族民歌初探（上） 李树江 宁夏大学学报（人文社会科学版） 1983年 第4期

宁夏回族民间文学与宗教 何川江 朔方 1983年 第9期

宁夏回族遗传性眼病的调查 周雅萱等 遗传 1983年 第5期

宁夏穆斯林开展计划生育动态三则 本刊编辑部 中国穆斯林 1983年 第3期

牛街小学对发展回民教育的贡献 杨少圃 中国穆斯林 1983年 第4期

评伊斯兰教初创时期的穆罕默德 纵瑞华 青海社会科学 1983年 第3期

浅谈回族作家文学的发展 罗炜 宁夏大学学报（人文社会科学版） 1983年 第1期

清初西北回民大起义史实考略 吴洁生 甘肃社会科学 1983年 第1期

清代咸同年间滇西回民起义中的民族关系 李和兴 中央民族学院学报 1983年

第3期

全国各族穆斯林欢度开斋节　本刊编辑部　中国穆斯林　1983年　第4期
撒拉族的风俗习惯与伊斯兰教　马明良　青海社会科学　1983年　第3期
撒拉族的伊斯兰教派斗争　杨淙　青海社会科学　1983年　第5期
沈阳伊斯兰教经学院隆重举行开学典礼　赵永成　中国穆斯林　1983年　第2期
始足之下看未来：回族社员马跃武靠山植树　刘丹　新疆林业　1983年　第6期
苏联的穆斯林（节译）　周健等　俄罗斯研究　1983年　第5期
提案处理及时,回民群众满意　杨兴凯　中国穆斯林　1983年　第4期
同治年间宁夏回民的反清斗争与马化龙　李楷顺　宁夏大学学报（人文社会科学版）
1983年　第2期
我国的伊斯兰教研究浅谈　思松　阿拉伯世界　1983年　第3期
我是回回（三首）　何克俭　朔方　1983年　第6期
无锡市回族穆斯林与伊斯兰教简介　本刊编辑部　中国穆斯林　1983年　第4期
一部伊斯兰史巨著：《剑桥伊斯兰史》简介　张士智　阿拉伯世界　1983年　第3期
伊斯兰"五功"浅释　马哲贤　中国穆斯林　1983年　第2期
伊斯兰阿拉伯文化发展国际合作机构　程永宁　阿拉伯世界　1983年　第2期
伊斯兰国家的面纱　范靖国　阿拉伯世界　1983年　第2期
伊斯兰教传入中国的时间　才家瑞　中南民族学院学报　1983年　第1期
伊斯兰教的葬礼　马松亭　中国穆斯林　1983年　第3期
伊斯兰教和回族　余振贵　中国民族　1983年　第11期
伊斯兰教教派（四）　王怀德　阿拉伯世界　1983年　第1期
伊斯兰教教派（五）　王怀德　阿拉伯世界　1983年　第2期
伊斯兰教与回族风俗　马占元　青海民族学院学报　1983年　第2期
伊斯兰教与撒拉族风俗习惯　冶青卫　青海民族学院学报　1983年　第2期
伊斯兰教在塞内加尔的影响　田逸民　西亚非洲　1983年　第5期
伊斯兰教在印度尼西亚　温北炎　东南亚研究　1983年　第4期
伊斯兰教在中国的旧称　马贵明　阿拉伯世界　1983年　第3期
伊斯兰教主张节俭办婚事　安士伟　中国穆斯林　1983年　第2期
伊斯兰书法　安东尼·韦尔奇等　世界文化　1983年　第5期
伊斯兰文化中的典型音乐：木卡姆　周菁葆　南京艺术学院学报（音乐与表演版）　1983年　第4期
伊斯兰小常识　马云福　中国穆斯林　1983年　第3期
《伊斯兰艺术与文物百科全书》重版　潘定宇　阿拉伯世界　1983年　第1期
元代山西回回诗人萨都拉　穆德全　晋阳学刊　1983年　第6期
《中国穆斯林》1983年总目录　本刊编辑部　中国穆斯林　1983年　第4期
中国伊斯兰教经学院隆重举行开学典礼　伊丁　中国穆斯林　1983年　第1期
中世纪穆斯林对图书馆的贡献　明明　阿拉伯世界　1983年　第1期

1984年

1981—1983年回族史研究述要　李松茂　宁夏社会科学　1984年　第3期

巴基斯坦伊斯兰学者代表团在中国　陆水林、王相年　中国穆斯林　1984年　第1期

沧州市为回民群众办好事　张康刘　中国穆斯林　1984年　第3期

大厂回民育肥肉牛的经验　王瑞和　农业工程学报　1984年　第2期

杜文秀回民起义政治纲领辨伪　王胞生等　宁夏大学学报（人文社会科学版）　1984年　第2期

法国学者谈苏联伊斯兰民族问题　周伟嘉　俄罗斯研究　1984年　第1期

甘肃临夏回族民居　任致远　小城镇建设　1984年　第4期

《冈志》所记的清初北京牛街回民区　姜纬堂　民族研究　1984年　第4期

搞好饮食服务方便穆斯林群众　本刊编辑部　中国穆斯林　1984年　第4期

国家远景中的伊斯兰教育机构　郑仁良　东南亚研究　1984年　第2期

回民起义杰出领袖杜文秀　罗尔纲　民族研究　1984年　第1期

回族神话研究三题　李树江　宁夏大学学报(人文社会科学版)　1984年　第4期

冀鲁边区回民支队成长的片断回忆　王连芳　宁夏大学学报（人文社会科学版）1984年　第1期

简述伊斯兰法的特点　齐海滨　法学杂志　1984年　第1期

今日伊斯兰大家庭　陆文岳、英珊　阿拉伯世界　1984年　第4期

喀什市的伊斯兰教活动和穆斯林生活　杨德生、岳家明　中国穆斯林　1984年　第3期

开展托幼工作减轻回民双职工负担　本刊编辑部　中国穆斯林　1984年　第4期

临夏回民的生活居住形态研究　张庭伟　新建筑　1984年　第4期

略论"回回文化"　冯增烈　宁夏社会科学　1984年　第1期

略论回族的特点　李松茂　思想战线　1984年　第5期

略谈"伊斯兰时代"的含义　雨文　阿拉伯世界　1984年　第1期

马本斋和回民支队　本刊编辑部　河北学刊　1984年　第4期

美国黑人穆斯林　马肇椿　中国穆斯林　1984年　第4期

美国三百万穆斯林现状　柳笛　世界民族　1984年　第3期

《梦溪笔谈》中"回回"一词再释　汤开健　民族研究　1984年　第1期

明末农民起义领袖"老回回"之死　智夫成　河南大学学报（社会科学版）　1984年第1期

穆罕默德和伊斯兰教革命　陈德成　中国社会科学院研究生院学报　1984年　第1期

穆斯林的念珠　王榆　西亚非洲　1984年　第4期

穆斯林建设北京牛街基金会成立　晓村　中国民族　1984年　第12期

宁夏回民近亲婚配的调查　张景隆等　宁夏医学杂志　1984年　第4期

宁夏回族人口研究　阎全山、宋传升　宁夏社会科学　1984年　第4期

评回族诗人杨少青的"花儿"叙事诗　杨继国　民族文学研究　1984年　第1期

齐鲁穆斯林的武术活动　杨湛山　中国穆斯林　1984年　第1期

全国各族穆斯林欢度开斋节　本刊编辑部　中国穆斯林　1984年　第4期
世界穆斯林人数和分布情况　尔东　国际展望　1984年　第6期
试谈清咸同年间回民反清运动性质与领袖人物评价问题　马汝珩　民族研究　1984年第1期
谈谈青海穆斯林　韩福才　青海社会科学　1984年　第1期
谈谈伊斯兰教节日　马贵明　阿拉伯世界　1984年　第2期
我国穆斯林学者哈德成　马全仁　阿拉伯世界　1984年　第3期
西宁穆斯林的安息地：回民公墓　马鸣岳　中国穆斯林　1984年　第4期
襄城穆斯林在前进　予洲、大纪　中国穆斯林　1984年　第2期
新加坡政府对马来人穆斯林的政策　庞恩峰、关学君　世界民族　1984年　第3期
伊朗伊斯兰共和国航空公司　扎冈谢卡里　国际贸易　1984年　第2期
伊斯兰发展银行　齐杰　西亚非洲　1984年　第4期
伊斯兰国家加强团结的新步骤　高世同　世界知识　1984年　第4期
伊斯兰教传入湖南以后的概况　韩海潮　湘潭大学社会科学学报　1984年　第2期
伊斯兰教的劳动观　穆罕默德·卡米尔哈泰　中国穆斯林　1984年　第4期
伊斯兰教在泉州　福建论坛（人文社会科学版）　1984年　第3期
伊斯兰权威加扎利　李振中　阿拉伯世界　1984年　第1期
银川回民二小图书室办得好　雨风　图书馆理论与实践　1984年　第2期
营口清真寺和当地回民的移来　何凤瑞　中国穆斯林　1984年　第4期
元代回回人分布江浙考　穆德全　河南大学学报（社会科学版）　1984年　第1期
云南回族龙神话初探　吕稼祥　民族文学研究　1984年　第3期
再论伊斯兰教与回回民族形成的关系　马汝邻　宁夏大学学报（人文社会科学版）1984年　第3期
早期基督教与伊斯兰教之比较　朱锡强　徐州师范大学学报（哲学社会科学版）1984年　第4期
正常回民手纹的初步调查　卓汉清等　宁夏医学杂志　1984年　第1期
中共银川市委、市政府带头为回民学校办好事　本刊编辑部　人民教育　1984年　第8期
《中国穆斯林》1984年总目录　本刊编辑部　中国穆斯林　1984年　第4期
中国穆斯林代表团访问北非四国　伊萨·马哈茂德　中国穆斯林　1984年　第1期
中国伊斯兰教寺院建筑类型与结构　孙宗文　建筑学报　1984年　第3期
中国伊斯兰教协会举行古尔邦节招待会　本刊编辑部　中国穆斯林　1984年　第4期
《中国伊斯兰史存稿》出版　张荣林　阿拉伯世界　1984年　第3期
中世纪穆斯林对地理学的重要贡献　李荣建　阿拉伯世界　1984年　第1期
做好民族地区的宗教工作　马青年　中国民族　1984年　第3期

1985年

阿拉伯语和伊斯兰教　杨正旺　中国穆斯林　1985年　第3期
埃及围绕伊斯兰法的几次较量　王连志　国际展望　1985年　第16期

北京成立"穆斯林建设牛街基金会"　冀成　中国穆斯林　1985年　第1期
北京穆斯林实业开发公司在京开业　张梦楼　中国穆斯林　1985年　第4期
北京市伊斯兰教经学班庆祝教师节　李恩庆　中国穆斯林　1985年　第4期
彩色纪录影片《中国穆斯林》、《宁夏穆斯林》摄制完成　申生、夏影宣　中国穆斯林　1985年　第4期
从经堂教育到新式回民教育：回族教育史上的巨大转折　宁文　宁夏社会科学　1985年　第1期
大厂重视发展回族党员　杨德富　中国民族　1985年　第7期
东南亚的穆斯林人口　东晖　东南亚研究　1985年　第4期
对回族民间文学与回族作家文学的研究　杨继国　宁夏大学学报（人文社会科学版）　1985年　第1期
发挥回族第三产业的优势　郑勉之　中国民族　1985年　第12期
访抗战时期回民支队教长蔡永清　杨忠平、马军　中国穆斯林　1985年　第2期
改善回民小学的办学条件　王多林　宁夏教育　1985年　第6期
甘肃穆斯林汽车公司开业　索夫　中国穆斯林　1985年　第4期
各地穆斯林欢度古尔邦节　本刊编辑部　中国穆斯林　1985年　第4期
海原回民中学教学楼落成　金玉源　中国穆斯林　1985年　第1期
回回药方初探　岳家明　阿拉伯世界　1985年　第3期
回忆东北回民支队　刘宝俊　宁夏大学学报(人文社会科学版)　1985年　第2期
回族神话漫谈　马冬芳　青海民族学院学报　1985年　第3期
回族族源探讨　杨万全　西南民族学院学报　1985年　第2期
开创回族文学史研究的新局面：《回族文学史》编写工作座谈会侧记　文力　宁夏大学学报(人文社会科学版)　1985年　第1期
兰州穆斯林的美好心愿　杨光荣　中国穆斯林　1985年　第1期
略谈元末回回诗人丁鹤年　穆德全　武汉大学学报(人文科学版)　1985年　第1期
论回族民间文学研究中的几个问题　李树江　宁夏大学学报（人文社会科学版）　1985年　第1期
美国穆斯林一瞥　蒋敬　中国穆斯林　1985年　第3期
美国伊斯兰教的发展　李文彦　中国穆斯林　1985年　第2期
米泉县少数民族是怎样自觉控制人口增长的？　鲍敦全、脱秀珍　西北人口　1985年　第4期
明代新疆伊斯兰教识微　和龚　中国穆斯林　1985年　第4期
穆斯林皮毛艺人　文阳　中国穆斯林　1985年　第1期
牛街地区回民教育的发展　杨文联　中国穆斯林　1985年　第2期
评我区的几部回族叙事诗　丁力青　宁夏大学学报(人文社会科学版)　1985年　第1期
清朝同治年间陕甘回民起义性质的再探讨　吴万善　西北民族学院学报(哲学社会科学版)　1985年　第1期
《泉州伊斯兰教石刻》出版　志诚　阿拉伯世界　1985年　第2期

"塞上江南"的耕耘者:宁夏回族　余振贵　宁夏社会科学　1985年　第2期
上海市回民中学　杨振华　中国穆斯林　1985年　第1期
沈阳飞机制造公司关心回民职工生活　孙德富　中国穆斯林　1985年　第2期
世界上的穆斯林银行　陈士彬　中国金融　1985年　第3期
试论一八九九年新疆回民起义　魏长洪　新疆大学学报（人文社会科学版）　1985年　第3期
试论伊斯兰法学派的理论活动方式　万亿　厦门大学学报（哲学社会科学版）　1985年　第3期
泰国的伊斯兰教　王文良　东南亚　1985年　第3期
唐宋时期穆斯林的来华和留居　穆宝修　云南社会科学　1985年　第5期
天津市伊斯兰教经学班开学　黑东风　中国穆斯林　1985年　第3期
土默特回回户口地浅证　白贞　中国穆斯林　1985年　第4期
为回民擅长经商叫好　晨星　中国民族　1985年　第7期
我国各地穆斯林欢度开斋节　伊欣　中国穆斯林　1985年　第3期
西域回回　马治中　朔方　1985年　第7期
喜忆临清羊肉粥　黑振江　中国食品　1985年　第12期
先伊斯兰时代西亚北非的音乐文化　俞人豪　西安音乐学院学报　1985年　第4期
香港的穆斯林和清真寺　刘华瑞　中国穆斯林　1985年　第1期
湘潭市为穆斯林办好事　李光荣　中国穆斯林　1985年　第2期
校园中的一片绿叶:记永宁回民中学体育教师李杰　张润年、贾灿玲　宁夏教育　1985年　第11期
伊斯兰的装饰纹样　林良一　世界美术　1985年　第2期
伊斯兰教的斋戒　于广增　中国穆斯林　1985年　第1期
伊斯兰教对中东贸易的影响　于苏闽　国际贸易问题　1985年　第3期
伊斯兰教礼拜简介　马贵明　阿拉伯世界　1985年　第1期
伊斯兰教提倡劳动　马云福　中国穆斯林　1985年　第1期
伊斯兰教在日本　胡振华　中国穆斯林　1985年　第4期
伊斯兰历与公历换算法　魏良弢　新疆大学学报（哲学人文社会科学版）　1985年　第2期
伊斯坦布尔伊斯兰历史艺术文化研究中心　赵海银　阿拉伯世界　1985年　第2期
印度尼西亚华人新流派——伊斯兰兄弟协会　郑仁良　东南亚研究　1985年　第1期
元代回回农耕的土地来源　穆宝修　民族研究　1985年　第5期
元代回回人的农业　穆宝修　宁夏社会科学　1985年　第3期
元代回回政治家兼学者赡思　马启成　中央民族学院学报　1985年　第1期
云南桃巨三营回民史话　马恒丰　中国穆斯林　1985年　第1期
真实　深刻　感人:简论《北京牛街回民的传说》　韩伯泉　民族文学研究　1985年　第2期
中国回民皮纹学研究　张景隆　自然杂志　1985年　第9期
《中国穆斯林》1985年总目录　本刊编辑部　中国穆斯林　1985年　第4期
中国伊斯兰教经学院重建学生会　钱进　中国穆斯林　1985年　第1期

中世纪早期伊斯兰教的传布与发展　纳忠　中国穆斯林　1985年　第3期
重视教学研究的纳家户回民小学　宁波　宁夏教育　1985年　第6期

1986年

巴基斯坦伊斯兰学者代表团访华　穆白　中国穆斯林　1986年　第1期
北京市东城区新建回民幼儿园　贾树元　中国穆斯林　1986年　第2期
长治市回民一条街　史秋喜等　中国穆斯林　1986年　第1期
读《中国伊斯兰教建筑》有感　赵喜伦　建筑学报　1986年　第1期
发生在军营里的爱民小故事　何诚　中国穆斯林　1986年　第4期
法兰西国土上的穆斯林　朱京会　法国研究　1986年　第4期
访法国伊斯兰学术界印象　陈达生　阿拉伯世界　1986年　第2期
菲律宾大学伊斯兰教研究院　粟明鲜　东南亚　1986年　第1期
甘宁青回族中的苏非派　杨怀中　宁夏社会科学　1986年　第4期
各地穆斯林欢度古尔邦节　本刊编辑部　中国穆斯林　1986年　第4期
广元市举办首届回民书画展　刘寅、马林　中国穆斯林　1986年　第4期
广州最早的伊斯兰教碑碣　姜永兴　开放时代　1986年　第12期
国外对中国穆斯林及回族的研究　房建昌　中国穆斯林　1986年　第2期
哈尔滨市回民联合会简介　海希贤等　黑龙江民族丛刊　1986年　第1期
杭州回回坟考　郭成美　中国穆斯林　1986年　第4期
怀念伊斯兰教学者庞士谦　马全仁　中国穆斯林　1986年　第3期
回辉登自办"中阿并授实验班"　朱品武　中国穆斯林　1986年　第1期
"回回"两字的来源及演变　保健行　贵州文史丛刊　1986年　第1期
回回马魁　李春俊　朔方　1986年　第4期
《回回药方》初探　于文忠　新疆中医药　1986年　第2期
回回族源考述（三）　穆德全　河南大学学报（社会科学版）　1986年　第4期
回忆一所回民抗日小学　朱肇兰　中国穆斯林　1986年　第2期
回族大散小聚分布特点的形成　穆德全　西南民族学院学报　1986年　第2期
回族的炸牛肉　吴承木　中国食品　1986年　第8期
回族风俗　丁一波　阿拉伯世界　1986年　第4期
回族经济特征初探　存理　宁夏社会科学　1986年　第3期
《回族民间故事选》最近出版　如一　民族文学研究　1986年　第4期
回族穆斯林经堂教育及其基础课初探　于广增　中国穆斯林　1986年　第2期
回族文物收集、整理工作刍议　马学林　宁夏大学学报（人文社会科学版）　1986年　第3期
回族与伊斯兰教关系试析　保健行　贵州民族研究　1986年　第2期
金南回民村发展集体福利　杨学英　中国穆斯林　1986年　第3期
近年来回族文学研究概述　纪过　宁夏大学学报（人文社会科学版）　1986年　第1期
抗日战争时期渤海军区回民支队　刘金声、刘宝俊　宁夏大学学报（人文社会科学版）　1986年　第1期

科威特国家博物馆伊斯兰分馆印象　墨翰　阿拉伯世界　1986年　第1期
克拉玛依人民政府为穆斯林修建清真寺　卡米那尔·伊明　中国穆斯林　1986年　第2期
老山上的"回民支队"　何炜、徐波　中国民族　1986年　第1期
略论伊斯兰教派之争及呼和浩特地区伊斯兰教传播特点　甄可君　内蒙古社会科学（汉文版）　1986年　第3期
论七十年代菲律宾穆斯林运动　粟明鲜　东南亚研究　1986年　第4期
明代泉州回族杂考　寺田隆信、钟美珠译　世界民族　1986年　第2期
穆斯林对麻风的态度　赵西丁　中国麻风皮肤病杂志　1986年　第1期
穆斯林最大的图书馆在麦加开放　光文　图书馆理论与实践　1986年　第2期
宁夏伊斯兰文化中心奠基　杨志波　中国穆斯林　1986年　第1期
浅谈对回回民族的再认识　王连芳　宁夏社会科学　1986年　第1期
浅析穆罕默德创立伊斯兰教的背景　张世满　历史教学　1986年　第11期
泉州伊斯兰史略　陈达生　宁夏社会科学　1986年　第4期
认真办好寄宿制回民中小学　马维骥　宁夏教育　1986年　第3期
三十年来回族史研究的回顾和当前研究中几个问题的探讨　丁毅民　宁夏社会科学　1986年　第1期
沙甸穆斯林的宗教生活　郑江平　中国穆斯林　1986年　第2期
陕西穆斯林纪念胡登洲　马中恂　中国穆斯林　1986年　第1期
世界穆斯林大会代表团应邀访华　赛尔德　中国穆斯林　1986年　第4期
试论回回民族共同心理素质　熊锡元　思想战线　1986年　第2期
试谈回族学　马学林　宁夏社会科学　1986年　第2期
顺治年间甘肃回民起义史料　张莉、高振田　历史档案　1986年　第4期
四川省伊斯兰教参观团访问中国伊协　阿里　中国穆斯林　1986年　第4期
饲养肉牛使回民村走上富裕路　世咏　新农业　1986年　第9期
突尼斯伊斯兰教代表团访华　安保枝　中国穆斯林　1986年　第1期
土耳其的伊斯兰节日　蔡明忠　国际经济合作　1986年　第2期
我国第一个回民农场见闻　皮德义、王江鹏　中国农垦　1986年　第5期
西部少数民族回族　田禾　开发研究　1986年　第1期
西藏穆斯林的来源及其生活　房建昌　宁夏社会科学　1986年　第3期
新月与伊斯兰教　张世满　历史教学　1986年　第3期
一朵艳丽怒放的牡丹：试评回族民间叙事长诗《紫花儿》　何新南　民族文学研究　1986年　第1期
一个靠科学饲养大牲畜致富的回民村　白兆富　中国民族　1986年　第12期
伊朗的伊斯兰教士　许博渊　国际展望　1986年　第16期
伊斯兰发展银行　黄建纲　阿拉伯世界　1986年　第3期
伊斯兰坟场的新坟茔　启华、伟健　南风窗　1986年　第5期
伊斯兰教和数字"七"　杨棠　阿拉伯世界　1986年　第4期
伊斯兰教教法简介　张志诚　中国穆斯林　1986年　第4期

伊斯兰教史研究的新成果　宛文　中国民族　1986年　第7期
伊斯兰教与维护世界和平　马贤　中国穆斯林　1986年　第3期
伊斯兰教在法国　周萍　阿拉伯世界　1986年　第1期
伊斯兰教在青海的传播和发展　陈光国　中国穆斯林　1986年　第1期
伊斯兰教在青海的传播和发展　孔祥录　青海社会科学　1986年　第3期
伊斯兰教在台湾　努尔　阿拉伯世界　1986年　第4期
伊斯兰文化对泉州的影响　黄天柱等　宁夏社会科学　1986年　第5期
再谈回辉话的地位问题　郑贻青　民族语文　1986年　第6期
早期伊斯兰建筑艺术概述　钱正坤　世界美术　1986年　第3期
郑州杜岭和回民食品厂出土青铜器的分析　陈旭　中原文物　1986年　第4期
《中国回族民间文学丛书》简介　李树江　宁夏大学学报(人文社会科学版)　1986年　第2期
《中国穆斯林》1986年总目录　本刊编辑部　中国穆斯林　1986年　第4期
中国穆斯林赴朝友好访问团访问沙特　穆斯塔法　中国穆斯林　1986年　第1期
中国穆斯林赴麦加朝觐　马云福　中国穆斯林　1986年　第4期
中国穆斯林人口的分布　张天路　中国穆斯林　1986年　第4期
《中国伊斯兰教建筑》简介　增善　中国穆斯林　1986年　第3期
著名京剧老旦孙花满回民小学教戏记　陈云发　上海戏剧　1986年　第4期

1987年

北京回回的小吃和珠宝"大亨"们　沙之沅　中国民族　1987年　第8期
北京召开穆斯林为四化服务经验交流会　李恩旭　中国穆斯林　1987年　第1期
采取特殊措施、提高回族女生高中入学率　陈君健　宁夏教育　1987年　第9期
长治青年抗敌回民义勇队　马德禄　中国民族　1987年　第4期
崇尚团结友善的回回民族　马寿千　中国民族　1987年　第1期
促进伊斯兰团结的大会　黄建明、朱界飞　瞭望　1987年　第6期
读者李家福给老山前线"回民支队"寄赠慰问品　方呆公　中国民族　1987年　第1期
发展宁夏回族教育值得注意的几个问题　马维骢　宁夏社会科学　1987年　第3期
凤翔回民起义原因辨析　刘永恩　宝鸡文理学院学报(社会科学版)　1987年　第4期
福建泉州回族的形成及其特点谈薮　黄天柱、廖渊泉　中央民族学院学报(哲学社会科学版)　1987年　第6期
古代伊斯兰国家的教育　滕大春　河北大学学报(哲学社会科学版)　1987年　第1期
关于明代回回的移向问题　和龑　中央民族学院学报　1987年　第6期
国际伊斯兰宣传工作者协会成立　建纲　阿拉伯世界　1987年　第1期
河北的回回民族　李和平　宁夏社会科学　1987年　第1期
淮阳县回民学校越办越好　苏传录　中国穆斯林　1987年　第Z1期
回汉携手搞好民族教育　车坤　宁夏教育　1987年　第11期
"回回"一词和伊斯兰教　李松茂　新疆社会科学　1987年　第1期
回回的鲜明特征　辛智　中国民族　1987年　第8期

《回回原来》：最早的回族民间文学成书　马旷源　楚雄师范学院学报　1987年　第3期
回民的"汤瓶"　丁一波　阿拉伯世界　1987年　第4期
回族女生特点及教育方法探讨　朵天玉　宁夏教育　1987年　第11期
回族思想发展史研究刍议　余振贵　宁夏社会科学　1987年　第6期
回族眼病调查报告　杨朝山　中国实用眼科杂志　1987年　第2期
回族在青海　马学贤　宁夏社会科学　1987年　第4期
回族中小学应突出民族特点　李德昌　宁夏教育　1987年　第11期
回族族源之我见　保健行　贵州民族研究　1987年　第2期
寄语回族父老重视智力投资　马寿千　中国民族　1987年　第4期
穆斯林的葬礼　霍达　中国作家　1987年　第6期
拉丁美洲的穆斯林　玛雅　中国穆斯林　1987年　第1期
历史上穆斯林在西藏的活动　房建昌　思想战线　1987年　第4期
论伊斯兰对中国古瓷的影响　玛格丽特　景德镇陶瓷　1987年　第3期
论早期伊斯兰教的宗教宽容　陈其埙　云南民族学院学报（哲学社会科学版）　1987年　第2期
漫谈回族的卫生习俗　王正伟　宁夏大学学报（人文社会科学版）　1987年　第3期
没有利息的穆斯林银行　华志　经济纵横　1987年　第8期
美国穆斯林点滴　周顺贤　阿拉伯世界　1987年　第3期
明朝与瓦剌"贡赐"贸易中的回回：回回民族研究之五　和龚　内蒙古社会科学（汉文版）　1987年　第5期
明代西域回回入附中原考　和龚　宁夏社会科学　1987年　第4期
穆斯林病人斋月中用药遵从性差　戴诗文　药学实践杂志　1987年　第4期
穆斯林的斋月　哈姆扎等　世界博览　1987年　第1期
浅谈伊斯兰教的"圣战"　肖宪　阿拉伯世界　1987年　第4期
青海省伊斯兰教经学院开学　尤素福　中国穆斯林　1987年　第Z1期
清代前期回族的政治地位　马寿千　宁夏社会科学　1987年　第1期
"清真"及回回习俗　马崇义　中国民族　1987年　第8期
清政府的民族压迫与同治年间陕甘回民起义　丁国勇　宁夏社会科学　1987年　第2期
陕西省伊斯兰教职业人员培训班结业　定继平　中国穆斯林　1987年　第1期
世界穆斯林人数及其分布　良言　阿拉伯世界　1987年　第4期
试论回族风俗习惯与伊斯兰教的关系　丁学斌　宁夏社会科学　1987年　第3期
试论陕甘回民起义军在西捻军东渡黄河过程中的作用　拓荒　人文杂志　1987年　第6期
试析释奴在伊斯兰帝国的作用　陈其埙　历史教学　1987年　第1期
丝绸路上的穆斯林（上）　穆德全　河南大学学报（社会科学版）　1987年　第1期
丝绸路上的穆斯林（下）　穆德全　河南大学学报（社会科学版）　1987年　第4期
苏彩凤与固原县回民女子学校　王祥庆　宁夏教育　1987年　第9期

泰国南部马来穆斯林问题　方远　东南亚研究　1987年　第4期

泰南穆斯林透视　车巍　东南亚纵横　1987年　第2期

谈谈伊斯兰银行运动　肖宪　世界知识　1987年　第8期

探索回族学生特点　有针对性地搞好思想政治工作　马德安、马琼　宁夏教育　1987年　第11期

同心县韦州回民女子小学办学情况调查　周卫等　宁夏教育　1987年　第Z1期

同治年间西北回民起义对蒙古地区反封建斗争的巨大影响　卢明辉　内蒙古社会科学(汉文版)　1987年　第5期

万里长江上的一支回民船队　陈发镜　中国民族　1987年　第1期

威震冀中的回民支队　陈宝松　中央民族学院学报(哲学社会科学版)　1987年　第4期

乌鲁木齐回民汉语和汉民汉语词汇比较　刘俐李　新疆大学学报(哲学人文社会科学版)　1987年　第4期

西安市穆斯林举办书画展　马希明　中国穆斯林　1987年　第Z1期

西北回民起义中的阶级斗争与民族斗争　周也夫　青海师范大学学报(哲学社会科学版)　1987年　第4期

西昌沙锅营清真寺自养见成效　马思锐、马思顺　中国穆斯林　1987年　第Z1期

新疆回族教育初探　马湘云　新疆社会科学　1987年　第6期

新疆回族教育亟待发展　回敏　中国民族　1987年　第9期

要加强对回族教育的理论研究　马维骠　宁夏教育　1987年　第11期

也谈回族神话　马德胜　青海民族学院学报　1987年　第1期

伊春回族清真寺述略　玛娜　黑龙江民族丛刊　1987年　第1期

伊斯兰法的历史发展　陈恒森　苏州大学学报(哲学社会科学版)　1987年　第3期

"伊斯兰革命"的第二波　郭隆隆　国际展望　1987年　第16期

伊斯兰国家首脑会议采访记　朱界飞　中国记者　1987年　第7期

伊斯兰教和回回民族的形成(上)　方思一　阿拉伯世界　1987年　第1期

伊斯兰教和回回民族的形成(下)　方思一　阿拉伯世界　1987年　第2期

伊斯兰教建筑　石乔　外国文学　1987年　第12期

伊斯兰教与禁酒　张世满　阿拉伯世界　1987年　第4期

伊斯兰教与世袭制　金占祥　宁夏社会科学　1987年　第5期

伊斯兰邻里及住宅设计　周丹等　城市规划　1987年　第4期

伊斯兰美的观念　孔令敬　文艺研究　1987年　第5期

伊斯兰世界的希望之光:第五次伊斯兰国家首脑会议　柳明　世界知识　1987年　第5期

伊斯兰世界联盟副秘书长访华　杨志波　中国穆斯林　1987年　第Z1期

伊斯兰银行运动初探　肖宪　西亚非洲　1987年　第6期

伊斯兰哲学的特点　蔡伟良　阿拉伯世界　1987年　第4期

印度尼西亚华人同化中伊斯兰化问题初探　郑仁良　东南亚研究　1987年　第21期

印度尼西亚伊斯兰势力在复兴　原义明、徐凤江　世界民族　1987年　第3期

英国的穆斯林和清真寺　周顺贤　中国穆斯林　1987年　第Z1期

元代回回人皆以"中原"为家的分布路线　穆德全　西北民族学院学报（哲学社会科学版）　1987年　第1期

元代回回商人与唐宋时期"蕃商"的区别　赖存理　青海民族学院学报　1987年　第3期

在宁夏回族教育研讨会上的讲话　张乃狰　宁夏教育　1987年　第11期

郑州经学院举办伊斯兰知识讲座　任查善　中国穆斯林　1987年　第Z1期

中古时期的阿拉伯—伊斯兰教育　李淑华　江西教育学院学报　1987年　第1期

中国回族起源的遗传学浅析　成均匀　怀化学院学报　1987年　第5期

《中国回族文学史》编写会议在宁夏大学召开　王锋　宁夏大学学报（人文社会科学版）　1987年　第4期

《中国穆斯林》1987年总目录　本刊编辑部　中国穆斯林　1987年　第Z1期

中国穆斯林人口现状　张天路　中国人口科学　1987年　第2期

中国穆斯林人口状况分析　张天路　宁夏社会科学　1987年　第3期

中国伊斯兰教协会章程　本刊编辑部　中国穆斯林　1987年　第2期

重视回族教育研究　促进回族教育发展：在宁夏回族教育研讨会上的发言（摘要）　刘振国　宁夏教育　1987年　第11期

左宗棠与陕甘回民起义　关连吉　甘肃社会科学　1987年　第1期

1988年

包头的穆斯林社会　房建昌　中国穆斯林　1988年　第4期

波兰的穆斯林及伊斯兰教研究　乐英　中国穆斯林　1988年　第2期

出席马斯喀特伊斯兰教法讨论会归来　阎九步　中国穆斯林　1988年　第3期

当代回族小说一瞥　汪宗元　民族文学研究　1988年　第4期

邓县"女回民支队"　本刊编辑部　中国民兵　1988年　第12期

第一届伊斯兰书法比赛　黄陵渝　中国穆斯林　1988年　第3期

对西宁城东区回族教育之思考　陈化育　青海民族学院学报　1988年　第4期

菲律宾穆斯林运动的历史背景和根源　粟明鲜　东南亚研究　1988年　第3期

古速鲁氏非回回辨　杨志玖　宁夏社会科学　1988年　第5期

关于当代伊斯兰复兴运动的思考　陈德成　中国社会科学院研究生院学报　1988年　第6期

关于发展回族教育的一点思考：回族女教育家闪一昌答本刊记者问　王晓辉　中国民族　1988年　第9期

关于近代云南的回族教育问题　李荣昆　云南社会科学　1988年　第3期

广元市穆斯林书画院成立　本刊编辑部　中国穆斯林　1988年　第4期

国外研究回族及中国伊斯兰教概况　房建昌　固原师专学报　1988年　第4期

海南岛的穆斯林与清真寺考略　房建昌　中南民族学院学报（人文社会科学版）　1988年　第2期

海南岛回民考　姜永兴　民族论坛　1988年　第3期

回顾宁夏回回民族问题研究事业　余振贵　宁夏社会科学　1988年　第5期
回民支队战友录　刘宝俊　宁夏大学学报(人文社会科学版)　1988年　第2期
回民支队战友录　刘宝俊　宁夏大学学报(人文社会科学版)　1988年　第4期
回族的语言　丁一波　贵州民族研究　1988年　第1期
回族人口的职业分布特征　赖存理　贵州民族研究　1988年　第1期
"回族神话"辨　谷少悌　西北民族学院学报(哲学社会科学版)　1988年　第2期
回族语言　刘守刚　中国民族　1988年　第1期
回族在吉林　丁学郁　宁夏社会科学　1988年　第6期
活跃在伊斯兰国家的宁夏建设者　黄超雄　中国民族　1988年　第9期
记阿拉伯书法伊斯兰装饰国际艺术节　陈进惠　中国穆斯林　1988年　第3期
简论回族文学与伊斯兰教的关系　谢保国、赵慧　宁夏大学学报（人文社会科学版）1988年　第4期
简述沙甸伊斯兰教　林增琪　中国穆斯林　1988年　第1期
经久不衰的旱码头：张家川皮毛市场　董锁成、江毓秀　兰州商学院学报　1988年　第1期
具有优良传统的岷县穆斯林　丁仲明　中国穆斯林　1988年　第2期
卡拉奇伊斯兰研究大学奠基　迪兹　阿拉伯世界　1988年　第3期
昆明伊斯兰教经学院举行开学典礼　马开能　中国穆斯林　1988年　第1期
兰州市的穆斯林个体经济　杨光荣　中国穆斯林　1988年　第1期
两个重要的国际伊斯兰盛会　马善义　中国穆斯林　1988年　第2期
临夏回民中学学生视力状况分析　本刊编辑部　中国学校卫生　1988年　第3期
略论伊斯兰化对维吾尔文明的影响　王延星　宁夏社会科学　1988年　第3期
略谈回族武术在回民起义中的作用　秦文忠　宁夏大学学报（自然科学版）　1988年　第4期
论西北回族军阀产生的社会历史条件　吴忠礼等　宁夏社会科学　1988年　第4期
漫议当代伊斯兰复兴运动　解传广　世界知识　1988年　第13期
民和境内穆斯林的来源及变迁　赵存录　青海民族学院学报　1988年　第2期
明代哈密、吐鲁番地区回回的成分及伊斯兰教的渗透　刘志扬　中央民族学院学报　1988年　第5期
明代回民石刻　黄炳煜　东南文化　1988年　第Z1期
明代西域回回入附中原概览　水渺　甘肃社会科学　1988年　第3期
穆斯林丧葬礼仪概要　李山牧　中国穆斯林　1988年　第4期
穆斯林系列化妆品投产　闻慧　精细与专用化学品　1988年　第3期
宁夏回族自治区钱币学会成立　杨学廉　中国钱币　1988年　第3期
《宁夏三十年》编者寄语　本刊编辑部　瞭望　1988年　第38期
彭阳县阿訇为穆斯林办好事　安瓦奴尔　中国穆斯林　1988年　第2期
葡萄牙的穆斯林　杰辛托等　中国穆斯林　1988年　第1期
青海回族教育述略　刘景华　青海社会科学　1988年　第1期
清代陕甘回民起义研究概述　林吉　民族研究　1988年　第5期

清咸同年间回民起义评论　李松茂　青海社会科学　1988年　第3期
山东青州的回族及风俗　张玉璋　民俗研究　1988年　第3期
十二所回民中学师生在上海举办夏令营活动　杨振华　中国穆斯林　1988年　第5期
世界穆斯林人口的民族构成和分布　原新、林丽　人文地理　1988年　第2期
世界伊斯兰金融体系的兴起和发展　张丰年　国际经济合作　1988年　第11期
试论黑龙江回族的来源　玛纳　黑龙江民族丛刊　1988年　第3期
试论回族文化与中华民族传统文化的关系　马军　西北民族研究　1988年　第1期
试论萌芽时期的伊斯兰文化　蔡伟良　复旦学报(社会科学版)　1988年　第2期
试论伊斯兰教在回族地区社会主义建设中的积极作用　何兆国　宁夏大学学报(人文社会科学版)　1988年　第1期
试谈伊斯兰教和音乐　白玉琛　中国穆斯林　1988年　第5期
水南关村穆斯林老人享受养老金　拜存星　中国穆斯林　1988年　第3期
苏联东干回族穆斯林　房建昌　中国穆斯林　1988年　第1期
苏联将出版伊斯兰百科全书　黄陵渝　中国穆斯林　1988年　第3期
特立尼达和多巴哥的穆斯林　黄陵渝等　中国穆斯林　1988年　第4期
天津回族穆斯林教育　尹忠田　中国穆斯林　1988年　第1期
推动发展与伊斯兰国家的经济技术合作　洪兴波　中国金融　1988年　第3期
晚清陕甘回民起义性质之我见　李伯衡　西北民族学院学报　1988年　第1期
威宁穆斯林简介　马武孝　中国穆斯林　1988年　第5期
维吾尔与伊斯兰诸国的古典音乐比较　周菁葆　中国音乐学　1988年　第1期
现行的回民小学寄宿制需要探讨完善　刘学仁　宁夏教育　1988年　第1期
新疆昌吉地区回族人群HLA-AB位点抗原分布　张若蕙等　中国输血杂志　1988年　第4期
新时期的宁夏回族　齐凰梧　瞭望　1988年　第38期
徐州回族穆斯林发展史略　文阳　中国穆斯林　1988年　第5期
迅速发展中的伊斯兰银行　王维周　阿拉伯世界　1988年　第4期
要做个清廉敬畏的穆斯林　马文忱　中国穆斯林　1988年　第3期
伊斯兰、《古兰经》、清真寺及其它　陈万里　阿拉伯世界　1988年　第3期
伊斯兰法与伊斯兰教的比较研究　杨振洪　比较法研究　1988年　第4期
伊斯兰复兴的政治文化与意识形态研究　刘靖华　西亚非洲　1988年　第4期
"伊斯兰复兴运动"学术讨论会在京举行　殷浩强　西亚非洲　1988年　第4期
伊斯兰复兴运动的特点及其意识形态　刘靖华　世界经济与政治　1988年　第11期
伊斯兰教产生诸问题的系统论思索　许宪隆　宁夏社会科学　1988年　第2期
伊斯兰教法及其改革　吴云贵　宁夏社会科学　1988年　第5期
伊斯兰教历法拾零　赛生发　中国穆斯林　1988年　第1期
伊斯兰教三乘浅释　王连仲　中国穆斯林　1988年　第5期
伊斯兰教问题专家勉维霖　奚流　宁夏社会科学　1988年　第5期
伊斯兰教在呼和浩特地区的传播　宜今　内蒙古大学学报(人文.社会科学版)　1988年　第2期

伊斯兰世界联盟在北京召开伊斯兰宣教讨论会　马善义　中国穆斯林　1988年　第1期
伊斯兰学科词语研究　马忠杰　中国穆斯林　1988年　第2期
伊斯兰与人生　包承礼　中国穆斯林　1988年　第2期
伊斯兰原教旨主义运动的兴起及其影响　李国福、孙鲲　西亚非洲　1988年　第2期
印度国大党对穆斯林的政策与穆斯林分离意识的确立　陈明华　南亚研究季刊　1988年　第3期
英国穆斯林点滴　王新刚　阿拉伯世界　1988年　第3期
英语中的伊斯兰教词汇　马国庆　阿拉伯世界　1988年　第3期
元代回回商人的活动及其特点　存理　宁夏社会科学　1988年　第1期
元代中国伊斯兰教派试探　杨志玖　西北民族研究　1988年　第1期
元秘书监藏回回书籍及其下落　羽离子　宁夏大学学报（人文社会科学版）　1988年　第4期
张家川县的回族穆斯林　李万锋　中国穆斯林　1988年　第1期
正确认识清同治年间西北回民起义　马学林　宁夏大学学报（人文社会科学版）　1988年　第4期
中国回族伊斯兰教的掌教制度　勉维霖　宁夏社会科学　1988年　第6期
《中国穆斯林》1988年总目录　本刊编辑部　中国穆斯林　1988年　第5期
中国穆斯林代表团访问伊朗　马云福　中国穆斯林　1988年　第2期
中国史籍中的伊斯兰教称谓　郭清祥　中国民族　1988年　第9期
中国伊斯兰百科辞典　群力　阿拉伯世界　1988年　第3期
《中国伊斯兰百科辞典》简介　青翔　新疆社会科学　1988年　第5期
《中国伊斯兰百科辞典》简介　煜东　西北民族学院学报　1988年　第2期
中国伊斯兰教的基本特征　马通　宁夏社会科学　1988年　第6期

1989年

安徽的穆斯林与清真寺杂考　房建昌　江淮论坛　1989年　第1期
巴西的穆斯林　黄陵渝　拉丁美洲研究　1989年　第1期
包头伊斯兰教社会的形态及特征　房建昌、姚桂轩　阴山学刊　1989年　第1期
北大穆斯林欢度开斋节　张会成　中国穆斯林　1989年　第5期
北京市崇文区回民婚姻介绍所　李世亨　中国穆斯林　1989年　第5期
长治回民　赵伟聘　中国穆斯林　1989年　第6期
雏鹰从这里起飞：记上海回民中学西藏班学生　杨振华　中国民族　1989年　第9期
传统伊斯兰继承法及其现代改革　李启欣　南亚研究　1989年　第4期
从西安回族方言、习俗看西安回族的渊源　穆光　西北民族学院学报（哲学社会科学版）　1989年　第3期
当代"识宝回回"薛贵笙　黄少联　中国民族　1989年　第9期
当代伊斯兰复兴运动刍议　戴康生　西亚非洲　1989年　第2期
当代伊斯兰复兴运动的特点　张士智　世界经济与政治　1989年　第3期

滇南沙甸地区429名5岁以上回民高血压病调查分析　商军等　云南医药　1989年　第3期

非洲伊斯兰中心　马忠杰　中国穆斯林　1989年　第5期

妇女与伊斯兰社会法律制度　龚俭青　阿拉伯世界　1989年　第4期

甘肃广河县回民群众站羊育肥的生态经济分析　葛文华等　草业科学　1989年　第2期

甘肃省回族教育刍议　罗碧玲　西北民族学院学报(哲学社会科学版)　1989年　第1期

关于伊斯兰复兴主义　赵复三　阿拉伯世界　1989年　第1期

关于元秘书监所藏回回书籍　羽离子　文史杂志　1989年　第5期

广州回民小学简介　刘淑英　中国穆斯林　1989年　第3期

哈尔滨市回民小学历史简述　杨果英　黑龙江民族丛刊　1989年　第3期

邯郸市建成回民幼儿园　韦友杰、曹永生　中国穆斯林　1989年　第3期

回回民族的杰出史学家　牙含章　史学史研究　1989年　第1期

回回情绪(组诗)　马乐群　朔方　1989年　第5期

回民支队战友录　刘宝俊　宁夏大学学报(人文社会科学版)　1989年　第1期

回民支队战友录　刘宝俊　宁夏大学学报(人文社会科学版)　1989年　第2期

回族民间文学与伊斯兰教　杨继国　宁夏大学学报(人文社会科学版)　1989年　第4期

回族文献界定刍议　海杰　图书馆理论与实践　1989年　第4期

回族伊斯兰教与舞蹈　肖显文　民族艺术　1989年　第1期

回族与汉语　胡振华　民族语文　1989年　第5期

回族在西南地方史上的分布　穆德全　四川大学学报(哲学社会科学版)　1989年　第4期

活跃在中东的宁夏穆斯林建设者　铁维英　阿拉伯世界　1989年　第2期

继承庞老师遗志办好伊斯兰教育　赛生发　中国穆斯林　1989年　第1期

简论崔伟与西府回民起义的历史地位　陈崇凯　西北民族研究　1989年　第2期

建国前夕诞生的中共常德回民支部　张兵蒂　民族论坛　1989年　第1期

建议兴办伊斯兰教民族职业教育　杜幼德　中国民族　1989年　第6期

近代辽宁回族人民的革命斗争　宋国强、才一正　渤海大学学报(哲学社会科学版)　1989年　第2期

兰州市回民中学学生营养状况调查　刘萍等　中国学校卫生　1989年　第6期

了解吉林穆斯林的窗口:《吉林回族》　满敬恒　中国穆斯林　1989年　第5期

论回族教育的发展和历史作用　王永亮　中央民族学院学报(哲学社会科学版)　1989年　第1期

论清朝同治年间陕西回民起义中的"求抚"问题　欧阳跃峰　近代史研究　1989年　第1期

论中国伊斯兰教的教派　高占福　宁夏社会科学　1989年　第2期

马德鲁丁父子和回回天文学　陈久金　矿物岩石　1989年　第1期

马坚教授和云南穆斯林的学术传统　白寿彝　中国穆斯林　1989年　第1期
马坚教授与北大回民餐厅　张会成　中国穆斯林　1989年　第1期
毛里塔尼亚伊斯兰共和国友谊港防波堤工程设计　金久椿　港工技术　1989年　第3期
民国时期的回族皮毛生意　喇琼飞　宁夏大学学报(人文社会科学版)　1989年　第2期
民族抗日的光辉旗帜：冀中回民支队　周鸿根　党史纵横　1989年　第4期
穆斯林有奖论文竞赛　辛东　阿拉伯世界　1989年　第4期
尼泊尔的穆斯林　安萨利等　中国穆斯林　1989年　第5期
宁夏伊斯兰教协会考核阿訇　本刊编辑部　中国民族　1989年　第8期
蓬勃发展中的兰州市回民中学　本刊编辑部　数学教学研究　1989年　第6期
浅谈伊斯兰教的两世观　罗万寿　西北民族研究　1989年　第1期
三亚市的穆斯林　蒲洁　中国穆斯林　1989年　第4期
沙锅营的穆斯林用上自来水　马思锐、马思顺　中国穆斯林　1989年　第4期
邵马回民致富记　徐思华　中国民族　1989年　第8期
圣训在伊斯兰法中的地位和作用　万亿　比较法研究　1989年　第Z1期
试论渤海回民支队产生及发展壮大的重要原因　刘凤英　中央民族学院学报(哲学社会科学版)　1989年　第5期
苏里南及法属圭亚那的穆斯林　黄陵渝　拉丁美洲研究　1989年　第5期
索马里和埃塞俄比亚的伊斯兰教　舍尔　世界民族　1989年　第2期
台湾伊斯兰教情况介绍　韩克　中国穆斯林　1989年　第2期
谈回族的风俗习惯　丁国勇　宁夏大学学报(人文社会科学版)　1989年　第3期
谈谈回族人民常用的一些词语　胡振华　语言与翻译　1989年　第3期
谈谈回族使用的语言　金效静　中国民族　1989年　第2期
《天文书》及回回占星术　陈鹰　矿物岩石　1989年　第1期
同心县回民中医院成立　马隆　中国穆斯林　1989年　第5期
童年旧事：穆斯林的女性　姚欣则　朔方　1989年　第9期
王岱舆的伊斯兰哲学本体论　金宜久　宁夏社会科学　1989年　第1期
倭马亚王朝时期伊斯兰教的发展　刘月琴　西亚非洲　1989年　第2期
我国伊斯兰教派门宦现状分析　马祖灵　西北民族学院学报（哲学社会科学版）1989年　第4期
我国伊斯兰教清真寺寺院经济初探　马平　中央民族学院学报（哲学社会科学版）1989年　第2期
乌兰浩特市的伊斯兰教　张鹏文　中国穆斯林　1989年　第6期
香港的穆斯林、清真寺和伊斯兰教社团　张志诚　阿拉伯世界　1989年　第2期
香港穆斯林及其跟大陆的关系　一凡　东南亚研究　1989年　第1期
新疆维吾尔自治区伊斯兰经学院主楼　本刊编辑部　建筑学报　1989年　第8期
新西兰等国的穆斯林　黄陵渝　中国穆斯林　1989年　第2期
扬州召开伊斯兰教学术讨论会　单沙　江苏社会科学　1989年　第4期

伊朗伊斯兰代表团应邀访华　马云福　中国穆斯林　1989年　第6期

《伊斯兰百问》序　安士伟　中国穆斯林　1989年　第6期

伊斯兰传统价值的复兴与超越　刘靖华　西亚非洲　1989年　第4期

伊斯兰传统势力与现代派的冲突　赵慧杰　西亚非洲　1989年　第2期

伊斯兰法的性质　莎赫　比较法研究　1989年　第Z1期

伊斯兰法律中的婚姻家庭制度　马玉祥　西北民族学院学报（哲学社会科学版）1989年　第2期

伊斯兰教传入库车考　苏北海　喀什师范学院学报　1989年　第2期

伊斯兰教对商业经济的影响　南文渊　宁夏社会科学　1989年　第3期

伊斯兰教汉文译著书目简论　杨大业　中国穆斯林　1989年　第6期

伊斯兰教和计划生育　于华学　阿拉伯世界　1989年　第1期

伊斯兰教和音乐　马兰　中国穆斯林　1989年　第4期

伊斯兰教文史工作座谈会在泉州举行　张志诚　中国穆斯林　1989年　第2期

伊斯兰教与穆斯林妇女　范若兰　西亚非洲　1989年　第6期

伊斯兰教与外交政策　刘靖华　世界经济与政治　1989年　第7期

伊斯兰教与现代国际政治经济　孙云仙　长沙理工大学学报（社会科学版）　1989年　第1期

伊斯兰教在菲律宾　粟明鲜　东南亚纵横　1989年　第2期

伊斯兰经济学基本原理　高西、兆雄　国外社会科学文摘　1989年　第4期

伊斯兰事务最高理事会　杨志波　中国穆斯林　1989年　第3期

伊斯兰文化及与文明的关系　陆培勇　阿拉伯世界　1989年　第1期

伊斯兰细密画艺术　孔凡平　美苑　1989年　第4期

伊斯兰学者余振贵　奚流　宁夏社会科学　1989年　第4期

《伊斯兰原教旨主义》简介　蒋大鼎　阿拉伯世界　1989年　第3期

伊斯兰宗教传统、改革主义与现代化　刘靖华　西亚非洲　1989年　第2期

元代回回诗人伯颜子中生平事迹考评　黄庭辉　宁夏大学学报（人文社会科学版）1989年　第2期

元代一首记述回回人宗教生活的诗　白崇人　中国穆斯林　1989年　第2期

在伊斯兰最高理事会上的讲话　宛耀宾　中国穆斯林　1989年　第3期

葬于华夏的异国穆斯林国王　石景春　阿拉伯世界　1989年　第3期

张禹川与固原回民新式教育　李仁　阿拉伯世界　1989年　第4期

郑和与印度尼西亚的伊斯兰教　孔远志　中国穆斯林　1989年　第5期

郑州市回民公寓　邓元庆　建筑学报　1989年　第11期

中东政治中的伊斯兰问题　刘竞、刘靖华　西亚非洲　1989年　第6期

中国代表出席伊斯兰最高理事会第二届大会　穆斯塔法　中国穆斯林　1989年　第3期

《中国穆斯林》1989年总目录　本刊编辑部　中国穆斯林　1989年　第6期

《中国伊斯兰百科辞典》青海部分条目选登　孔祥录、喇秉德　青海民族研究　1989年　第1期

中国伊斯兰教经学院89届学生毕业　王德君　中国穆斯林　1989年　第5期
中国伊斯兰教门宦与西北穆斯林　马通　西北民族研究　1989年　第1期
中亚和哈萨克斯坦的民众伊斯兰教　巴希洛夫　世界民族　1989年　第1期

1990年

30年代苏联(东干)回族扫盲之成功经验:60年来用拼音文字书写汉语北方话的一个方言的卓越实践　吕恒力　语文建设　1990年　第2期
阿拉伯伊斯兰文化在东非　李国发　阿拉伯世界　1990年　第2期
阿拉善左旗信仰伊斯兰教的蒙古人之由来　嘎尔迪　西北民族学院学报(哲学社会科学版)　1990年　第2期
埃及伊斯兰政治势力与政权的关系　杨鲁平　西亚非洲　1990年　第2期
北京回族穆斯林牛羊行　彭年　中国穆斯林　1990年　第5期
北京穆斯林艺术作品展览　桑全利　中国穆斯林　1990年　第1期
北京牛街地区回民话中的借词　贺阳　方言　1990年　第2期
北欧伊斯兰教概述　黄陵渝　中国穆斯林　1990年　第4期
长治回民古今谈　赵伟聘　宁夏社会科学　1990年　第1期
陈埭回族历史学术研讨会综述　丁毓玲　东南学术　1990年　第4期
充分利用民族宗教感情积极打入中东伊斯兰市场　鲁显敏、单广宁　甘肃社会科学　1990年　第4期
从《古兰经》看伊斯兰伦理　蔡伟良　阿拉伯世界　1990年　第3期
大中亚地区文化的交融（伊斯兰以前及伊斯兰初期）　费耐生、赵红　西北民族研究　1990年　第1期
当代伊斯兰教学术讨论会综述　龚学增　理论前沿　1990年　第6期
德州北营回民历史的考察：苏禄东王后裔在中国　许宪隆　宁夏社会科学　1990年　第4期
东北回民支队　韩克　中国民族　1990年　第7期
东北军区回民支队　陈景明　党史纵横　1990年　第2期
洱源县成立伊协　王保华　中国穆斯林　1990年　第1期
发展中的海如女子中学　周彦章　宁夏教育　1990年　第11期
《福乐智慧》与伊斯兰文化　王家瑛　哲学研究　1990年　第2期
斐济的穆斯林　黄陵渝　中国穆斯林　1990年　第1期
冯玉祥将军赞美回族穆斯林　杨海鹏　中国穆斯林　1990年　第3期
关于回族民间文学评释之我见:从《拔兵小曲》的族属说起　李侠　青海民族学院学报　1990年　第3期
关于回族人口特点的初步分析　林成策　西北人口　1990年　第2期
关于霍达的《穆斯林的葬礼》:穆斯林世界的变迁　丹晨　文学自由谈　1990年　第2期
广西回族和回族研究评述　翁乾麟　广西民族学院学报（哲学社会科学版）　1990年　第1期
广州市回族人口现状分析　马建钊　中央民族学院学报（哲学社会科学版）　1990年

第2期

    贵阳建成回民公墓　本刊编辑部　中国穆斯林　1990年　第5期
    汉寿县伊斯兰教协会成立　黄忠贤　中国穆斯林　1990年　第1期
    华人与伊斯兰教在爪哇的传播　刘宏　东南亚研究　1990年　第4期
    回回沟小流域土地资源综合开发利用探讨　王继富　东北林业大学学报　1990年 第S3期
    回回故事　石舒清　朔方　1990年　第7期
    "回回为回纥之音转说"商榷　谷文双　黑龙江民族丛刊　1990年　第2期
    《回回药方》与中国穆斯林医药学　刘迎胜　新疆社会科学　1990年　第3期
    回民支队在冀鲁豫边区的重大贡献　李冬春　菏泽学院学报　1990年　第2期
    回民支队战友录　刘宝俊　宁夏大学学报（人文社会科学版）　1990年　第1期
    回民支队战友录　刘宝俊　宁夏大学学报（人文社会科学版）　1990年　第3期
    回民支队战友录　刘宝俊　宁夏大学学报（人文社会科学版）　1990年　第4期
    回族教育亟待加强职业技术教育　吴天　宁夏教育　1990年　第Z1期
    《回族民间文学史纲》简介　杨华　宁夏大学学报（人文社会科学版）　1990年　第1期
    回族农业的发展及其特征　赖存理　宁夏社会科学　1990年　第3期
    回族商业经济的形成与发展　马学贤　青海社会科学　1990年　第6期
    回族研究国内第一家西北学坛明春有新刊《回族研究》在宁问世　本刊编辑部　西北民族研究　1990年　第2期
    《吉林回族》书讯　本刊编辑部　中国民族　1990年　第4期
    冀中第九军分区回民支队的建立　马志新　中国民族　1990年　第11期
    加蓬的伊斯兰教　黄陵渝　中国穆斯林　1990年　第5期
    简评《伊斯兰的未来》　王志刚　西亚非洲　1990年　第5期
    今日沈阳"回回营"　李太济　中国民族　1990年　第12期
    津巴布韦的穆斯林　黄陵渝等　中国穆斯林　1990年　第6期
    九江回族和伊斯兰教　叶平　中国穆斯林　1990年　第4期
    康杨回族乡沙里木回族讲土语及其由来的调查报告　吴承义　青海民族研究　1990年　第4期
    乐于为穆斯林服务的袁会长　苏传录　中国穆斯林　1990年　第3期
    凉山州伊协为穆斯林办实事　良伊　中国穆斯林　1990年　第3期
    辽阳市伊斯兰教协会成立　阿布都　中国穆斯林　1990年　第3期
    陵县成立伊斯兰教协会　陵宗　中国穆斯林　1990年　第3期
    略述伊斯兰教在广西的传播　翁干麟　广西民族研究　1990年　第2期
    论菲律宾的"穆斯林问题"　谢为民　东南亚研究　1990年　第2期
    罗马尼亚的穆斯林　黄陵渝　俄罗斯中亚东欧研究　1990年　第1期
    毛里求斯伊斯兰教概况　马忠杰　中国穆斯林　1990年　第2期
    毛主席和穆斯林　马尤乎、袁俊生　中国民族　1990年　第10期
    明代西域入附回回人口及其分布　和龚　内蒙古社会科学（汉文版）　1990年　第2期
    穆斯林的"斋月"　姜建农　历史教学　1990年　第7期

穆斯林的新生活　陈明　中国民族　1990年　第11期
穆斯林的葬礼　叶阿固布等　中国民族　1990年　第4期
穆斯林的知心朋友　传录　中国穆斯林　1990年　第3期
宁夏回族教育的发展与思考　马维骠　宁夏社会科学　1990年　第6期
宁夏伊斯兰教研究会年会在银川召开　于泉鸣　中国穆斯林　1990年　第1期
牛街回民武术集粹　增林、东风　中国民族　1990年　第6期
黔南重视穆斯林工作促进了安定团结　本刊编辑部　中国穆斯林　1990年　第4期
青海回族民俗纵横谈　朱刚　青海民族学院学报　1990年　第4期
青州的回民族源及其风俗史知识简介　张玉璋　潍坊教育学院学报　1990年　第2期
清代中国伊斯兰文化的重要基石：穆斯林译著家刘智学术思想评析　余振贵　宁夏社会科学　1990年　第2期
清真寺：伊斯兰史上的重要教育机构　尚劝余　阿拉伯世界　1990年　第4期
全国第六次《回族史》讨论会在济南召开　刘宝俊　宁夏大学学报（人文社会科学版）1990年　第4期
三个穆斯林　一行　中国民族　1990年　第8期
沙特的伊斯兰风貌　陈凤丽　阿拉伯世界　1990年　第2期
山西穆斯林与清真寺考　房建昌等　宁夏社会科学　1990年　第5期
上海穆斯林热情关怀西藏回族学生　杨振华　中国穆斯林　1990年　第1期
深受穆斯林爱戴的李慕唐阿訇　穆可发　中国穆斯林　1990年　第5期
胜保被诛与陕西回民起义　牛济　人文杂志　1990年　第3期
试论伊斯兰教的政治活力　金宜久　西亚非洲　1990年　第2期
试论伊斯兰商业道德　马维胜　青海民族研究　1990年　第2期
四川穆斯林的来源　张泽洪　中国穆斯林　1990年　第3期
苏联的改革与穆斯林　阎洪菊　世界民族　1990年　第2期
苏联回族清真寺参观记　胡振华　中国穆斯林　1990年　第1期
台湾的穆斯林、清真寺和伊斯兰教社团　张志诚　阿拉伯世界　1990年　第1期
太仓县伊斯兰教协会成立　郁永龙　中国穆斯林　1990年　第1期
晚清河州回民起义特点及其主要领导人马占鳌　李豫龙　西北民族学院学报（哲学社会科学版）　1990年　第2期
皖北穆斯林纪念李越凡阿訇　李慕唐　中国穆斯林　1990年　第3期
王府井耸起穆斯林大厦　李小林　中国民族　1990年　第9期
为《回回故事》叫好　李之　朔方　1990年　第10期
我国代表出席伊斯兰事务最高理事会　马云福　中国穆斯林　1990年　第3期
我国穆斯林杰出的领袖包尔汉　青霞　阿拉伯世界　1990年　第3期
西安回民中学的45个春秋　巴瑞明　中国民族　1990年　第4期
西部建筑实践：新疆伊斯兰经学院设计　陈伯贞　长安大学学报（建筑与环境科学版）1990年　第Z2期
西藏穆斯林与清真寺的若干史料　房建昌　中国穆斯林　1990年　第1期
西欧的穆斯林　安瓦罗等　中国穆斯林　1990年　第3期

新疆古伊斯兰教建筑艺术　李扬　民族艺术　1990年　第1期
兴旺发达的东郭村回民　珠玛　中国穆斯林　1990年　第5期
一批阿拉伯伊斯兰古籍再发行　刘山　阿拉伯世界　1990年　第1期
伊拉克伊斯兰代表团访问中国　马善义　中国穆斯林　1990年　第1期
伊斯兰倡导两世并重　马文忱　中国穆斯林　1990年　第1期
伊斯兰的经济理论和实践　希文　国际经济合作　1990年　第12期
伊斯兰发展银行　志德　中国穆斯林　1990年　第2期
伊斯兰发展银行代表访华　本刊编辑部　中国穆斯林　1990年　第2期
伊斯兰法的理论基础　吴云贵　比较法研究　1990年　第1期
伊斯兰复兴的政治文化根源　刘靖华、刘竟　世界经济与政治　1990年　第3期
伊斯兰改革主义的理论与实践　刘靖华　世界历史　1990年　第3期
伊斯兰教产生前后阿拉伯文字的发展　李令军　阿拉伯世界　1990年　第3期
伊斯兰教的善功　启辰　中国穆斯林　1990年　第5期
伊斯兰教的天课制度　曹久金　阿拉伯世界　1990年　第4期
伊斯兰教教法(一)　梁国诗　阿拉伯世界　1990年　第2期
伊斯兰教教法(二)　梁国诗　阿拉伯世界　1990年　第3期
伊斯兰教派知多少　苏宝贵　阿拉伯世界　1990年　第4期
伊斯兰教商业道德思想初探　张永庆　宁夏社会科学　1990年　第3期
伊斯兰教与哈里发制度　吴云贵　西亚非洲　1990年　第2期
伊斯兰教与经济发展　周燮藩　中国社会科学院研究生院学报　1990年　第2期
伊斯兰教与政治反对派　徐钧尧　西亚非洲　1990年　第2期
伊斯兰教与中国民族教育述略　覃泗　民族教育研究　1990年　第1期
伊斯兰教在马来西亚　孔远志　中国穆斯林　1990年　第4期
伊斯兰教在印度尼西亚的历史与现状　孔远志　中国穆斯林　1990年　第1期
伊斯兰教在云南的传播　李荣昆　中国穆斯林　1990年　第3期
伊斯兰教注重体育锻炼　赛生发　中国穆斯林　1990年　第4期
伊斯兰金融事业日益发展兴旺　谭秉文　国际金融研究　1990年　第11期
伊斯兰经济理论的文化内涵　韩琳　宁夏社会科学　1990年　第4期
伊斯兰经济学:基础与实践　阿巴西、左建龙　国外社会科学　1990年　第5期
伊斯兰经师马铨　答振益　中国穆斯林　1990年　第3期
伊斯兰美学点滴　一虹　哲学动态　1990年　第5期
伊斯兰神秘主义的形成发展和思想　杨荣华　阿拉伯世界　1990年　第3期
伊斯兰世界团结仍在　李竹润　瞭望　1990年　第34期
伊斯兰夜市　张红　中国民族　1990年　第3期
伊斯兰与科学　张静明　中国穆斯林　1990年　第2期
元朝时期的回回人　穆宝修　文史哲　1990年　第6期
元代回回及其历史贡献　李干等　黑龙江民族丛刊　1990年　第1期
原教旨主义与伊斯兰国家体制　吴云贵　西亚非洲　1990年　第4期
在民族化与现代化的道路上：论十年来宁夏回族文学创作　杨继国　固原师专学报

1990年　第1期

　战后美国的当代伊斯兰中东研究(上)　潘光、余建华　阿拉伯世界　1990年　第3期
　郑和与印度尼西亚的伊斯兰教　孔远志　东南亚研究　1990年　第1期
　中东国家政治中的伊斯兰教　东方晓　西亚非洲　1990年　第1期
　《中国穆斯林》1990年总目录　本刊编辑部　中国穆斯林　1990年　第6期
　中国穆斯林朝觐与中国朝觐工作团　马云福　中国穆斯林　1990年　第5期
　中国陶瓷与东南亚穆斯林　孔远志　中国穆斯林　1990年　第6期
　众多国家的穆斯林关心计划生育工作　孔远志　中国穆斯林　1990年　第5期
　祝评《吉林回族》出版：兼论东北地区的回族史研究　李松茂　宁夏社会科学　1990年第1期

1991年

　1991年公历农历伊斯兰教历对照表　本刊编辑部　阿拉伯世界　1991年　第1期
　阿拔斯时期的阿拉伯伊斯兰音乐　蔡伟良　阿拉伯世界　1991年　第3期
　阿克苏地区穆斯林捐款助学　柳村　中国穆斯林　1991年　第3期
　八十年来回族教育的回顾　杨兆钧　回族研究　1991年　第1期
　保定穆斯林积极捐款支持灾区　刘杏梅　中国穆斯林　1991年　第5期
　北京穆斯林大厦　李华英　中国穆斯林　1991年　第1期
　北京穆斯林经书用品服务社　本刊编辑部　中国穆斯林　1991年　第1期
　北京伊斯兰教与回族穆斯林　彭年　中国穆斯林　1991年　第2期
　比利时的伊斯兰教　黄陵渝　中国穆斯林　1991年　第5期
　"冰城"有座穆斯林医院　张万祥、盖乃文　中国民族　1991年　第1期
　沧州伊斯兰教人士为灾区捐款　王树青　中国穆斯林　1991年　第5期
　岑毓英与云南回民起义　赵至敏　中央民族学院学报（哲学社会科学版）　1991年第4期
　常德市清真寺　马文彬　中国穆斯林　1991年　第5期
　成都回族穆斯林　杨伯康　中国穆斯林　1991年　第5期
　出席"伊斯兰科学史国际学术讨论会"归来　胡振华　中国穆斯林　1991年　第5期
　从回回民族特殊心理意识综观郑和宗教信仰的复杂性　林松　回族研究　1991年第1期
　从人类学角度研究回回医药文化　马伯英　回族研究　1991年　第2期
　"大宝人"心系穆斯林　崔士威　中国民族　1991年　第4期
　大厂伊斯兰教界为灾区捐款　杨学峰　中国穆斯林　1991年　第6期
　到达南极的第一位中国穆斯林　张以勤　中国穆斯林　1991年　第4期
　第二届伊斯兰教学术讨论会综述　成红　西亚非洲　1991年　第1期
　东南亚早期的穆斯林贸易商　蒂贝茨等　南洋资料译丛　1991年　第1期
　对《回回药方》中的古医人姓氏的考证：《回回药方》研究之一　宋岘　西北民族研究1991年　第2期
　发展回回民族商品经济刍议　吴文杰　黑龙江民族丛刊　1991年　第1期

法国巴黎伊斯兰中心　马云福　中国穆斯林　1991年　第3期
法国穆斯林的斋月　周顺贤　中国穆斯林　1991年　第3期
凤城穆斯林与清真寺　刘守刚　中国穆斯林　1991年　第2期
福建陈埭回族的形成与发展　陈国强　民族研究　1991年　第4期
赣州伊斯兰教简述　潘昭明　中国穆斯林　1991年　第2期
高氟地区回民氟中毒患者超氧化物歧化酶活性及血红蛋白含量的测定　马蔚等　地方病通报　1991年　第3期
圪垱店清真寺　丁俊峰　中国穆斯林　1991年　第5期
关于编写新型回族史的意见　白寿彝　回族研究　1991年　第1期
关于山西临汾地区的穆斯林与伊斯兰教　王珏等　中央民族学院学报（哲学社会科学版）　1991年　第1期
关于伊斯兰史的几点新看法　费耐生、赵红　西北民族研究　1991年　第2期
关于元代回回人政治地位的几个问题　谷文双　黑龙江民族丛刊　1991年　第2期
广州穆斯林捐款献爱心　杨棠、马勇志　中国穆斯林　1991年　第5期
圭亚那的穆斯林　黄陵渝　中国穆斯林　1991年　第2期
海南三亚市穆斯林见闻　达应庚　中国穆斯林　1991年　第1期
海湾战后首次伊斯兰外长会议　郑金发　瞭望　1991年　第33期
邯郸穆斯林为灾区同胞祈祷平安并捐款　本刊编辑部　中国穆斯林　1991年　第6期
荷兰殖民统治前的印度尼西亚华人穆斯林　孔远志　华侨华人历史研究　1991年　第2期
黑龙江省清真寺　杨石　黑龙江民族丛刊　1991年　第1期
湖北伊斯兰教概况　李玉安　中国穆斯林　1991年　第2期
华北油田总医院为穆斯林群众义诊　仁泽　中国穆斯林　1991年　第4期
华亭穆斯林向安徽灾区穆斯林捐款　马起群　中国穆斯林　1991年　第6期
华夏大地上的回回民族　马启成　回族研究　1991年　第3期
"回回湾"纪事　薛晓京　瞭望　1991年　第18期
《回回药方》：中阿医药文化交流的结晶　李百川　中国穆斯林　1991年　第1期
回民"红娘"李菊君　寿魁成　中国穆斯林　1991年　第4期
回民街上的中美合资企业　程盼和　中国民族　1991年　第12期
回族建筑初探　姚复兴　长安大学学报（建筑与环境科学版）　1991年　第Z1期
回族近代文化运动的回顾与思考　罗万寿　回族研究　1991年　第4期
回族穆斯林老人马恒丰　益民　中国穆斯林　1991年　第5期
回族区农民收入消费的现状及其增收致富的对策　马文兴　西北民族学院学报（哲学社会科学版）　1991年　第2期
回族史研究的十年（1980—1989）　马劲　史学史研究　1991年　第1期
《回族文学与回族文化》出版　本刊编辑部　回族研究　1991年　第1期
回族舞蹈要发展　华方佐　中国民族　1991年　第2期
《回族研究》创刊　本刊编辑部　中国穆斯林　1991年　第1期
冀鲁边区（渤海）回民支队初创时期遇到的几个特殊问题　王连芳　回族研究　1991

年　第4期

冀鲁豫地区回族研究概述　李松茂　宁夏社会科学　1991年　第5期
建邺回民医院热情为回民服务　寿魁成　中国穆斯林　1991年　第3期
"教门话"与"教门歌"　穆白　中国穆斯林　1991年　第6期
近百年北京回族穆斯林教育概述　彭年　中国穆斯林　1991年　第1期
近代东北地区新式回族教育初探　玛纳　黑龙江民族丛刊　1991年　第1期
京郊回民公墓吊马坚教授　李士厚、林松　阿拉伯世界　1991年　第3期
开封的回回民族　胡云生　宁夏社会科学　1991年　第3期
抗日战争时期中东穆斯林的援华活动　铁维英　阿拉伯世界　1991年　第2期
科摩罗的伊斯兰教　黄陵渝　中国穆斯林　1991年　第6期
刘震寰和他领导的渤海回民支队　刘宝俊　回族研究　1991年　第2期
柳州新回民公墓建成　白玉栋　中国穆斯林　1991年　第1期
略论南亚次大陆北部伊斯兰化　朱锡强、张芬梅　南亚研究季刊　1991年　第3期
论古代阿拉伯医方书与《回回药方》的剂量关系　宋岘等　回族研究　1991年　第4期
论中亚史上的"回回现象"　高嵩　固原师专学报　1991年　第4期
罗马尼亚的穆斯林　黄陵渝　中国穆斯林　1991年　第3期
马尔代夫的伊斯兰教　黄陵渝　南亚研究　1991年　第1期
美国尤里卡伊斯兰中心　马云福　中国穆斯林　1991年　第1期
明代丝路贸易中的回回　和龚　中央民族学院学报(哲学社会科学版)　1991年　第1期
穆罕默德与伊斯兰教文明　马建春　西北民族学院学报（哲学社会科学版）　1991年　第1期
穆斯林常用赞辞及礼仪用语　马利强　中国穆斯林　1991年　第6期
穆斯林诚实经商　冶弘昶　中国穆斯林　1991年　第1期
穆斯林的好"朵斯提"　李占武、夏俊生　瞭望　1991年　第41期
穆斯林服务社采访纪实　刘元培　中国穆斯林　1991年　第5期
穆斯林格言　国昌　中国穆斯林　1991年　第1期
穆斯林喜爱的好阿訇　杨学仁　中国穆斯林　1991年　第2期
穆斯林与大、小净　李山牧　中国穆斯林　1991年　第5期
穆斯林与当代印度政治　王士录　世界经济与政治　1991年　第12期
宁夏9名回族儿童智力低下流行病学调查报告（摘要）　马惠珍等　临床儿科杂志　1991年　第5期
宁夏回族女童教育问题初探　周卫等　宁夏教育　1991年　第12期
宁夏南部山区的人口与劳动力问题　张克武　中央民族学院学报（哲学社会科学版）　1991年　第4期
牛街穆斯林新居在望　德育　中国穆斯林　1991年　第2期
蒲寿庚是西域华化广州回民考　曾昭璇　岭南文史　1991年　第1期
浅谈伊斯兰词语的翻译　从恩霖　阿拉伯世界　1991年　第1期
浅析兰州市城镇回族个体经济问题　杨光荣　回族研究　1991年　第4期

青岛伊斯兰教参观团赴京津学习　青伊　中国穆斯林　1991年　第2期
清代陕甘回民起义运动管见　牛济　延安大学学报(社会科学版)　1991年　第1期
清末民初安康回族教育　马吉和　中国穆斯林　1991年　第6期
清真寺与回族节日文化　罗荣轩、何克俭　回族研究　1991年　第3期
全国部分回民中学校际协作体组成讲师团来银讲学　马德胜　宁夏教育　1991年　第Z2期
全面研究回民抗日的历史　李松茂　回族研究　1991年　第2期
热心奉献的兰国平　高学明　中国穆斯林　1991年　第2期
瑞士的伊斯兰教　黄陵渝　中国穆斯林　1991年　第4期
试论当代伊斯兰社会的思想流派　张来仪　宁夏社会科学　1991年　第6期
试论中国民族关系历史的几个重要规律与回族形成、发展和特点的关系　孙祚民　宁夏社会科学　1991年　第1期
试谈杨继国的回族文学评论　马宇桢　朔方　1991年　第7期
试析伊斯兰教的公益问题　马平　青海民族学院学报　1991年　第1期
试析中国伊斯兰教宗教经济问题　马平　宁夏社会科学　1991年　第4期
斯里兰卡的伊斯兰教　黄陵渝　南亚研究　1991年　第4期
四川伊斯兰教史述略　张泽洪　宗教学研究　1991年　第Z2期
塔尔回族乡重视发展教育　韩德明　中国穆斯林　1991年　第1期
台子大寺话今昔　王根明　中国穆斯林　1991年　第5期
唐元时代中国的伊朗语文与波斯语文教育　刘迎胜　新疆大学学报(哲学人文社会科学版)　1991年　第1期
同治末清军围剿河州、西宁、肃州回民起义时的董福祥　薛正昌　青海民族学院学报　1991年　第3期
我的回忆：20年代的沧州(二)　刘麟瑞　阿拉伯世界　1991年　第1期
我国一些唇形科植物学名更动　李锡文　云南植物研究　1991年　第3期
我国中南地区城市回族情况概述　黄运海　贵州民族研究　1991年　第2期
我省两部有关回族书籍将编辑出版　马亮生　民族论坛　1991年　第3期
吴忠市郊区68名80岁以上回族老年人营养状况调查　肖聪等　宁夏医学院学报　1991年　第4期
西安清真西寺图书室愈办愈好　张祥顺　中国穆斯林　1991年　第5期
西班牙的伊斯兰教　黄陵渝　中国穆斯林　1991年　第1期
西北地区的回族民间音乐　杜亚雄　中国音乐　1991年　第3期
夏河县的穆斯林及清真寺　陈世明　中国穆斯林　1991年　第3期
献身民族教育事业：记郑州回民中学校长张延杰　丁长义　中国民族　1991年　第4期
香港穆斯林访问团回内地观光　和平　中国穆斯林　1991年　第6期
香港伊斯兰代表团来京观光　马善义　中国穆斯林　1991年　第2期
《小史料》上都回回药物院　本刊编辑部　内蒙古中医药　1991年　第1期
校点本《回回药方》前言　冯增烈　回族研究　1991年　第1期

辛亥革命与回族的振兴和发展　答振益　中南民族学院学报（人文社会科学版）1991年　第5期
辛亥回回兵　明静　当代戏剧　1991年　第1期
新西兰的伊斯兰教　黄陵渝　世界民族　1991年　第1期
徐州市清真回民食品厂乔迁新址　徐伊　中国穆斯林　1991年　第6期
寻甸回族与清真寺　刘宝明　中国穆斯林　1991年　第2期
一位穆斯林女能人　宋永利　中国穆斯林　1991年　第1期
伊斯兰初期的货币　朱和海　阿拉伯世界　1991年　第1期
伊斯兰发展银行代表团来我国访问　杨志波　中国穆斯林　1991年　第2期
伊斯兰服饰点滴　赵伟明　阿拉伯世界　1991年　第2期
伊斯兰国家民事审判组织的种类和特征　叶自强　河北法学　1991年　第1期
伊斯兰国家人口状况　本刊编辑部　人口学刊　1991年　第4期
伊斯兰化蒙古概述　新吉乐图　内蒙古社会科学(汉文版)　1991年　第5期
伊斯兰教对老年穆斯林生活的影响　南文渊　青海民族研究　1991年　第4期
伊斯兰教对自然美的认识　胡大雷　宁夏社会科学　1991年　第4期
伊斯兰教法纵横谈　吴云贵　西亚非洲　1991年　第4期
伊斯兰教教法(四)　梁国诗　阿拉伯世界　1991年　第1期
伊斯兰教经济思想特点初探　刘天明　宁夏社会科学　1991年　第6期
伊斯兰教圣战成因试探　尚劝余　阿拉伯世界　1991年　第4期
伊斯兰教与妇女　王怀德　宁夏社会科学　1991年　第3期
伊斯兰教与美术　庆玉　阿拉伯世界　1991年　第2期
伊斯兰教与政治传统　东方晓　西亚非洲　1991年　第2期
伊斯兰教育理论与实践初探　马明良　宁夏社会科学　1991年　第4期
伊斯兰教在东北地区的早期传播　那晓波　黑龙江民族丛刊　1991年　第3期
伊斯兰教在印度尼西亚　邱青　世界博览　1991年　第6期
伊斯兰教中的人本精神　马志刚　宁夏社会科学　1991年　第2期
伊斯兰历史、艺术、文化研究中心简介　苏宝贵　宁夏社会科学　1991年　第6期
伊斯兰伦理学之探讨　张志华　回族研究　1991年　第3期
伊斯兰思辨神学的形成和发展　杨荣华　阿拉伯世界　1991年　第4期
伊斯兰艺术及美学思想初探　丁克家　阿拉伯世界　1991年　第3期
伊斯兰与人的价值　纳兰珍　中国穆斯林　1991年　第6期
伊斯兰哲学家伊本鲁世德　赛生发　中国穆斯林　1991年　第2期
伊斯兰最高理事会召开第四届大会　杨志波　中国穆斯林　1991年　第5期
忆回族穆斯林翻译家纳训　纳国昌　中国穆斯林　1991年　第1期
银川市伊斯兰教界解囊赈灾　吴永荣　中国穆斯林　1991年　第5期
印度尼西亚、荷兰合作研究伊斯兰教　孔远志　中国穆斯林　1991年　第2期
印度尼西亚华人穆斯林　孔远志　中国穆斯林　1991年　第6期
元代东来的回回世家　杨怀中　回族研究　1991年　第1期
元代东来的回回世家(续)　杨怀中　回族研究　1991年　第2期

元代许有壬与穆斯林文化的探讨　穆德全、胡云生　宁夏大学学报(人文社会科学版)　1991年　第1期
云南回族宗族制度探析　金少萍　回族研究　1991年　第2期
战后伊斯兰教的基本趋势　吴云贵　宁夏社会科学　1991年　第1期
战后伊斯兰经济理论和实践　吴云贵　世界经济与政治　1991年　第7期
中国回回天文历法研究述评　陈静　西北民族研究　1991年　第2期
中国回民救国协会成立时间地点质疑　答振益　回族研究　1991年　第2期
《中国回族大辞典》在编纂中　克俭　中国民族　1991年　第4期
《中国穆斯林》1991年总目录　本刊编辑部　中国穆斯林　1991年　第6期
中国穆斯林朝觐团归来　伊丁　中国穆斯林　1991年　第5期
中国穆斯林建筑的色彩及文化含义　赖存理等　民族研究　1991年　第1期
中国伊斯兰教研究史基本评述　高占福　回族研究　1991年　第2期

1992年

1760年至1860年新疆回民简况　佐口透等　回族研究　1992年　第2期
1911年至1951年的云南回族伊斯兰教组织　沙非亚　回族研究　1992年　第4期
阿城回族与清真寺　张剑秋　中国穆斯林　1992年　第6期
阿曼的伊斯兰教育概况　刘元培　中国穆斯林　1992年　第1期
奥斯曼帝国后期的伊斯兰改革运动　马文玉　阿拉伯世界研究　1992年　第4期
巴黎的穆斯林社会　马通　回族研究　1992年　第2期
百崎回民的"私家神"崇拜　石奕龙　惠安民俗研讨会论文集　1992年
波黑烽火中的伊斯兰影子　梁甫　世界知识　1992年　第21期
阐述全面　持论公允:读高文远著《清末西北回民之反清运动》一书　马汝珩　回族研究　1992年　第4期
长治穆斯林举办诵经会　程盼和　中国穆斯林　1992年　第4期
成都的回族穆斯林与清真寺　马文彬　中国穆斯林　1992年　第5期
从民俗学看回回民族的饮食习俗　辛智　中国民族　1992年　第7期
从族谱看江南穆斯林的宗教制度　房建昌　东南文化　1992年　第Z1期
大厂回族考　杨学峰　宁夏社会科学　1992年　第1期
第一届回族音乐文化研讨会综述　乐山　音乐研究　1992年　第1期
东营市伊斯兰教协会成立　东伊　中国穆斯林　1992年　第5期
对《普济方》和《本草纲目》中的回回医方的考证　宋岘等　回族研究　1992年　第2期
甘肃临夏州回族农户的经营活动调查　刘援朝　中国农村观察　1992年　第5期
古代阿拉伯伊斯兰的科学技术　李令军　阿拉伯世界　1992年　第1期
关于《冈志》　刘东声　回族研究　1992年　第1期
关于评价新疆回族、维吾尔族起义的几个问题　吴万善、张玉峰　回族研究　1992年　第1期
郭厝回族村饮食习俗杂谈:兼谈其服饰和节日习俗　郭瑛　惠安民俗研讨会论文集　1992年

黑龙江的回族穆斯林与清真寺　杨宾光、杨实　中国穆斯林　1992年　第3期
红宫的伊斯兰风格　马进虎　阿拉伯世界　1992年　第2期
红河州伊斯兰教人士受重视　郑江平　中国穆斯林　1992年　第3期
呼和浩特市2岁至18岁回族人营养与体质发育指数研究　郑连斌等　内蒙古师范大学学报(自然科学汉文版)　1992年　第2期
桦甸市政府为穆斯林办实事　吕方　中国穆斯林　1992年　第3期
回回一词的起源和演变　杨志玖　回族研究　1992年　第4期
回族　本刊编辑部　云南教育(基础教育版)　1992年　第Z1期
回族的古代教育　谷文双　黑龙江民族丛刊　1992年　第4期
回族发展的历史特征及其对民族精神的影响　赖存理　回族研究　1992年　第4期
回族民间歌曲与伊斯兰教　刘金明　中国音乐　1992年　第2期
回族女子教育的兴办与发展　丁国勇　回族研究　1992年　第2期
回族贫困社区农民健康教育初探　葛超　中国健康教育　1992年　第3期
回族人口形势分析　刘援朝　回族研究　1992年　第3期
回族史学者杨怀中　谭锋　宁夏社会科学　1992年　第6期
回族文学走向世界的开端　李树江　民族文学研究　1992年　第2期
回族小资料　本刊编辑部　民族教育研究　1992年　第4期
纪念陕西回民起义130周年学术讨论会综述　张来仪　西北大学学报（哲学社会科学版）　1992年　第4期
冀鲁边区（渤海）回民支队初创时期遇到的几个特殊问题（续）　王连芳　回族研究　1992年　第1期
加马鲁丁与泛伊斯兰主义　李振中　阿拉伯世界　1992年　第2期
简述开封的穆斯林文化　胡云生　中国穆斯林　1992年　第1期
建立宁夏伊斯兰民族经济贸易区的构想　陈玉珍　宁夏大学学报（农业科学版）1992年　第3期
解开历史的疙瘩：喜读《清代西北回民起义研究》　易卜拉欣　西北民族学院学报(哲学社会科学版)　1992年　第1期
京郊顺义修建回民小学教学楼　宋志成、马田　中国民族　1992年　第8期
临潭穆斯林及清真寺　马廷义　中国穆斯林　1992年　第5期
略论回族文学中的女性审美形象　马燕　青海民族学院学报　1992年　第4期
略论伊斯兰教对回族艺术的影响　丁明俊　回族研究　1992年　第2期
略谈吉林回族干部的成长与特点　沙允中　回族研究　1992年　第1期
论东西方医药文化高度结合的历史经验：从中国回回医学的形成与发展谈起　安迪光　中国穆斯林　1992年　第6期
论穆斯林礼仪的形成及其异同　王怀德　西北大学学报（哲学社会科学版）　1992年第1期
论土耳其的伊斯兰教现代化　杨兆钧　思想战线　1992年　第4期
论中国伊斯兰的大文化属性　马启成　中央民族学院学报（哲学社会科学版）　1992年　第6期

论中世纪伊斯兰世界的科学　王学力　西华师范大学学报（哲学社会科学版）　1992年　第5期
洛阳市塔西穆斯林新村规划设计　崔发善、薛利英　小城镇建设　1992年　第1期
洛阳市塔西穆斯林新村建设　王莲君　小城镇建设　1992年　第5期
马克思主义权威观与伊斯兰权威政治研究　刘靖华　西亚非洲　1992年　第1期
明代入附回回姓氏汉化考　和龚　中央民族学院学报（哲学社会科学版）　1992年　第2期
明代西域入附回回的职业结构　和嵩　宁夏社会科学　1992年　第3期
穆斯林的贴心代表　金文明　中国穆斯林　1992年　第3期
穆斯林的宰牲和宰牲节　丁超　中国食品　1992年　第5期
《穆斯林会话》前言　刘麟瑞　阿拉伯世界　1992年　第2期
穆斯林世界争夺中亚　林会生　世界知识　1992年　第6期
穆斯林应有的高贵品质　马文忱　中国穆斯林　1992年　第4期
穆斯林应遵守的道德　陈广元　中国穆斯林　1992年　第5期
穆斯林在英国的一篇历史日记　芒塔兹阿里、吴金城　世界民族　1992年　第2期
穆斯林之家：访北京穆斯林大厦　青霞、炳书　阿拉伯世界　1992年　第1期
南京的阿訇和穆斯林学者简介　郑自强　中国穆斯林　1992年　第4期
宁夏回族的婚俗　赵永祥、韩志刚　阿拉伯世界　1992年　第1期
宁夏回族乳腺癌22例报告分析　孙晗　宁夏医学院学报　1992年　第4期
农村回族眼外形调查　贵祥华等　中国实用眼科杂志　1992年　第1期
评金积堡回民起义和马化龙　何玉畴、王迎喜　兰州大学学报（社会科学版）　1992年　第4期
浅谈伊斯兰建筑　冉建银　长安大学学报（建筑与环境科学版）　1992年　第Z1期
青岛清真寺房产政策落实　青伊　中国穆斯林　1992年　第3期
清真寺：穆斯林重要的宗教活动场所　尚劝余　阿拉伯世界　1992年　第1期
清真寺在穆斯林社会中的历史作用　黄沙　西北大学学报（哲学社会科学版）　1992年　第3期
如何当好一个穆斯林　陈广元　中国穆斯林　1992年　第2期
闪光的心灵无私的奉献：记肇东市回民糕点厂厂长贾连福　耿文侠　中国穆斯林　1992年　第1期
试论青海伊斯兰教文化圈　马成俊　青海社会科学　1992年　第5期
试谈回族伊斯兰教文化的集体主义价值观　南文渊　青海民族学院学报　1992年　第2期
试谈伊斯兰教的禁酒　孙俊山　中国穆斯林　1992年　第1期
宋元以来的中国穆斯林天文家　阎林山　中国穆斯林　1992年　第6期
太平天国扶王陈得才与陕西回民起义　石培华　史林　1992年　第4期
泰安市伊斯兰教协会成立　孟宪斌　中国穆斯林　1992年　第5期
唐徕回民中学向管理要质量　汤惠忠　宁夏教育　1992年　第Z2期
"天津回教联合会"概况　尹忠田　回族研究　1992年　第4期

通县伊协成立　彭文　中国穆斯林　1992年　第6期

推荐《中国穆斯林人口》　侯文若　中央民族学院学报（哲学社会科学版）　1992年　第6期

倭马亚时期的阿拉伯伊斯兰建筑艺术　墨翰　阿拉伯世界　1992年　第3期

乌鲁木齐回民汉语声母与《广韵》声母比较　刘俐李　新疆大学学报（哲学人文社会科学版）　1992年　第1期

乌鲁木齐回民汉语中的双焦点辅音　刘俐李　新疆大学学报（哲学人文社会科学版）　1992年　第4期

西安回民图书馆的创办者马师端先生事略　哈雏岐　回族研究　1992年　第2期

西北回族穆斯林的过去与未来　马通　西北民族研究　1992年　第2期

席卷阿尔及利亚的伊斯兰狂潮　王连志　国际展望　1992年　第4期

辛亥革命以来的辽宁回族教育　宋国强、才一正　渤海大学学报（哲学社会科学版）　1992年　第1期

新都县回族穆斯林　新清管　中国穆斯林　1992年　第5期

要做真诚的穆斯林　傻文翰　中国穆斯林　1992年　第4期

一部了解伊斯兰教历史的佳作：《伊斯兰教史》简评　黄维民　西北大学学报（哲学社会科学版）　1992年　第4期

伊朗总统在京会见伊斯兰教人士　本刊编辑部　中国穆斯林　1992年　第6期

伊斯兰教的美学品格赏析　丁峻　回族研究　1992年　第3期

伊斯兰教对回族教育的影响　南文渊　青海民族研究　1992年　第3期

伊斯兰教法知识答问　赛生发　中国穆斯林　1992年　第5期

伊斯兰教圣徒崇拜溯源　高永久　西北民族学院学报（哲学社会科学版）　1992年　第2期

伊斯兰教与宁夏回族的老龄事业　张永庆　回族研究　1992年　第4期

伊斯兰教与现代化　吴云贵　回族研究　1992年　第3期

伊斯兰教与中国传统文化　葛壮　探索与争鸣　1992年　第3期

伊斯兰教与中国传统文化：论中国伊斯兰教的发展历程　秦惠彬　宁夏社会科学　1992年　第4期

伊斯兰教在日本　林松　回族研究　1992年　第1期

伊斯兰文化与中国学术讨论会综述　宋全成　文史哲　1992年　第1期

伊斯兰政治的文化视界　刘靖华　西亚非洲　1992年　第6期

印度尼西亚穆斯林到大厂参观访问　胡振华　中国穆斯林　1992年　第3期

印度尼西亚伊斯兰教见闻散记　赛生发　中国穆斯林　1992年　第1期

《雍正训谕碑》与清初北京回民　姜纬堂　回族研究　1992年　第4期

元代的甘肃回回人　高占福　宁夏社会科学　1992年　第3期

元代回回天算家及其天文工作考论　陈静　回族研究　1992年　第2期

元代回回研究札记　邱树森　西北第二民族学院学报（哲学社会科学版）　1992年　第1期

元代回族作家及其文学创作漫议　郝浚　西北民族学院学报（哲学社会科学版）　1992年　第1期

远大的理想执著的追求：记回族穆斯林学者杨怀中　海宗元　中国穆斯林　1992年第3期
再论伊斯兰商业道德　马维胜　青海民族研究　1992年　第2期
早期伊斯兰社会政教关系的特点　张世满　山西大学学报（哲学社会科学版）　1992年　第4期
镇江回回(上)　夏容光　中国穆斯林　1992年　第5期
镇江回回(下)　夏容光　中国穆斯林　1992年　第6期
《中国穆斯林》1992年总目录　本刊编辑部　中国穆斯林　1992年　第6期
中国穆斯林享有充分的人权　彭年　中国穆斯林　1992年　第1期
中国穆斯林友好代表团访问印度尼西亚　马哈茂德等　中国穆斯林　1992年　第1期
中国穆斯林友好访问团出访香港　马善义　中国穆斯林　1992年　第4期
中国伊斯兰教经学院学员来大厂参观　杨学峰　中国穆斯林　1992年　第1期
中国伊斯兰教寺院经济结构分析　马平　回族研究　1992年　第1期
中世纪伊斯兰造型艺术及其流派　蔡伟良　阿拉伯世界　1992年　第1期
中亚和西亚关系中的伊斯兰因素　赵增泉　西亚非洲　1992年　第6期
中亚与伊斯兰圈　吴民远　国际展望　1992年　第9期
做一个身心洁净的穆斯林　定继平　中国穆斯林　1992年　第1期

1993年

20世纪伊斯兰复兴主义思潮初探　才家瑞　天津社会科学　1993年　第6期
埃及：向穆斯林极端分子开战　张良福　世界知识　1993年　第8期
陈埭的回族与伊斯兰教　马彦虎　中国穆斯林　1993年　第2期
成达师范学校校史述要　刘东声　回族研究　1993年　第2期
承德回民小学办阿文班　本刊编辑部　中国穆斯林　1993年　第1期
大厂伊斯兰教史话　杨宝军　中国穆斯林　1993年　第5期
戴面纱的穆斯林妇女　永平　乡镇论坛　1993年　第5期
当代回族地区伊斯兰教宗教经济问题　马平　宁夏社会科学　1993年　第4期
地区回族史研究的新收获　李松茂　中南民族学院学报（人文社会科学版）　1993年第3期
董志原十八营元帅事迹考　韩敏　回族研究　1993年　第2期
对内蒙回族Kell血型的调查　王广结等　中国输血杂志　1993年　第1期
对内蒙回族Kell血型和ABO亚型的调查　王钢等　内蒙古医学杂志　1993年　第1期
对同治年间西北回民起义领导者的评价　张和平等　青海民族研究　1993年　第1期
咄咄逼人的伊斯兰冷战　宋宜昌　甘肃社会科学　1993年　第1期
妇女在伊斯兰教中的地位　铁国玺　中国穆斯林　1993年　第4期
复州城回回与清真寺　王洪明　中国穆斯林　1993年　第1期
关于"回回"最早出现于西夏问题的补证　汤开建　民族研究　1993年　第1期
关于福建泉州回族形成时代的讨论　史明　民族研究　1993年　第3期
关于西域回回炮及其东传的研究　吕一燃　中国边疆史地研究　1993年　第4期

广西回族穆斯林及清真寺　常启明　中国穆斯林　1993年　第6期

海固回民起义的特点　柯具廉　固原师专学报　1993年　第2期

海南岛穆斯林墓地考　陈达生等　回族研究　1993年　第2期

韩国伊斯兰教　黄陵渝　中国穆斯林　1993年　第3期

汉族学者研究回族和伊斯兰教的重要成果：李松茂著《回族伊斯兰教研究》出版　马寿千　回族研究　1993年　第3期

河北丘县回民抗日述略　马铁军　回族研究　1993年　第1期

呼和浩特都市居民的多民族化形成及现状　荣盛　中国都市人类学会第一次全国学术讨论会论文集　1993年

话说波黑穆斯林　达洲　世界知识　1993年　第3期

回回定居　史丁　青海民族研究　1993年　第1期

回回记者冯福宽　贺俊文　新闻知识　1993年　第9期

回回人的东来和分布（上）　杨志玖　回族研究　1993年　第1期

回回人的东来和分布（下）　杨志玖　回族研究　1993年　第2期

回回人与元代政治（一）　杨志玖　回族研究　1993年　第4期

回民的粉汤与油香　袁志广　中国民族　1993年　第11期

回族健康长寿与文化习俗　马尚林、罗凉昭　西南民族学院学报（人文社科版）　1993年　第6期

回族进步教授马宗融　闪克行　回族研究　1993年　第4期

回族民歌的题材及意蕴浅析　张新明　民族艺术　1993年　第3期

回族穆斯林的贴心人　张学文　中国穆斯林　1993年　第6期

回族文化建设的新成果：《中国回族大辞典》评介　李秀琴　中国图书评论　1993年第6期

回族小学汉回族学生健康教育效果评价　麻志强等　中国健康教育　1993年　第1期

回族研究论文、资料目录索引（1992年）　吴艳冬　回族研究　1993年　第3期

回族伊斯兰教政治思想的演变　南文渊　西北民族学院学报（哲学社会科学版）1993年　第1期

回族与汉族指根嵴线指根三叉角的遗传差异　马晓明等　承德医学院学报　1993年第2期

回族在城市中的社会网络：关于淄博市张店区的个案研究　李彬　中国都市人类学会第一次全国学术讨论会论文集　1993年

吉林省回族人口经济构成的变迁　田志和　回族研究　1993年　第1期

加拿大的穆斯林　莫扎梅尔等　世界民族　1993年　第3期

简论回族民间故事的民俗价值：从《回族民间故事集》谈起　杨万仁　民族文学研究　1993年　第3期

简述伊斯兰经济观　郑坚　中国穆斯林　1993年　第5期

今日中亚回族　白述礼　回族研究　1993年　第4期

近代富甲江南的回回家族：金陵蒋氏　郑勉之　回族研究　1993年　第3期

近代上海社会中的伊斯兰教　葛壮　复旦学报（社会科学版）　1993年　第4期

晋江陈埭回族文化风俗的基本特征　蓝达居　福建侨乡民俗:福建侨乡民俗学术研讨会论文集　1993年
开发穆斯林专项旅游产品的尝试　徐泛　旅游学刊　1993年　第5期
开封的回民教育述略　胡云生　中国穆斯林　1993年　第1期
冷战后伊斯兰世界的合作趋向　李荣　现代国际关系　1993年　第6期
论东西方医药文化高度结合的历史经验（续二）：从中国回回医学的形成与发展谈起　安迪光　中国穆斯林　1993年　第2期
论伊斯兰教与回族的凝聚力　金朝光　承德民族师专学报　1993年　第S1期
马鞍山政府为回民群众办实事　白君阶　中国穆斯林　1993年　第6期
马联升"受抚"浅议　金少萍　中南民族学院学报（人文社会科学版）　1993年　第3期
马良骥出访"陕西村"　一丁　中国穆斯林　1993年　第5期
马贤谈穆斯林不吃猪肉的原因　本刊编辑部　回族研究　1993年　第4期
毛里塔里亚的伊斯兰教　黄陵渝　中国穆斯林　1993年　第1期
蒙古语族康杨回族语语音特点　李克郁　青海民族研究　1993年　第2期
孟加拉国的伊斯兰教　张来仪　南亚研究　1993年　第3期
民族史学研究的新成果：评邵宏谟、韩敏著《陕西回民起义史》　马复员　陕西师范大学学报（哲学社会科学版）　1993年　第3期
明前期伊斯兰教政策简论　丁明俊　宁夏社会科学　1993年　第4期
穆斯林的地毯工艺　马进虎　阿拉伯世界　1993年　第2期
穆斯林的孝道　杨玉润　中国穆斯林　1993年　第3期
穆斯林的知心朋友　苏传录　中国穆斯林　1993年　第4期
穆斯林简讯四则　本刊编辑部　中国穆斯林　1993年　第6期
穆斯林外交官访问大厂　杨学峰　中国穆斯林　1993年　第1期
南阳地区的回回民族　胡云生　宁夏社会科学　1993年　第2期
宁夏同心（回民）方言的语法特点　张安生　宁夏社会科学　1993年　第6期
蓬勃发展中的回民区　祁建秀　内蒙古宣传　1993年　第18期
郫县回民和清真寺　马光德　中国穆斯林　1993年　第5期
《平定陕甘新疆回匪方略》的撰述与价值　汪受宽　青海民族学院学报　1993年　第3期
蒲松龄为回回人后裔考　白崇人　回族研究　1993年　第1期
浅谈伊斯兰教的商业道德　从恩霖　中国穆斯林　1993年　第4期
浅议回族文化的行程与分期　仁穆　西北第二民族学院学报（哲学社会科学版）　1993年　第1期
沁阳市为穆斯林办好事　拜存星　中国穆斯林　1993年　第6期
青海回族的近代学校教育　朱解琳　民族教育研究　1993年　第2期
青海回族民歌述略　马忠国　青海师范大学学报（哲学社会科学版）　1993年　第4期
青海穆斯林老人问题　朱刚　回族研究　1993年　第3期
清代西北回民起义和中亚东干人　王宗维　西北民族研究　1993年　第2期
陕甘回民对辛亥革命的贡献　张应超　回族研究　1993年　第3期

陕西回民起义档案资料三件　马寿千　回族研究　1993年　第2期
陕甘回民起义档案资料七件　马寿千　回族研究　1993年　第3期
陕西省召开纪念陕西回民起义130周年学术讨论会　张来仪　宁夏社会科学　1993年第1期
世界穆斯林分布　寒放　世界知识　1993年　第12期
世俗性：中世纪伊斯兰教育的特色　杜红　阿拉伯世界　1993年　第2期
试论清代同治年间甘肃回民起义的策略问题　张霞光　回族研究　1993年　第3期
试论伊斯兰法系的渊源　黄跃庆、刘奕　阿拉伯世界　1993年　第3期
试析穆斯林道德的社会地位与作用　从恩霖　回族研究　1993年　第4期
试析中国伊斯兰教的伦理思想　罗万寿　西北民族学院学报（哲学社会科学版）1993年　第1期
书刊中伊斯兰教内容的处理问题　杨祖希　中国出版　1993年　第2期
丝绸之路上的穆斯林　马通　丝绸之路　1993年　第4期
泰国穆斯林的种族构成　侯献瑞等　东南亚纵横　1993年　第3期
《天方典礼》哲学思想初探　孙俊萍　哲学研究　1993年　第11期
《天方性理》所反映出的回回宇宙观　陈久金　回族研究　1993年　第1期
同心回民女子中学　李德修　中国穆斯林　1993年　第3期
威震亳州的"回民支队"　孙剑云、颜士华　中国民族　1993年　第6期
西北回族茶文化概论　朱刚　西北民族研究　1993年　第2期
西宁穆斯林向灾区捐赠　马祥　中国穆斯林　1993年　第1期
夏河县的穆斯林及其清真寺简介　陈世明　回族研究　1993年　第4期
鲜美芬芳的回回豆　朱永年　长江蔬菜　1993年　第5期
椰枣与伊斯兰教　木白　中国穆斯林　1993年　第1期
一代师长令人尊敬：怀念宁夏回族自治区政协副主席刘震寰　韩克　中国穆斯林1993年　第1期
伊斯兰"塔骚屋夫"探析　沙宗平　中国社会科学院研究生院学报　1993年　第3期
伊斯兰发展银行工程师访华　杨志波　中国穆斯林　1993年　第1期
伊斯兰法理学浅说　马忠杰　中国穆斯林　1993年　第4期
伊斯兰法在近代印度的演变　李启　南亚研究　1993年　第1期
伊斯兰复兴与东方传统社会的现代化　张铭　苏州科技学院学报（社会科学版）1993年　第4期
伊斯兰化运动中的中亚五国　高惠群　俄罗斯中亚东欧研究　1993年　第6期
伊斯兰教殡仪的探讨（上）　伊敏　阿拉伯世界　1993年　第3期
伊斯兰教殡仪的探讨（下）　伊敏　阿拉伯世界　1993年　第4期
伊斯兰教的创立与社会变革　裴耀鼎　杭州师范学院学报（社会科学版）1993年第4期
伊斯兰教的丧葬规定及习俗　李鸿鸣　中国穆斯林　1993年　第6期
伊斯兰教继承法初探　李彬　回族研究　1993年　第2期
伊斯兰教食物律法　李鸿鸣　中国穆斯林　1993年　第2期

伊斯兰教五功考述　高永久　兰州大学学报（社会科学版）　1993年　第1期
伊斯兰教一神论哲学浅谈　马秀梅　青海民族学院学报　1993年　第3期
伊斯兰教义学三部早期文献　吴云贵　回族研究　1993年　第4期
伊斯兰教与撒拉族文化　马明良　青海民族学院学报　1993年　第1期
伊斯兰教与社会问题初探　马成良　西北民族学院学报（哲学社会科学版）　1993年　第1期
伊斯兰教与帖木儿　高永久　西北民族研究　1993年　第1期
伊斯兰教与现代化关系诠释　马进虎　宁夏社会科学　1993年　第1期
伊斯兰教在印度尼西亚　孔远志　东南亚研究　1993年　第Z1期
伊斯兰经济学简介　李苏幸　宁夏社会科学　1993年　第5期
伊斯兰黎明时期的诗人与诗歌　文华　阿拉伯世界　1993年　第3期
伊斯兰神爱论的形成和发展　杨荣华　阿拉伯世界　1993年　第1期
伊斯兰时期的阿拉伯社会状况　史文　阿拉伯世界　1993年　第1期
伊斯兰世界　寒放　世界知识　1993年　第12期
伊斯兰原教旨主义发展趋势及影响　刘月华　国际新闻界　1993年　第3期
伊斯兰原教旨主义探源　熊家学　世界经济与政治　1993年　第7期
"移词"：略谈回族语言　马平、马文鹰　中国穆斯林　1993年　第3期
印度尼西亚伊斯兰友好代表团访华　王以成　中国穆斯林　1993年　第1期
印度尼西亚：中国穆斯林友好交往　孔远志　中国穆斯林　1993年　第6期
有关成都穆斯林先民杂说　马文彬　中国穆斯林　1993年　第3期
元代安西王信仰伊斯兰教说质疑　王宗维　民族研究　1993年　第2期
元代回回人的社会地位　杨志玖　回族研究　1993年　第3期
在京穆斯林欢度古尔邦节　刘莉　中国民族　1993年　第8期
张家川的回族　李忱　宁夏社会科学　1993年　第3期
镇江回回（续二）　夏容光　中国穆斯林　1993年　第1期
镇江回回（续三）　夏容光　中国穆斯林　1993年　第2期
镇江回回（续四）　夏容光　中国穆斯林　1993年　第3期
镇江回回（续完）　夏容光　中国穆斯林　1993年　第4期
郑和与穆斯林　杨兆钧　云南民族学院学报（哲学社会科学版）　1993年　第4期
《中国回回历法辑丛》导言　马明达等　西北民族研究　1993年　第1期
"中国穆斯林"节目深受巴基斯坦听众喜爱　张莲玉　中国穆斯林　1993年　第4期
《中国穆斯林》1993年总目录　本刊编辑部　中国穆斯林　1993年　第6期
中国穆斯林陵墓建筑布局比较研究　高永久　中央民族学院学报（哲学社会科学版）　1993年　第6期
《中国伊斯兰百科全书》出版发行　群力　青海民族研究　1993年　第4期
中世纪阿拉伯伊斯兰文化的几个特点　孙承熙　阿拉伯世界　1993年　第3期
周级三与万县伊斯兰师范　马彦虎　回族研究　1993年　第1期
做一个认主独一的穆斯林　定纪平　中国穆斯林　1993年　第2期
做一个力行善功的穆斯林　定纪平　中国穆斯林　1993年　第4期

1994年

1994年河南穆斯林沙特朝觐纪实　王宏晓　中州统战　1994年　第9期
7至16世纪东非伊斯兰国家史话　穆梓　阿拉伯世界　1994年　第1期
阿拉伯文学和伊斯兰文化研讨会侧记　闻杰　阿拉伯世界　1994年　第1期
北京的回、蒙、藏族医疗机构　李吉祥　中国科技史料　1994年　第1期
滨江回教公墓纪念碑　玛纳　黑龙江民族丛刊　1994年　第4期
泊头市整顿清真食品市场　民族宗教局　中国穆斯林　1994年　第4期
沧州回族渊源及发展　吴丕清　宁夏社会科学　1994年　第5期
长葛县城有"回民小区"　马明德　中州统战　1994年　第1期
长治市办起了穆斯林图书馆　程盼和　中国穆斯林　1994年　第6期
从《醒回篇》看近代回族资产阶级知识分子的思想特征　李健彪　西北民族学院学报（哲学社会科学版）　1994年　第4期
从回民支队政委到驻外大使　张文瑾　海内与海外　1994年　第3期
当代马格里布国家的伊斯兰运动　刘郁郁　世界宗教文化　1994年　第3期
当代伊斯兰运动的特点和走向　朱威烈　国际观察　1994年　第4期
东北回民联合会　玛纳　黑龙江民族丛刊　1994年　第4期
东北回民支队　玛纳　黑龙江民族丛刊　1994年　第4期
发展民族地区工业的思考：临夏回族自治州中小型企业调查　本刊编辑部　开发研究　1994年　第2期
访宁夏伊斯兰教经学院　彭建群　今日中国（中文版）　1994年　第3期
高昌佛教与伊斯兰教关系小考　薛晖　兵团教育学院学报　1994年　第4期
关于白沟回民教育的调查报告　本刊编辑部　民族教育研究　1994年　第1期
关于汉文伊斯兰教碑文搜集整理出版的问题　李兴华　回族研究　1994年　第2期
关于回族史研究的思考　张巨龄　回族研究　1994年　第3期
关于中亚伊斯兰教史的分期　张文德　贵州师范大学学报（社会科学版）　1994年　第1期
贵州汉、彝、回族人群血清免疫球蛋白水平测定　华浩根、周宗旗　遵义医学院学报　1994年　第2期
国际伊斯兰新闻社　怒马　中国穆斯林　1994年　第4期
国内一批专家学者考察西道堂纪实　优什尔　回族研究　1994年　第3期
哈萨克族穆斯林的风俗习惯　李万林　中国穆斯林　1994年　第4期
海上丝绸之路与伊斯兰文化国际学术讨论会　本刊编辑部　中国穆斯林　1994年　第3期
何谓"伊斯兰原教旨主义"　张淑兰　国外社会科学　1994年　第12期
何谓伊斯兰世界　希文　中国穆斯林　1994年　第5期
河南穆斯林沙特朝觐纪实　王宏晓　中州今古　1994年　第6期
河南周口地区的回回民族　张玮等　宁夏社会科学　1994年　第4期
红军长征中的回族政策　谢秀宏、史迪　中州统战　1994年　第9期

呼和浩特市两家综合性医院抗微生物药物的使用调查和处方分析　刘晓玲等　四川生理科学杂志　1994年　第Z1期
回回民族的优秀儿子：马庆功同志　刘继堂等　民族团结　1994年　第7期
回回人与元代政治（二）　杨志玖　回族研究　1994年　第1期
回回人与元代政治（三）　杨志玖　回族研究　1994年　第2期
回回人与元代政治（四）　杨志玖　回族研究　1994年　第3期
回回人与元代政治（五）（上）　杨志玖　回族研究　1994年　第4期
《回回天文学史研究》前言　陈久金　回族研究　1994年　第3期
《回回天文学史研究》序　杨怀中　回族研究　1994年　第3期
回回湾的笑声　姚永明　华人时刊　1994年　第6期
《回回药方》肩部脱臼复位法探源　宋岘等　回族研究　1994年　第1期
《回回药方》与古希腊医学　宋岘　西域研究　1994年　第2期
《回回药方》中的鼻药疗法　李百川　中国民族民间医药杂志　1994年　第4期
回民反清　本刊编辑部　青海民族研究　1994年　第2期
回民区税务局加强发票管理　赵维昌、刘鹏　草原税务　1994年　第7期
回忆北伐、抗战与"绥远起义"　刘万春　回族研究　1994年　第1期
回族穆斯林经济特点与西道堂经济发展模式　敏生光　回族研究　1994年　第1期
回族穆斯林生活习俗与卫生保健述略　李百川　中国穆斯林　1994年　第1期
回族商业经济的历史变迁与发展　高占福　宁夏社会科学　1994年　第4期
回族史及民族问题专家丁国勇　哈格　宁夏社会科学　1994年　第2期
回族文化研究概说　谢晖　宁夏社会科学　1994年　第1期
回族文学与回族的民族心理　赵慧　西北民族研究　1994年　第1期
回族研究论文、资料目录索引（1993年）　孙俊萍　回族研究　1994年　第3期
回族在河西走廊之历史活动及其变迁　喇海青　西北史地　1994年　第2期
建国以来回族教育研究述略　钱志和、陈少娟　回族研究　1994年　第3期
介绍伊斯兰文化的大型专科工具书《中国伊斯兰百科全书》出版发行　群力　西北民族研究　1994年　第1期
开罗伊斯兰世界人权宣言　朱晓青　外国法译评　1994年　第2期
拉萨回民教育琐议　马光耀　西藏研究　1994年　第3期
乐为穆斯林办好事　拜存星　中州统战　1994年　第3期
历史演进的轨迹：伊斯兰史学概观　杨克礼　中国穆斯林　1994年　第4期
临潭回族穆斯林教育基金会　马广德　中国穆斯林　1994年　第5期
"留东清真教育会"三位四川籍会员事略　马彦虎　回族研究　1994年　第1期
略论河南几位回回先人　马肇曾　中国穆斯林　1994年　第1期
略论伊斯兰现代主义　周国黎　世界宗教研究　1994年　第4期
略谈新疆回族源流　苏永德　回族研究　1994年　第4期
论当代伊斯兰法复兴　高鸿钧　外国法译评　1994年　第1期
论回族文化的思想教育功能　慕经财　固原师专学报　1994年　第2期
论回族文化的重要特征：中外结合型文化　黄庭辉　云南教育学院学报　1994年　第

1期

  论伊利汗国的伊斯兰化　张文德、罗秋萝　徐州师范大学学报（哲学社会科学版）
1994年　第4期
  论伊斯兰的经济发展模式　周立人、尤努思　国际商务研究　1994年　第1期
  论伊斯兰文学理论　刘鑫民　宁夏社会科学　1994年　第1期
  洛阳市瀍河回族区回回民族　胡云生等　回族研究　1994年　第2期
  麦地那哈里发时代伊斯兰扩张的社会动因　哈全安　西亚非洲　1994年　第6期
  麦加贸易与伊斯兰教的兴起　哈全安　史学集刊　1994年　第1期
  麦岭营业所、信用社支持回族村发展经济　来向阳　中州统战　1994年　第11期
  美国人与伊斯兰复兴运动　李伟建　国际展望　1994年　第15期
  明朝回回天算家天文工作考述　陈静　兰州大学学报（社会科学版）　1994年　第1期
  明代陶瓷与伊斯兰文化　马建春　西北民族研究　1994年　第1期
  明政府对回回天算人才的任用　陈静　回族研究　1994年　第3期
  穆斯林传统节日：圣纪节　陈中惠　四川统一战线　1994年　第5期
  穆斯林的金钱观　马成恩　中国穆斯林　1994年　第6期
  穆斯林的孝道　程法勒　中国穆斯林　1994年　第6期
  穆斯林食品又添新品种　杜文义、中卫　肉类研究　1994年　第2期
  穆斯林应戒绝"背谈"　定纪平　中国穆斯林　1994年　第6期
  穆斯林与中华文化　魏德新　中国穆斯林　1994年　第6期
  穆斯林怎样看待今生后世　张迁　中国穆斯林　1994年　第5期
  穆斯林宗教经济行为与精神情感　马平　西北民族学院学报（哲学社会科学版）
1994年　第2期
  穆斯林宗教经济行为与精神情感　马平　西北民族学院学报（自然科学版）　1994年
第2期
  南阳发现明代伊斯兰文物　吴东阁　中国穆斯林　1994年　第4期
  宁夏固原地区的回族　畲贵孝　宁夏社会科学　1994年　第3期
  宁夏回族风情　曾庆南　旅游　1994年　第2期
  平舆县大力扶持回民学校　黄居方、宋立新　中州统战　1994年　第1期
  评《回族文学论丛》二题　李秀琴　宁夏大学学报(社会科学版)　1994年　第4期
  评《伊斯兰教简明辞典》　林松　世界宗教研究　1994年　第2期
  浅析伊斯兰教的婚姻观　马亚萍　西北民族学院学报（哲学社会科学版）　1994年
第2期
  青海高原上的穆斯林城镇社区　南文渊　回族研究　1994年　第4期
  青海化隆操藏语回族调查　马秀梅　青海民族研究　1994年　第2期
  清代东北地区的穆斯林"旗下人"　那晓波、麻秀荣　回族研究　1994年　第3期
  全国回民中学夏令营在昆明举行　戴俊峰　中国穆斯林　1994年　第6期
  全国回族书画展在银川隆重举行　胡迅雷　回族研究　1994年　第4期
  陕西穆斯林代表团访问沙特　马希平　中国穆斯林　1994年　第5期
  世界伊斯兰宣教与救援理事会　王德君　中国穆斯林　1994年　第5期

试论回族社会的"坊"　马宗保　宁夏社会科学　1994年　第6期
试论回族伊斯兰文化的人生观教育　南文渊　青海民族研究　1994年　第4期
试论伊斯兰与文化　艾尤布　中国穆斯林　1994年　第1期
四川回族教育的历史与现状　马尚林、罗凉昭　西南民族学院学报(哲学社会科学版)　1994年　第5期
台湾的清真寺与穆斯林的习俗　王锋　中国穆斯林　1994年　第4期
通臂神威：记回民武术高手钟国林　林海柱　中华武术　1994年　第1期
同心回民话中的阿拉伯语波斯语借调　张安生　回族研究　1994年　第1期
巍山伊斯兰文化专科学校建成开学　李清升、李锡雪　中国穆斯林　1994年　第5期
乌干达伊斯兰教概况　赵立涌　中国穆斯林　1994年　第5期
吴忠回族穆斯林和清真寺　韩志刚　中国穆斯林　1994年　第1期
西北回族的婚姻习俗　马志荣　丝绸之路　1994年　第2期
西北穆斯林民族的伦理文化　马明良　回族研究　1994年　第4期
西突厥人伊斯兰化的历史进程　蓝琪　贵州师范大学学报（社会科学版）　1994年　第3期
席卷全球的伊斯兰浪潮　希文　世界宗教文化　1994年　第2期
香港伊斯兰教团体简介(一)　冯今源　中国穆斯林　1994年　第3期
香港伊斯兰教团体简介(二)　冯今源　中国穆斯林　1994年　第5期
小街大麦市　傅惠君　光彩　1994年　第1期
新疆回族社会经济初探　马苏坤　新疆社会科学　1994年　第3期
新疆伊斯兰建筑的定位　王小东　建筑学报　1994年　第3期
新型回族史研究的先声《中国回族》评述　马平　宁夏社会科学　1994年　第5期
盐亭穆斯林　金文明　中国穆斯林　1994年　第1期
一部成功展示回族精神世界的心史：论《穆斯林的葬礼》艺术价值　尹世玮　天津财经学院学报　1994年　第S1期
一代穆斯林大学者：马坚先生　张会成　中国穆斯林　1994年　第3期
一个穆斯林武术家　本刊编辑部　中华武术　1994年　第5期
伊斯兰复兴运动对中东国家当代政治的影响　王仲义　河北师范大学学报(哲学社会科学版)　1994年　第1期
伊斯兰激进势力的蔓延和发展　李荣　国际资料信息　1994年　第1期
伊斯兰极端势力反犹暴力活动升级　李荣　国际展望　1994年　第17期
伊斯兰建筑艺术巡礼　张俊彦　艺术导刊　1994年　第3期
伊斯兰教殡仪的探讨(三)　伊敏　阿拉伯世界　1994年　第1期
伊斯兰教倡导节制私欲　白清真　中国穆斯林　1994年　第6期
伊斯兰教传入青海　瞻甫　青海民族研究　1994年　第4期
伊斯兰教传入苏沪及其影响　杨东野　西域研究　1994年　第3期
伊斯兰教传入吐鲁番盆地考　苏北海　世界宗教研究　1994年　第1期
伊斯兰教的发展与清真寺的建立　高永久　兰州大学学报（社会科学版）　1994年　第1期

伊斯兰教的起源和阿拉伯的政治统一　高岚　云南教育学院学报　1994年　第4期
伊斯兰教复兴浪潮冲击印度尼西亚　孔远志　东南亚研究　1994年　第Z2期
伊斯兰教和回族的丧葬习俗　谷文双　黑龙江民族丛刊　1994年　第4期
《伊斯兰教简明辞典》出版　尤素福　中国穆斯林　1994年　第3期
伊斯兰教历史上的三个转折点　马肇椿　中国穆斯林　1994年　第5期
伊斯兰教商事法浅析　从恩霖　阿拉伯世界　1994年　第2期
伊斯兰教与当代国际政治　肖宪　世界经济与政治　1994年　第4期
伊斯兰教与撒拉族经济　马明良　西北民族学院学报（哲学社会科学版）　1994年　第2期
《伊斯兰教与中国文化》题记　杨怀中、余振贵　回族研究　1994年　第4期
伊斯兰教在缅甸　李晨阳　当代亚太　1994年　第4期
伊斯兰教注重知识鼓励求学　黄义全　中国穆斯林　1994年　第6期
伊斯兰经济思想与我国穆斯林经济的发展　马忠杰　中国穆斯林　1994年　第3期
伊斯兰贸易法概述　周立人　南开管理评论　1994年　第4期
伊斯兰染织艺术及其影响　缪良云　苏州丝绸工学院学报　1994年　第1期
伊斯兰世界与当代政治　金宜久　战略与管理　1994年　第4期
伊斯兰文化是回族文化的内核　白崇人　回族研究　1994年　第4期
伊斯兰原教旨主义　兰达、董进泉　国外社会科学文摘　1994年　第4期
伊斯兰原教旨主义与当代国际政治　吴云贵　战略与管理　1994年　第3期
印度尼西亚西爪哇穆斯林旅游观光团在华访问　杨志波　中国穆斯林　1994年　第3期
咏梅印象：记锦州市回民小学教师温咏梅　黄梅岩　辽宁教育　1994年　第12期
《月华》中的阿拉伯世界　钱志和　阿拉伯世界　1994年　第2期
云南省回族人口现状　刘援朝　回族研究　1994年　第4期
张家口地区的回民与清真寺　马天贵　中国穆斯林　1994年　第6期
郑州市的回回民族　胡云生　宁夏社会科学　1994年　第2期
支持伊斯兰运动的意义　泰斯勒、孙慧玲　国外社会科学文摘　1994年　第11期
中国当代伊斯兰教概述　沙秋真　世界宗教研究　1994年　第4期
中国回回历法典籍考述　马明达等　西北民族研究　1994年　第2期
中国穆斯林的礼拜正向问题　马小平　阿拉伯世界　1994年　第3期
《中国伊斯兰百科全书》出版　杨宗义　出版参考　1994年　第14期
中国伊斯兰教经学院大专班学生毕业　喇希杰　中国穆斯林　1994年　第5期
中国伊斯兰教西道堂　陆进贤　阿拉伯世界　1994年　第2期
中国伊斯兰教协会第六届顾问名单　本刊编辑部　中国穆斯林　1994年　第2期
中国伊斯兰教研究回顾　秦惠彬　世界宗教文化　1994年　第4期
中国伊斯兰文化的民族属性　马启成　中国穆斯林　1994年　第3期
中亚东干族与中国传统礼俗　王国杰　回族研究　1994年　第4期
中亚三国的伊斯兰教现状　郑天星　东欧中亚研究　1994年　第6期
抓住机遇繁荣伊斯兰学术文化　安士伟　中国穆斯林　1994年　第5期

1995年

1511年前伊斯兰教在印度尼西亚的传播　廖大珂　南洋问题研究　1995年　第3期
20世纪前半叶回族教育发展的历史轨迹　钱志和　宁夏社会科学　1995年　第2期
阿富汗的伊斯兰原教旨主义与抵抗运动　黄民兴　西北大学学报（哲学社会科学版）1995年　第1期
阿拉伯：伊斯兰文化的定型与整合　常福扬　阿拉伯世界　1995年　第1期
爱国主义精神特征与回族民族凝聚力的双重印证：回族抗日救亡行为的深层剖析　束锡红　宁夏社会科学　1995年　第5期
把终身献给伊斯兰教事业的人　马人斌　中国穆斯林　1995年　第S1期
白俊岭和他的回民中学　杨湛山　民族团结　1995年　第7期
拜功是伊斯兰教的柱石　买子奇　中国穆斯林　1995年　第2期
北京阿依莎穆斯林服饰厂简介　本刊编辑部　中国穆斯林　1995年　第1期
波黑穆斯林与波黑问题的来龙去脉　马行汉　中国穆斯林　1995年　第1期
不可多得的穆斯林学者马占魁　王子华　回族研究　1995年　第3期
蔡寨回族乡民族教育健康发展　冯景中　中州统战　1995年　第12期
昌都穆斯林和清真寺　杨纯灵　中国穆斯林　1995年　第3期
长治市举办首届穆斯林书法摄影展　程盼和、马力　中国穆斯林　1995年　第4期
叱咤风云的回民之子　谢和赓等　文史春秋　1995年　第1期
从公元纪年与伊斯兰教纪年的换算谈伊斯兰教历法　刘金毅　安徽史学　1995年　第1期
从回族谚语看回族伦理道德　庞玉瑛　中国穆斯林　1995年　第6期
从回族语言看回族两性文化　刘鑫民、朱琪　修辞学习　1995年　第6期
大厂回回的历史贡献　杨宝军　回族研究　1995年　第1期
大马士革古建筑与伊斯兰建筑艺术　姚维新　阿拉伯世界　1995年　第2期
《当代回族文学史》（上编）出版　本刊编辑部　回族研究　1995年　第1期
当代回族作家的心象图：评《当代回族文学史》（上编）　贾于蒙　朔方　1995年　第5期
"当代伊斯兰复兴运动"学术讨论会综述　良文　阿拉伯世界　1995年　第3期
当代伊斯兰银行业概述　杨翠柏　中国穆斯林　1995年　第5期
东关街头民族情　杨金亮　中州统战　1995年　第2期
独具一格的哈尔滨市穆斯林医院　李亚辉　中国医院管理　1995年　第3期
对回族史研究的思考　马萍　黑龙江民族丛刊　1995年　第3期
对中国伊斯兰文化的再认识　马中平　中国穆斯林　1995年　第6期
复州湾镇回回与清真寺　王洪明　中国穆斯林　1995年　第1期
赣州市召开回民代表会　潘昭明　中国穆斯林　1995年　第4期
关于改进、加强中国穆斯林朝觐工作的意见　阿伊明　中国穆斯林　1995年　第S1期
广西回族穆斯林的几块石碑　翁干麟　中国穆斯林　1995年　第1期
贵阳回民公墓新貌　李兴瑜　中国穆斯林　1995年　第2期
哈尔滨回光小学　玛纳　黑龙江民族丛刊　1995年　第2期

海固三次回变扬名八年抗战:试论海固回民起义及其对抗日战争的贡献　梁永恒　中国近现代史史料学学会学术会议论文集　1995年
河南回族来源考略　胡云生　中南民族学院学报(哲学社会科学版)　1995年　第5期
河南许昌地区的回回民族　张玮等　宁夏社会科学　1995年　第1期
呼市回民区地税局狠抓税收大检查　刘鹏　草原税务　1995年　第1期
华亭穆斯林简况　马起群　中国穆斯林　1995年　第2期
回回民族爱国主义传统的价值取向与时代特征:再谈回族史的民族特色　关连吉　回族研究　1995年　第4期
回回民族的婚丧文化　辛智　民族团结　1995年　第1期
回回人与元代政治(五)(下)　杨志玖　回族研究　1995年　第2期
回回食品秃秃麻失　马兴仁　回族研究　1995年　第2期
回回司天台　阎林山　天文爱好者　1995年　第1期
回回天文学在中国的兴衰　阎林山　中国穆斯林　1995年　第2期
《回回药方》的特色及回族医药文化浅识　张永疆等　中国民族医药杂志　1995年　第2期
回回医学中的过程论思想　傅景华　中国民族医药杂志　1995年　第1期
《回民秧歌》:"金色的串铃"参赛全国第五届少数民族运动会　刘爱华　中州统战　1995年　第12期
回民幼儿食谱　本刊编辑部　学前教育　1995年　第5期
回民语言及其文化属性　丁克家　西北第二民族学院学报（哲学社会科学版）　1995年　第1期
回民支队的好政委郭陆顺　唐伯藩、刘芳　湖南党史　1995年　第4期
回族的丧葬习俗和武汉的回民墓地　马景超等　武汉文史资料　1995年　第1期
回族等少数民族穆斯林为什么不吃猪肉　钟宜宣　科技文萃　1995年　第4期
回族话是汉民族共同语的民族变体　高莉琴　语言与翻译　1995年　第2期
回族家规庭训浅析　马昌忠　回族研究　1995年　第4期
回族教育短讯　本刊编辑部　青海教育　1995年　第9期
《回族民俗学概论》简评　丁朝君　回族研究　1995年　第2期
回族食品:麻食子　丁超　中国土特产　1995年　第3期
回族为什么称"回回"　本刊编辑部　武汉文史资料　1995年　第1期
积极扶持少数民族群众致富奔小康　本刊编辑部　中国统一战线　1995年　第6期
加强民族团结促进经济发展　本刊编辑部　中州统战　1995年　第7期
简述回族舞蹈动作与形式特征　刘无怠　西北民族学院学报（哲学社会科学版）　1995年　第1期
缴税没商量:呼市回民区国家税务局办公室　本刊编辑部　草原税务　1995年　第1期
她塑造着民族的希望:记全国优秀教师、平凉市兴合庄回民小学校长丁凤英　丁正清　甘肃教育　1995年　第12期
解放战争时期的黑龙江回族　谷文双、王建平　黑龙江民族丛刊　1995年　第2期
近现代四川回族经济文化述略　张泽洪　宁夏社会科学　1995年　第1期

喀什市有了回民寺　本刊编辑部　中国穆斯林　1995年　第2期
康家回族话的词汇特点　席元麟　青海民族研究　1995年　第2期
抗日烽火中的渤海回民支队　王连芳　回族研究　1995年　第3期
抗日战争时期的陕西回族教育　哈雏岐　回族研究　1995年　第3期
来自伊斯兰原教旨主义的挑战　东方晓　世界知识　1995年　第4期
两岸穆斯林共促祖国和平统一　安士伟　中国穆斯林　1995年　第3期
辽宁回族史略　柳条　满族研究　1995年　第1期
林则徐与滇西回民起义　庄兴成　蒙自师范高等专科学校学报　1995年　第1期
临潭回族的社会经济、宗教及文化教育述略　丁克家　宁夏社会科学　1995年　第4期
临夏穆斯林"女学"研究　江波、费翔　西北史地　1995年　第3期
略述重庆伊斯兰教　金文明　中国穆斯林　1995年　第4期
论当代伊斯兰主义　金宜久　西亚非洲　1995年　第4期
论回族地方立法　韩治礼　宁夏社会科学　1995年　第4期
论图拉比的伊斯兰主义　陈德成　西亚非洲　1995年　第6期
论伊斯兰的世界统一性原理：伊斯兰与其它文化主群的比较　周立人　徐州师范大学学报（哲学社会科学版）　1995年　第3期
麻佩三与武汉回民联合会　杨松珊　武汉文史资料　1995年　第1期
马鞍山市穆斯林为甘肃贫困山区捐赠衣物　白君阶　中国穆斯林　1995年　第4期
马公瑾：武汉回回民族的忠实代表　廖应昌　武汉文史资料　1995年　第1期
《马首农言》中"回回山药"的名实考订：兼及山西马铃薯引种史的研究　尹二苟　中国农史　1995年　第3期
马通研究员与伊斯兰教研究　马雪莲　社科纵横　1995年　第3期
蒙元初期的塞北回回商旅　李凤鸣　中国穆斯林　1995年　第3期
民国时期的陕西伊斯兰教　张来仪　回族研究　1995年　第2期
明末回民起义领袖马守应　丁国勇　回族研究　1995年　第2期
"穆斯林手表"的启示　姜继兴　经济管理　1995年　第1期
穆斯林应远离赌博　贾喜平　中国穆斯林　1995年　第6期
穆斯林应重视自律　从恩霖　中国穆斯林　1995年　第5期
穆斯林与中华文化（续）　魏德新　中国穆斯林　1995年　第1期
欧洲与伊斯兰世界　蔡晓萍　西北第二民族学院学报（哲学社会科学版）　1995年　第2期
平凉办起伊斯兰文化室　丁生福　中国穆斯林　1995年　第3期
浅谈伊斯兰教的基本经济观　马明良　中国穆斯林　1995年　第3期
浅谈伊斯兰教的两世观　郑坚　中国穆斯林　1995年　第1期
钦定石峰堡纪略　玛纳　黑龙江民族丛刊　1995年　第2期
清代新疆地区的法制与伊斯兰教法　陈光国　西北民族研究　1995年　第1期
清代新疆回民的社会生活　陈国光　新疆地方志　1995年　第4期
清真寺与回民社区　马劲　中国穆斯林　1995年　第3期

情感诉诸中国穆斯林宗教信仰的重要动因　马平　宁夏社会科学　1995年　第3期
情趣盎然的回族婚俗文化　丁一波　华夏文化　1995年　第5期
日本伊斯兰教简况　马惠禹　中国穆斯林　1995年　第3期
锐意开拓创新的年轻人：记银川交通旅游大饭店回族总经理马越　田丁　宁夏社会科学　1995年　第2期
山东省穆斯林文化促进会成立　哈乐之　中国穆斯林　1995年　第4期
邵阳市伊斯兰教概况　邵伊文　中国穆斯林　1995年　第4期
深化防保改革实行保偿服务努力加快预防保健的发展步伐　崔万寿等　中国农村卫生事业管理　1995年　第7期
沈阳回回营　玛纳　黑龙江民族丛刊　1995年　第3期
沈阳伊斯兰教寺院：南清真寺　林雪　兰台世界　1995年　第4期
"识宝回回"传说探研　李德宽　西北第二民族学院学报（哲学社会科学版）　1995年　第3期
实事求是系统全面：读《宁夏回族》　李松茂　回族研究　1995年　第1期
试论回族文化的地域特色　哈正利　回族研究　1995年　第4期
试论明清时期回族伊斯兰经堂教育　丁洪涛　青海民族研究　1995年　第4期
试论伊斯兰教对回族文学的影响　马有义　青海民族学院学报（社会科学版）　1995年　第1期
试析中亚伊斯兰势力复兴的基础及其前景　杨增耀　西北大学学报（哲学社会科学版）　1995年　第3期
丝绸路上的穆斯林商贸与钱币　马通　西北民族研究　1995年　第2期
四川伊斯兰教历史文物述略　张泽洪　四川文物　1995年　第1期
苏非派伊斯兰之城市观　胡若飞　固原师专学报　1995年　第2期
台湾的伊斯兰教与穆斯林述略　王锋等　回族研究　1995年　第2期
帖木儿朝及有关帖木儿朝的穆斯林史料　张长利　中国边疆史地研究　1995年　第4期
"土木之变"与回回人　马建春　西北民族研究　1995年　第2期
温暖送到回民家　张志奇等　党建　1995年　第2期
我国穆斯林少数民族自治地方知多少　本刊编辑部　中国穆斯林　1995年　第3期
我与《中国穆斯林》　刘守刚　中国穆斯林　1995年　第3期
吴忠回民使用的阿拉伯语波斯语借词　李树俨　西北第二民族学院学报（哲学社会科学版）　1995年　第2期
武汉回回民族的贴心人：麻佩三　廖应昌　武汉文史资料　1995年　第1期
武汉回民的风味食品　于福生　武汉文史资料　1995年　第1期
武汉回族的经堂教育与现代教育　王光萍　武汉文史资料　1995年　第1期
西安穆斯林扶贫济困献爱心　马希平　中国穆斯林　1995年　第3期
《西北回族与伊斯兰教》出版　本刊编辑部　回族研究　1995年　第1期
香港伊斯兰教的起源与发展　汤开建　东南亚研究　1995年　第6期
向往新月的辉煌：对王延辉《天下回回》创作的心理学观照　赵慧　民族文学研究　1995年　第1期

逍遥镇常村回汉群众携手致富　毛积德、毛德志　中州统战　1995年　第2期
新泛伊斯兰主义　金宜久　世界宗教研究　1995年　第4期
新疆回族社区回民生活方式变迁研究　马志福　回族研究　1995年　第4期
新伊斯兰原教旨主义探析　陈德成　西亚非洲　1995年　第4期
新月伊斯兰教的标志　刘守刚　中国穆斯林　1995年　第4期
伊朗伊斯兰革命后的经济政策　安维华　世界经济　1995年　第12期
伊斯兰教称谓辨析（一）　马忠杰　中国穆斯林　1995年　第4期
伊斯兰教传入中国的初始年代　戴辉　中学历史教学参考　1995年　第7期
伊斯兰教创立及传播的三大基石　张世满　山西大学学报（哲学社会科学版）　1995年　第1期
伊斯兰教的基本信条　张志华　中国穆斯林　1995年　第6期
伊斯兰教的葬礼　马松亭　中国宗教　1995年　第3期
伊斯兰教关于婚姻的教法规定　马贤　中国穆斯林　1995年　第3期
伊斯兰教规中的健康教育内容　常淇林　中国健康教育　1995年　第6期
伊斯兰教教育理论及其特点新探　马明良　回族研究　1995年　第3期
伊斯兰教与妇女　王俊荣　世界宗教文化　1995年　第3期
伊斯兰教与古代新疆文化　陈国光　世界宗教研究　1995年　第2期
伊斯兰教与民族主义　吴云贵　世界经济与政治　1995年　第4期
伊斯兰教与宁夏回族妇女问题　高桂英　回族研究　1995年　第2期
伊斯兰教与撒拉族教育　马明良　西北民族学院学报（哲学社会科学版）　1995年　第1期
伊斯兰教与政治现代化　杜红　世界宗教文化　1995年　第4期
伊斯兰教在南朝鲜　马云福　中国穆斯林　1995年　第1期
伊斯兰教在意大利　从恩霖　中国穆斯林　1995年　第3期
伊斯兰教在中亚的复兴　马占芳　河南社会科学　1995年　第5期
伊斯兰教中的法律规范　皮继增　政法论坛　1995年　第4期
伊斯兰历法与斋月看月　李鸿鸣　中国穆斯林　1995年　第6期
伊斯兰六书(1)　达浦生　中国穆斯林　1995年　第2期
伊斯兰六书(2)　达浦生　中国穆斯林　1995年　第3期
伊斯兰六书(3)　达浦生　中国穆斯林　1995年　第4期
伊斯兰六书(4)　达浦生　中国穆斯林　1995年　第5期
伊斯兰六书(5)　达浦生　中国穆斯林　1995年　第6期
伊斯兰人权观　高鸿钧　世界宗教研究　1995年　第3期
伊斯兰世界概述(1)　张志诚　阿拉伯世界　1995年　第2期
伊斯兰世界概述(2)　张志诚　阿拉伯世界　1995年　第3期
伊斯兰文化中的一朵奇葩:《中国伊斯兰百科全书》评介　杨斌　中国出版　1995年　第12期
伊斯兰宪政理论与实践　高鸿钧　外国法译评　1995年　第1期
伊斯兰医学史话(上)　夏岩　世界博览　1995年　第11期

伊斯兰医学史话(下)　夏岩　世界博览　1995年　第12期
伊斯兰艺术品市场　良言　阿拉伯世界　1995年　第1期
《伊斯兰与中国文化》目录　本刊编辑部　回族研究　1995年　第1期
伊斯兰原教旨主义的再认识　东方晓　西亚非洲　1995年　第2期
伊斯兰原教旨主义与中东民主化　西赫布迪等　国外社会科学文摘　1995年　第2期
伊斯兰哲学中的道德论　陈中耀　阿拉伯世界　1995年　第4期
忆英勇善战的渤海回民支队　刘济民　回族研究　1995年　第2期
豫北回族的历史与现状　张纬、胡云生　宁夏社会科学　1995年　第5期
豫灵镇的回民一条街　本刊编辑部　中州统战　1995年　第11期
元秘书监志·回回书籍　玛纳　黑龙江民族丛刊　1995年　第4期
《云南回族史》(修订本)出版　本刊编辑部　回族研究　1995年　第1期
云南穆斯林朝觐小史　姚继德　云南民族学院学报(哲学社会科学版)　1995年　第3期
早期伊斯兰教妇女观及妇女地位初探　范若兰　西亚非洲　1995年　第5期
珍贵的回族文献《回回馆译语》　胡振华　中央民族大学学报(哲学社会科学版)　1995年　第2期
中国1989年回族人口数量分布与人口平均预期寿命　古志昂　宁夏医学院学报　1995年　第1期
中国回教救国协会述论　白友涛、柴静　回族研究　1995年　第4期
《中国穆斯林朝觐纪实》出版　本刊编辑部　回族研究　1995年　第1期
中国穆斯林的抗日活动　李松茂　中国宗教　1995年　第2期
中国穆斯林妇女问题探析　吴海鸿　回族研究　1995年　第4期
中国特色的伊斯兰教文化　黄维民　华夏文化　1995年　第5期
中国伊斯兰教经学院　本刊编辑部　中国宗教　1995年　第2期
中国伊斯兰教协会　本刊编辑部　中国宗教　1995年　第1期
中国伊斯兰儒化辨　李华英　中国穆斯林　1995年　第4期
中国伊斯兰文化研究的跨世纪工程：读《伊斯兰与中国文化》　吴建伟　回族研究　1995年　第4期
中亚东干族文坛泰斗·亚塞尔·什娃子　王国杰　东欧中亚研究　1995年　第5期
著名伊斯兰学者张子文　张巨龄　中国穆斯林　1995年　第1期
孜孜不倦　成绩斐然：访中国回回医学家安迪光教授　李华英　中国穆斯林　1995年　第5期

1996年

1877年至1917年间中亚陕甘回族移民的经济活动　王国杰　陕西师范大学学报(哲学社会科学版)　1996年　第4期
20世纪前叶黑龙江回族反帝反封建斗争的先驱　麻秀荣、谷文双　黑龙江民族丛刊　1996年　第4期
阿富汗伊斯兰教概况　黄陵渝　中国穆斯林　1996年　第6期

阿拉伯：伊斯兰医学中的饮食疗法　弗利克斯等　国外医学·中医中药分册　1996年第3期
阿拉伯：伊斯兰舆地学与历史学　许序雅　史学理论研究　1996年　第4期
巴格达著名伊斯兰文化古迹一瞥　本刊编辑部　中国穆斯林　1996年　第1期
巴基斯坦国际伊斯兰大学代表团访华　马艾冬　中国穆斯林　1996年　第3期
白崇禧将军与桂林回族伊斯兰教片断　常启明　回族研究　1996年　第2期
百崎福建回族第一乡　孙山、王忠玉　中国民族　1996年　第1期
保定穆斯林提倡改革丧葬陋习　蒋敬　中国穆斯林　1996年　第3期
滨江回教公墓纪念碑　玛纳　黑龙江民族丛刊　1996年　第4期
冰城喜迎外国穆斯林运动健儿　王德光　中国穆斯林　1996年　第3期
波黑穆斯林缘何被称作民族　徐坤明　中国记者　1996年　第5期
沧州穆斯林及清真寺概况　李鸿鸣　中国穆斯林　1996年　第2期
长葛市岗刘村回民组喜获捐赠　马明德　中州统战　1996年　第7期
慈圣镇开展回民"结对子、共发展"活动　陈继周、孙宏伟　中州统战　1996年　第12期
从地理学角度看回族地域特点　马广德　回族研究　1996年　第1期
大洋洲的伊斯兰教　王林聪　回族研究　1996年　第4期
当代西北地区回族迁徙流动及其心理因素探析　马平　青海民族学院学报(社会科学版)　1996年　第3期
当代伊斯兰原教旨主义的新特征　畅征　世界经济与政治　1996年　第11期
当代伊斯兰运动：研究视角之我见　东方晓　西亚非洲　1996年　第4期
当代中东社会变迁中的伊斯兰主义　王林聪　宁夏社会科学　1996年　第5期
读《穆斯林的葬礼》有感　杨志芳　新闻三昧　1996年　第11期
读《伊斯兰教与西北穆斯林社会生活》　李兴华　世界宗教研究　1996年　第1期
对当代伊斯兰复兴运动的若干剖析　祖佳音　国际观察　1996年　第2期
改革开放中的黄骅穆斯林　王树青、张振斌　中国穆斯林　1996年　第2期
古代伊斯兰教传入泉州的地理透视　蔡玉霖　福建地理　1996年　第2期
关于伊斯兰复兴问题　张丽东　浙江大学学报(人文社会科学版)　1996年　第1期
广西回族文化教育史概述　常启明　中国穆斯林　1996年　第6期
广元伊斯兰教考略　周传斌　回族研究　1996年　第4期
广州回族来源考　马建钊、刘淑英　回族研究　1996年　第1期
广州回族社区的形成与变迁　马建钊　广西民族学院学报　1996年　第4期
河北街回民过去和现在　柴柯伐　中州统战　1996年　第2期
呼和浩特市回民区丙类传染病发病分析　王婧等　内蒙古预防医学　1996年　第3期
回、汉族1000例学龄前儿童智力测验结果分析　郭承九、张有诚　宁夏医学杂志　1996年　第3期
回回名源古今论　马肇曾　回族研究　1996年　第1期
回教正俗俭朴会　玛纳　黑龙江民族丛刊　1996年　第1期
回民在巴彦浩特　金占祥　回族研究　1996年　第2期

回族教育简讯　本刊编辑部　宁夏教育　1996年　第4期
回族留学生与云南现代伊斯兰文化　姚继德　回族研究　1996年　第3期
回族人民联合会　玛纳　黑龙江民族丛刊　1996年　第1期
回族统战简讯　本刊编辑部　中州统战　1996年　第1期
回族研究论文资料篇目暨伊斯兰教汉文书目辑录　杨进、王伏平　回族研究　1996年　第3期
济宁回族穆斯林经济的兴衰　文阳　中国穆斯林　1996年　第5期
简论武术文化与回回民族精神　马岭、马宏　青海民族学院学报（社会科学版）　1996年　第3期
建设中的四川省伊斯兰度假村　本刊编辑部　中国穆斯林　1996年　第1期
教师俊秀：记青县回民中学教师戴俊秀　杨占苍　河北教育　1996年　第11期
近代甘青川康边藏区与内地贸易的回族中间商　马平　回族研究　1996年　第4期
开普敦市的穆斯林居住区　曹金莲　人文地理　1996年　第1期
抗日战争时期中国共产党对西北回族的政策和回族人民的抗日爱国活动　高占福、李荣珍　甘肃社会科学　1996年　第3期
拉萨的土著穆斯林　藏公柱　中国穆斯林　1996年　第3期
冷战后伊斯兰原教旨主义的新特点　刘中民　世界宗教文化　1996年　第2期
临夏市回族体质特征的初步研究　戴玉景等　人类学学报　1996年　第3期
略论新民主主义时期党的回族工作　胡云生　中央民族大学学报（哲学社会科学版）1996年　第1期
略述云南四位回族代表人物的政治思想　马经　回族研究　1996年　第4期
论河南回族碑刻的史料价值　胡云生、张玮　中央民族大学学报（哲学社会科学版）1996年　第6期
论红军长征在甘、宁期间对回族施行的政策　张文琳　民族研究　1996年　第6期
论伊斯兰教的妇女观　穆华芬　中国穆斯林　1996年　第3期
论伊斯兰教对社会主义社会的适应性　周倜　宁夏社会科学　1996年　第1期
论伊斯兰原教旨主义　向祖文　世界经济与政治　1996年　第12期
马来西亚伊斯兰回教银行IC卡系统简介　黄双胜　中国信用卡　1996年　第5期
漫谈福建伊斯兰教　何绵山　中国穆斯林　1996年　第2期
蒙元时期"回回炮"的东传及作用　马建春　西北民族研究　1996年　第2期
民国时期回族民族工业剖析　答振益　回族研究　1996年　第1期
明代回回人对"贡赐"贸易的垄断　马建春　丝绸之路　1996年　第6期
明末回族画家梁檀事辑　马明达　西北民族研究　1996年　第1期
明清政府回族政策比较研究　胡云生　史学月刊　1996年　第1期
穆斯林的好中医杨大绮　赛利麦　中国穆斯林　1996年　第3期
《穆斯林的葬礼》的意境探寻　董秀芳　韩山师范学院学报　1996年　第4期
穆斯林民族饮食起居中的清洁卫生观　丁俊　西北民族研究　1996年　第2期
穆斯林女强人　刘元培　中国穆斯林　1996年　第5期
穆斯林区域文化研究的佳作：评南文渊《伊斯兰教与西北穆斯林社会生活》　马启成

中央民族大学学报(哲学社会科学版)　1996年　第3期
　穆斯林异口同声赞老赛　徐乃旺　中州统战　1996年　第5期
　穆斯林宰牲节食俗　丁超　烹调知识　1996年　第4期
　穆斯林怎样成为"敬畏者"　李守卫　中国穆斯林　1996年　第4期
　南京回族地域性历史文化特征　米寿江　回族研究　1996年　第1期
　南阳回民马汉三　张柏旺、李西鹤　中州统战　1996年　第4期
　宁夏部分回族、伊斯兰教研究成果获奖　王丁　回族研究　1996年　第3期
　宁夏大学回族文学研究所介绍　本刊编辑部　回族研究　1996年　第4期
　宁夏回族婚礼饮食习俗(上)　丁超　中国食品　1996年　第5期
　宁夏人民出版社回族、伊斯兰特色图书出版简况　马洪真、马建文　回族研究　1996年　第4期
　宁夏社会科学院回族伊斯兰教、中东伊斯兰国家研究所简介　胡余斋　回族研究　1996年　第3期
　努力把回民中学办成少数民族的人才摇篮　王智强　上海教育　1996年　第1期
　浅谈伊斯兰教的人生观　海永龙　中国穆斯林　1996年　第2期
　浅析九十年代沙特王国的伊斯兰潮　王铁铮　西亚非洲　1996年　第6期
　青海回族婚俗文化　福尔卜　青海民族研究　1996年　第2期
　青海穆斯林经济发展透析　冶福龙　回族研究　1996年　第2期
　情系回乡:记同心县韦州回民女子小学校长、全国劳模马新兰　白少麟　宁夏教育　1996年　第4期
　沙特对伊斯兰教的贡献点滴　史丽清　阿拉伯世界　1996年　第3期
　山东聊城地区的回回民族　邱兴旺等　宁夏社会科学　1996年　第1期
　深化体制改革实验全面提高学生素质:广州市越秀区回民小学　本刊编辑部　教育导刊　1996年　第6期
　生命之光:记宁夏回族自治区彭阳县国家税务局监察室主任王振举　本刊编辑部　中国税务　1996年　第3期
　十年来湖南省回族文化遗产的挖掘、收集、整理与研究工作情况回顾　马亮生　回族研究　1996年　第2期
　世界第一位穆斯林女总理　王瑞良　华人时刊　1996年　第12期
　世界上确有穆斯林民族　高放　理论前沿　1996年　第5期
　试论伊斯兰教与社会主义精神文明建设　冯今源　中国穆斯林　1996年　第5期
　首都伊斯兰教界为世界和平祈祷　金汝彬　中国穆斯林　1996年　第5期
　丝绸之路上的伊斯兰教　朱普选　西北史地　1996年　第4期
　四川回族源流　张泽洪　西南民族学院学报(哲学社会科学版)　1996年　第2期
　台湾白奇郭回族及其与大陆祖家的交往　郭志超　回族研究　1996年　第2期
　谈伊斯兰教的孝道　张红春　中国穆斯林　1996年　第3期
　唐长安伊斯兰教传播质疑　葛承雍　人文杂志　1996年　第6期
　土耳其繁荣党的伊斯兰民族主义初探　陈德成　西亚非洲　1996年　第4期
　推进经济体制和经济增长方式转变加快回民区经济发展　张鸿霞、王刚　内蒙古宣传

1996年　第Z1期

万利杯国际档案大会知识竞赛题答题卡　本刊编辑部　兰台世界　1996年　第4期

围产期保健教育：北京市回民医院的实践与效果　陈御芳　中国优生与遗传杂志　1996年　第S1期

五年一大步再创"九五"辉煌：银川唐徕回民中学借校庆总结经验　杨殿勋　宁夏教育　1996年　第Z2期

西北地区回族女子教育概况　丁国勇　回族研究　1996年　第3期

西北回族经济活动史略　王永亮　回族研究　1996年　第2期

西方自由民主与伊斯兰的撞击　刘易斯等　国外社会科学文摘　1996年　第4期

西山咀穆斯林有了清真寺　白志光　中国穆斯林　1996年　第3期

现代化与伊斯兰改革思想　刘靖华　太平洋学报　1996年　第1期

新疆5至16岁城镇回族儿童智力发展水平调查报告　欧阳志、季慎英　新疆大学学报（哲学社会科学版）　1996年　第1期

新疆回族教育探析　马湘云　回族研究　1996年　第3期

一部歌颂爱国主义的优秀作品　阿茜　济南大学学报（社会科学版）　1996年　第2期

伊朗伊斯兰革命根源探析　吴成　河南师范大学学报（哲学社会科学版）　1996年　第3期

伊斯兰法学及其发展历程　从恩霖　中国穆斯林　1996年　第6期

伊斯兰法学及主要流派　高鸿钧　外国法译评　1996年　第1期

伊斯兰国家斋月趣闻　法利德　中国穆斯林　1996年　第2期

伊斯兰教、民主与西方　赖特　国外社会科学文摘　1996年　第4期

伊斯兰教的产生与数学的发展　冶成福　青海民族学院学报（社会科学版）　1996年　第2期

伊斯兰教的神灵观　李兴华　世界宗教文化　1996年　第3期

伊斯兰教对国际政治影响评估　吴云贵　西亚非洲　1996年　第4期

伊斯兰教和中国传统文化的融合　蔡德贵　阿拉伯世界　1996年　第1期

伊斯兰教济贫思想与中国穆斯林的共同富裕　刘天明　宁夏社会科学　1996年　第4期

伊斯兰教经济文化　马明良　西北民族研究　1996年　第1期

伊斯兰教清洁卫生观概论　李华英　中国穆斯林　1996年　第1期

伊斯兰教三大禁忌成因初探　张世满　山西大学学报（哲学社会科学版）　1996年　第1期

伊斯兰教与巴基斯坦的政治发展　杨翠柏　南亚研究季刊　1996年　第4期

伊斯兰教与当代伊斯兰世界的国际合作　刘中民　世界经济与政治　1996年　第11期

伊斯兰教与经济现代化　杜红　世界宗教文化　1996年　第3期

伊斯兰教与穆斯林老人保健长寿的关系　张永庆　中国穆斯林　1996年　第2期

伊斯兰教与现代化　张广麟　中国穆斯林　1996年　第4期

伊斯兰教在日本　王新刚　阿拉伯世界　1996年　第2期

伊斯兰金三角:世界毒品新的策源地　孝慈　当代世界　1996年　第7期
伊斯兰六书(6)　达浦生　中国穆斯林　1996年　第1期
伊斯兰六书(7)　达浦生　中国穆斯林　1996年　第2期
伊斯兰六书(8)　达浦生　中国穆斯林　1996年　第3期
伊斯兰六书(9)　达浦生　中国穆斯林　1996年　第4期
伊斯兰六书(10)　达浦生　中国穆斯林　1996年　第5期
伊斯兰六书(11)　达浦生　中国穆斯林　1996年　第6期
伊斯兰文化的共性与个性　吴云贵　世界宗教文化　1996年　第1期
伊斯兰文化的结晶:评《中国伊斯兰百科全书》　王志远　阿拉伯世界　1996年　第1期
伊斯兰孝道与中华民族的传统美德　马仲兰　中国穆斯林　1996年　第5期
伊斯兰艺术　张俊彦　艺术导刊　1996年　第3期
伊斯兰银行和金融机构　金川、韩嵘　国际贸易　1996年　第6期
伊斯兰与妇女　张志诚　阿拉伯世界　1996年　第3期
伊斯兰与国际政治(下)　金宜久　世界知识　1996年　第22期
伊斯兰原教旨主义与当代国际政治　田文林　世界经济与政治　1996年　第12期
伊斯兰种姓　万星　黑龙江民族丛刊　1996年　第1期
元明清回回天文学略论　杨万仁　西北第二民族学院学报(哲学社会科学版)　1996年　第4期
云南回族商帮及其对外贸易的发展　申旭　回族研究　1996年　第2期
云南省民族学会回族研究委员会第二届换届工作会议召开　洮柏　回族研究　1996年　第3期
昭通回族人口分布特点刍议　金少萍　回族研究　1996年　第2期
这里的回民热"电话"　柴柯伐　中州统战　1996年　第9期
镇江版伊斯兰教书籍简介　金基厚　中国穆斯林　1996年　第4期
中东地区伊斯兰世界的民族主义　王仲义、詹家锋　河北师范大学学报(哲学社会科学版)　1996年　第2期
中国工农红军与西北穆斯林　余振贵　中国穆斯林　1996年　第6期
中国回回天文学史研究的回顾与展望　陈占山　中国史研究动态　1996年　第8期
《中国回族名人辞典》出版发行　本刊编辑部　宁夏大学学报(社会科学版)　1996年　第4期
中国穆斯林赴圣地麦加朝觐　杨志波　中国穆斯林　1996年　第3期
中国穆斯林婚俗杂谈　郭承真　中国宗教　1996年　第4期
中国伊斯兰教与儒家学说　纳国昌　回族研究　1996年　第2期
中国伊斯兰教与现代化　杜红　中国穆斯林　1996年　第1期
中国伊斯兰文化的基本特征　马中平　中国宗教　1996年　第2期
中国伊斯兰文化与中华民族精神文明的历史发展　孙玉杰　史学月刊　1996年　第3期
中亚东干人　丁宏　回族研究　1996年　第4期
中亚伊斯兰教的复兴　向祖文　国际观察　1996年　第4期

周口地区回民教育的现状与出路　马明超　中南民族学院学报（哲学社会科学版）1996年　第2期

利伯维尔场经济驱动下的城市变革：西安回民区自建更新研究初探　董卫　城市规划1996年　第5期

走向富裕之路的武胜驿穆斯林　白彰　中国穆斯林　1996年　第5期

1997年

阿拉伯伊斯兰音乐及其对世界音乐的影响　纳光舜　中国宗教　1997年　第4期

阿拉伯语波斯语专业与穆斯林大学生　本刊编辑部　西北民族研究　1997年　第2期

埃及穆斯林妇女　雪绒　中国穆斯林　1997年　第3期

埃及伊斯兰复兴运动与妇女解放问题　伍庆玲　西亚非洲　1997年　第6期

埃及伊斯兰政治反对派述评　曲洪　世界宗教研究　1997年　第4期

艾什尔里与伊斯兰教义学　希文　中国穆斯林　1997年　第6期

爱岗敬业图奉献唯贤是举出活力：记柘城县委统战部部长杨天奇　何成武　中州统战1997年　第12期

爱国爱教：记北京市政协常委、市伊斯兰教协会副会长陈广元　马秀荣　北京观察1997年　第11期

安康回族武术　马明世　回族研究　1997年　第1期

白彦虎退往新疆原因初探　马志荣　回族研究　1997年　第4期

摆脱贫困和愚昧的必由之路：麻莲乡回族女童教育的几点做法　王万和　人民教育1997年　第2期

拜功与健康　黄宝栋　中国穆斯林　1997年　第5期

北京回族教育八十年　彭年　回族研究　1997年　第1期

北京牛街的"武术社"　谷棣　中华武术　1997年　第6期

编写回族史学史的构想　李松茂　史学史研究　1997年　第4期

渤海回民支队对抗日战争的贡献　赵慧　山东师大学报（社会科学版）　1997年　第3期

不收利息的伊斯兰银行　金川、韩嵘　金融信息参考　1997年　第1期

草原上的穆斯林隆重庆祝"圣纪"节　马建耀　中国穆斯林　1997年　第1期

长征中民族政策在宁夏回民聚居区的伟大胜利　李正纲、郭全忠　西北第二民族学院学报（哲学社会科学版）　1997年　第1期

长治市回族和汉族儿童指纹白线的研究　刘学敏等　长治医学院学报　1997年　第4期

倡导厚养薄葬建设精神文明　戴俊峰　中国穆斯林　1997年　第2期

《陈埭丁氏回族宗谱》的编校出版及其价值　庄景辉　中国史研究动态　1997年　第8期

川西北回族饮食文化的地域特色　马勇　回族研究　1997年　第4期

从《回回药方》看回族医学在我国的传播　苏伯固等　中国民族医药杂志　1997年　第S1期

从伊斯兰层面看文明冲突论　埃斯波西托、冯超　国外社会科学　1997年　第4期

当代伊斯兰复兴运动的兴起及其发展特点　黄凤志　内蒙古民族师院学报（汉文版·哲学社会科学版）　1997年　第1期

当代伊斯兰政治暴力剖析　杜红　西亚非洲　1997年　第4期

当今世界穆斯林人口情况　穆萨　中国穆斯林　1997年　第4期

当今世界伊斯兰教的八大趋势　吴云贵　世界宗教文化　1997年　第2期

东干文化与东干作家文学漫议:《苏联东干族小说散文选》译后记　杨峰　西北民族研究　1997年　第2期

东南亚伊斯兰国家市场研究　吴海鹰　回族研究　1997年　第3期

东西合璧的回回医学　傅景华　中国民族医药杂志　1997年　第4期

读回族文化书、人札记　马旷源　楚雄师范学院学报　1997年　第2期

发挥优势续写辉煌:青州市偶园回民初级中学风采录(1)　李有来　潍坊教育学院学报　1997年　第4期

佛教大国的穆斯林　陈开明　世界民族　1997年　第3期

改革开放中回族社会文化的变迁　马奎　中南民族学院学报（哲学社会科学版）　1997年　第2期

各地穆斯林简讯五则　本刊编辑部　中国穆斯林　1997年　第4期

古朴的教学方法成功的教育实践:中国穆斯林的宗教教育概述　马忠杰、张广麟　中国穆斯林　1997年　第6期

关于建立回族学博物馆的思考与设想　刘建安　回族研究　1997年　第3期

关于学生主体教育研究的理论思考　北京回民学校　天津市教科院学报　1997年　第6期

关于云南"帕西傣"的族属问题　辛智　民族团结　1997年　第7期

关于左宗棠的评价问题　胡滨　文史哲　1997年　第3期

贵池傩舞《舞回回》考　王兆干　池州师专学报　1997年　第2期

汉文伊斯兰译著的宗教学　李兴华　青海民族学院学报（社会科学版）　1997年　第3期

杭州伊斯兰教阿拉伯文波斯文古墓碑考　郭成美　回族研究　1997年　第1期

河南出土明代回回买凤墓志考释　本刊编辑部　民族研究　1997年　第2期

红军长征对西北国统区的影响　沈社荣　宁夏大学学报（社会科学版）　1997年　第1期

红军长征在宁夏的丰碑:纪念红军三大主力胜利会师60周年　李云桥　回族研究　1997年　第2期

呼和浩特市回民区4类食品卫生监测分析　贺鲜亮等　内蒙古预防医学　1997年　第4期

华阳寨回族村连创六个第一　胡良军　中州统战　1997年　第9期

欢庆回归热烈祝贺:中国伊协致电香港穆斯林热烈祝贺香港回归　本刊编辑部　中国穆斯林　1997年　第4期

"回回"一词起源新探　胡小鹏　西北师范大学报（社会科学版）　1997年　第5期

"回回国王阿卜都里什特"世系考　纪大椿　西域研究　1997年　第4期

回回蒜外敷治疗肝硬化腹水2例　孟光、武静　四川中医　1997年　第6期

回回香药渊源　单于德　回族研究　1997年　第4期
回民聚居区胆囊炎与胆石症534例分析　薛长林等　肝胆外科杂志　1997年　第5期
回族的节食与长寿养生　丁月玲　中老年保健　1997年　第5期
回族没有本民族的民间音乐吗:与杨沐先生商榷　杜亚雄　中央音乐学院学报　1997年　第3期
回族民族内婚姻制度的心理内涵　马平　青海民族学院学报（社会科学版）　1997年第3期
回族穆斯林生活禁忌　刘书祥　中国宗教　1997年　第1期
回族人民武装抗日的一面旗帜　魏福凯　北京党史　1997年　第4期
回族日常生活中的预防医学　苏小玫等　中国民族医药杂志　1997年　第1期
回族商帮与历史上的云南对外贸易　申旭　民族研究　1997年　第3期
回族学:一门新兴的学科　马维良、杨庭岗　回族研究　1997年　第1期
回族哲学思想史研究四议　孙俊萍　回族研究　1997年　第1期
回族重商思想散论　马建春　西北民族学院学报（哲学社会科学版．汉文）　1997年第2期
家庭教育与回族文化观念的形成　李景兰、马朝旗　西北大学学报(哲学社会科学版)
接近一个伊斯兰经济学理论的定义　刘天明等　固原师专学报　1997年　第5期
今访东干人　尹树广　四川统一战线　1997年　第1期
近现代中国伊斯兰报刊的兴起　徐晓萍　中国穆斯林　1997年　第5期
京郊穆斯林的新奉献——发展中的长营清真食品集团　孙雨山、李淑意　中国农垦1997年　第1期
靖远县回民小学教学楼落成碑　杨怀中　回族研究　1997年　第4期
卡切和嘉卡切:拉萨的穆斯林社区　杰斯特科尔内耶等　西藏民俗　1997年　第4期
开罗之行:第四届国际《古兰经》背诵比赛大会侧记　马文军　中国穆斯林　1997年第4期
抗战时期延安的回回民族研究　张剑平　延安大学学报（哲学社会科学版）　1997年第1期
老舍与马甸回民小学　彭年　民族团结　1997年　第1期
礼县回族地域内婚调查发微　虎有泽　回族研究　1997年　第4期
立中梁仪式对云南回族社会文化综合化现象的历史考察　王建平　云南民族学院学报(哲学社会科学版)　1997年　第4期
令人神往的西双版纳与傣族穆斯林　马荣祖　西北民族研究　1997年　第2期
略论回族伦理道德的优良传统　陈晓虎　中国穆斯林　1997年　第6期
略述临潭穆斯林女子教育　马凤仪　中国穆斯林　1997年　第2期
略说回族风俗　白少麟、白少清　山区开发　1997年　第2期
论明代回回的朝贡贸易　胡云生　回族研究　1997年　第2期
论现代化进程中的两种伊斯兰思潮　杜红　宁夏社会科学　1997年　第5期
论伊斯兰的生死观　黄义全　中国穆斯林　1997年　第4期
论伊斯兰教的生命力及其形成原因　陈德成　西亚非洲　1997年　第6期

论伊斯兰教在当代中东伊斯兰国家的社会分化作用　刘中民　宁夏社会科学　1997年　第2期
论中东的伊斯兰政治反对派　曲洪　世界经济与政治　1997年　第11期
论中东伊斯兰国家的政教关系　曲洪　西亚非洲　1997年　第4期
论中亚的突厥化与伊斯兰化　王治来　西域研究　1997年　第4期
妈祖现象与伊斯兰教的中国化　邱树森　宁夏社会科学　1997年　第3期
马来西亚的伊斯兰潮及政府对策　杜红　东南亚研究　1997年　第6期
马来西亚的伊斯兰政党和组织　杜红　东南亚纵横　1997年　第2期
马肇璞先生归真　本刊编辑部　中国穆斯林　1997年　第4期
毛乌素的足迹:旅长宰马救众人　郭智荣　党史纵横　1997年　第5期
民促会架起连心桥　周菊花、郭素阁　中州统战　1997年　第12期
民族的骄傲穆斯林的光荣:记东乡族穆斯林学者马自祥和他的作品　杨操　中国穆斯林　1997年　第3期
民族概念与回族的形成:对新版《云南回族史》书名中"民族"译名争议的几点思考　姚继德　楚雄师范学院学报　1997年　第4期
明代回回译使考述　李德宽　西北第二民族学院学报（哲学社会科学版）　1997年　第1期
穆罕默德和伊斯兰文明　张国琛　历史教学　1997年　第7期
穆斯林回族与武术　黄作章　中华武术　1997年　第4期
穆斯林家庭的三大天命　契文翰　中国穆斯林　1997年　第6期
穆斯林精神文明建设的历史传统:《清真指南　约束教条》剖析　纳国昌　中国穆斯林　1997年　第2期
穆斯林应保持谦虚谨慎的态度　张迁　中国穆斯林　1997年　第1期
南京"马祥兴"菜馆　马定文　纵横　1997年　第1期
南亚与东南亚穆斯林妇女的社会地位　张玉兰　南亚研究　1997年　第1期
宁夏回族民间武术　赵炳南　回族研究　1997年　第1期
宁夏全区回民中学校长座谈会综述　马清贵　回族研究　1997年　第1期
宁夏中小学回族教师成长问题研究　周德正、胡景中　回族研究　1997年　第4期
帕西泰:西双版纳的穆斯林　马荣祖　民族团结　1997年　第3期
评亨廷顿论当今世界的伊斯兰复兴　加润国、王圆　中国穆斯林　1997年　第6期
浅谈同心县回族女童教育发展的制约因素　马亚萍　回族研究　1997年　第4期
浅谈伊斯兰教的前定观　李鸿鸣　中国穆斯林　1997年　第1期
浅谈伊斯兰教的团结观　戴俊峰　中国穆斯林　1997年　第4期
强化服务意识提高管理水平争创模范清真寺　本刊编辑部　中国穆斯林　1997年　第4期
勤奋撑起一片天:记新乡市新华区工商联副会长买保军　蒋德育　中州统战　1997年　第11期
青海西宁地区回族下颌骨的测量研究　安永林等　青海医学院学报　1997年　第4期
青海伊斯兰教拱北述略　马翰龚　青海民族研究　1997年　第3期

青海伊斯兰教教派与门宦现状　马翰龚　青海民族研究　1997年　第2期
清真寺与伊斯兰教在中国的传播发展　海永龙　中国穆斯林　1997年　第1期
曲靖地区认真做好信仰伊斯兰教群众的工作　吴加良　民族工作　1997年　第9期
全国首届阿拉伯伊斯兰哲学学术研讨会综述　刘静、泉城、德峰　文史哲　1997年　第2期
认识伊斯兰教才能了解当代中东：读《伊斯兰教与中东现代化进程》　肖宪　西亚非洲　1997年　第5期
"沙里亚"辨析：伊斯兰教法学精神浅释　从恩霖　中国穆斯林　1997年　第6期
沙特阿拉伯的政治伊斯兰主义　曲洪　世界宗教文化　1997年　第3期
山东回族的传统体育运动　杨湛山　回族研究　1997年　第4期
邵阳回族婚姻构成的个案调查：以苏楚繁家族为例　苏静　民族论坛　1997年　第4期
邵阳清真古寺　马镒　邵阳学院学报（社会科学版）　1997年　第1期
邵阳市清真南寺概况　马子美　中国穆斯林　1997年　第6期
沈阳回族与回回营　晏路　满族研究　1997年　第3期
试论回族民族精神的形成　苏雪芹　青海民族学院学报（社会科学版）　1997年　第2期
试论伊斯兰初期的阿拉伯文学　蔡伟良　阿拉伯世界　1997年　第4期
试论伊斯兰教的"知行合一"观　从恩霖　中国穆斯林　1997年　第3期
试论中国伊斯兰文化的形成及特色　韩中义　中国穆斯林　1997年　第2期
试析穆斯林国家政治变革的动力　东方晓　西亚非洲　1997年　第6期
疏勒县回民清真大寺概况　屈世荣　中国穆斯林　1997年　第3期
苏三洛与东干族研究　白述礼　中国民族　1997年　第6期
苏州回族的伊斯兰文化与商品经济　袁纣卫、畲建明　宁夏社会科学　1997年　第6期
台湾出版的研究清代回民起义的三部著作　李松茂　青海民族研究　1997年　第1期
谈东北民主联军回民支队在东北的历史作用与贡献　初卓　满族研究　1997年　第1期
坦桑尼亚的伊斯兰教　赵立涌　中国穆斯林　1997年　第3期
唐宋回族先民汉文诗歌创作的伊斯兰倾向　吴建伟　中南民族学院学报（哲学社会科学版）　1997年　第4期
同治回民起义后西北地区人口迁移及影响　侯春燕　山西大学学报（哲学社会科学版）　1997年　第3期
土耳其伊斯兰教育的传统与改革　孙振玉　西北民族学院学报（哲学社会科学版）　1997年　第3期
西安召开第二届伊斯兰文化研讨会　马金宝　回族研究　1997年　第4期
西方世界中的伊斯兰教　约翰·埃斯波西托　中国社会科学院研究生院学报　1997年　第6期
西双版纳的傣族穆斯林及其礼俗初探　马荣祖　中国穆斯林　1997年　第2期

西双版纳的穆斯林　荣祖　对外大传播　1997年　第11期
香港穆斯林概况　刘闽　回族研究　1997年　第3期
香港穆斯林概况　敏贤良　中国穆斯林　1997年　第3期
新疆伊斯兰教一瞥　马劲　中国宗教　1997年　第1期
杨静仁革命生涯无尽头　子明　民族团结　1997年　第1期
也谈"回族民间音乐"　杨沐　中央音乐学院学报　1997年　第1期
一部有价值的宗教社会学著作：读《伊斯兰教与西北穆斯林社会生活》　吴名琪　青海社会科学　1997年　第3期
一个穆斯林教长的"古尔邦节"　周清印　瞭望　1997年　第21期
一位海外回族穆斯林的奉献　郑勉之　中国穆斯林　1997年　第4期
伊朗巴布教徒起义与清同治年间西北回民起义的比较研究　徐晓萍　西北史地　1997年　第3期
伊斯兰潮：困顿与突围　杜红　世界知识　1997年　第4期
伊斯兰国家联合自强的盛会　怀成波　瞭望　1997年　第51期
伊斯兰极端势力的渗透与中俄安全合作　赵龙庚　和平与发展　1997年　第4期
伊斯兰教的社会伦理道德观浅析　伍德勤　阜阳师范学院学报（社科版）　1997年　第2期
伊斯兰教法的现代化　杜红　世界宗教文化　1997年　第2期
伊斯兰教法学家的等级划分　从恩霖　中国穆斯林　1997年　第4期
伊斯兰教圣墓与巴巴寺　阿依先　世界宗教文化　1997年　第1期
伊斯兰教特殊性浅析　杨静　江苏教育学院学报（社会科学版）　1997年　第4期
伊斯兰教文化与泉州专项旅游　杨文棋　发展研究　1997年　第4期
《伊斯兰教艺术百问》出版　本刊编辑部　阿拉伯世界　1997年　第1期
伊斯兰教与土耳其社会　黄维民　西北大学学报（哲学社会科学版）　1997年　第4期
伊斯兰教与伊斯兰国家的现代化　杜红　世界宗教研究　1997年　第1期
伊斯兰教与中东政治　吴云贵　世界宗教研究　1997年　第1期
伊斯兰教在甘南藏区传播情况初探　马旭　中国穆斯林　1997年　第4期
伊斯兰教主要特色及影响之辨析　张学军　中州统战　1997年　第3期
伊斯兰伦理道德与精神文明建设　从恩霖　中国穆斯林　1997年　第5期
伊斯兰世界的西化问题　陈玉龙　中国穆斯林　1997年　第4期
伊斯兰文化与经济现代化　米寿江　世界经济　1997年　第5期
伊斯兰银行与金融业融资方式　把剑群　阿拉伯世界　1997年　第3期
伊斯兰与现代化　约翰·爱斯泼希托　世界宗教文化　1997年　第1期
伊斯兰在西方世界　王建平　世界知识　1997年　第1期
伊斯兰装饰艺术初探　刘宝岳　装饰　1997年　第5期
豫东槐坊回族的发展与现状　倪胜章　回族研究　1997年　第4期
元代回回史学家察罕　杨志玖　回族研究　1997年　第2期
元代回族史研究的开拓者：杨志玖　丁明俊　回族研究　1997年　第1期
云南回族板刻伊斯兰典籍述略　纳国昌　云南民族学院学报（哲学社会科学版）

1997年　第1期
　再论河南几位回回先人　马肇曾　中国穆斯林　1997年　第6期
　早期的东南亚华人穆斯林　廖大珂　华侨华人历史研究　1997年　第1期
　真抓实干振兴"回中":青州市偶园回民初级中学风采录(二)　李有来　潍坊教育学院学报　1997年　第4期
　中国回教俱进会初创记评(上)　张巨龄　回族研究　1997年　第4期
　中国回族研究的历史轨迹(上)　高占福　回族研究　1997年　第1期
　中国回族研究的历史轨迹(中)　高占福　回族研究　1997年　第2期
　中国回族研究的历史轨迹(下)　高占福　回族研究　1997年　第3期
　《中国历代政权与伊斯兰教》序　宛耀宾　中国穆斯林　1997年　第4期
　中国穆斯林长寿原因浅议　杨运鹏　回族研究　1997年　第1期
　《中国伊斯兰百科全书》出版　平人　出版参考　1997年　第11期
　中国伊斯兰教中的经学　李兴华　世界宗教研究　1997年　第4期
　中世纪穆斯林秘密社团:"精诚同志社"　沙宗平　世界宗教文化　1997年　第1期
　众花齐放春满园:大厂回族自治县夏垫镇集体经济实现超常发展　本刊编辑部　探索与求是　1997年　第5期
　周口市回族教育的历史、现状与发展对策　李德昌　回族研究　1997年　第4期
　朱德同志挽马本斋及其母　冯序鹏　高校后勤研究　1997年　第2期
　祝贺巴基斯坦伊斯兰共和国独立5周年　安士伟　中国穆斯林　1997年　第4期
　著名回族武术家:王青山　杨明德等　中州统战　1997年　第6期

1998年

　0至14岁宁夏回族儿童残疾调查　吴龙等　中国儿童保健杂志　1998年　第4期
　16世纪至19世纪的中亚及有关该时期历史的穆斯林文献　张长利　中国边疆史地研究　1998年　第1期
　巴基斯坦建立与伊斯兰教的关系　何美兰　历史教学　1998年　第12期
　北方城市回民街区整体环境与街区结构　于文明等　哈尔滨建筑大学学报　1998年　第6期
　北风中展翅的雄鹰:记宁夏固原县回民中学　马荣　朔方　1998年　第2期
　《本草纲目》与伊斯兰(回回)医药的关系　宋岘　西北民族研究　1998年　第2期
　本色是真:记穆斯林青年书法家马明钧　买泓钧　中国穆斯林　1998年　第5期
　草坪乡的变迁　丁玫　民族团结　1998年　第8期
　草原雄鹰路蓝天:记"绿色食品"企业伊利集团　汪文　城市质量监督　1998年　第6期
　察合台汗国的伊斯兰化　李一新　西北民族研究　1998年　第2期
　城市回民街区更新保护控制原则　于文明等　齐齐哈尔大学学报(哲学社会科学版)　1998年　第4期
　从埃及穆斯林兄弟会看伊斯兰原教旨主义与世俗主义的关系　杨灏城　西亚非洲　1998年　第5期

从地理高地走向理想高地:包头市回民中学由弱变强纪实　辛立　内蒙古教育　1998年　第5期
从红白莲花看《本草纲目》与伊斯兰(回回)医药的关系　宋岘　中国民族医药杂志　1998年　第1期
从南营村屠宰检疫管理看少数民族地区动物定点屠宰工作的开展　范铁华等　河北农业科技　1998年　第4期
从撒马尔罕到中国南京:一个穆斯林家族对中国儒家文化的适应　伍贻业　回族研究　1998年　第4期
当代阿拉伯世界的伊斯兰运动　杜红　阿拉伯世界　1998年　第1期
当代世界与伊斯兰复兴运动　王小红　河西学院学报　1998年　第1期
当代伊斯兰阿拉伯世界社会思潮评析　蔡德贵　北京大学学报(哲学社会科学版)　1998年　第1期
地域化倾向对张承志作品强烈生命意识的功用　马玮　宁夏大学学报(社会科学版)　1998年　第4期
第一位穆斯林护士　宋林萍　国外医学·医学教育分册　1998年　第2期
电视纪实片《回族穆斯林生活掠影》解说词　李树江　回族研究　1998年　第3期
读《冀中回民支队》丛书感言　刘世昌　党史博采　1998年　第7期
独辟蹊径新颖奇巧:《中国穆斯林三百历代名人歌》读后　马广德　回族研究　1998年　第3期
独放异彩别具风格的回回药方　单于德　中国穆斯林　1998年　第5期
对典型回族村镇经济发展的回顾与思考　马中平　回族研究　1998年　第2期
对伊斯兰教的几点认识　金宜久　世界宗教研究　1998年　第2期
对伊斯兰文化体系的新探索——读《伊斯兰文化新论》　乌图　回族研究　1998年　第1期
对中国伊斯兰教育问题的思考　宛耀宾　中国宗教　1998年　第3期
多元对话当代伊斯兰国家艺术　本刊编辑部　世界美术　1998年　第1期
恶魔马步芳　鸣白　文史精华　1998年　第12期
法国穆斯林的尴尬　王宇洁　世界宗教文化　1998年　第1期
繁荣的中国伊斯兰教育　霍娜　中国穆斯林　1998年　第3期
分布最广的回族　宁守合　中国民族教育　1998年　第5期
丰富多彩深广兼备:读《当代回族经济掠影》　李松茂　回族研究　1998年　第2期
扶贫助教献爱心:"三宝双喜"向贫困地区散天课　本刊编辑部　中国穆斯林　1998年　第3期
甘肃回族自治地方经济发展述评　高占福　开发研究　1998年　第2期
关于援助拍摄大型电视系列纪录片《丝绸古道回族人》倡议书　本刊编辑部　回族研究　1998年　第3期
海南三亚回族社区的经济变迁　马建钊　广西民族学院学报(哲学社会科学版)　1998年　第3期
濠畔古寺庆新生　杨棠　中国穆斯林　1998年　第5期
河南回族人口较多的成因探索　张玮、胡云生　中央民族大学学报(哲学社会科学版)

1998年　第5期

　　贺《麦加纪行》画册问世:中国穆斯林朝觐史上的创举　荣欣　中国穆斯林　1998年第5期
　　黑龙江柯尔克孜族伊斯兰教信仰说质疑　麻秀荣　民族研究　1998年　第2期
　　黑龙江省柯尔克孜族伊斯兰教信仰问题辨正　麻秀荣　北方文物　1998年　第1期
　　怀念马青年同志　李云桥　回族研究　1998年　第2期
　　《怀宁马氏宗谱》及历代主要人物考(上)　马肇曾　回族研究　1998年　第3期
　　回回民族　田弘梁　神州学人　1998年　第11期
　　"回回石头"与阿拉伯宝石学的东传　宋岘　回族研究　1998年　第3期
　　回回天文学史研究　杜升云　历史研究　1998年　第1期
　　《回回药方》残卷在中阿医药文化交流史上的重要地位　李百川　陕西中医　1998年第9期
　　回民聚居区胆囊炎与胆石症534例分析　薛长林　中国医师杂志　1998年　第4期
　　回民药膳简介　冶英　中国民族医药杂志　1998年　第1期
　　回民战地服务团赴信阳宣传　本刊编辑部　武汉文史资料　1998年　第3期
　　回民支队的英雄参谋长:冯克烈士(上)　丁铁石、高存信　党史博采　1998年　第2期
　　回民支队的英雄参谋长:冯克烈士(下)　丁铁石、高存信　党史博采　1998年　第7期
　　回乡新曲　李虹　党建　1998年　第9期
　　回族传统道德教育方法探析　隋玉梅　中央民族大学学报（哲学社会科学版）　1998年　第2期
　　回族的丧葬习俗与穆斯林的生死观　李学忠　宁夏社会科学　1998年　第1期
　　回族的外部凝聚力问题　马平　回族研究　1998年　第4期
　　回族妇女与回族文化　丁宏　中央民族大学学报(哲学社会科学版)　1998年　第2期
　　回族婚姻择偶中的"妇女外嫁禁忌"　马平　西北民族研究　1998年　第2期
　　回族研究的新视野:一个方法论的讨论:兼评杜磊《中国穆斯林》　马海云　回族研究1998年　第4期
　　回族谚语简释　纳国昌　回族研究　1998年　第4期
　　回族伊斯兰文化与社会主义市场经济和精神文明建设的关系　穆永吉　回族研究1998年　第4期
　　回族艺术浅论　高晓敏　回族研究　1998年　第2期
　　回族哲学思想初探　杨华　宁夏大学学报(社会科学版)　1998年　第4期
　　回族知识窗　本刊编辑部　四川统一战线　1998年　第11期
　　霍梅尼与伊朗伊斯兰革命　王哲　新乡师范高等专科学校学报　1998年　第3期
　　济宁回族与清真寺　沙彦振、马洪彬　中国穆斯林　1998年　第2期
　　简论回族与武术　胡文雄　湖北体育科技　1998年　第4期
　　简论伊斯兰文化的价值取向　冯怀信　中国穆斯林　1998年　第5期
　　剑川石窟"波斯国人"雕像辨析　叶桐　云南民族学院学报(哲学社会科学版)　1998年　第1期
　　近代西北回族反清运动中的政权问题　霍维洮　宁夏大学学报（社会科学版）　1998

年　第1期
近现代回族经济发展中市场学思想初探　许宪隆　黑龙江民族丛刊　1998年　第3期
可爱的穆斯林之乡　马素琴　中国旅游　1998年　第4期
肯尼亚伊斯兰教概况　赵立涌　中国穆斯林　1998年　第1期
跨世纪的云南回族研究　高发元　回族研究　1998年　第4期
冷战后伊斯兰教影响中东政治和国际政治的历史走向　刘中民　宁夏社会科学　1998年　第2期
理解伊斯兰研究伊斯兰：《伊斯兰文化研究》序　吴云贵　阿拉伯世界　1998年　第3期
临夏回族砖雕艺术　隋建明　丝绸之路　1998年　第2期
略论冷战后的伊斯兰复兴运动　陈和丰　西亚非洲　1998年　第2期
略论伊斯兰教道德及其在回族传统道德形成中的地位　梁向明　宁夏社会科学　1998年　第1期
略谈回族经济史研究的历史与现状　黄庭辉　回族研究　1998年　第2期
论11世纪初伊斯兰教在于阗的传播问题　高永久　兰州大学学报（社会科学版）　1998年　第2期
论白寿彝先生回族史研究的成就　翁干麟　回族研究　1998年　第2期
论马福祥在现代回族文化教育史上的地位　丁明俊　回族研究　1998年　第4期
论清代法律中的回回问题　胡云生　回族研究　1998年　第4期
论元代伊斯兰教在中国传播的原因　于卫青　聊城师范学院学报（哲学社会科学版）　1998年　第1期
论中亚伊斯兰教的复兴问题　杨建新　西北史地　1998年　第2期
马来西亚伊斯兰教复兴运动试析　范若兰　东南亚研究　1998年　第1期
民族教育的垦荒者：记固原县官厅乡刘店小学校长单耀成　祁学斌　宁夏教育　1998年　第12期
民族团结心连心　兄弟情义似海深　本刊编辑部　中国穆斯林　1998年　第2期
明清时期云南回回社团的宗教网络系统　王建平　学术探索　1998年　第4期
穆斯林的纺织艺术　杨原等　阿拉伯世界　1998年　第1期
穆斯林的人生哲理　本刊编辑部　中国穆斯林　1998年　第6期
穆斯林的文明修养　陈广元　中国穆斯林　1998年　第1期
《穆斯林的葬礼》与茅盾文学奖　李子迟　海南师范学院学报（人文社会科学版）　1998年　第4期
穆斯林国家政治变革的阻力与困难　东方晓　西亚非洲　1998年　第2期
穆斯林捐资助学发展民族教育　彭年　中国穆斯林　1998年　第4期
穆斯林应重视营造良好的社会环境：穆斯林修养小议　从恩霖　中国穆斯林　1998年　第2期
穆斯林紫砂制品问世　马占民、杨晓峰　中国穆斯林　1998年　第3期
南京风味两则　马学仁　烹调知识　1998年　第2期
宁夏0至14岁回族儿童腹股沟斜疝调查　吴龙等　中国儿童保健杂志　1998年　第1期

宁夏大学回族文学研究所简介　本刊编辑部　民族文学研究　1998年　第1期
宁夏固原地区回族族源与发展析论　畲贵孝　少数民族史及史料研究(三):中国近现代史史料学学会学术会议论文集　1998年
宁夏回族历史与文化研究四十年概述　丁克家　回族研究　1998年　第4期
宁夏农村0至7岁回族儿童体格发育的抽样调查　杨银凤等　宁夏医学院学报　1998年　第4期
宁夏农村回民家庭养老状况研究　张永庆　回族研究　1998年　第2期
平凉风味小吃　王知三　丝绸之路　1998年　第3期
评《回回天文学史研究》　杜升云　中央民族大学学报(自然科学版)　1998年　第1期
评冯福宽《陕西回族史》　贾羽、胡玉冰　中国穆斯林　1998年　第1期
谦逊是穆斯林的美德　本刊编辑部　中国穆斯林　1998年　第6期
浅论回族道德的发展历程　梁向明　中央民族大学学报（哲学社会科学版）　1998年　第4期
浅谈回族宴席曲的艺术特色　郭德慧　青海民族学院学报（社会科学版）　1998年　第2期
浅谈中国伊斯兰文化的复杂性　桂莉梅　中国穆斯林　1998年　第5期
浅析回民区从业人员的分布状况看城区经济与再就业工程的广阔前景　赵玉绥　内蒙古统计　1998年　第5期
浅析伊斯兰教的良知观　从恩霖　中国穆斯林　1998年　第6期
青海回族教育的难点及对策　骆桂花　青海民族学院学报（社会科学版）　1998年　第4期
清代西北回民反清斗争中的抚局　霍维洮　回族研究　1998年　第1期
情系回民:记阆中市委统战部长曹福龙　饶和荣　四川统一战线　1998年　第5期
儒家、伊斯兰教伦理道德浅谈　姚维　道德与文明　1998年　第4期
《儒林外史》涉及回民情节描写之考略　白草　回族研究　1998年　第4期
三西建设成效显著扶贫开发任重道远:宁夏回族自治区同心县扶贫工作调查　李宗植　开发研究　1998年　第2期
沙俄征服中亚后对伊斯兰教的政策　孟楠　西北史地　1998年　第2期
沙特王族君主制的伊斯兰性:沙特阿拉伯君主制的伊斯兰性刍论之一　马小红　阿拉伯世界　1998年　第4期
陕甘回民起义期间的伊克昭盟　苏德　内蒙古师大学报（哲学社会科学版）　1998年　第5期
商品交易中的伊斯兰原则刍议　陈军　中国穆斯林　1998年　第1期
石家庄清真寺　石清　中国穆斯林　1998年　第4期
试论东干人语言使用特点：兼论东干语与东干文化传承　丁宏　民族研究　1998年　第4期
试论回族经济的几个问题　代林　内蒙古大学学报(人文.社会科学版)　1998年　第1期
试论伊斯兰教的产生与阿拉伯统一国家形成的关系　郭永胜　内蒙古师大学报(哲学

社会科学版） 1998年 第1期
　试论伊斯兰教特色及其后果　杨静　世界宗教研究　1998年　第3期
　试论元代回回诗人伯笃鲁丁及其诗文　翁干麟　回族研究　1998年　第4期
　试析清末兴义府白旗起义失败的原因　田太卿　黔西南民族师范高等专科学校学报　1998年　第2期
　试析印度尼西亚中东政策中的伊斯兰因素　杨光海　东南亚研究　1998年　第3期
　试析中俄安全利益中的伊斯兰因素　赵龙庚　现代国际关系　1998年　第1期
　试析中国回教救国协会　答振益、刘书英　回族研究　1998年　第4期
　适应社会的发展是伊斯兰教的特色　尹静伯　中国穆斯林　1998年　第2期
　苏哈托时期印度尼西亚的伊斯兰教政策　范若兰　当代亚太　1998年　第11期
　苏南回族商帮　袁纣卫　回族研究　1998年　第1期
　唐宋时期穆斯林蕃坊考　马娟　回族研究　1998年　第3期
　唐五代的回族医人发微　冯汉镛　中华医史杂志　1998年　第2期
　望江县漳湖镇江滩、圩内螺情回升情况调查　田志文、曹正中　热带病与寄生虫学　1998年　第3期
　危难中的气节：白文冠英勇殉国　朱延斌　党史纵横　1998年　第1期
　文化压抑与伊斯兰原教旨主义　张洪仪　北京第二外国语学院学报　1998年　第4期
　我的"无差别"境界　张贤亮　民族团结　1998年　第1期
　我的父亲马襄吾　马子美　中国穆斯林　1998年　第2期
　西藏回族人物志略　周传斌、陈波　回族研究　1998年　第3期
　吸毒贩毒：伊斯兰教的一大禁律　马少芳　中国穆斯林　1998年　第4期
　掀起"盖头"显身手　本刊编辑部　中国妇运　1998年　第8期
　县委书记崔建平和他的回族朋友　刘俊奇、杨林　民族团结　1998年　第2期
　辛勤耕耘四十载品学兼优栋梁材：记陈广元大阿訇　马文　中国穆斯林　1998年　第2期
　新兵老将：记宁夏回族自治区民委主任吴国才　子明　民族团结　1998年　第11期
　新疆穆斯林民族的节日及其节庆饮食　单生魁　中国穆斯林　1998年　第2期
　新疆一回族女孩的来信　本刊编辑部　中国穆斯林　1998年　第2期
　新疆伊斯兰教苏非尊号考释　韩中义　西域研究　1998年　第4期
　新时期云南回族基本特点及其发展战略的思考　王连芳　回族研究　1998年　第2期
　新月旗下的美国穆斯林　胥敏　党政干部学刊　1998年　第8期
　新中国第一个专区级回民自治地方：甘肃省西海固回族自治区的诞生　梁永恒　中国近现代史学会论文集　1998年
　"信仰义务"与穆斯林文明建设　李鸿鸣　中国穆斯林　1998年　第3期
　雪域高原上的穆斯林　周传斌　中国民族博览　1998年　第3期
　杨德培阿衡　郭孝义　镇江师专学报(社会科学版)　1998年　第4期
　也谈伊斯兰教与精神文明建设　韩克　中国穆斯林　1998年　第1期
　一方有难　八方支援：中国各族穆斯林向洪涝灾区献爱心　本刊编辑部　中国穆斯林　1998年　第5期

一个回民的儿子从翻砂工到学者　高占福　民族团结　1998年　第12期
一路拼搏一路歌:记两次荣获国家级先进集体的回民区统计群体　本刊编辑部　内蒙古统计　1998年　第4期
一位汉族老人在回族村的八十三年经历　张大奎　健康必读　1998年　第3期
伊斯兰:威胁还是挑战　王建国、东方晓　西亚非洲　1998年　第6期
伊斯兰地区生物技术发展现状　本刊编辑部　世界农业　1998年　第4期
伊斯兰法文化的变革与趋向　汤唯　法律科学　1998年　第2期
伊斯兰宫殿艺术　齐前进　阿拉伯世界　1998年　第2期
伊斯兰教拜功礼仪漫谈　从恩霖　中国宗教　1998年　第2期
伊斯兰教的"旗帜"作用　陈德成　中国穆斯林　1998年　第5期
伊斯兰教的历史和基本教义　朱越利　中国统一战线　1998年　第11期
伊斯兰教的饮食观与生态保护　杨忠东　中国穆斯林　1998年　第6期
伊斯兰教对回族民间故事的影响　马亚平　西北民族学院学报（自然科学版）　1998年　第3期
伊斯兰教法及其与回族道德的关系　梁向明　固原师专学报　1998年　第1期
伊斯兰教鼓励求知　陈军　中国穆斯林　1998年　第2期
伊斯兰教律与穆斯林民族教育之契合关系研究　鲜鹏　西北民族学院学报（哲学社会科学版）　1998年　第4期
伊斯兰教提倡节约反对浪费　黄义全　中国穆斯林　1998年　第1期
伊斯兰教伊赫瓦尼教派在西安地区的传播经过　马斌　西北民族研究　1998年　第1期
伊斯兰教饮食禁忌探源　王瑞聚　东方论坛　1998年　第2期
伊斯兰教与儒家皆讲团结强调整体观念　金刚　中国穆斯林　1998年　第5期
伊斯兰教在德国　从恩霖　中国穆斯林　1998年　第3期
伊斯兰教在东南亚海岛地区传播与发展的特点　李勤　云南师范大学学报（哲学社会科学版）　1998年　第6期
伊斯兰金融体系初探　朱钟棣　国际经贸探索　1998年　第1期
伊斯兰伦理道德与社会主义精神文明的相融性　李兴都、马仲兰　中国穆斯林　1998年　第2期
伊斯兰伦理思想的人道主义精神　冯怀信　中国穆斯林　1998年　第6期
伊斯兰人权　穆罕默德·努阿曼·贾拉勒等　阿拉伯世界　1998年　第4期
伊斯兰社会主义的经济思想与实践　刘天明　西亚非洲　1998年　第2期
伊斯兰世界中的极端势力与西方的对抗　本刊编辑部　国际经济评论　1998年　第Z6期
伊斯兰天才诗人萨迪与《果园》　刘闽　中国穆斯林　1998年　第6期
伊斯兰文化的特征　铁鸿业　中国宗教　1998年　第1期
伊斯兰文化价值取向浅识　冯怀信　阿拉伯世界　1998年　第3期
伊斯兰终身教育观及其现代价值　马明良　青海民族研究　1998年　第3期
引渡白彦虎与"投敌叛国"说　王国杰　回族研究　1998年　第4期

永乐年间泛海来朝的南海穆斯林国王　马建春　回族研究　1998年　第2期
元代的回回珠宝商　任树民　西北第二民族学院学报（哲学社会科学版）　1998年　第3期
元代东传之回回地理学：兼论札马剌丁对中国地理学的历史贡献　马建春　西北史地　1998年　第2期
元代法书鉴赏家回回人阿里的国书印　照那斯图　文物　1998年　第9期
元代回回乌马儿史事札记　何兆吉　西北第二民族学院学报（哲学社会科学版）　1998年　第4期
云南回族家庭教育的传统与走向　纳麒　云南民族学院学报（哲学社会科学版）　1998年　第2期
云南回族穆斯林跨境东南亚探究　张佐　回族研究　1998年　第3期
在夕阳的辉煌与新世纪的曙光中：对回族当代文学现象及其走向的一个侧识　王锋　宁夏大学学报(社会科学版)　1998年　第4期
展示东干穆斯林群体面貌的历史画卷：评《中亚东干人的历史与文化》　敬军　中国穆斯林　1998年　第6期
正确阐明新疆伊斯兰教发展历史　陈国光　新疆社会科学　1998年　第5期
中国当代回族穆斯林生活的真实写照：评电视纪实片《回族穆斯林生活掠影》　王根明　中国穆斯林　1998年　第4期
中国的回族　吴国清　瞭望　1998年　第37期
《中国回族姓氏溯源》序　苏北海　回族研究　1998年　第3期
中国民族学学会回族学会成立大会暨全国第十一次回族史讨论会纪要　本刊编辑部　回族研究　1998年　第4期
中国穆斯林代表团访问利比亚　常青亮　中国穆斯林　1998年　第5期
中国穆斯林的朝觐之路　马贤　纵横　1998年　第12期
中国穆斯林学者代表团访问巴基斯坦　墨骥　中国穆斯林　1998年　第6期
中国伊斯兰教派别形成述论　李保平　固原师专学报　1998年　第1期
中国伊斯兰教协会会长、中国伊斯兰教经学院院长哈吉·萨利赫·安士伟大阿訇归真　本刊编辑部　中国穆斯林　1998年　第5期
中国伊斯兰教协会清真食品监制条例　本刊编辑部　中国穆斯林　1998年　第4期
中国伊斯兰问题研究20年　成红　西亚非洲　1998年　第2期
中国元代之回族文学　张迎胜　西南民族学院学报(哲学社会科学版)　1998年　第3期
中亚访问纪行　敏生光　回族研究　1998年　第1期
中亚伊斯兰复兴和伊斯兰原教旨主义　潘志平　西北史地　1998年　第2期
重新评价白彦虎　王国杰　西北民族研究　1998年　第1期

1999年

1990年至1997年我国回族与伊斯兰教研究论文计量分析　黄秀兰、赵慧萍　图书馆理论与实践　1999年　第3期

19世纪末20世纪初回回民族的新的觉醒：贺寿彝师九旬华诞　马寿千　史学史研究　1999年　第1期

1万东干人在中亚　单生魁　中国民族博览　1999年　第3期

阿拔斯王朝时期的阿拉伯伊斯兰音乐述论　姜萍　烟台师范学院学报（哲学社会科学版）　1999年　第4期

阿拉伯伊斯兰文化对中国文化的影响　哈宝玉　丝绸之路　1999年　第4期

爱心献给回族娃：记吴忠回民中学青年教师曹效琴　何怀仁　宁夏教育　1999年　第Z1期

安徽三个民族村的灾后重建　吴昌秀　民族团结　1999年　第2期

八十年代以来的西北地区回族研究　王伏平　回族研究　1999年　第2期

巴尔干穆斯林的由来与发展　马细谱　世界民族　1999年　第3期

白寿彝先生关于回族史和伊斯兰教史的研究　李松茂　回族研究　1999年　第3期

北京牛街回民教育现状调查　良警宇　中央民族大学学报（哲学社会科学版）　1999年　第4期

《本草纲目》与回回药物　马德明　中国民族医药杂志　1999年　第S1期

波斯语苏非经典及其对中国穆斯林的影响　丁克家　回族研究　1999年　第4期

初创时期的回族报刊时代特征试析　敬军　宁夏社会科学　1999年　第2期

从回族角度谈伊斯兰教的中国化　纳麒　回族研究　1999年　第4期

从教义分析伊斯兰教走向世界的原因　尚烨　阴山学刊　1999年　第1期

从伊斯兰教法看宗教与法律的关系　王奎璋　宗教学论文集（第三集）　1999年

从帐篷清真寺到高原明珠：记阿坝县穆斯林及清真寺的源流和发展　马建耀　中国穆斯林　1999年　第6期

当代阿拉伯伊斯兰哲学概论　刘一虹　哲学研究　1999年　第12期

当代回族古籍整理事业的开拓与发展　雷晓静　回族研究　1999年　第1期

当代突尼斯的伊斯兰复兴运动　冯璐璐　阿拉伯世界　1999年　第3期

当代伊斯兰原教旨主义析论　吴云贵　世界宗教研究　1999年　第2期

当代伊斯兰原教旨主义与中东和平　邓晓琳　同济大学学报（社会科学版）　1999年　第4期

当代伊斯兰原教旨主义再认识：兼析伊斯兰威胁论　忻炯俊　阿拉伯世界　1999年　第2期

党的民族政策在解放宁夏进程中的成功实践　李哲　宁夏党校学报　1999年　第4期

党恩浩荡　教门兴旺　丁文方　中国穆斯林　1999年　第2期

第12届世界伊斯兰团结大会剪影　马贤　中国穆斯林　1999年　第5期

第三届西安伊斯兰文化研讨会圆满结束　本刊编辑部　阿拉伯世界　1999年　第3期

东北解放战争中的回民支队　宋国强　锦州师范学院学报（哲学社会科学版）　1999年　第3期

反对侵略祈盼和平：南联盟穆斯林致全世界穆斯林的公开信　赵丽华　当代世界　1999年　第6期

高洁、纯净的人生悲剧：评霍达的长篇小说《穆斯林的葬礼》　宋佳东　黑龙江农垦师

专学报　1999年　第2期
　　古老学校的新希望　袁道钊　云南消防　1999年　第2期
　　关于回族史研究的几点浅见　马明龙、翁干麟　回族研究　1999年　第1期
　　关于青海回族教育的若干问题　马明良　回族研究　1999年　第2期
　　关于中国伊斯兰文化历史根源的评论　加法尔、孙俊萍　回族研究　1999年　第2期
　　关于中亚地区伊斯兰运动问题　许涛　现代国际关系　1999年　第3期
　　光明工程示范光伏电站：广河回民第一中学光伏发电系统　康建峰、许洪华　太阳能　1999年　第1期
　　国外回族伊斯兰教研究概述　高桂莲　回族研究　1999年　第4期
　　海峡两岸的不了情：记一位台湾穆斯林老兵和他大陆的家人　潘昭明　中国穆斯林　1999年　第2期
　　"花儿"与伊斯兰文化的关系　屈文焜　西北民族研究　1999年　第1期
　　《回回古诗三百首》序言　白崇人　西北第二民族学院学报（哲学社会科学版）　1999年　第4期
　　回回历法与甘肃回民的年节习俗　蔡伟、冯振杰　甘肃教育学院学报（自然科学版）　1999年　第4期
　　回回人传来的伊斯兰文化（一）　杨志玖　回族研究　1999年　第4期
　　《回回药方》残卷鼻骨骨折复位术评析　李百川　中国民族民间医药杂志　1999年　第3期
　　回民村的老人们　刘泉龙　中国宗教　1999年　第1期
　　回民支队在衡水　王进栋　党史博采　1999年　第4期
　　回族"宴席舞"源流考析　马盛德　回族研究　1999年　第2期
　　回族常用语言的特点及所蕴含的民俗文化　马燕　青海民族学院学报（社会科学版）　1999年　第4期
　　回族传统节日文化意义探析　杨志娟　回族研究　1999年　第2期
　　回族的油茶　沙波、丁超　中国食品　1999年　第18期
　　回族与中华文明　李兴华　回族研究　1999年　第1期
　　吉林省第一位共产党员：马骏　康健　兰台内外　1999年　第4期
　　加强穆斯林的伊斯兰人生观教育　李兴都、马仲兰　中国穆斯林　1999年　第2期
　　江苏省伊协原秘书长郑勉之先生归真　米寿江、大麟　中国穆斯林　1999年　第4期
　　经得起考验的一家穆斯林　程盼和　中国穆斯林　1999年　第2期
　　卷中情：献给中国穆斯林兄弟　陈进惠等　中国穆斯林　1999年　第2期
　　跨越黄河的思索：写在《西北回族社会发展机制》出版之际　王永亮　回族研究　1999年　第2期
　　宽容大度是穆斯林的美德　马凤魁　中国穆斯林　1999年　第6期
　　拉萨穆斯林的藏文伊斯兰教材　陈波、周传斌　中国穆斯林　1999年　第3期
　　兰州的茶道　顾柄枢　烹调知识　1999年　第12期
　　隆回县成立伊斯兰教协会　热欣　民族论坛　1999年　第1期
　　略论红军长征到达西北地区后争取少数民族的工作　麻秀荣、那晓波　青海民族研究

1999年　第1期

略论伊斯兰原教旨主义的政治性　徐嫒嫒　阿拉伯世界　1999年　第3期
略论张承志的回族文化观　白草　回族研究　1999年　第4期
略谈回族穆斯林的心理素质特征　马忠杰　中国穆斯林　1999年　第6期
略谈伊斯兰教的适应性　马忠杰　中国穆斯林　1999年　第4期
论伊斯兰教与"神圣律法"伊斯兰法的辩证统一性　马玉祥　西北民族学院学报(哲学社会科学版)　1999年　第1期
论中国伊斯兰教的社会功能　顾世群等　中国穆斯林　1999年　第3期
论中国伊斯兰学者的"认主独一"思想　杨华　中国穆斯林　1999年　第2期
论中国伊斯兰养生健身文化　黄亚玲等　体育文史　1999年　第5期
马来西亚伊斯兰福利协会简介　陈玉龙　中国穆斯林　1999年　第2期
马占鳌及其军事谋略　东华尔丹　回族研究　1999年　第4期
漫谈穆斯林对当前社会的适应　阿里·蒋敬　中国穆斯林　1999年　第2期
漫谈伊斯兰教与阿拉伯文学艺术的互动关系　王亚宁　中国穆斯林　1999年　第6期
毛里塔尼亚伊斯兰共和国　良言　阿拉伯世界　1999年　第2期
梅花香自苦寒来:记穆斯林青年阿文书法家米广江先生　张国华　中国穆斯林　1999年　第4期
美国的阿拉伯穆斯林及其影响　梁国诗　阿拉伯世界　1999年　第1期
美国的宗教趋势与伊斯兰研究　蒋敬　中国穆斯林　1999年　第3期
面向二十一世纪的回族伊斯兰教　张佐　回族研究　1999年　第2期
面向二十一世纪的中国伊斯兰教　宛耀宾　中国穆斯林　1999年　第1期
民国时期的西北地区回族研究　王伏平　中央民族大学学报（哲学社会科学版）1999年　第2期
民族团结的奇葩:北京市回民学校　本刊编辑部　北京教育　1999年　第1期
穆斯林为什么没有出家人　本刊编辑部　世界宗教文化　1999年　第3期
穆斯林要常读《古兰经》　卡里穆·拉赫曼等　中国穆斯林　1999年　第6期
穆斯林与"课"税　中义　税收与社会　1999年　第2期
纳家户回民语中的外来语及特殊词语　林涛等　西北第二民族学院学报(哲学社会科学版)　1999年　第4期
宁夏0至14岁回族儿童出生缺陷的调查　吴龙等　宁夏医学杂志　1999年　第1期
宁夏出台《宁夏回族自治区人民武装工作条例》和《宁夏回族自治区征兵工作条例》　赵智勇等　国防　1999年　第11期
宁夏回族社区类型形成的历史文化原因比较:兼与西道堂回族社区对比　束锡红　宁夏社会科学　1999年　第6期
宁夏建立三级回族区域自治的历史考察　马长斌　西北民族学院学报(哲学社会科学版.汉文)　1999年　第2期
浅论西北地区穆斯林民居的文化特色　杨洪安　陕西师范大学继续教育学报　1999年　第3期
浅谈回族舞蹈的风格特征和训练价值　陈亮　北京舞蹈学院学报　1999年　第1期

浅谈伊斯兰文化中爱教必爱国的思想对中国穆斯林的影响　马福元　西北民族研究　1999年　第2期
浅析新秩序时期后的印度尼西亚伊斯兰教　朱刚琴　东南亚研究　1999年　第5期
浅析伊朗伊斯兰革命的经济根源　郑翠兰　职大学报　1999年　第1期
浅析印度尼西亚穆斯林与苏哈托政权的关系　林德荣　当代亚太　1999年　第4期
浅议回族的忠孝道德观　敏生兰　宁夏社会科学　1999年　第1期
青海地区伊斯兰教与社会稳定的历史考察　陈元福　青海社会科学　1999年　第4期
清代青海伊斯兰教产生教派的原因探析　孔祥录　青海民族研究　1999年　第4期
情系穆斯林助学办教育：北京西城区伊协积极开展自养事业　全心全意造福穆民　本刊编辑部　中国穆斯林　1999年　第2期
泉州伊斯兰教的历史　吴幼雄　宗教　1999年　第1期
泉州伊斯兰教与对外开放　黄秋润　宗教　1999年　第3期
热心民族艺术的"戏迷"：记北京穆斯林餐厅总经理、中国戏迷协会会长何凤仪　孟皋卿　台声　1999年　第4期
日寇铁蹄下的蒙疆回族　房建昌　宁夏社会科学　1999年　第3期
萨迪的《古洛斯坦》与中国回族穆斯林伦理道德　马平　回族研究　1999年　第4期
沙特阿拉伯王国对中国穆斯林事业的贡献　李振中　回族研究　1999年　第2期
生命在历史的长河中闪烁：论《穆斯林的葬礼》的生命意识兼谈霍达长篇小说的创作主旨　金红　沈阳师范学院学报(社会科学版)　1999年　第3期
十七世纪伊朗伊斯兰哲学思想东传及其对中国穆斯林的影响　丁明俊　回族研究　1999年　第4期
什叶派穆斯林的阿术拉节　王宇洁　世界宗教文化　1999年　第1期
《世纪之交的中国伊斯兰教》在北京召开　王建平　世界宗教研究　1999年　第4期
试论回族爱国主义思想的形成、发展阶段及其特点　马金宝　黑龙江民族丛刊　1999年　第2期
试论回族传统道德规范与社会主义道德的相通融性　隋玉梅　青海民族学院学报(社会科学版)　1999年　第2期
试论宁夏的回族教育　马学礼　固原师专学报　1999年　第2期
试论伊斯兰生态伦理思想及其现代意义　冯怀信　中国穆斯林　1999年　第1期
试论印度尼西亚伊斯兰教最早由中国穆斯林传入　胡庚　宁德师专学报(哲学社会科学版)　1999年　第1期
试论中亚地区伊斯兰教的发展趋势　黄陵渝　新疆社会科学　1999年　第5期
试析巴勒斯坦伊斯兰复兴运动　陈天社　阿拉伯世界　1999年　第2期
试析乾隆朝关于涉及回族的特别法令　李丕祺　回族研究　1999年　第2期
试析伊斯兰圣战观的发展演变　吴云贵　西亚非洲　1999年　第4期
首届回族历史与文化国际学术讨论会在宁夏银川举行　马中平　中国穆斯林　1999年　第1期
首届回族历史与文化国际学术讨论会综述　余振贵、丁明俊　回族研究　1999年　第1期

塔吉克斯坦的伊斯兰复兴党　张来仪　东欧中亚研究　1999年　第4期
台湾鹿港郭厝回民郭顺直派的福建渊源　石奕龙　台湾研究　1999年　第4期
泰国现代化进程中的南部穆斯林问题　陈开明　世界民族　1999年　第2期
探索宗教理论倡导民众教育：回族报刊诞生初期特点简析　敬军　回族研究　1999年第1期
同治回民起义后的宁夏人口损耗　陆文学　固原师专学报　1999年　第2期
透过历史烟云的所见：《清末西北回民之反清运动》读后感　程起骏　青海社会科学　1999年　第2期
土耳其的伊斯兰教复兴及其原因　刘云　西北师范大学报（社会科学版）　1999年第1期
土库曼斯坦的伊斯兰教　黄陵渝　中国穆斯林　1999年　第3期
我国选手参加国际《古兰经》诵读比赛　敏昶　中国穆斯林　1999年　第2期
乌里玛与保持君主制的伊斯兰性：沙特阿拉伯君主制的伊斯兰性刍论之二　马小红　阿拉伯世界　1999年　第1期
乌兹别克斯坦伊斯兰教简介　黄陵渝　中国穆斯林　1999年　第1期
西北回族宴席曲与"花儿"的比较研究　郭德慧　音乐探索　1999年　第2期
西宁市城东区回族教育现状研究（下）　马伟　青海民族研究　1999年　第1期
细微之处见真情　马世祥　党建与人才　1999年　第2期
香港穆斯林代表团访问三亚　江青武　中国穆斯林　1999年　第6期
香港穆斯林访问团访问内地　文舰　中国穆斯林　1999年　第5期
新疆汉语方言音系概况　马克章　乌鲁木齐成人教育学院学报　1999年　第1期
新疆回族社区传统文化的现代化　盖金伟、张朴　昌吉学院学报　1999年　第4期
新疆穆斯林传统的家产世系传递制度　李晓霞　新疆社会科学　1999年　第1期
新世纪对回族企业家的素质要求　沙鹏程　回族研究　1999年　第1期
星辉照耀下的康巴人生：论回族老作家张央　徐其超　西南民族学院学报（哲学社会科学版）　1999年　第1期
扬州早期的穆斯林与伊斯兰教东传　米寿江　世界宗教研究　1999年　第2期
养牛状元张慈兴、纳志荣的经验　张谷　河北畜牧兽医　1999年　第4期
一本正经话伊斯兰教　晓雅　当代世界　1999年　第1期
一部凝结民族情感的功力之作：读《云南回族历史与文化研究》　马兴东　学术探索　1999年　第6期
一幅清代回族风情图：《儒林外史》研究札记　倪胜章　中国穆斯林　1999年　第4期
伊朗的伊斯兰基金组织　伊丁　中国穆斯林　1999年　第6期
"伊玛尼"及其分支解析　从恩霖　中国穆斯林　1999年　第4期
伊斯兰的生态观及现代意义　冯怀信　中国宗教　1999年　第2期
伊斯兰发展银行代表团访华　常清亮　中国穆斯林　1999年　第6期
伊斯兰法对青海穆斯林社会的影响　华热多杰　青海民族研究　1999年　第2期
伊斯兰复兴运动与中东现代化的互动关系　刘中民　西亚非洲　1999年　第2期
伊斯兰教的教职称谓　从恩霖　中国宗教　1999年　第2期

伊斯兰教的自然生态观初探：兼谈穆斯林应树立正确的自然生态道德意识　从恩霖　中国穆斯林　1999年　第3期

伊斯兰教法的创立、发展及其对中国回族聚居区伊斯兰教的影响　纳光舜　宗教学论文集(第三集)　1999年

伊斯兰教法中有关妇女权利的规定及其社会效应　马秀梅　青海民族研究　1999年第3期

伊斯兰教关于人的素质修养　杨淑丽　中国穆斯林　1999年　第2期

伊斯兰教何时东传中国　马肇曾　回族研究　1999年　第2期

伊斯兰教生态伦理观与回族撒拉族环境保护意识　马明良　青海民族学院学报(社会科学版)　1999年　第3期

伊斯兰教为何禁酒　张士满　世界宗教文化　1999年　第1期

伊斯兰教艺术观与回族文学创作　马燕　青海民族研究　1999年　第3期

伊斯兰教与"两个文明"建设　马明良　青海民族研究　1999年　第2期

伊斯兰教与当代中亚政治　邓浩　国际问题研究　1999年　第3期

伊斯兰教与土耳其的政治现代化初探　刘云　西亚非洲　1999年　第2期

伊斯兰教在西北的传播　刘富祯　黑龙江民族丛刊　1999年　第1期

伊斯兰伦理道德对我国穆斯林的影响　霍文杰　中国穆斯林　1999年　第6期

伊斯兰瓦哈比教派与中亚政局　邓浩　现代国际关系　1999年　第7期

伊斯兰艺术博物馆设计方案竞赛　王兰兰、姚宇澄　华中建筑　1999年　第1期

伊斯兰仲裁的基础与特征　麦秀闲　阿拉伯世界　1999年　第2期

雍、乾时处理回族事务的法律原则　李丕祺　中南民族学院学报（人文社会科学版）1999年　第3期

元代"约会"制度初探　杨德华等　云南师范大学学报（哲学社会科学版）　1999年第5期

元代的民族语言学校及其历史作用　泰新林　殷都学刊　1999年　第4期

元代穆斯林移民与云南社会　王建平　青海民族学院学报（社会科学版）　1999年第2期

云南回族文化史导论　马兴东　云南民族学院学报(哲学社会科学版)　1999年　第5期

早期伊斯兰法的形成及其社会作用　马明贤　西北民族学院学报(哲学社会科学版.汉文)　1999年　第4期

怎样看待回族的形成　金云峰　回族研究　1999年　第1期

昭通回族穆斯林婚俗趣谈　马仲全　中国穆斯林　1999年　第6期

真抓实干发展民族教育　杨占云、龚振中　宁夏教育　1999年　第Z2期

正确处理媒体伤害穆斯林宗教感情事件维护民族团结和社会稳定　郭承真　中国宗教　1999年　第3期

中国回教救国协会安徽分会述评　白友涛　回族研究　1999年　第2期

中国回族和伊朗穆斯林双方伊斯兰文化的主要共同点　王建平等　回族研究　1999年　第2期

中国穆斯林的朝觐之路　马贤　中州统战　1999年　第3期
中国穆斯林画家阿里雷公　霍娜　中国穆斯林　1999年　第6期
中国穆斯林新文化运动　杨桂萍　回族研究　1999年　第4期
中国特色的伊斯兰教文化　黄维民　西安教育学院学报　1999年　第4期
中国伊斯兰教经学院举办首届阿拉伯书法比赛　陈进惠　中国穆斯林　1999年　第5期
中国伊斯兰教育家庞士谦　冯今源　中国穆斯林　1999年　第5期
中华文库所珍藏的伊斯兰历法　马肇曾　西北第二民族学院学报（哲学社会科学版）1999年　第1期
中原回族散居地：槐坊地名考　倪胜章　回族研究　1999年　第2期
走向麦加：中国穆斯林的朝觐之路　老诚　中国民族博览　1999年　第1期

2000年

1999年回族伊斯兰教研究论文资料目录索引　丁雪梅　回族研究　2000年　第3期
2000年首届中国银川国际摩托旅游节活动事项　本刊编辑部　摩托车　2000年　第3期
20世纪初中国回族伊斯兰研究述评（上）　张巨龄　回族研究　2000年　第1期
阿拉伯—伊斯兰文化对文艺复兴的影响　刘苏华　湖南师范大学社会科学学报　2000年　第5期
阿拉伯伊斯兰文化体系的形成和特性　何乃英　广西右江民族师专学报　2000年　第3期
埃及爱资哈尔大学与云南穆斯林的渊源　马利章　思想战线　2000年　第1期
埃及对中国伊斯兰文化的影响　金宜久　外交学院学报　2000年　第S1期
百年来新疆伊斯兰教研究　桑荣　新疆社会经济　2000年　第5期
悲壮的历史不屈的往事：读《同治年间陕西回民起义历史调查记录》　拜学英　回族研究　2000年　第4期
北京高校回族大学生爱情观调查　马正平、海存福　回族研究　2000年　第3期
北京回民医院转轨社区服务　健康报、邹左功　中国全科医学　2000年　第2期
北京市回民学校50年教育历程　蔚国娟　民族教育研究　2000年　第1期
博洽开新弘正道　重教兴学炳汗青：纪念虎嵩山诞辰120周年　虎隆、杨文炯　回族研究　2000年　第3期
车臣危机中的伊斯兰因素　赵龙庚　世界民族　2000年　第2期
陈埭：福建泉州的民族复兴　杜磊等　回族研究　2000年　第2期
陈垣对伊斯兰教史研究的贡献：纪念陈垣先生诞生120周年　邱树森　宁夏社会科学　2000年　第3期
城市族群社区及其现代转型：以西安回民区更新为例　董卫　规划师　2000年　第6期
城乡结合部回族经济文化特点初探　马惠兰　回族研究　2000年　第3期
处富贵而不淫：穆斯林应保持的优良传统　马凤魁　中国穆斯林　2000年　第6期

从"忠主忠君"到"爱国爱教":论中国穆斯林社会伦理观的飞跃　金刚　中国穆斯林　2000年　第1期
从《穆斯林的葬礼》看回族同胞情感　阿茹娜　内蒙古电大学刊　2000年　第2期
从被怀疑到受重用:云南回民起义时期的岑毓英　黄家信　蒙自师范高等专科学校学报　2000年　第1期
从伊斯兰的角度看器官移植　敏昶　中国穆斯林　2000年　第4期
《大清律例》回族法律条文研究　王东平　回族研究　2000年　第2期
"岱下民族之光":泰安回民中学　本刊编辑部　泰安师专学报　2000年　第3期
当代伊斯兰教的和平观　希文　世界宗教文化　2000年　第4期
滇藏线上的伊斯兰　老虎　今日民族　2000年　第2期
电脑互联网与伊斯兰教的明天　黑保旭　中国穆斯林　2000年　第3期
电脑在伊斯兰文化研究中的应用　白剑波　中国穆斯林　2000年　第4期
读《近现代伊斯兰教思潮与运动》　陈德成　世界宗教研究　2000年　第3期
读《中国新疆地区伊斯兰教史》　李兴华　西域研究　2000年　第3期
对科索沃危机后美国伊斯兰政策的重新思考　约翰埃斯波西托　西亚非洲　2000年　第6期
对新世纪我国伊斯兰教研究的思考　马忠杰　世界宗教研究　2000年　第1期
菲律宾穆斯林问题溯源　吴杰伟　当代亚太　2000年　第12期
高丽史中的回回人张舜龙　喜蕾　回族研究　2000年　第3期
歌德与阿拉伯:伊斯兰文化　丁俊　西北民族学院学报（哲学社会科学版）　2000年第3期
古代东西交往中的回族先民　马建春　丝绸之路　2000年　第3期
关于"天课"在社会经济活动中的作用度的调查研究:以云南省沙甸、鸡街镇穆斯林的天课为例　杨志银　世界宗教研究　2000年　第1期
关于《醒回篇》中回族自我认识的思考　马广德　回族研究　2000年　第4期
关于回族学的一些思考　黄庭辉　回族研究　2000年　第2期
关于内蒙古回族研究的综述　代林　内蒙古大学学报(社会科学版)　2000年　第2期
《广西回族历史与文化》述评　常启明　回族研究　2000年　第1期
合理调控电视文化的输入保持穆斯林文化的意识同一性　吴骞等　宁夏社会科学　2000年　第2期
《回回古文观止》出版发行　本刊编辑部　回族研究　2000年　第4期
《回回古文观止》前言　吴建伟　回族研究　2000年　第2期
"回民"之路:访脉搏网CEO黄福盛　萧兰　国际人才交流　2000年　第10期
回民兄弟的贴心人:记民权县城关镇党委书记常孝坤　陈佩良等　中州统战　2000年第2期
回民兄弟的贴心人张国定　朱国贤　中州统战　2000年　第12期
回族　张艳娟　黑龙江省社会主义学院学报　2000年　第1期
回族的礼仪礼俗在精神文明建设和经济发展中的作用　杨启辰、杨华　回族研究　2000年　第1期

回族汉语中的禁忌语　刘鑫民、朱琪　修辞学习　2000年　第3期
回族家庭教育发微　海存福　回族研究　2000年　第4期
回族家庭教育功能研究　海存福　回族研究　2000年　第1期
回族杰出人物分布的历史地理之分析　李仁　回族研究　2000年　第1期
回族经济社会发展状况的结构分析　马宗保　西北民族研究　2000年　第1期
回族习惯法探究　刘淑媛　回族研究　2000年　第1期
回族学：一门走向国际的学科　王永亮　西北第二民族学院学报（哲学社会科学版）　2000年　第3期
回族宴席舞的表现形式与内容　马盛德　回族研究　2000年　第3期
回族饮食禁忌论　哈正利　回族研究　2000年　第4期
架设一座信仰理解的桥梁：记美国乔治敦大学穆斯林—基督徒理解中心　曲红　世界宗教文化　2000年　第4期
简论回族的来源和形成　王云　思想战线　2000年　第2期
简述伊斯兰教禁忌　刘闽　中国穆斯林　2000年　第5期
简析中亚的伊斯兰和突厥问题　张兴中　社科纵横　2000年　第2期
建构认同文化、妇女机构与穆斯林世界　黄觉等　国际社会科学杂志（中文版）　2000年　第1期
建国五十年来回族研究的回顾与思考　李健彪　回族研究　2000年　第2期
近代云南回民对外贸易活动研究　马丽娟　思想战线　2000年　第2期
《近现代伊斯兰教思潮与运动》出版　晓岚　世界宗教文化　2000年　第1期
卡塔尔伊斯兰福利协会　陈玉龙　中国穆斯林　2000年　第2期
开封回民及各界人士缅怀白寿彝先生　郭宝光　中国穆斯林　2000年　第3期
可持续发展的大课题：中国穆斯林人口与文化研讨会侧记　吴小玲　民族团结　2000年　第7期
"克隆"技术与穆斯林的食肉禁忌　敏贤良　中国穆斯林　2000年　第4期
跨学科、多专业的西部开发研讨：记"中国穆斯林人口与文化研讨会"　高杏华　人口与经济　2000年　第4期
拉萨穆斯林群体调查　陈波　西北民族研究　2000年　第1期
来自北非的穆斯林兄弟　海保荣　中国穆斯林　2000年　第3期
兰州伊斯兰教寺院调查研究　马强　回族研究　2000年　第4期
老舍与回民　锁昕翔　今日民族　2000年　第12期
历史上云南回民的经济特征　马丽娟　民族研究　2000年　第5期
立足学术问题　面向穆斯林大众：《清真学理译著》简介　李习文　回族研究　2000年　第3期
撩开回族穆斯林的神秘面纱：读高发元教授新著《穆圣后裔》　陈艳萍　云南民族学院学报(哲学社会科学版)　2000年　第5期
略论波斯文化对中国伊斯兰文化的影响　叶玉梅　青海民族学院学报（社会科学版）　2000年　第3期
略论伊斯兰教的代理制度及其现实意义　毛智民　西北第二民族学院学报(哲学社会

科学版） 2000年 第1期

略谈穆斯林民族的生活禁忌 耿伟 中国穆斯林 2000年 第3期

论东干学与中国回族学 王国杰 中央民族大学学报（哲学社会科学版） 2000年 第5期

论回回民族特征 喇秉德 回族研究 2000年 第2期

论回族的民族情感与民族理性 马平 回族研究 2000年 第3期

论金帐汗国的伊斯兰化 张文德 贵州师范大学学报（社会科学版） 2000年 第2期

论宁夏回族区域自治的特点 周俷 宁夏社会科学 2000年 第5期

论我国回族史学的优良传统 马明龙 回族研究 2000年 第1期

论新疆穆斯林传统的通婚规则 李晓霞 新疆社会经济 2000年 第3期

论伊朗伊斯兰化和现代化 冀开运 西北大学学报（哲学社会科学版） 2000年 第1期

论伊斯兰伦理道德的基本特征 霍文杰 辽宁大学学报（哲学社会科学版） 2000年 第1期

论增设回族史补充教材 慕金才、马文选 回族研究 2000年 第1期

论中国穆斯林礼仪礼俗的社会作用 杨启辰等 中国穆斯林 2000年 第3期

论中国伊斯兰教研究方法 李兴华 青海民族学院学报（社会科学版） 2000年 第1期

罗马穆斯林文化中心和清真寺 意大利 世界建筑 2000年 第12期

美国穆斯林生活点滴 马中平等 中国穆斯林 2000年 第3期

蒙疆善邻回民女塾始末 房建昌 宁夏社会科学 2000年 第6期

面向回族社会学 段继业 青海民族研究 2000年 第2期

民族混居研究方法：以北京牛街回民聚居区为例所作的个案研究 陈长平 民族研究 2000年 第5期

民族文化的体认与民族精神的弘扬：论新时期回族作家的创作 赵建磊 贵州民族研究 2000年 第4期

《民族之花：河州新穆斯林散记》即将出版 本刊编辑部 民族团结 2000年 第2期

明德学校与云南回族文化教育传统 王运方 云南民族学院学报（哲学社会科学版） 2000年 第4期

明清文献中有关西北地区回族的记述 王伏平 西北第二民族学院学报（哲学社会科学版） 2000年 第3期

穆圣神韵 学间奇葩：高发元《穆圣后裔：中国一个回族穆斯林家庭实录》评介 祥和 思想战线 2000年 第5期

穆斯林"红娘"：王丽芳 李宝林等 中国穆斯林 2000年 第4期

穆斯林"责任意识"漫谈——伊斯兰教关于"责任"的教法规定及社会意义 从恩霖 中国穆斯林 2000年 第4期

《穆斯林的葬礼》中回族宗教、饮食习俗探析 张昀、赵敏 新疆职业大学学报 2000年 第4期

穆斯林的葬礼习俗 田忠福 黑龙江省社会主义学院学报 2000年 第1期

穆斯林妇女在伊斯兰文明发展中的作用 安东娜 中国穆斯林 2000年 第3期

穆斯林歌谣　马秀廷、马德荣　中国穆斯林　2000年　第3期
穆斯林心灵的写照：用画笔感赞安拉的穆斯林画家程全盛　阿里　中国穆斯林　2000年　第6期
宁夏《宁春园》规划设计　孙长春等　中国园林　2000年　第3期
宁夏伊斯兰教工作的历史回顾　周瑞海　西北第二民族学院学报（哲学社会科学版）2000年　第3期
平凉回族历史及伊斯兰教　李忱　回族研究　2000年　第3期
浅论清真寺在回族文化传承中的作用　忽雪峰　回族研究　2000年　第2期
浅释穆斯林为何礼拜　马贵宝　中国穆斯林　2000年　第1期
浅谈城乡一体化高科技生态经济园区建设：以呼和浩特市回民区攸攸板乡为例　谭敬等　内蒙古林业科技　2000年　第S1期
浅析近代回族文化运动的成因　哈正利、王国忠　黑龙江民族丛刊　2000年　第2期
青海回族教育发展的特点及途径：兼谈回族女子教育　马燕　青海民族研究　2000年　第3期
青海回族文化旅游资源的研究与开发　马金星　青海民族研究　2000年　第3期
清代云南回回学者对伊斯兰教和儒学的比较研究　王建平　云南民族学院学报（哲学社会科学版）2000年　第1期
清末民初回族兴业扶贫概述　张巨龄　宁夏大学学报（社会科学版）2000年　第1期
《清真食品管理规定》修订　本刊编辑部　食品工业科技　2000年　第2期
泉州回族文化特征探讨　林中燕　闽江职业大学学报　2000年　第2期
日本对中国伊斯兰教研究概述　鲁忠慧　回族研究　2000年　第3期
陕西关中回族饮食民俗文化诸类型　马建军　西北大学学报（哲学社会科学版）2000年　第2期
试论当代回族文学创作的主要美学特征　王锋　西北第二民族学院学报（哲学社会科学版）2000年　第3期
试论当代伊斯兰经济思想　王俊荣　世界宗教研究　2000年　第2期
试论回族穆斯林的民族认同感　王树理　中国穆斯林　2000年　第5期
试论宁夏新式回民教育　陈少娟、张作荣　回族研究　2000年　第2期
试谈海南回族古籍及其历史文化价值　杨忠泽、高泽强　回族研究　2000年　第4期
试析回族的空间分布及回汉民族居住格局　马宗保　宁夏社会科学　2000年　第3期
试析回族文化的形成与地理分布　马广德　宁夏社会科学　2000年　第6期
寿彝师二三事　马寿千　北京观察　2000年　第6期
熟悉的陌生人：读一部西北穆斯林史　马海云　回族研究　2000年　第4期
四川回族语言及其文化属性　马尚林　西南民族学院学报（哲学社会科学版）2000年　第9期
四川穆斯林的文化传统　张泽洪　中国穆斯林　2000年　第4期
塔塔尔：中国穆斯林人口中最为奇特的现象　本刊编辑部　民族团结　2000年　第3期
同一民族壮歌的两个音符：《心灵史》与《穆斯林的葬礼》之比较　朱育颖　民族文学研究　2000年　第1期

同治年间甘肃回族起义性质新探　马志荣　甘肃高师学报　2000年　第3期
团结稳定:穆斯林的心愿新世纪的要求　马利强、王立中　中国穆斯林　2000年　第1期
网上伊斯兰教一瞥　马中平　世界宗教文化　2000年　第2期
文化现代化视角中的伊斯兰复兴运动　田文林　宁夏社会科学　2000年　第4期
我国的伊斯兰文化研究概述　贾保平　回族研究　2000年　第2期
我国伊斯兰民族神话之比较　吾买尔江　西北民族学院学报(哲学社会科学版.汉文)　2000年　第1期
我是穆斯林我还是法国公民　达格尔　科技潮　2000年　第7期
武汉市回民迎解放　于福生　武汉文史资料　2000年　第1期
西北回族军阀论略(上)　霍维洮　宁夏大学学报(社会科学版)　2000年　第2期
西北回族穆斯林的服饰　杨学仁等　中国宗教　2000年　第4期
西部大开发中国穆斯林的历史契机　高占福　世界宗教文化　2000年　第3期
西部回族集聚区城镇空间结构特征分析:以宁夏南部地区同心县城为例　李鸣骥　城市规划　2000年　第6期
向读者推荐一本难得的好书:《沧州回族》　辛智　中央民族大学学报（哲学社会科学版）　2000年　第2期
新疆伊斯兰教建筑艺术　阿布都热依木　中国宗教　2000年　第4期
新疆伊斯兰教经学院95级本科班毕业　苏生智　中国穆斯林　2000年　第5期
窑街有个穆斯林文化交流中心　白彰　中国穆斯林　2000年　第5期
伊朗伊斯兰共和国研究　冀开运　西北大学　2000年　博士论文
伊斯兰法文化与中国法文化的比较研究　马玉祥　西北民族学院学报(哲学社会科学版.汉文)　2000年　第1期
伊斯兰复兴运动的政治现代化追求　田文林　西亚非洲　2000年　第3期
伊斯兰复兴运动与当代埃及　刘中民　西亚非洲　2000年　第3期
伊斯兰复兴运动与土耳其的社会历史发展　刘中民　宁夏社会科学　2000年　第3期
伊斯兰革命后伊朗的派系权力之争　曲红　世界宗教研究　2000年　第4期
伊斯兰教传入西藏考　周传斌　青海民族研究　2000年　第2期
伊斯兰教对阿拉伯人社会风尚的影响　郭永胜　内蒙古师大学报（哲学社会科学版）　2000年　第1期
伊斯兰教对景德镇陶瓷文化的影响　詹嘉　河北陶瓷　2000年　第1期
伊斯兰教法的泛化、极化与工具化　吴云贵　世界宗教研究　2000年　第4期
伊斯兰教妇女观初探　李安辉　中南民族学院学报(人文社会科学版)　2000年　第2期
伊斯兰教改革与现代化　姜桂石　内蒙古师范大学学报（哲学社会科学版）　2000年　第3期
伊斯兰教生态文化与回族环保意识　马明良　回族研究　2000年　第4期
伊斯兰教学者对于堕胎的教法主张　从恩霖　中国穆斯林　2000年　第6期
伊斯兰教与21世纪初的印度尼西亚政治　田露　东南亚纵横　2000年　第S2期
伊斯兰教与清真饮食　孔润常　药膳食疗研究　2000年　第6期

伊斯兰教与维吾尔族现代化相适应的问题　阿不来提　新疆教育学院学报（汉文版）2000年　第2期

伊斯兰教与早期阿拉伯妇女　郭永胜　内蒙古师范大学学报（哲学社会科学版）2000年　第6期

伊斯兰教与中东宗教政治反对派　曲洪　中国社会科学院研究生院　2000年　博士论文

伊斯兰教在东南亚　翟坤　世界知识　2000年　第20期

伊斯兰教在东南亚早期传播的若干问题　黄云静　中山大学学报（社会科学版）2000年　第1期

伊斯兰教：主张和平的宗教　马贵宝　中国穆斯林　2000年　第2期

伊斯兰民主协商制度探析　马明贤　兰州大学学报（社会科学版）　2000年　第2期

伊斯兰人权　马云福　中国穆斯林　2000年　第5期

伊斯兰社会妇女戴盖头习俗及其文化内涵　李安辉　黑龙江民族丛刊　2000年　第2期

伊斯兰提倡科学反对迷信　马雁兵　中国穆斯林　2000年　第3期

伊斯兰文化对回族商业活动的影响　肖芒　西南民族学院学报（哲学社会科学版）2000年　第12期

伊斯兰远征动因试析　尚劝余　阿拉伯世界　2000年　第2期

伊斯兰政治复兴运动的起因与发展　廖百智　国际资料信息　2000年　第3期

沂蒙山区的穆斯林　肖增霞、朱之友　中国穆斯林　2000年　第2期

应答式设计理念：呼和浩特市回民区老人院创作心路　单军等　建筑学报　2000年　第11期

应当重视中国伊斯兰教史的学派研究　伍贻业　回族研究　2000年　第4期

应该加强对国外回族的研究　胡振华　中央民族大学学报（哲学社会科学版）　2000年　第5期

由族称看回族的民族性格特征　马金宝　中央民族大学学报（哲学社会科学版）2000年　第3期

禹得彦生平事略　思秦　回族研究　2000年　第2期

语言禁忌与回回民族的人文观　李生信　回族研究　2000年　第3期

元代"撒尔特兀勒"与"回回"关系考　马明忠　回族研究　2000年　第4期

元代设有管理伊斯兰教的官署吗　王忠阁　河南社会科学　2000年　第2期

云南回族史研究的一部力作：读《云南回族历史与文化研究》　马颖生　回族研究　2000年　第1期

云南回族与波斯文化　姚继德　回族研究　2000年　第4期

站在传统和现代之间：读《穆斯林的葬礼》和《荆棘鸟》后感　沈玮　中国比较文学　2000年　第1期

芝加哥博物馆收藏的明代伊斯兰青铜器皿　王建平　回族研究　2000年　第2期

中东新伊斯兰原教旨主义运动的泛起及其影响　周贤云　华中师范大学　2000年　硕士论文

中国20世纪伊斯兰教研究综述　高占福　西北民族研究　2000年　第2期
中国古代历法与印度及阿拉伯的关系：以日月食起讫算法为例　曲安京　自然辩证法通讯　2000年　第3期
中国古陶瓷行销伊斯兰世界的考察　何鸿　陶瓷研究　2000年　第1期
中国杰出的穆斯林学者马坚先生简介　本刊编辑部　回族研究　2000年　第1期
中国近现代回族报刊发展述略　李习文、刘天惠　图书馆理论与实践　2000年　第5期
中国历代封建政权处理伊斯兰教问题的政策策略　张秀丽　河南社会科学　2000年　第5期
中国穆斯林经济的社会作用和发展趋势　陈静　中国穆斯林　2000年　第2期
"中国穆斯林人口与文化"学术研讨会在京举行　本刊编辑部　市场与人口分析　2000年　第3期
中国穆斯林身份界定的两点问题讨论　周建新　回族研究　2000年　第1期
中国穆斯林与西部大开发：访中国伊协副会长兼秘书长余振贵研究员　冯文怀　民族团结　2000年　第9期
中国西北穆斯林风情录　刘宝军　中国穆斯林　2000年　第5期
《中国新疆地区伊斯兰教史》公开发行　李行力　西域研究　2000年　第2期
中国伊斯兰教的社会功能　丁秀琴　中国民族博览　2000年　第1期
中国伊斯兰教界清除贫困的主张和行动　陈广元　中国宗教　2000年　第6期
中国伊斯兰教老照片　本刊编辑部　中国宗教　2000年　第2期
中国伊斯兰教协会第七届顾问名单　本刊编辑部　中国穆斯林　2000年　第2期
中国伊斯兰教协会章程　中国穆斯林　2000年　第2期
中国伊斯兰文化史上的壮举：中国现代穆斯林译经活动及其意义　马明良　青海民族研究　2000年　第4期
重构　对话　文化启蒙：中国回族穆斯林知识分子的历史类型与理想追求　丁克家　回族研究　2000年　第3期
重视和加强穆斯林散居区伊斯兰教工作　李寒颖　中国宗教　2000年　第6期
抓住机遇促进发展：西部大开发与中国穆斯林　马利强等　中国穆斯林　2000年　第3期
追忆水子立先生　杨运鹏　回族研究　2000年　第3期
走进西道堂：对中国西部一个回族社区模式的个案研究　束锡红　回族研究　2000年　第2期
族群认同与民族的界定：以回族为例　杨志娟　回族研究　2000年　第4期
左宗棠收复新疆的思想基础　张红涛　洛阳大学学报　2000年　第1期
做爱国爱教的穆斯林　马振国　中国穆斯林　2000年　第6期

2001年

1917年前的哈萨克斯坦伊斯兰教　张来仪　华南师范大学学报（社会科学版）　2001年　第5期

2000年回族伊斯兰教研究论文索引　丁雪梅　回族研究　2001年　第3期
2000年我国的伊斯兰教研究　黄夏年　中国穆斯林　2001年　第6期
2001年《中国穆斯林》总目录　本刊编辑部　中国穆斯林　2001年　第6期
20年来回族学热点问题研究述评　杨大庆、丁明俊　回族研究　2001年　第4期
20世纪回族研究成果述略　丁万录　西北第二民族学院学报　2001年　第4期
41例回族妇女乳腺癌的临床分析　孙晗、吕明　宁夏医学院学报　2001年　第1期
Jamaat:地缘变迁及其文化影响:以兰州市回族穆斯林族群社区调查为个案(上)　杨文炯　回族研究　2001年　第2期
Jamaat:地缘变迁及其文化影响:以兰州市回族穆斯林族群社区调查为个案(下)　杨文炯　回族研究　2001年　第3期
Jamaat:都市中的独特社区——以对兰州市回族穆斯林的调查为视点　杨建新、杨文炯　中央民族大学学报(哲学社会科学版)　2001年　第2期
阿拉伯国家伊斯兰极端组织简况(上)　陆西亚　国际资料信息　2001年　第11期
阿拉伯国家伊斯兰极端组织简况(下)　陆西亚　国际资料信息　2001年　第12期
阿拉伯伊斯兰文化对东方文学的影响　何乃英　福州师专学报　2001年　第6期
阿拉伯—伊斯兰文化对欧洲文艺复兴的影响　张彦　宝鸡文理学院学报（社会科学版）　2001年　第3期
阿拉伯伊斯兰文明对欧洲大学创立的影响　罗爱梅　阿拉伯世界　2001年　第2期
埃及的地方阿拉伯民族主义思想与伊斯兰教　刘中民　世界民族　2001年　第1期
把培训工作放在首要位置　申善明　中国政府采购　2001年　第2期
白寿彝对广西回族史研究的贡献　常启明　回族研究　2001年　第2期
"本斋"烈士地名邮戳　瞿维化　上海集邮　2001年　第2期
超越文明的冲突:伊斯兰教辨析　王新生、石丹杰　复旦学报(社会科学版)　2001年　第6期
城市扩展过程中回族聚居区功能的转变:以北京牛街、马甸回族聚居区为例　周尚意、王雯菲　海峡两岸地理学术研讨会暨2001年学术年会论文摘要集　2001年
驰声寰宇的伊斯兰刀剑　李新林、王福阳　轻兵器　2001年　第7期
冲突与抉择:伊斯兰世界法律现代化　高鸿钧　比较法研究　2001年　第4期
从黑城出土文书看元"回回哈的司"　邱树森　南京大学学报(哲学·人文科学·社会科学版)　2001年　第3期
从伊斯兰教的角度看克隆技术　敏昶　中国穆斯林　2001年　第2期
大运河与我国回族散杂居格局的形成　王树理　回族研究　2001年　第4期
当代西北穆斯林民族社会经济发展的转折点:从"西部大开发"的相关影响及评估谈起　张中复　西北第二民族学院学报(哲学社会科学版)　2001年　第4期
当代中东伊斯兰复兴运动的现代化释义　姚大学　内蒙古民族大学学报（社会科学版）　2001年　第2期
当代中东伊斯兰复兴运动的政治文化机理　刘中民　宁夏社会科学　2001年　第5期
当前中国伊斯兰教与社会主义相适应问题探析　冯怀信　西北民族研究　2001年　第2期

道德完善之路:伊斯兰教伦理学　王俊荣　世界宗教文化　2001年　第1期
东北沦陷时期的伊斯兰教　刘春英　日本研究　2001年　第4期
东干人与伊斯兰教　丁宏　世界宗教研究　2001年　第1期
东南亚的伊斯兰教:现状与特点　南洋问题研究　2001年　第3期
东南亚穆斯林妇女的状况　佟应芬　东南亚　2001年　第1期
东南亚伊斯兰势力现状　方金英　国际资料信息　2001年　第12期
都市中的亚社会与族群文化:以兰州市回族穆斯林族群调查为个案　杨文炯　西北民族学院学报(哲学社会科学版)　2001年　第3期
杜文秀政权的外贸特征及其意义　马丽娟　回族研究　2001年　第2期
对当代国际政治中伊斯兰问题的认识　金宜久　世界宗教研究　2001年　第1期
对我国穆斯林民族文化特征的几点认识　丁明俊　西北第二民族学院学报(哲学社会科学版)　2001年　第4期
对西部大开发背景下回族学研究走向的几点思考　马勇　西北民族研究　2001年　第4期
对伊斯兰经济现代化问题的再思考　冯璐璐　宁夏社会科学　2001年　第6期
对伊斯兰原教旨主义的多学科分析　田文林、林海虹　世界民族　2001年　第1期
对中国穆斯林经济历史与现状的思考　沙鹏程　中国穆斯林　2001年　第6期
多哈伊斯兰艺术博物馆　李珂　世界建筑　2001年　第7期
多民族融合而成的回族　陈一年　华夏人文地理　2001年　第5期
二十一世纪:世变方激,中国回族研究急需社会学/人类学的大视野　郝苏民　西北民族研究　2001年　第4期
二十一世纪政治伊斯兰的走向　王宇洁　世界宗教研究　2001年　第1期
阜新境内蒙古语地名"沙力土"渊源考　刘建亚　满族研究　2001年　第4期
歌德对阿拉伯伊斯兰文化的欣赏和学习　王冬梅、拜庆平　阿拉伯世界　2001年　第2期
固镇回回"闯"南京　雨田　中国民族　2001年　第2期
关于白彦虎之复议　丁宏　回族研究　2001年　第1期
关于回族生态价值观的思考　旦秀英　青海民族研究　2001年　第2期
关于我国部分穆斯林民族中通行的"小经"文字的几个问题　刘迎胜　回族研究　2001年　第4期
关于我国回族"大分散、小集中"成因的分析　王树理　《城市中的少数民族》　民族出版社出版　2001年
关于引导新疆伊斯兰教与社会主义社会相适应的问题　李建生　新疆社会科学　2001年　第1期
广州伊斯兰古迹二题　马明达　西北民族研究　2001年　第2期
贵阳市伊斯兰教概述　王奎璋　宗教学论文集(第四集)　2001年
国内五十年来的回民起义研究述评　杨永福等　云南社会科学　2001年　第5期
何谓伊斯兰原教旨主义　姜煜　时事　2001年　第3期
呼和浩特市回民区教育工作会议召开　郝进军　内蒙古教育　2001年　第5期

呼市回民区素质教育机制研究通过鉴定　子宜　内蒙古教育　2001年　第12期

忽思慧《饮膳正要》不明名物再考释　尚衍斌　中央民族大学学报(哲学社会科学版)　2001年　第2期

华佗故里的回民骄子　谯里　中国民族　2001年　第2期

"回坊"的形成演变及功能化浅论　闫国芳　青海民族学院学报(社会科学版)　2001年　第1期

回回古诗用韵考　张竹梅　西北第二民族学院学报(哲学社会科学版)　2001年　第1期

回回入滇与省会初创　马经　回族研究　2001年　第1期

回回食品"秃秃麻食"吃法新探　马兴仁　回族研究　2001年　第2期

回民村的千年古砚　淮古　中国民族　2001年　第2期

回民的生活居住特性及其与旧城改造的关系　陈文言　经济地理　2001年　第4期

回民湾　王长安等　安徽新戏　2001年　第6期

回忆彭真同志对东北回族人民的关怀　刘宝俊　世纪桥　2001年　第1期

回族汉语中的称谓　刘鑫民、朱琪　修辞学习　2001年　第3期

回族婚俗文化论　周传斌、马东平　西北第二民族学院学报(哲学社会科学版)　2001年　第4期

回族节日文化解读　马桂花　青海民族研究　2001年　第3期

回族禁忌的社会功能探析　马红艳　青海民族研究　2001年　第2期

回族穆斯林的"死亡关怀"及其积极意义　买丽萍　回族研究　2001年　第1期

回族穆斯林的风俗习惯与刑法的协调保护　王银　中南民族学院学报(人文社会科学版)　2001年　第2期

回族青少年沙眼患病率调查分析　杨兴海等　中国预防医学杂志　2001年　第4期

回族文学的萌芽:唐宋回族民间文学　吴海鸿　西北第二民族学院学报(哲学社会科学版)　2001年　第1期

回族习俗与回族地区法制建设　王宏璎、郑家奎　兰州铁道学院学报　2001年　第2期

回族形成发展过程中的族际族内通婚　周建新　中央民族大学学报(哲学社会科学版)　2001年　第3期

回族伊斯兰教爱国主义思想的历史探索　束锡红　西北第二民族学院学报(哲学社会科学版)　2001年　第3期

回族语言、回族教坊与回族社区幼儿教育　马以念、沈蕙　民族教育研究　2001年　第4期

回族语言中的民俗文化　李生信　固原师专学报　2001年　第2期

回族族源的多元性及其一元认同　白建灵　西北第二民族学院学报(哲学社会科学版)　2001年　第3期

回族作家哈宽贵作品简析　海金宝　西北第二民族学院学报(哲学社会科学版)　2001年　第2期

汇入历史长河的溪流:读马知遥《亚瑟爷和他的家族》　崔宝国　朔方　2001年　第7

期

《简明伊斯兰史》出版　本刊编辑部　西北第二民族学院学报（哲学社会科学版）2001年　第4期

建国前党的民族区域自治理论在西北回族地区的实践　王生华　回族研究　2001年　第3期

教派矛盾与印度的政治世俗化进程　吴宏阳　郑州大学学报（哲学社会科学版）2001年　第3期

今日大厂回族经济发展与伊斯兰教的良性互动关系　杨桂萍　回族研究　2001年　第2期

进入网络时代的伊斯兰　黑保旭　中国穆斯林　2001年　第4期

泾源回族教育50年　马三保　回族研究　2001年　第2期

澜沧征集清代杜文秀大理政权壬戌年"都督之篆"印史实考辨　黄桂枢　思茅师范高等专科学校学报　2001年　第1期

历史的透视：回族商业经济与回族社会地位的关系　高占福　黑龙江民族丛刊　2001年　第1期

历史上汉族学人对伊斯兰教认识之演变：兼议伊斯兰教的中国化　马强　青海民族学院学报（社会科学版）　2001年　第2期

立足服务抓管理转变观念求效益：记开拓进取中的临夏河州穆斯林融资公司　马占祥　甘肃金融　2001年　第7期

流散在海内外的两组晚清宫廷战图考略　张弘星　故宫博物院院刊　2001年　第2期

略论西班牙穆斯林的被逐　贺飞蛟　渝西学院学报（社会科学版）　2001年　第4期

略述两宋时期伊斯兰教在西北的传播与发展　韩毅　青海民族研究　2001年　第1期

论丁自申的儒化　陈桂炳　泉州师范学院学报　2001年　第5期

论广西回族的族谱及其史料价值　翁干麟　回族研究　2001年　第3期

论国家与回族社会的互动关系　段继业　回族研究　2001年　第1期

论回族的民族情感与民族理性　马平　黑龙江民族丛刊　2001年　第1期

论加强回族地区的精神文明建设　杨启辰　中共银川市委党校学报　2001年　第5期

论宁夏扶贫开发性移民与回族的发展　李宁　回族研究　2001年　第3期

论清代河州的再度兴起　武沐、王希隆　回族研究　2001年　第2期

论世纪之交之伊斯兰运动　李伟建　阿拉伯世界　2001年　第1期

论伊朗现代伊斯兰政治模式　李春放　历史研究　2001年　第6期

论伊斯兰教法之妇女观　马东平　甘肃社会科学　2001年　第5期

论伊斯兰教饮食习俗对回族穆斯林健康的影响　肖芒　西南民族学院学报（哲学社会科学版）　2001年　第6期

论伊斯兰教在阿拉伯穆斯林世界中的独特作用　申满秀　遵义师范学院学报　2001年　第3期

论伊斯兰教在新疆兴起的社会根源　赵荣织　西域研究　2001年　第3期

论伊斯兰教中国化过程中的适应与变革　金刚等　湖南省社会主义学院学报　2001年　第2期

论中东地区伊斯兰复兴运动的经济根源　詹家峰、张金荣　宁夏社会科学　2001年第5期

马本斋和他领导的回民支队　程龙　党史博采　2001年　第3期

马欢所见的西洋穆斯林　胡玉冰　中国穆斯林　2001年　第1期

麦地那国家(622—661)的非穆斯林臣民:吉玛人　哈全安　南开学报(哲学社会科学版)　2001年　第2期

漫谈中国穆斯林的商贸礼俗　胡蓉　中国穆斯林　2001年　第4期

毛泽东给回民讲金脚寺故事　王存福　广西地方志　2001年　第1期

梅花香自苦寒来:穆斯林书法家乌思尧先生访问记　马虎振　中国穆斯林　2001年第2期

美阿战背后的伊斯兰世界　王德先　华夏时报　2001年

美国的伊斯兰教和穆斯林　松迪格等　世界宗教文化　2001年　第4期

美国的伊斯兰教和穆斯林:与绥迪格博士　马强、敏文杰　中国穆斯林　2001年　第1期

孟加拉国的伊斯兰教名胜　黄陵渝　中国穆斯林　2001年　第3期

民族教育的摇篮:固原县回民中学简介　本刊编辑部　固原师专学报　2001年　第6期

明末清初天主教和伊斯兰教在中国的不同命运及启示　刘明华等　中央社会主义学院学报　2001年　第2期

明清时期云南地区清真寺的历史考察:兼论伊斯兰教文化的本色化　王建平　回族研究　2001年　第1期

穆斯林的婚礼　纳鹏曦　下一代　2001年　第11期

穆斯林的养生之道　马明良　中国宗教　2001年　第6期

《穆斯林的葬礼》与茅盾文学奖　李子迟　广西民族学院学报（哲学社会科学版）2001年　第S1期

穆斯林妇女的楷模:法蒂玛　敏文杰　中国穆斯林　2001年　第4期

《穆斯林名家名作简析》序　李佩伦　回族研究　2001年　第3期

穆斯林青少年应结交相勉以德的良友　马凤魁　中国穆斯林　2001年　第5期

穆斯林生理卫生与心理卫生观念初探　马明良　回族研究　2001年　第3期

穆斯林为何不吃猪肉　惠民　世界宗教文化　2001年　第1期

穆斯林兄弟的真诚帮助　程盼和　中国穆斯林　2001年　第5期

穆斯林拥军到军营　李爱生　中国穆斯林　2001年　第6期

穆斯林有哪些饮食禁忌　金瑞阳　四川统一战线　2001年　第12期

穆斯林在西部大开发中的价值定位和角色转换　马建龙　中国穆斯林　2001年　第4期

内蒙古阿拉善左旗信仰伊斯兰教的蒙古族穆斯林　王玉霞　回族研究　2001年　第2期

南顿"回民秧歌"　王国元等　中州统战　2001年　第11期

南阳石桥镇回族概述　杨运鹏　回族研究　2001年　第3期

宁夏高校回族预科教育的地位、发展及其基本经验　周瑞海　回族研究　2001年　第3期

宁夏汉民、回民女性乳腺癌临床流行病学调查　宋斌等　四川肿瘤防治　2001年　第2期

宁夏回、汉族拇指类型的调查研究　周续莲等　宁夏农学院学报　2001年　第4期

浅论穆斯林的生死观　马建龙　中国穆斯林　2001年　第2期

浅说北京的伊斯兰教　彭年　回族研究　2001年　第2期

浅谈现代黄梅戏《回民湾》的音乐特点　王安民　黄梅戏艺术　2001年　第4期

浅析海军元老萨镇冰先世之族属　黄秋润　回族研究　2001年　第1期

浅析西安清真大寺之中国回族伊斯兰教建筑特色　陶石　重庆建筑大学学报　2001年　第4期

浅析伊斯兰教信仰律例及其社会作用　从恩霖　中国穆斯林　2001年　第6期

浅析中亚伊斯兰化的根源　张宏莉　西北民族学院学报（哲学社会科学版．汉文）2001年　第1期

青藏高原地区藏族与穆斯林群体的互动关系　段继业　民族研究　2001年　第3期

青海省回族女子基础教育现状及对策　王印堂　青海民族研究　2001年　第3期

《清朝法制史》回族法辨误　尚衍斌、王东平　回族研究　2001年　第1期

清代维吾尔族中的伊斯兰教　陈国光　新疆社会科学　2001年　第2期

求知是每个男女穆斯林的天职　马中平　中国穆斯林　2001年　第3期

全球化时代的伊斯兰思想　杨晓虎　阿拉伯世界　2001年　第4期

全球化时代的中国伊斯兰文化资源　华涛　回族研究　2001年　第1期

全球化与伊斯兰复兴运动　李平民　阿拉伯世界　2001年　第4期

全球化中的穆斯林群体　敏昶等　中国穆斯林　2001年　第4期

人的现代化：中国穆斯林在西部大开发中的重要选择　米寿江　回族研究　2001年第4期

日本穆斯林社会的形成与现状：东西文化交流中的新现象与新课题　王建新　回族研究　2001年　第2期

"塞上明珠"的党史工作　张万葆　福建党史月刊　2001年　第5期

圣训学者穆斯林　白剑波　世界宗教文化　2001年　第2期

试论"回族武术"　马明达　回族研究　2001年　第3期

试论阿拉伯语在云南回族语言中的运用　马利章、王云　思想战线　2001年　第6期

试论穆斯林饮食文化的优良传统　马维汉　中国穆斯林　2001年　第2期

试论同治年间甘肃回民起义前后的回汉民族关系　杨永福等　兰州教育学院学报2001年　第1期

试论我国的回族伊斯兰教建筑　苏和平　西北民族学院学报（哲学社会科学版．汉文）2001年　第3期

试论伊斯兰教对我国传统文化的贡献　邹文杰　黔东南民族师专学报　2001年　第4期

试论伊斯兰外交思想及其现实意义　冯怀信　中国穆斯林　2001年　第4期

试论印度的穆斯林民族主义　邓红英　江汉大学学报　2001年　第2期
试析回族传统道德与素质教育　李伟　大连民族学院学报　2001年　第1期
试析回族的亲属制度　肖芒　云南社会科学　2001年　第2期
试析回族恪守伊斯兰教规的婚姻习俗　张昀等　民间文化旅游杂志　2001年　第2期
试析唐宋时期回回先民的国际婚姻：蕃汉通婚　鲁忠慧　宁夏社会科学　2001年　第5期
丝绸之路与伊斯兰教传入西北　韩毅　丝绸之路　2001年　第S1期
苏联解体前后的中亚国家伊斯兰教状况　常玢　东欧中亚研究　2001年　第5期
泰国北部的云南穆斯林：一份初步的田野报告　姚继德　回族研究　2001年　第4期
唐宋时期的伊斯兰教及其与西北经济开发　韩毅　西北师范大学　2001年　硕士论文
王孟扬诗文简论　李竟成　回族研究　2001年　第1期
王正伟回族民间文化研究述评三题　李树江　宁夏社会科学　2001年　第6期
为了一个穆斯林兄弟的生命：微山县干部群众捐款救治王明广阿訇纪实　满涛等　中国统一战线　2001年　第3期
为什么伊斯兰教严禁绘制圣像　富芳　世界宗教文化　2001年　第2期
维汉语词义的差别在教学中不应忽视　热孜婉·阿瓦穆斯林　语言与翻译　2001年　第1期
文化现代化视角中的伊斯兰复兴运动　田文林　阿拉伯世界　2001年　第1期
文明对话视野中的中国伊斯兰文化　丁克家　回族研究　2001年　第4期
乌鲁木齐话轻声的语音描写与音系分析　魏玉清　天津师范大学　2001年　硕士论文
乌鲁木齐回民汉语的轻声　张新婷　新世纪的现代语音学：第五届全国现代语音学学术会议论文集　2001年
乌蒙山下一朵花：记曲靖市富源县中安镇回隆村委会　马宝功　中国民族　2001年　第11期
舞回回：中日韩戏剧史上的一段因缘　翁敏华　文艺研究　2001年　第1期
西安鼓楼回民居住区更新实践　刘小波等　世界建筑　2001年　第6期
西北城市回族社区的现状与未来　刘光宁　固原师专学报　2001年　第4期
西北回族的文化艺术　王伏平　回族研究　2001年　第2期
西北回族军阀论略（下）　霍维洸　宁夏大学学报（人文社会科学版）　2001年　第5期
西北穆斯林社会早期"现代化运动"的历史审视：《诸马军阀集团与西北穆斯林社会》评述　高占福　回族研究　2001年　第4期
西北乡村回族社区功能演变与伊斯兰教　刘光宁　回族研究　2001年　第3期
西部大开发与穆斯林文化资源的保护和利用　刘伟　中国穆斯林　2001年　第6期
西部大开发泽惠中国穆斯林：中国伊斯兰教协会伍贻业副会长访谈录　森黎炯　华人时刊　2001年　第11期
西工委与《回回民族问题》：纪念《回回民族问题》出版60周年　王伏平　回族研究　2001年　第4期

西海固回民与水　石舒清　中国民族　2001年　第1期
《西域古代伊斯兰教综论》评介　杨圣敏　新疆社会科学　2001年　第2期
香港伊斯兰青年协会代表团访问内地　张和平　中国穆斯林　2001年　第4期
享有充分人权的中国穆斯林　文刀　中国宗教　2001年　第1期
辛亥革命前后盘八回民社区文化　金和璞　辛亥革命与贵州社会变迁——贵州省纪念革命九十周年学术研讨会文集　2001年
辛亥革命与民国时期回族文化运动　答振益　中南民族学院学报（人文社会科学版）2001年　第6期
新疆回族人生礼仪的文化变迁与现代意义　盖金伟　昌吉学院学报　2001年　第3期
新疆塔塔尔族穆斯林风情录　单生魁　中国穆斯林　2001年　第6期
学海无涯苦作舟：记我国第一位阿语专业女穆斯林博士杨捷生　杨东文　中国穆斯林　2001年　第3期
严重影响中亚地区稳定的伊斯兰极端势力　高瑞　江南社会学院学报　2001年　第2期
也门的伊斯兰教名胜　黄陵渝　中国穆斯林　2001年　第5期
也门伊斯兰教栽德派历史研究　李维建　西北大学　2001年　硕士论文
一半是水一半是火　邱京田　长寿　2001年　第1期
伊朗伊斯兰共和国对外关系研析　范鸿达　西北大学　2001年　硕士论文
伊朗政治、经济发展的不平衡与伊斯兰革命　郑翠兰　渝西学院学报（社会科学版）2001年　第4期
伊斯兰城市的环境因素及其共性　纳比尔　同济大学学报（社会科学版）　2001年　第1期
伊斯兰法的道德价值及其现代启示　冯怀信　中国穆斯林　2001年　第6期
伊斯兰复兴：失去的20年　东方晓　西亚非洲　2001年　第4期
伊斯兰国家习俗须知　沈汛磊　国家安全通讯　2001年　第2期
伊斯兰国家与以断绝交往　本刊编辑部　解放日报　2001年
伊斯兰和中世纪的古典星图　陈丹　天文爱好者　2001年　第6期
伊斯兰极端势力在中亚的活动情况　陈明山　国际资料信息　2001年　第12期
伊斯兰继承法学及其法理思想刍议　绽小林　青海民族学院学报（社会科学版）2001年　第4期
伊斯兰教"圣战"新探　马尔　中国穆斯林　2001年　第2期
伊斯兰教的"圣战"　希文　世界宗教文化　2001年　第1期
伊斯兰教的"五功"与回族妇女的健康　肖芒　云南民族学院学报（哲学社会科学版）2001年　第3期
伊斯兰教的价值准则：敬畏真主　吕金虎　中国穆斯林　2001年　第3期
伊斯兰教的禁忌　马贤　中国宗教　2001年　第2期
伊斯兰教的兴起、发展及对当今国际政治关系的影响　任青　中华文化论坛　2001年　第3期
伊斯兰教的斋月　王龙琴　环球军事　2001年　第23期

伊斯兰教发展的基本模式　金宜久　新疆社会科学　2001年　第1期
伊斯兰教法对回族道德观和习惯法的影响　马志俊　宁夏大学学报（人文社会科学版）　2001年　第1期
伊斯兰教法与伊斯兰复兴　吴云贵　中国社会科学院研究生院学报　2001年　第5期
伊斯兰教艺术中的美术字　小羽　世界宗教文化　2001年　第4期
伊斯兰教与阿拉伯人的早期教育　郭永胜　内蒙古师范大学学报（教育科学版）2001年　第6期
伊斯兰教与社会主义中国可以相适应　王文杰　中国宗教　2001年　第2期
伊斯兰教育观的基本特点　郭春霞　中国穆斯林　2001年　第2期
伊斯兰教在唐代活动述略：兼议伊斯兰教在中国早期文化传播的性质　李林　回族研究　2001年　第4期
伊斯兰教在中亚的传播与发展　常玢　东欧中亚研究　2001年　第1期
伊斯兰经济学的原则　马素杜勒等　宁夏社会科学　2001年　第3期
伊斯兰圣战思想探源　哈全安　西亚非洲　2001年　第3期
伊斯兰文化的心理学内涵　马秀梅　青海民族研究　2001年　第1期
伊斯兰宪法学与宪章功能　绽小林　青海民族研究　2001年　第4期
伊斯兰与西方冲突的文化根源　田文林　世界经济与政治论坛　2001年　第4期
伊斯兰与中东政治　马丁·克雷默　西亚非洲　2001年　第4期
伊斯兰宇宙观　马福德　中国穆斯林　2001年　第1期
伊斯兰原教旨主义对民族主义的思想挑战　刘中民　世界民族　2001年　第6期
伊斯兰原教旨主义与伊斯兰国家的现代化　冀开运、钟秀萍　宁夏社会科学　2001年第6期
伊斯兰证据法学的广延性　马秀梅　青海民族学院学报（社会科学版）　2001年　第3期
伊斯兰知识观浅析　马福德　中国穆斯林　2001年　第2期
以武惠世的人：记青海省穆斯林武术馆馆长冶国福　李福才　中国土族　2001年　第4期
忆1956年中国穆斯林朝觐团　刘东声　纵横　2001年　第2期
印度尼西亚华人能不能接受伊斯兰教　杨晓强　世界宗教文化　2001年　第2期
印度尼西亚伊斯兰教与基督教冲突的根源　温北炎　东南亚研究　2001年　第2期
与阿拉伯和伊斯兰朋友交往　本刊编辑部　市场观察　2001年　第2期
《禹贡》回族伊斯兰教研究述略　李习文　回族研究　2001年　第2期
《禹贡半月刊》回族伊斯兰教研究之特点　李习文等　青海民族研究　2001年　第2期
元"回回哈的司"研究　邱树森　中国史研究　2001年　第1期
元初伊斯兰教在中国北方和西北的传播　邱树森　回族研究　2001年　第1期
元代关涉回回立法初探　王东平　中央民族大学学报（哲学社会科学版）　2001年第6期
元代回回高克恭存逸画目推索　冯雪红等　回族研究　2001年　第3期
元代伊斯兰教与基督教之争　邱树森　回族研究　2001年　第3期

《元史》嶷嶷、回回、伯颜不花的斤、丑闾列传订讹　修晓波　古籍整理研究学刊　2001年　第6期
云南回民经济的传统和目前的任务　马丽娟　回族研究　2001年　第4期
云南回族教育的传统与走向　纳麒　思想战线　2001年　第1期
云南回族女性早婚现象浅析　高回松　西北第二民族学院学报（哲学社会科学版）2001年　第3期
云南伊斯兰教学术活动述评　李荣昆　云南社会科学　2001年　第3期
在首都各族穆斯林喜迎开斋节招待会上的讲话　司马义·艾买提　中国穆斯林　2001年　第1期
在中亚东干人和中国西北回民中流传的民歌：《高大人领兵》的异文比较　赵塔里木　音乐研究　2001年　第1期
早期清真寺与伊斯兰建筑艺术　买寿清、哈宝玉　西北民族学院学报（哲学社会科学版.汉文）　2001年　第2期
张承志与当代回族小说　海金宝　回族研究　2001年　第2期
正确认识伊斯兰教复兴运动及对我国穆斯林民族的影响　敏贤良　回族研究　2001年　第1期
郑和的回回情结　本刊编辑部　民族报　2001年
中东伊斯兰运动的发展及前景　赵宏图　国际资料信息　2001年　第4期
中东政治伊斯兰发展走向　曲红　西亚非洲　2001年　第3期
中国穆斯林朝觐人员圆满完成朝觐功课　阿卜杜热西提　中国宗教　2001年　第3期
中国穆斯林代表团访问韩国　马文　中国穆斯林　2001年　第6期
中国穆斯林的朝觐活动　文刀　中国宗教　2001年　第2期
中国伊斯兰教教务指导委员会成立　马利强　中国穆斯林　2001年　第3期
中国伊斯兰教教务指导委员会工作规则　本刊编辑部　中国穆斯林　2001年　第3期
中国伊斯兰教教务指导委员会在京成立　唐爱华　中国宗教　2001年　第3期
中世纪伊斯兰建筑风格及影响　苏艾平　遵义师范学院学报　2001年　第3期
中亚的伊斯兰极端主义　张来仪　东欧中亚研究　2001年　第5期
《诸马军阀集团与西北穆斯林社会》出版　玛纳　黑龙江民族丛刊　2001年　第1期
尊重各族穆斯林的风俗习惯：兼谈穆斯林为什么不吃猪肉　马贤　中国民族　2001年　第1期

2002年

2001年《回族研究》信息资源的定量分析　孔炜莉　回族研究　2002年　第4期
2001年回族伊斯兰教研究论文索引　孔炜莉　回族研究　2002年　第3期
2002年中国回族学年会在海南三亚召开　本刊编辑部　回族研究　2002年　第4期
20世纪回族伊斯兰文化教育历史反思　马强　西北第二民族学院学报(哲学社会科学版）　2002年　第4期
《20世纪中国文学与伊斯兰文化》　本刊编辑部　民族文学研究　2002年　第3期
阿拉伯世界的伊斯兰宗教哲学　蔡德贵　济南大学学报(社会科学版)　2002年　第1

期

阿拉伯伊斯兰文化与全球化　王成娟　阿拉伯世界　2002年　第1期
阿拉伯伊斯兰艺术的特点　王厂大　世界宗教文化　2002年　第2期
艾布哈尼法与伊斯兰教法学理论　哈宝玉　中国穆斯林　2002年　第4期
白寿彝先生编纂《回民起义》的学术价值　陈其泰　回族研究　2002年　第2期
白彦虎籍贯考辨　李健彪　回族研究　2002年　第4期
不背乎教亦不泥乎教：明代回族读书人对回儒文化交流的心态　杨怀中　回族研究　2002年　第4期
陈建国接任宁夏回族自治区党委书记　黄会清　瞭望　2002年　第14期
此消彼长：伊斯兰与基督教文明间的互动　毕会成　历史教学　2002年　第8期
从《清实录》看乾隆朝对回民案件的处断　李丕祺　西北民族学院学报（哲学社会科学版.汉文）　2002年　第1期
从回民文化到对张承志的研究　陈思和　回族研究　2002年　第3期
从人类学角度看回族的健康观　聂爱文　昌吉学院学报　2002年　第4期
达浦生与六合广益小学　白莉　学海　2002年　第4期
大马伊斯兰教党的崛起及其影响　廖小健　华侨华人历史研究　2002年　第2期
大通阿姓蒙古族的由来　马忠　青海民族研究　2002年　第4期
当代国际伊斯兰复兴运动对新疆的影响及表现　齐清顺　中共伊犁州委党校学报　2002年　第3期
当代土耳其的政治伊斯兰的发展　刘云　宁夏社会科学　2002年　第6期
当代伊斯兰阿拉伯哲学的多彩画卷：《当代伊斯兰阿拉伯哲学研究》　张全新　济南大学学报（社会科学版）　2002年　第2期
《当代伊斯兰阿拉伯哲学研究》简介　项木祖　阿拉伯世界　2002年　第1期
《当代伊斯兰阿拉伯哲学研究》评介　晓华　东岳论丛　2002年　第4期
当代伊斯兰法学界对脑死亡问题的态度　牛喜霞、张生元　中国穆斯林　2002年　第4期
当今西方社会中的穆斯林　葛壮　社会科学　2002年　第5期
党的民族理论与宁夏回族人民解放发展的历程　马惠兰　华东师范大学　2002年　硕士论文
地位上升而又明确附儒的元代伊斯兰教　刘成有　湖北民族学院学报（哲学社会科学版）　2002年　第1期
东干语翻译再推敲　司庸之　昌吉学院学报　2002年　第4期
对当代伊斯兰文化的思考　刘曙雄　南亚研究　2002年　第1期
对回回民族形成年代的一点看法　马祖灵　回族研究　2002年　第1期
多样化的现代性：全球化时代中的基督教、伊斯兰教和印度教　黄剑波　广西民族研究　2002年　第1期
多元一体的当代伊斯兰阿拉伯哲学：评蔡德贵主编的《当代伊斯兰阿拉伯哲学研究》　游斌　宗教与民族　2002年　第1辑
二十世纪前半期印度孟加拉地区穆斯林教派政治的兴起　邓红英　华中师范大学

2002年　硕士论文

发掘特色培育特色创新特色：试论新世纪转型中的回族学走向及其研究重点　王峰　西北民族研究　2002年　第4期

佛法圣地的伊斯兰文明：拉萨穆斯林的历史和现状记略　索穷　西藏民俗　2002年　第4期

歌德是否皈依伊斯兰教　林丰民　国外文学　2002年　第3期

古代回回散文成就的结晶　李淑兰　回族研究　2002年　第2期

固原地区回族女童教育中存在的主要问题及其原因剖析　梁华和　西北成人教育学报　2002年　第4期

固原历代军事史述略　安志平　固原师专学报　2002年　第2期

关于马德新研究的几个问题　杨桂萍　回族研究　2002年　第3期

关于左宗棠镇压陕甘回族起义及善后措施的再探讨　杨卫东　吉林师范大学学报(人文社会科学版)　2002年　第6期

广西穆斯林新文化运动的标志：《广西回教》　敬军　中国穆斯林　2002年　第6期

广州回民饭店年年新　黄晓云　中国食品　2002年　第18期

贵州省回族人民修建清真寺的史料　保健行　贵州文史丛刊　2002年　第1期

哈特曼调查回疆伊斯兰教经典目录的再考订　王东平　西域研究　2002年　第2期

海峡彼岸丁氏谱牒和民俗述略　丁维灿　闽台谱牒民俗研讨会论文集　2002年

海峡两岸穆斯林心连心：访回族知名博物馆专家马希桂先生　马文　中国穆斯林　2002年　第3期

韩国穆斯林联会代表团访华　敏昶　中国穆斯林　2002年　第4期

河南"回民秧歌"　拜存星　中国穆斯林　2002年　第6期

黑龙江新式回族教育述略　谷文双等　回族研究　2002年　第1期

亨廷顿论"文化冲突"和"穆斯林战争"时代　殷叙彝　当代世界与社会主义　2002年　第6期

红军长征时期在西北的伊斯兰教政策　高占福　中国宗教　2002年　第1期

红烛医德馨　黄花有晚香：记全国模范穆斯林女乡医李春花　倪胜章　中国穆斯林　2002年　第6期

后冷战时代的伊斯兰复兴运动　王艳雯　开封教育学院学报　2002年　第2期

回汉交融中谱写的一曲挽歌：解读《穆斯林的葬礼》　孙瑞梅　黑龙江农垦师专学报　2002年　第4期

"回回"历史解释与文化表述　周传斌、马梅萍　回族研究　2002年　第1期

回回民族与民间舞蹈　马薇　舞蹈　2002年　第3期

回回上当　当当不一样　本刊编辑部　青少年科学探索　2002年　第3期

《回回药方》小议　诸国本　中医杂志　2002年　第8期

回民社区高血压病流行病学调查与分析　蔡璐等　泰山医学院学报　2002年　第4期

回民族心灵铸造范型：《穆斯林的葬礼》价值论　徐其超　西南民族学院学报(哲学社会科学版)　2002年　第9期

回族"三味"　边关雪　烹调知识　2002年　第11期

《回族》:文化交流的桥梁　丁宏　回族研究　2002年　第4期

回族部分用语的内涵(上)　杨明德　中州统战　2002年　第7期

回族传统教育观念与西北回族幼儿教育实践　沈蕙　西北师范大学　2002年　硕士论文

回族大学生的心理健康状况与文化背景探析　朱为鸿　回族研究　2002年　第2期

回族服饰文化与伊斯兰教　陶红　青海民族研究　2002年　第1期

回族话中的别同现象　李生信　修辞学习　2002年　第6期

回族民间文化中的多元性特质及其辨析　闫国芳　昌吉学院学报　2002年　第4期

回族穆斯林作家作品获第七届少数民族文学骏马奖　本刊编辑部　回族研究　2002年　第4期

回族起源的DNA证据　谢小冬、陕雪梅　回族研究　2002年　第3期

回族亲属称谓的文化意义　李生信　固原师专学报　2002年　第4期

回族社火队:一个独特的文化现象　庞玉瑛　青海民族研究　2002年　第1期

回族社区变迁与回族社会现代化实践　束锡红、刘光宁　宁夏大学学报(人文社会科学版)　2002年　第3期

回族信仰习俗与其消费行为　吴汉宝　宁夏党校学报　2002年　第3期

回族姓氏与伊斯兰教的关系　沈遐熙　中国穆斯林　2002年　第3期

回族与宁夏　潘梦阳　中国民族　2002年　第11期

回族与其他一些西北穆斯林民族文字形成史初探:从回回字到"小经"文字　刘迎胜　回族研究　2002年　第1期

回族作者马强、陈粤湘文学创作评析　沈淑芳　琼州大学学报　2002年　第6期

济南市回族居民常见慢性疾病调查与社区医疗保健　侯本贞等　宁夏医学院学报　2002年　第6期

加强技术创新基金管理工作加快宁夏科技型中小企业发展　罗万有　科技进步与对策　2002年　第4期

家庭知识资源贫困的代际传承与文化不适:兰州市回族学校回族学生低升学率原因的调查与分析　杨文炯　回族研究　2002年　第4期

教育后人告慰先烈　马家良　中国穆斯林　2002年　第5期

近代回族文化运动主流思想论　哈正利　黑龙江民族丛刊　2002年　第3期

近代宁夏回族区域民族特点的形成　霍维洮　回族研究　2002年　第1期

浸透着伊斯兰文化传统的文莱媒介　李异平　东南亚研究　2002年　第4期

凯末尔改革中的伊斯兰教　刘云　西北师大学报(社会科学版)　2002年　第1期

考察当代穆斯林政治的一个全新视角:《跨国穆斯林政治》介评　曾强　现代国际关系　2002年　第5期

拉萨的清真寺和穆斯林墓地　张春秀　中国穆斯林　2002年　第1期

劳务输出对宁夏西海固回族生活观念的影响——两个自然村的调查　陈红梅　《西海固回族社区现代化进程》课题组　2002年　第3期

老挝的伊斯兰教　李晨阳　世界宗教文化　2002年　第4期

撩开马家大院的面纱　田野　新材料新装饰　2002年　第2期

刘智《天方性理》中伊斯兰教与新儒学在宇宙论上的合一　村田幸子　回族研究　2002年　第4期

刘智的伊斯兰人性论　梁向明　中国穆斯林　2002年　第5期

刘智汉文译著未能广泛流传的原因　梁向明　固原师专学报　2002年　第1期

论大清律例中的伊斯兰教和穆斯林　李普曼　回族研究　2002年　第2期

论大清律例中的伊斯兰教和穆斯林　王建平等　回族研究　2002年　第2期

论泛伊斯兰主义在中亚的发展　罗捷　云南行政学院学报　2002年　第1期

论回族经济发展的最佳取向、社会作用和发展趋势　杨启辰、拜庆平　西北民族研究　2002年　第3期

论西部大开发中穆斯林优良传统的弘扬　金刚　中南民族学院学报（人文社会科学版）　2002年　第1期

论伊斯兰教在伊朗传播的交往性特征　李阳　陕西师范大学学报（哲学社会科学版）　2002年　第5期

论伊斯兰教在中国的传播与发展及特征　黄维民　陕西青年管理干部学院学报　2002年　第3期

论伊斯兰教哲学中人与自然的关系　高冬梅　宁夏大学学报（人文社会科学版）　2002年　第2期

论伊斯兰民商法与市场经济规则的交点　马旭东　青海民族学院学报（社会科学版）　2002年　第1期

论伊斯兰文化的基本特征　刘成有　云南社会科学　2002年　第1期

马德昭传略　丁雪梅　回族研究　2002年　第4期

马尔代夫的伊斯兰教　黄陵渝　中国穆斯林　2002年　第3期

马福祥与现代回儒对话：兼谈回儒对话的价值与意义　丁明俊　回族研究　2002年　第4期

马来穆斯林经济社会发展趋势　马勇　东南亚纵横　2002年　第9期

马来西亚伊斯兰复兴初探　戴小峰　东南亚纵横　2002年　第12期

漫谈伊斯兰建筑艺术　吴国华、刘兆　中国穆斯林　2002年　第5期

漫谈伊斯兰教的经与注　希文　世界宗教文化　2002年　第4期

漫谈伊斯兰教音乐与回族宗教音乐　晨光　宁夏大学学报（人文社会科学版）　2002年　第4期

美国军队里的穆斯林士兵　敏文杰　中国穆斯林　2002年　第4期

美国另类穆斯林说唱　王晋燕　新闻周刊　2002年　第38期

《密迩索德》与刘智的宇宙生成论　杨忠东　宁夏大学学报（人文社会科学版）　2002年　第4期

民族传统文化在回族青少年社会化过程中的影响　马燕　青海民族学院学报（社会科学版）　2002年　第4期

明代社会中的伊斯兰教和穆斯林　葛壮　回族研究　2002年　第3期

明清时期汉文译著与回族穆斯林宗教法律文化的传布　王东平　回族研究　2002年　第3期

明清时期的中国伊斯兰哲学思想研究　刘一虹　中国社会科学院研究生院　2002年博士论文

摩洛哥的伊斯兰教名胜　黄陵渝　中国穆斯林　2002年　第6期

摩洛哥的犹太穆斯林文化世界：书面文化与口头文化　阿劳等　第欧根尼　2002年第2期

暮年壮志书墨端：穆斯林书画家邓祥麒其人其画　马林　中国穆斯林　2002年　第1期

穆斯林的"斋月"　阿彬　世界文化　2002年　第3期

穆斯林的文明之家　培兴　中国穆斯林　2002年　第5期

穆斯林的葬礼　霍达　中国民族　2002年　第6期

穆斯林是否当今世界战争的罪人　王锁劳　国际政治研究　2002年　第2期

穆斯林信得过的人：记北京清真吐鲁番餐厅经理陈连生　单守庆　中国穆斯林　2002年　第6期

穆斯林应如何跟随伊玛目礼拜　从恩霖　中国穆斯林　2002年　第6期

宁夏陈建国当选区党委书记　黄会清　瞭望　2002年　第25期

宁夏城市回族通婚现状调查研究：以银川、吴忠、灵武为例　杨志娟　回族研究　2002年　第1期

宁夏回族基础教育存在的问题及对策研究　王建伟　福建师范大学　2002年　硕士论文

宁夏回族社区不同地域类型空间结构变化的规律性研究：以宁夏回族自治区泾源县为例　陈忠祥　地理教育与学科发展：中国地理学会2002年学术年会论文摘要集　2002年

宁夏回族自治区发展散装水泥管理办法　本刊编辑部　散装水泥　2002年　第5期

宁夏纳家户回民汉语方言记略　林涛　西北第二民族学院学报（哲学社会科学版）2002年　第2期

宁夏南部回族社区形成的环境分析　陈忠祥、束锡红　经济地理　2002年　第2期

宁夏伊斯兰教地理的初步研究　刘小鹏　人文地理　2002年　第4期

欧洲穆斯林知多少　陈玉龙　中国穆斯林　2002年　第6期

虔诚的乜帖朴实的爱心：记杭州穆斯林刘玉良先生　安伊　中国穆斯林　2002年　第3期

浅论伊斯兰恐怖主义的根源　温立峰　青海社会科学　2002年　第4期

浅论中国穆斯林人口　李华英　回族研究　2002年　第4期

浅论中国伊斯兰教教育　铁国玺　回族研究　2002年　第1期

浅谈当前制约宁夏回族基础教育发展的因素　王建伟　中南民族学院学报（人文社会科学版）　2002年　第S1期

浅谈兰州回民的抗日救亡活动　杨志刚、马玉凤　甘肃教育学院学报（社会科学版）2002年　第S1期

浅谈青海穆斯林影视人类学资源的优势与开发　马有福　视觉对话——兰州2002年影视人类学国际学术研讨会论文集　2002年

浅谈伊斯兰文化的研究方法　马明贤　回族研究　2002年　第4期

浅谈中国古代宗教建筑：伊斯兰教建筑　王洪武　林业科技情报　2002年　第4期
浅析伊斯兰教在北京地区的传播与发展　佟洵　北京联合大学学报　2002年　第1期
清代以来海峡两岸的郭姓回民　蓝岭、赵海瑛　闽台谱牒民俗研讨会论文集　2002年
清季甘军考述　赵维玺、杜党军　西北第二民族学院学报(哲学社会科学版)　2002年第4期
清真寺与云南回族历史文化：对清真寺功能的文化人类学研究　姚继德　西北第二民族学院学报(哲学社会科学版)　2002年　第2期
清政府对新疆伊斯兰教的政策　陈国光　新疆社会科学　2002年　第1期
情系塞上赤子心奉献杏坛园丁情：记银川市唐徕回民中学章朝阳老师的先进事迹　丁园　宁夏教育　2002年　第3期
全面提高穆斯林文化素质大力培养高层次尖端人才　林松　中国穆斯林　2002年第2期
全球化条件下世界伊斯兰教的走向　米寿江　宗教与民族　2002年　第1辑
全球化下伊斯兰文明与西方文明的冲突　刘小彪　阿拉伯世界　2002年　第2期
全球化与伊斯兰教　陈建民　阿拉伯世界　2002年　第4期
诠释伊斯兰含义的18个词　刘驯刚　法语学习　2002年　第2期
忍耐是穆斯林的美德　白志明　中国穆斯林　2002年　第5期
认真落实回民医院现场会精神扎扎实实做好明码标价工作　孙泽国　北京物价　2002年　第3期
塞上江南呼唤您　马骏廷　中国对外贸易商务月刊　2002年　第11期
沙特王国君主制的伊斯兰特征　王彤　世界历史　2002年　第4期
邵阳地区回族健康成人血清总胆固醇浓度的调查　覃艳玲等　湖南医学高等专科学校学报　2002年　第1期
什林内莎特：伊斯兰对位　王吉祥　上海艺术家　2002年　第Z2期
世界屋脊上的伊斯兰文化　周传斌　西北民族研究　2002年　第4期
试论回族传统文化与经济发展的关系　杨国涛、谭晶荣　安徽农业大学学报(社会科学版)　2002年　第5期
试论回族文化的神圣性与世俗性的良性互动　余莘　回族研究　2002年　第1期
试论回族与中国民族区域自治　马惠萍　中南民族学院学报（人文社会科学版）2002年　第S1期
试论太平天国起义对甘肃财政的影响　李兴平　兰州教育学院学报　2002年　第3期
试论西北回族宴席曲与"花儿"的音乐特色　李昕　青海民族学院学报(社会科学版)2002年　第3期
试论伊斯兰经济思想与社会主义相适应　束锡红、刘炜　宁夏社会科学　2002年　第2期
试论伊斯兰人权观的基本精神　冯怀信　中国穆斯林　2002年　第1期
试论中国伊斯兰教的自我调适机制　马平　西北第二民族学院学报（哲学社会科学版）　2002年　第1期
试论朱元璋对伊斯兰教的态度及其政治影响　金前文　中南民族学院学报(人文社会

科学版） 2002年 第1期

试析临夏回族文化 沈玉萍 青海民族研究 2002年 第2期

试析现代伊斯兰主义中的政教关系 任颖 西安教育学院学报 2002年 第3期

试析伊斯兰公益立法的基本精神 吕耀军 中国穆斯林 2002年 第6期

试析伊斯兰原教旨主义的崛起与影响 蔡华 西南民族学院学报（哲学社会科学版） 2002年 第5期

试析中国回族传统体育的特点 咸云龙 回族研究 2002年 第1期

树立首都形象为朝觐穆斯林服务 本刊编辑部 中国穆斯林 2002年 第2期

双重文化构建的回族婚姻：云南通海县纳家营村回族婚姻考察 肖芒 思想战线 2002年 第6期

宋代穆斯林开发西北区域经济的经验与启示 韩毅 青海民族学院学报（社会科学版） 2002年 第4期

苏非主义与明清之际的中国伊斯兰教 周燮藩 西北第二民族学院学报（哲学社会科学版） 2002年 第1期

泰安《米氏族谱》：一个回民家族的历史印痕 赵锦铎 寻根 2002年 第1期

泰国北部的云南穆斯林：秦和人 姚继德 思想战线 2002年 第3期

泰国清迈城的穆斯林 A.D.W福布斯等 中国穆斯林 2002年 第1期

谈回族研究中的性别意识 丁宏 回族研究 2002年 第3期

天道与人道：马德新关于伊斯兰教与儒家文化的比较研究 杨桂萍 回族研究 2002年 第4期

填补伊斯兰阿拉伯哲学研究空白的力作：评《当代伊斯兰阿拉伯哲学研究》 于炳贵 理论学刊 2002年 第1期

铁兆义：甘于清贫乐奉献 闻伦 草原税务 2002年 第1期

同心县回族女童学校教育现状的文化与社会性别诠释 罗彦莲 西北民族学院学报（哲学社会科学版） 2002年 第5期

同治回民起义与陕西天主教的传播 张晓虹 复旦学报（社会科学版） 2002年 第6期

土耳其：一个开放的伊斯兰国家 杨曼苏 世界知识 2002年 第22期

土耳其的伊斯兰教名胜 黄陵渝 中国穆斯林 2002年 第1期

土耳其政坛的"伊斯兰黑马" 杨鸿玺 当代世界 2002年 第12期

晚清云南、甘肃回民起义的政治主张和口号比较之我见 陈贤良 文山师范高等专科学校学报 2002年 第1期

为了一方的和平宁静：记尉氏县伊斯兰教协会秘书长齐石头 解世明 中州统战 2002年 第7期

为什么党中央特地倡议在中国建立一个回族自治区：简忆宁夏回族自治区成立的前前后后 贾春光 中国民族 2002年 第8期

维吾尔族麻扎朝拜与伊斯兰教 热依拉·达吾提 世界宗教研究 2002年 第2期

位卑未敢忘忧"企"：记肥城矿业公司陶阳煤矿回民职工代表李洪友 石长荣等 当代矿工 2002年 第12期

文化皈依中的艺术收获:《穆斯林的葬礼》和《心灵史》之比较　白蕊　西南民族学院学报(哲学社会科学版)　2002年　第9期
文明对话中国穆斯林与非穆斯林的对话　华涛　回族研究　2002年　第4期
我们是中国的穆斯林(歌词)　马子美　中国穆斯林　2002年　第5期
我所认识的爱尔兰穆斯林　米广江　中国穆斯林　2002年　第2期
乌鲁木齐汉民汉语和回民汉语声调的实验分析　张新婷　语言与翻译　2002年　第1期
乌鲁木齐回民经名研究　郭新爱　语言与翻译　2002年　第1期
西方及穆斯林国家在中亚的投资概况　本刊编辑部　新疆地质　2002年　第4期
西方伊斯兰人类学的理论发展:回顾与前瞻　何伟业　回族研究　2002年　第4期
西海固伊斯兰教的宗教群体和宗教组织　周传斌　宁夏社会科学　2002年　第5期
咸同之际滇、陇回汉民族关系与回民起义　杨永福等　兰州大学学报（社会科学版）2002年　第3期
现代伊斯兰主义对巴基斯坦政治的影响　王旭　南亚研究　2002年　第2期
现代伊斯兰主义同民族主义的关系　钱雪梅　西亚非洲　2002年　第5期
香港穆斯林知名学者杨汝万教授　胡振华　中国穆斯林　2002年　第3期
新疆伊斯兰建筑风格及发展　孙善杰　昌吉学院学报　2002年　第4期
新世纪转型中的回族学走向及其研究重点论略　王锋、张宁玉　宁夏大学学报(人文社会科学版)　2002年　第6期
雪莱与《伊斯兰的起义》　刘闽　中国穆斯林　2002年　第1期
羊眼儿包子端上来　本刊编辑部　西部论丛　2002年　第11期
也谈东干族族名　司庸之　中央民族大学学报(哲社版)　2002年　第1期
一所公司大学:马来西亚国际伊斯兰大学　曲红　世界宗教文化　2002年　第3期
伊利苦尽甘来:访内蒙古伊利实业集团股份有限公司董事长兼总裁郑俊怀　裕亮　中国乡镇企业　2002年　第1期
伊斯兰:我心中神圣的赞歌　云鹏　中国穆斯林　2002年　第5期
伊斯兰:倡导宽容的宗教　马贵宝　中国穆斯林　2002年　第3期
伊斯兰的绝望与梦想　海克　新闻周刊　2002年　第33期
伊斯兰法的发展与变革　程维　阿拉伯世界　2002年　第3期
伊斯兰法与中东伊斯兰国家法律现代化　洪永红、贺鉴　阿拉伯世界　2002年　第1期
伊斯兰法渊源的整合机制　马明贤　西亚非洲　2002年　第2期
伊斯兰妇女的着装要求　铁奋　世界博览　2002年　第3期
伊斯兰观察　金泽　宗教与民族　2002年　第1辑
伊斯兰国家"儿童糖果节"　张瑜　世界文化　2002年　第2期
伊斯兰教:倡导和平的宗教　马云福　中国宗教　2002年　第3期
伊斯兰教倡导廉洁奉公　吕耀军　中国穆斯林　2002年　第4期
伊斯兰教的妇女观　丁宏　中国宗教　2002年　第3期
伊斯兰教的和平观　从恩霖　中国宗教　2002年　第6期

伊斯兰教东渐之路　丁明俊　中国宗教　2002年　第2期
伊斯兰教对回族商业活动的影响　王伏平　济南市社会主义学院学报　2002年　第1期
伊斯兰教法对穆斯林家庭生活的影响　吴云贵　中国宗教　2002年　第5期
伊斯兰教是倡导和平的宗教　李华英　中国穆斯林　2002年　第6期
伊斯兰教与"特殊复杂性"　余振贵　宗教与民族(第壹辑)　2002年
伊斯兰教与阿拉伯：伊斯兰文化　张彦　新疆石油教育学院学报　2002年　第2期
伊斯兰教与柯尔克孜文化　胡振华　西北民族研究　2002年　第4期
伊斯兰教与穆斯林性文化　马明良　回族研究　2002年　第1期
伊斯兰教与西部大开发　马明良　回族研究　2002年　第3期
伊斯兰教与战后中东社会现代化　姚大学　内蒙古民族大学学报（社会科学版）2002年　第4期
伊斯兰教与中东国家经济现代化　詹家峰　宁夏社会科学　2002年　第2期
伊斯兰教原教旨主义成因的多维分析　马金伟　新疆社会科学　2002年　第5期
伊斯兰教在韩国　敏昶　中国穆斯林　2002年　第5期
伊斯兰教在吐鲁番地区的传播(10至15世纪)　陈国光　西域研究　2002年　第3期
伊斯兰教在中亚复兴的原因及其对中亚安全的影响　崔建树　世界经济与政治论坛　2002年　第2期
伊斯兰经济思想与中国西北地区穆斯林社会经济实践：宁夏同心县喊叫水乡杨庄子村调查　孙颖慧　宁夏社会科学　2002年　第6期
伊斯兰人权观　马明贤　回族研究　2002年　第3期
伊斯兰人权宣言和决议　范国祥　人权　2002年　第5期
伊斯兰圣战思想的历史演变　苟昭赟　西北大学　2002年　硕士论文
伊斯兰时期阿拉伯民族美学思想　邱紫华　江汉大学学报（人文社会科学版）2002年　第1期
伊斯兰世界的妇女　吴坤　世界博览　2002年　第3期
伊斯兰提倡团结友爱　李永安　中国穆斯林　2002年　第3期
伊斯兰文化与维吾尔民族　杜力坤等　中国穆斯林　2002年　第6期
伊斯兰研究相关网址　赵苹　西亚非洲　2002年　第4期
伊斯兰银行"不言利"　张云中　银行家　2002年　第8期
伊斯兰与西方的冲突：一个自我实现的文化预言　田文林、林海虹　世界经济与政治　2002年　第1期
伊斯兰与转型中的中东　王夏晔　阿拉伯世界　2002年　第2期
伊斯兰原教旨主义起源探析　王艳雯　河南师范大学学报（哲学社会科学版）2002年　第5期
伊斯兰原教旨主义与全球化　王建平　阿拉伯世界　2002年　第2期
异乡穆斯林的葬礼　谢克选等　中国穆斯林　2002年　第1期
印度尼西亚的激进伊斯兰教派　黄昆章　东南亚纵横　2002年　第Z1期
印度尼西亚伊斯兰教主流派与极端派初探　温北炎　东南亚研究　2002年　第4期

印度尼西亚伊斯兰运动辨析　卓汉　东南亚研究　2002年　第5期
印度支那地区伊斯兰教的发展　李晨阳　东南亚　2002年　第4期
用辛勤的汗水勾画出彩色的童年：记银川市新城区支教教师李燕、张洁　吕耀明　宁夏教育　2002年　第11期
与时代同步前进与社区共同繁荣：记北京市宣武区回民小学及其校长米君兰　闪世昌　班主任　2002年　第10期
元代的回回茶饭　陈实　广西民族学院学报(哲学社会科学版)　2002年　第5期
元代东传回回地理学考述　马建春　回族研究　2002年　第1期
元代国子监研究　王建军　暨南大学　2002年　博士论文
元代回回教育特征述论　马建春　民族研究　2002年　第1期
元代回回人倒剌沙史事钩沉　马娟　回族研究　2002年　第4期
元代回回人的宗教制度与伊斯兰教法　王东平　回族研究　2002年　第4期
元代回回人与中西文化交流　丁明俊等　西北第二民族学院学报（哲学社会科学版）2002年　第4期
云南通海纳古镇回族的婚姻与家庭　姚继德　云南民族学院学报（哲学社会科学版）2002年　第4期
再论回回医道中的过程论思想　傅景华　中国民族医药杂志　2002年　第4期
在寻找自己民族历史和美学品格的道路上：试论当代回族长篇佳作《穆斯林的葬礼》与《穆斯林的儿女们》　王锋　民族文学研究　2002年　第2期
战后菲律宾穆斯林分离主义运动兴起的原因　施雪琴　东南亚　2002年　第1期
《中国回回民族史》题记　白寿彝等　史学史研究　2002年　第4期
中国回族穆斯林政治文化交流中心：清真寺　马晴　中国穆斯林　2002年　第2期
《中国穆斯林》2002年总目录　本刊编辑部　中国穆斯林　2002年　第6期
中国穆斯林的阿拉伯书法艺术　陈进惠　中国宗教　2002年　第2期
中国穆斯林中的奇特成员：卡力岗人　马学仁　中国穆斯林　2002年　第5期
中国穆斯林宗教教育的开拓者：王宽　杨靖筠　北京联合大学学报　2002年　第1期
中国伊斯兰建筑艺术漫谈　余振贵　中国穆斯林　2002年　第2期
中国伊斯兰教经学院98级学生毕业实习　杨志中　中国穆斯林　2002年　第4期
中国伊斯兰教民族文化　胡振华　中央民族大学学报（哲学社会科学版）2002年　第5期
中国伊斯兰教西道堂研究的回顾与评述　高占福　世界宗教研究　2002年　第4期
中亚回族的民族意识与汉语论著中"东干"一词的使用问题　张尔里、崔红芬　西北第二民族学院学报(哲学社会科学版)　2002年　第4期
重视研究西部大开发中的伊斯兰教现实问题　余振贵　回族研究　2002年　第1期
做一个宽容的穆斯林　魏尚举　中国穆斯林　2002年　第1期

2003年

1917年后的哈萨克斯坦伊斯兰教　张来仪　华南师范大学学报（社会科学版）　2003年　第1期

2002年回族伊斯兰教研究论文索引　孔炜莉　回族研究　2003年　第3期
2002年新疆回族成人身体素质监测分析与研究　李俊英、马海江　山东体育学院学报　2003年　第3期
2004年《中国穆斯林》杂志　本刊编辑部　中国宗教　2003年　第10期
20世纪80年代以来中国穆斯林民间刊物的现状与特点　赵国军、马桂芬　回族研究　2003年　第2期
20世纪伊斯兰世界主要思潮及其文化根基　刘曙雄　南亚研究　2003年　第2期
82例回族儿童个性行为特征对照研究　王惠丽等　临床心身疾病杂志　2003年　第3期
阿拉伯伊斯兰装饰艺术风格与中国外销瓷　张咏梅　文博　2003年　第1期
埃及穆斯林兄弟会与政府的关系及其影响　姜英梅　西亚非洲　2003年　第1期
巴基斯坦的伊斯兰教名胜　黄陵渝　中国穆斯林　2003年　第5期
把斋　马惠芳　世界中学生文摘　2003年　第9期
北京清真寺伊斯兰教文物新发现　佟洵　中国宗教　2003年　第10期
北京市伊斯兰教经学院招生　本刊编辑部　中国穆斯林　2003年　第3期
昌吉市回族妇女社会参与和某些生活民俗的变迁　闫国芳　西北民族研究　2003年　第2期
车臣伊斯兰极端势力迅速膨胀的根源　王冠宇　俄罗斯中亚东欧研究　2003年　第2期
城市更新中的旧建筑再利用　马志新　北京工业大学　2003年　硕士论文
城市化进程中的福建回族社区：以晋江市陈埭镇回族七村为例　蓝炯熹　回族研究　2003年　第4期
敕修西岳庙记碑与陕甘回民起义　刘宇生　文博　2003年　第6期
处在十字路口的伊斯兰世界　朱威烈　南京大学学报(哲社版)　2003年　第4期
从"适度"原则看穆斯林的道德追求　张立娟　中国穆斯林　2003年　第4期
从《回族研究》50期看近13年来的回族学研究　马广德　回族研究　2003年　第4期
从防治非典看伊斯兰教的卫生防疫模式　黑保旭、刘洪军　中国宗教　2003年　第5期
从汉文译著看回族哲学思想的形成和发展　杨华　西北民族学院学报(哲学社会科学版)　2003年　第2期
从伊斯兰教的主要内容看其社会政治影响　冯晓峰　江南社会学院学报　2003年　第2期
促使穆斯林世界更加民主化　理查德等　国际展望　2003年　第10期
打造"一线五区四平台"：全面建设小康莲湖　邸文彦、金燕武　西部大开发　2003年　第6期
当代西北伊斯兰教门宦制度的社会经济基础　马平　西北第二民族学院学报(哲学社会科学版)　2003年　第1期
当代伊斯兰"中间主义"思潮述评　丁俊　阿拉伯世界　2003年　第2期
当代中东伊斯兰国家民主化若干问题研究　王林聪　中国社会科学院研究生院

2003年　博士论文

第十四次全国回族学研讨会综述　穆萨　"民族文化与全球化"学术研讨会回族研究专辑　2003年　第4期

滇南回族村寨社会发展的传统文化分析　姚顺增　云南民族大学学报(哲学社会科学版)　2003年　第4期

滇西滇南伊斯兰建筑与文化研究初探　哈洪双　昆明理工大学　2003年　硕士论文

东干人的今日"清代"生活　董影　中关村　2003年　第9期

东干语在多民族语言接触中的变异现象　林涛　西北第二民族学院学报(哲学社会科学版)　2003年　第4期

东南亚极端组织"伊斯兰祈祷团"　马燕冰　国际资料信息　2003年　第8期

都市化过程中民族社区经济活动的变迁:昆明市顺城街回族社区的个案研究　马寿荣　云南民族大学学报(哲学社会科学版)　2003年　第6期

都市回族社区的文化变迁:以昆明市顺城街回族社区为例　马寿荣　回族研究　2003年　第4期

独具特色的伊斯兰传统教育思想探析　袁澍　新疆师范大学学报（哲学社会科学版）2003年　第3期

对"伊斯兰威胁论"的几点反思　冶清　阿拉伯世界　2003年　第3期

对回族文化变迁的理解与认同　李膺、高永久　中南民族学院学报(人文社会科学版)　2003年　第1期

对穆斯林人格美的理性阐述:《清真释疑》美育思想探析　海正忠　青海民族研究　2003年　第1期

对西北毒品违法犯罪重点整治地区的调查与思考:以甘肃省临夏回族自治州为例　李重阳　甘肃政法学院学报　2003年　第6期

俄罗斯的"伊斯兰"问题　曲延明　国外理论动态　2003年　第9期

佛教、伊斯兰教与中国民族民间舞蹈文化　李文蓓　黄钟　武汉音乐学院学报　2003年　第S1期

甘肃回族穆斯林传统民居初探　李茹冰　重庆大学　2003年　硕士论文

各地简讯选登　本刊编辑部　中国穆斯林　2003年　第6期

固原地区回族女童教育研究　梁华和　西北师范大学　2003年　硕士论文

关于老舍与回族的特殊情缘　马丽蓉　回族研究　2003年　第3期

关于一封来自美国穆斯林的感谢信　胡振华　中国穆斯林　2003年　第1期

关于伊斯兰典籍翻译的一些思考　马福德　中国穆斯林　2003年　第6期

关于伊斯兰复兴运动概念、术语和类型研究的若干讨论　刘中民　宁夏社会科学　2003年　第3期

关于伊斯兰原教旨主义对青海穆斯林社会的影响的调研报告　周忠瑜、马旭东　青海民族研究　2003年　第2期

国内最大的小尾寒羊繁育基地建成　陈一丰　农业知识　2003年　第2期

海原县发现回族社团印章　李进兴　中国穆斯林　2003年　第2期

韩国伊斯兰教的现状及面临的主要问题　于璐　成都教育学院学报　2003年　第10

期

和谐之美:伊斯兰美学简议　丁克家　中国宗教　2003年　第8期
黑龙江省回族教育状况及其发展对策　张凯丰等　黑龙江民族丛刊　2003年　第6期
黑龙江新式回族教育考论　王军　黑龙江民族丛刊　2003年　第3期
湖光山色中de江西穆斯林　马中平　中国穆斯林　2003年　第5期
湖南回族体型特征初步研究　任家武等　人类工效学　2003年　第2期
湖南回族体质人类学初步研究　任家武等　解剖学杂志　2003年　第3期
湖南回族与其他民族体质人类学比较研究　任家武等　南华大学学报（医学版）　2003年　第1期
湖南省益阳市桃江县鲊埠乡举行民族教学大楼落成典礼　阿文　中国穆斯林　2003年　第5期
话喜事贺会庆　马良骥　中国穆斯林　2003年　第6期
欢迎各族穆斯林参加中国伊协有组织的朝觐活动　本刊编辑部　中国穆斯林　2003年　第6期
挥霍村集体资金村干部被开除党籍　薛正俭　农业知识　2003年　第1期
回回堡村小麦高产经验　成明亮　山西农业　2003年　第9期
回回民族航海传统的继承和发扬:从回回民族史角度看郑和七下西洋　杨怀中　回族研究　2003年　第1期
回民医院抗非典各族干部致敬意　刘隆　中国穆斯林　2003年　第4期
回眸跋涉者千年的不归之路:《回回旧事类记》前言　吴建伟　回族研究　2003年　第3期
回族传统道德与回族大学生的道德教育　李保平　华东师范大学　2003年　硕士论文
回族传统教育简论　金孝立　固原师专学报　2003年　第4期
回族的孝文化和当代回族的尊老敬老思想　张永庆、刘宗福　宁夏社会科学　2003年　第6期
回族地区法制建设的现实思路:从习俗的视角　王宏缨、郑家奎　社科纵横　2003年　第2期
回族教育"两难选择"的当代抉择　李淑兰、王永亮　回族研究　2003年　第2期
回族老人的养生经验　马彦文　长寿　2003年　第2期
回族历史文物的存世现状与抢救保护对策研究　沙存善　西北第二民族学院学报(哲学社会科学版)　2003年　第1期
回族穆斯林与"实用教育"　沈蕙　中国穆斯林　2003年　第3期
回族内部语言研究的新成果：简评《回族穆斯林常用语手册》　马学林　回族研究　2003年　第3期
回族学学科建设的历史追溯与反思　哈正利　西北第二民族学院学报(哲学社会科学版)　2003年　第2期
回族学学科体系刍论　姚继德　回族研究　2003年　第4期
回族伊斯兰文化教育的田野调查及思考　马强　回族研究　2003年　第4期

回族伊斯兰习惯法的功能　杨经德　回族研究　2003年　第2期
回族与科举制　哈正利　中南民族学院学报(人文社会科学版)　2003年　第1期
回族中学生的宗教世界　丁小斌　西北师范大学　2003年　硕士论文
柬埔寨的伊斯兰教　李晨阳　世界宗教文化　2003年　第1期
秸秆购销经纪人在马庄大显身手　本刊编辑部　河南农业　2003年　第11期
解决少数民族党员信仰宗教问题的成功实践：张家川回族自治县农村保持共产党员先进性教育活动的调查　潘国庆　天水行政学院学报　2003年　第5期
"尽一个回族学人的天职"：著名回族史学家杨志玖教授的毕生追求　黄成俊　回族研究　2003年　第3期
近代回族知识分子的历史选择　杨志娟　贵州民族研究　2003年　第2期
精心组织热诚服务努力做好中国穆斯林朝觐工作：考察马来西亚朝觐组织机构的启示　文舰　中国穆斯林　2003年　第6期
就美国等国对伊军事行动中国伊斯兰教协会会长发表致全国穆斯林公开信　陈广元　中国穆斯林　2003年　第2期
举办演讲比赛　本刊编辑部　中州统战　2003年　第11期
卡力岗人社会现象调查　马学仁　宗教与民族　2003年　第2辑
"口唤"一词文化解读　沈玉萍　青海民族研究　2003年　第1期
拉萨穆斯林的节日习俗　张春秀　中国穆斯林　2003年　第1期
来自阿拉伯伊斯兰文明内部的挑战　李良勇　阿拉伯世界　2003年　第1期
历史不会忘记这样的穆斯林学者：为纪念陈克礼先生诞辰80周年而作　李华英　中国穆斯林　2003年　第6期
历史上伊朗伊斯兰文化对中国穆斯林社会的影响　高占福　回族研究　2003年　第3期
刘三望谈清真风味天津菜：记天津清真菜名师刘三望　顾建华　中国食品　2003年　第14期
略论1958年至1989年间保加利亚政府对国内穆斯林群体的政策　汪恒　世界民族　2003年　第3期
略论伊斯兰教的社会适应性　田忠福　云南社会主义学院学报　2003年　第3期
略论影响伊斯兰教在中国发展兴衰的因素　金刚　中共济南市委党校学报　2003年　第4期
略议伊斯兰文化对民族发展的影响　吴云贵　宗教与民族　2003年　第2辑
试论伊斯兰哲学的"两世"思想　敬军　中国穆斯林　2003年　第6期
论1937年省立法会议选举对印度政局发展的影响　谌焕义　广西师范大学学报(哲社版)　2003年　第4期
论艾特玛托夫创作的伊斯兰文化渊源　周明燕　国外文学　2003年　第3期
论回族历史上的商贸经济活动及其作用　吴海鹰　中国经济史研究　2003年　第3期
论回族群体心理的传统性与现代性　雍少宏　回族研究　2003年　第4期
论回族文化的源与流　周传斌　回族研究　2003年　第3期
论回族学者刘智的伊斯兰教观　梁向明　黑龙江民族丛刊　2003年　第5期

论马化龙的受抚与被害　马通、马海滨　西北第二民族学院学报（哲学社会科学版）2003年　第1期

论美国与伊斯兰世界的冲突　安维华　国际政治研究　2003年　第2期

论沙俄对陕甘回族移民的态度和政策　王国杰　陕西师范大学学报（哲学社会科学版）　2003年　第4期

论吐鲁番地区佛教的衰亡和伊斯兰教的兴起　李进新　新疆师范大学学报（哲学社会科学版）　2003年　第2期

论伊斯兰伦理与普世伦理的关系　高健龙　青海民族研究　2003年　第1期

论伊斯兰哲学的"两世"思想　余葶　宁夏大学　2003年　硕士论文

马尔代夫的伊斯兰教　吴召兵　世界宗教文化　2003年　第2期

"马来化、伊斯兰化和君主制度"下文莱华人的社会地位　庄国土　东南亚研究　2003年　第5期

马来西亚的华人穆斯林：兼论不同文明的共存　廖小健　世界民族　2003年　第4期

马来西亚华人对伊斯兰教国的反应　范若兰　东南亚民族关系学术研讨会论文汇编　2003年

马来西亚政治中的伊斯兰教因素　廖小健　当代亚太　2003年　第12期

漫谈宁夏的清真寺建筑风格　李学忠　中国穆斯林　2003年　第6期

漫谈伊斯兰教的"诚信"　从恩霖　中国穆斯林　2003年　第1期

美国穆斯林：现状与挑战　马福德　世界民族　2003年　第5期

蒙元时期的穆斯林与伊斯兰教法　哈宝玉　西北第二民族学院学报（哲学社会科学版）　2003年　第4期

缅甸的穆斯林问题　林锡星　世界民族　2003年　第5期

面对法律全球化的伊斯兰法形态　朱虹　人权　2003年　第4期

民国时期广州穆斯林文人的忧患意识　马强　西北民族研究　2003年　第4期

明末清初回族伊斯兰汉文译著兴起的原因研究　谈谭　世界宗教研究　2003年　第3期

明末中西历法争论中回回历的推算精度：以六次日月食预报记录为例　吕凌峰　回族研究　2003年　第4期

明清时期伊斯兰教中国化研究　何玉红　西北师范大学　2003年　硕士论文

明清时期榆林城遭受流沙侵袭的历史记录及其原因的初步分析　顾琳　中国历史地理论丛　2003年　第4期

穆斯林的开斋节　优素福　中国宗教　2003年　第12期

穆斯林的圣地：清真寺　朱军　上海集邮　2003年　第5期

穆斯林风味羊肉馔　李长群　烹调知识　2003年　第6期

穆斯林妇女的楷模：法图麦　马雁兵　中国穆斯林　2003年　第5期

穆斯林科学之星：诺贝尔奖获得者阿卜杜拉萨拉姆成长述论　陈海洋　回族研究　2003年　第4期

穆斯林农民兄弟的"信贷红娘"　陈宗、何志东　农村财政与财务　2003年　第7期

穆斯林少女在两个世界之间摇摆　杜娟　世界中学生文摘　2003年　第2期

南部以色列的穆斯林和犹太人群中囊性棘球蚴病的流行　徐霞　国外医学寄生虫病分册　2003年　第5期

南京图书馆藏清抄本《回回历法》研究　陶培培　自然科学史研究　2003年　第2期

宁夏高校新生乙型肝炎知识和正向态度的调查　郭忠琴等　南通医学院学报　2003年　第3期

宁夏回民中学体育现状分析　咸云龙　固原师专学报　2003年　第3期

宁夏回族地区高校德育改革初探　唐淼　福建师范大学　2003年　硕士论文

宁夏回族教育发展的特点　王玉林　宁夏教育　2003年　第10期

宁夏回族农户和汉族农户的收入差异成因分析　杜卓娅、王红岩　西北民族学院学报（哲学社会科学版）　2003年　第2期

宁夏回族社区不同地域类型空间结构变化的规律性研究：以宁夏回族自治区泾源县为例　陈忠祥　人文地理　2003年　第1期

宁夏回族小学生品行偏差问题探析　马会梅　福建师范大学　2003年　硕士论文

宁夏回族自治区水资源现状与可持续利用对策　杜文臣等　中国科技工作者的历史责任：中国科协2003年学术年会论文集（下）　2003年

宁夏穆斯林在前进：访宁夏伊协会长谢生林阿訇　陆水林　中国穆斯林　2003年　第1期

宁夏坡耕地调查评价分析与生态退耕政策建议　崔树国　21世纪中国土地科学与经济社会发展——中国土地学会2003年学术年会论文集　2003年

牛街礼拜寺的"防火经"　王铭珍　上海消防　2003年　第8期

牛街有个张贵增　燕侠　中华武术　2003年　第5期

欧洲穆斯林历史现状　李维健　世界知识　2003年　第5期

《葡萄牙人在华见闻录》中的穆斯林　盖双　回族研究　2003年　第2期

齐鲁大地伊斯兰教第一碑　马明　回族研究　2003年　第3期

浅论丁加奴州的伊斯兰教刑事犯罪法　许利平　东南亚研究　2003年　第1期

浅论伊斯兰建筑装饰艺术及其特色　贺生云、王婧　回族研究　2003年　第3期

浅论伊斯兰教的价值取向　郭春霞　中国穆斯林　2003年　第4期

浅谈可持续的历史文化名城保护与发展：以中挪合作西安鼓楼回民历史街区保护项目为例　毛忠安等　中国科协2003年论文集（下）　2003年

浅谈历史街区保护与更新：以中挪合作西安回民历史街区保护项目为例　高省安等　中国科协2003年论文集　2003年

浅谈伊斯兰法的法源理论　耿龙玺　甘肃政法学院学报　2003年　第5期

浅谈伊斯兰教关于人格修养的基本精神　张红娟　中国穆斯林　2003年　第1期

浅析佛教和伊斯兰教在中国的传播差异　王微　阿拉伯世界　2003年　第5期

浅析穆斯林丧葬习俗的文化内涵　郑梅丽　回族研究　2003年　第4期

浅析伊斯兰银行和金融机构　李艳枝　阿拉伯世界　2003年　第4期

青海都兰出土伊斯兰织锦及其相关问题　林梅村　中国历史文物　2003年　第6期

清代陕西回族的人口变动　路伟东　回族研究　2003年　第4期

清代西北回民起义中的人地关系　郑传斌　文史哲　2003年　第6期

清代云南昆明的鼠疫流行　李玉尚、曹树基　中华医史杂志　2003年　第2期

清季云南回回学者对伊斯兰教和佛教、道教的比较研究　王建平　西北第二民族学院学报(哲学社会科学版)　2003年　第3期

清同治年间陕甘人口骤减原因探析　杨志娟　民族研究　2003年　第2期

《清真释疑》的成书过程：《清真释疑书叙》解读　海正忠　古籍整理研究学刊　2003年　第1期

清真饮食的保健之妙　鲁人　中国保健营养　2003年　第7期

庆祝中国伊斯兰教协会成立五十周年　白立忱等　中国穆斯林　2003年　第2期

全国伊斯兰教经学院教材编审委员会宗旨　本刊编辑部　中国穆斯林　2003年　第6期

全球化与伊斯兰圣战　尚劝余　湛江师范学院学报　2003年　第1期

泉州海丝文化遗迹中伊斯兰建筑特征初探　潘华　华中建筑　2003年　第4期

让内蒙古和北京一起上课：北京回民中学　李蓓　现代教育报　2003年

让学生在创新和实践中成长：银川唐徕回民中学开展研究性学习写真　陈晓东　宁夏教育　2003年　第4期

认识全国回族人口分布特点发展宁夏"回族自治区"优势　陈郁　宁夏党校学报　2003年　第1期

入附明朝的撒马儿罕回回　张文德　西北民族研究　2003年　第3期

三亚穆斯林的幸福生活　文刀　中国宗教　2003年　第1期

桑榆未晚　张沛纶　中国穆斯林　2003年　第1期

山东平原县回民墓地得落实　孔亚兵、牛俊岭　人民政协报　2003年

山西省长治市回族女寺调查研究：以长治市回族聚居区"三道营"为例　毛巧晖　西北民族研究　2003年　第1期

山西省阳高县袁家皂丁氏回族民俗生活调查研究　毛巧晖　青海民族研究　2003年　第2期

上海市黄浦区回民小学简介　本刊编辑部　作文世界(小学)　2003年　第6期

上海也有我的家　刘必龙、高家鸿　中国民族　2003年　第7期

少数民族地区农民财富分配差异的因素分解研究：以宁夏回族为例　段庆林　宁夏社会科学　2003年　第4期

社会主义制度下回族的新生　马惠萍　中南民族学院学报（人文社会科学版）　2003年　第S1期

深情的怀念：记雅林大使对中国穆斯林民族的研究　王建平　宗教与民族　2003年　第2辑

试论阿拉伯伊斯兰艺术的特征　王广大　世界民族　2003年　第3期

试论巴基斯坦对外政策中的伊斯兰因素　鲁金安　南亚研究　2003年　第1期

试论昌吉地区汉族人的来源及其民俗文化特点　聂爱文　西北人口　2003年　第1期

试论回族婚姻制度及其社会现实意义　姜歆　回族研究　2003年　第4期

试论回族建筑艺术的审美特征　马燕　青海民族学院学报　2003年　第4期

试论新疆地区伊斯兰教的民族特色　贺萍　新疆大学学报（社会科学版）　2003年

第4期

试论伊斯兰教伦理道德思想在社会主义道德建设中的积极作用　李学忠　回族研究　2003年　第3期

试论元明之际西域、甘肃伊斯兰教的发展　程利英　青海民族研究　2003年　第3期

试论战后伊斯兰复兴运动持续高涨的原因　郭永胜　内蒙古师范大学学报（哲学社会科学版）　2003年　第3期

试评学术界关于伊斯兰教与民主关系的争论　王林聪　中国社会科学院研究生院学报　2003年　第6期

试析回族人物的地理分布与时代特征　马广德　回族研究　2003年　第2期

试析伊拉克战争对中东格局的影响　杨建辉　福建师大福清分校学报　2003年　第4期

试析伊斯兰经济思想　王广大　阿拉伯世界　2003年　第3期

"丝绸之路"与唐代伊斯兰教传入西北　韩毅　青海民族学院学报　2003年　第4期

台湾的伊斯兰教　米寿江　中国宗教　2003年　第12期

探访波兰穆斯林村落　文有仁、单桠　中国宗教　2003年　第12期

探索回族与伊斯兰教的理性发展道路：回族学者马德新的理论与实践　杨桂萍　宗教与民族　2003年　第2辑

唐宋时期回回民族对海外农业和药材业品种的引进与输入　韩毅　青海民族研究　2003年　第4期

唐宋时期穆斯林对西北商业经济的开发　丁建伟、连玉新　兰州商学院学报　2003年　第3期

唐宋元时期回族艺术经典文献述略　马炳元　图书馆理论与实践　2003年　第4期

土耳其伊斯兰教职人员对凯末尔革命的贡献　张世均　世界历史　2003年　第4期

晚清云南、甘肃回民起义领导层及其对起义影响之比较　杨永福　宁夏大学学报（人文社会科学版）　2003年　第3期

文莱伊斯兰文化观感　于宁　广东党史　2003年　第2期

文明冲突与和而不同　范可　广西民族学院学报（哲学社会科学版）　2003年　第5期

我的父亲：一个在微笑中归真的穆斯林　康春英　中国穆斯林　2003年　第2期

我们需要这样的共产党员：记回民区海西办事处工农兵路社区干部抗击非典事迹　张利凤　内蒙古宣传　2003年　第8期

我奶奶这个穆斯林　李素萍　世界宗教文化　2003年　第4期

乌回话连读变调和轻声的优选论分析　张新婷　第六届全国现代语音学学术会议论文集（下）　2003年

西北回族对抗日战争的贡献　王伏平、勉琳娜　回族研究　2003年　第4期

西北与中原　任念文　华东师范大学　2003年　博士论文

西方世界中的伊斯兰空间　王剑峰　广西民族研究　2003年　第2期

西海固伊斯兰教现状调查与研究　马宗保　世界宗教研究　2003年　第2期

西辽统治者与西域地方伊斯兰政权　陈国光　新疆社会科学　2003年　第2期

"小经"文字产生的背景：关于"回族汉语"　刘迎胜　西北民族研究　2003年　第3期

小议伊斯兰教的"都阿":兼谈穆斯林的心理特征　仁泽　中国穆斯林　2003年　第5期
新加坡伊斯兰祈祷团事件与东南亚反恐斗争　张应龙　东南亚纵横　2003年　第5期
新疆维吾尔伊斯兰教寺院建筑的研究　张文亚　新疆大学　2003年　硕士论文
新疆伊斯兰建筑的构建意识　张建波　西北美术　2003年　第2期
新疆伊斯兰教建筑装饰艺术的特征　左力光　兵团教育学院学报　2003年　第3期
信仰与美:回族文化的审美人类学研究　龚黔兰　中央民族大学　2003年　博士论文
绚烂多彩　积淀丰厚　余振贵　中国穆斯林　2003年　第5期
一个中国学者眼中的伊朗穆斯林婚俗礼仪　王峰　世界民族　2003年　第4期
伊利营销模式解读　于霞　企业活力　2003年　第1期
伊斯法罕伊斯兰文化巡礼　王建平　中国宗教　2003年　第5期
伊斯兰传入库车辨析　李进新　世界宗教研究　2003年　第1期
伊斯兰电影的麦加乐土　庚晋、子荫　世界文化　2003年　第1期
伊斯兰法与伊斯兰教法关系辨析　杨经德　云南民族学院学报（哲学社会科学版）2003年　第3期
伊斯兰法源探微　刘云　西北师大学报(社会科学版)　2003年　第4期
伊斯兰法中国本土化与回族伊斯兰习惯法的形成　杨经德　思想战线　2003年　第6期
伊斯兰妇女运动的先锋:阿联酋女军人　李希敏、谭雪平　环球军事　2003年　第9期
伊斯兰建筑文化的典范　唐孟生　文明　2003年　第5期
伊斯兰建筑文化对西安地区回民民居的影响　席明波　西安建筑科技大学　2003年　硕士论文
伊斯兰教传入黑龙江地区的历史过程及其特征趋向　舒景祥　黑龙江民族丛刊　2003年　第5期
伊斯兰教传入新疆的时间问题　陈国光　西域研究　2003年　第4期
伊斯兰教的民族观探源　马占明　中国穆斯林　2003年　第5期
伊斯兰教的明礼　诚信　中国穆斯林　2003年　第2期
伊斯兰教的明礼诚信　王玉琴　中国穆斯林　2003年　第2期
伊斯兰教的审美人类学研究初探　龚黔兰　宁夏社会科学　2003年　第1期
伊斯兰教的主要派别　王冰正　四川统一战线　2003年　第6期
伊斯兰教对柯尔克孜族文化的影响　万雪玉　中国宗教　2003年　第6期
伊斯兰教关于宰牲的教法规定　马贵宝　中国穆斯林　2003年　第4期
"伊斯兰教国"课题困扰马来西亚政局　许利平　东南亚纵横　2003年　第2期
伊斯兰教进入印度　张昊　世界中学生文摘　2003年　第12期
伊斯兰教在东南亚的早期传播　俞亚克　学术探索　2003年　第4期
伊斯兰教在西海固地区的传播与发展　马宗保　宁夏社会科学　2003年　第2期
伊斯兰教在新加坡　潘昭明　中国穆斯林　2003年　第1期
伊斯兰教在中国生存发展的内在机制　从恩霖　中国宗教　2003年　第4期
伊斯兰经济制度论纲　王正伟　中央民族大学　2003年　博士论文

伊斯兰伦理思想及其现实意义　黄桂华　宁夏大学　2003年　硕士论文
《伊斯兰伦理研究》后记　杨捷生　回族研究　2003年　第3期
伊斯兰人权观与世俗化略论　刘精忠　西亚非洲　2003年　第1期
伊斯兰仁爱观探析　黄立峰　西北民族研究　2003年　第4期
伊斯兰生态文明初探　马明良　世界宗教研究　2003年　第4期
伊斯兰圣战的理论渊源与实质　尚劝余　西亚非洲　2003年　第2期
伊斯兰时期的伊拉克　赵汝清　丝绸之路　2003年　第5期
伊斯兰世界仇美的根源及其影响　赵灵敏　阿拉伯世界　2003年　第5期
伊斯兰文化研究专家马明良研究员　本刊编辑部　西北第二民族学院学报(哲学社会科学版)　2003年　第2期
伊斯兰文化与中国穆斯林民族现代化进程　马明良　内蒙古大学学报（社会科学版）2003年　第4期
伊斯兰文化与中国西部文学　杨经建　人文杂志　2003年　第2期
伊斯兰文化在西北地区的传播及其影响　牛海桢、李晓英　甘肃教育学院学报(社会科学版)　2003年　第1期
伊斯兰原教旨主义　本刊编辑部　百科知识　2003年　第1期
伊斯兰宗教与哲学研究的完美结合：《伊斯兰宗教哲学史》读后　王亚平　中国民族　2003年　第11期
伊斯兰宗教哲学研究新作：《伊斯兰宗教哲学史》评介　王平　社会科学管理与评论　2003年　第4期
"伊智提哈德"：伊斯兰法的创制　马明贤　兰州大学学报(社会科学版)　2003年　第3期
印度的伊斯兰名胜　马利章　中国穆斯林　2003年　第2期
印度记数法在伊斯兰世界的传播　杜瑞芝、杨淑辉　辽宁师范大学学报(自然科学版)2003年　第4期
印度尼西亚穆斯林知识分子协会（印度尼西亚）　本刊编辑部　南洋资料译丛　2003年　第3期
应当格外关注伊斯兰教的"特殊复杂性"　余振贵　北京联合大学学报(人文社会科学版)　2003年　第2期
元代的回回乐器与乐曲　马建春　回族研究　2003年　第2期
元代商业和回回人　杨永平　云南师范大学　2003年　硕士论文
云南的缅籍印度人和瑞坎穆斯林　韩林、孙雨嘉　东南亚研究　2003年　第2期
云南甘肃回民起义比较研究之二：论晚清政府的"剿""抚"策略与滇、甘回民军的应对　杨永福　文山师范高等专科学校学报　2003年　第3期
再论晚清云南、甘肃回民起义的社会历史背景　杨永福　文山师范高等专科学校学报　2003年　第1期
张家川回族民居空间环境与文化特征　陈建红　室内设计　2003年　第1期
真主的仆人：伊斯兰教理想人格　孙智伟　中国穆斯林　2003年　第2期
正视伊斯兰原教旨主义　宁金和　西南民族学院学报（人文社科版）　2003年　第11

期
  郑和对中国伊斯兰文化的贡献 王子华 回族研究 2003年 第1期
  郑和下西洋与伊斯兰教在东南亚的传播 肖宪 回族研究 2003年 第1期
  直肠不保肛手术对穆斯林病人生活质量的影响 孙金星 大肠肛门病外科杂志 2003年 第3期
  中东的伊斯兰教与民主建设 殷叙彝 国外理论动态 2003年 第9期
  中东伊斯兰国家现代化阻力的文化分析 张学岩 北京教育学院学报 2003年 第4期
  中国东南沿海伊斯兰教四大古寺 中国宗教 2003年 第6期
  《中国回回民族史》题记 白寿彝、马寿千 回族研究 2003年 第2期
  中国回族的"乌玛"建筑：甘南临潭西道堂"大房子"的色彩与装修 陈建红、李茹冰 小城镇建设 2003年 第7期
  中国科学院院士刘广钧教授 魏道民 中国核工业 2003年 第4期
  中国名城名镇伊斯兰教历史文化研究 李兴华 回族研究 2003年 第4期
  《中国穆斯林》2003年总目录 本刊编辑部 中国穆斯林 2003年 第6期
  中国穆斯林的形象 叶小文 中国宗教 2003年 第11期
  中国穆斯林赴麦加朝觐 孙翀 中国宗教 2003年 第2期
  中国青花瓷与伊斯兰青花陶 马文宽 中国历史文物 2003年 第1期
  中国伊斯兰教的特点及其与阿拉伯地区伊斯兰教之比较 伍贻业 回族研究 2003年 第2期
  中国伊斯兰教协会成立50周年纪念 中国宗教 2003年 第6期
  中国伊斯兰教协会会长发表致全国穆斯林公开信 本刊编辑部 中国宗教 2003年 第4期
  中国伊斯兰哲学中的无极太极说 吕耀军 中南民族学院学报（人文社会科学版） 2003年 第S1期
  中国制造的伊斯兰幻方瓷器 郑德坤、张淑娴 中原文物 2003年 第4期
  中亚的中国移民 纪大椿 西域研究 2003年 第2期
  中亚地区的伊斯兰复兴及其发展前景 丰华琴 南京晓庄学院学报 2003年 第1期
  重在开创新局面 黄选平 中国公务员 2003年 第9期
  撞击中的快乐台球教育润色上海回民中学 陈晓 上海教育 2003年 第8期
  自强不息有所为 五十华诞报春晖：香港蓝月出版社举行向中国伊协赠送李华英译著仪式侧记 华隆 中国穆斯林 2003年 第6期
  宗教皈依与张承志小说艺术的新变 贾国宝 安徽大学 2003年 硕士论文
  宗教文化的法律定位：兼论伊斯兰教与伊斯兰法的变革趋向 汤唯 文史哲 2003年 第5期

2004年

  2003年回族伊斯兰教研究论文索引 马淑萍 回族研究 2004年 第3期
  20世纪后期国内对当代伊斯兰教的研究综述 葛壮 宗教与民族 2004年 第3辑

白色革命与伊斯兰革命　雷颐　瞭望　2004年　第1期
保护与发展:中国内地城市穆斯林社区的现状及发展对策研究　杨崴等　天津大学学报(社会科学版)　2004年　第1期
北京市伊斯兰教第五次代表会议隆重召开　马萧萧　中国穆斯林　2004年　第1期
北京伊斯兰教研究　李兴华　回族研究　2004年　第1期
波斯伊斯兰文明对中国伊斯兰文明的贡献及其深远影响　马平　回族研究　2004年　第3期
城市界面下的回族传统文化与现代化　杨文炯　回族研究　2004年　第1期
传统规则的现代化尝试:伊斯兰法律的法典化　马明贤　回族研究　2004年　第3期
从民俗生活取向解读回族宴席曲　余粮才、芦兰花　西北民族学院学报(哲学社会科学版)　2004年　第3期
从青年学生"回归"伊斯兰现象透视萨达特时期的伊斯兰运动　冯璐璐　陕西教育学院学报　2004年　第4期
从人类学角度看伊斯兰婚姻　杨华　中国穆斯林　2004年　第2期
从职贡图到八蛮进宝和回回进宝:陕西关中拴马桩人驭狮雕像试读　林通雁　美术观察　2004年　第1期
大城市回族社区的社会文化功能:南京市七家湾回族社区研究　张鸿雁、白友涛　民族研究　2004年　第4期
当代伊斯兰国家诉讼法律制度的特征　李岚、甄明、王敏　河北法学　2004年　第9期
当代伊斯兰思潮及对我西北地区的影响　胡爱军、刘广军　2004年度全国世界民族学术讨论会论文集　2004年
当代伊斯兰宗教极端势力起源探析　张志成　吉林大学　2004年　硕士论文
当代中国穆斯林的一个话语平台:《穆斯林通讯》现象关注　赵国军　回族研究　2004年　第1期
当代中国伊斯兰文化刊物的兴起和发展　王建平　世界宗教文化　2004年　第1期
到土桥清真寺开斋去　穆群森　中国穆斯林　2004年　第1期
地方回族史研究的一项新成果:评谷文双先生的《黑龙江回族》　翁干麟　黑龙江民族丛刊　2004年　第4期
东北回族的抗日救亡斗争　谷文双　黑龙江民族丛刊　2004年　第1期
东北沦陷时期日本殖民政权的伊斯兰教政策　刘春英　日本学论坛　2004年　第1期
东干族源、族称与族群认同　杨文炯　丝绸之路　2004年　第S2期
东南亚伊斯兰极端主义势力及其影响　许利平　当代亚太　2004年　第5期
都市回族社会结构的范式问题探讨:以北京回族社区的结构变迁为例　周传斌　回族研究　2004年　第3期
读《历史不会忘记这样的穆斯林学者》有感　伊司玛仪　中国穆斯林　2004年　第2期
读《南京回族伊斯兰教史稿》　赵元植　江苏地方志　2004年　第6期
独特的穆斯林传统教育思想　关萍　中国穆斯林　2004年　第1期
对明代前中期南京回回迁徙的再探讨　张建中　南京晓庄学院学报　2004年　第1期
对宁夏回族成年人参加体育锻炼情况的调查　黄海平、刘淑　体育科学　2004年　第

4期

对新疆伊斯兰极端势力的思考　阿木都拉　2004年度全国世界民族学术讨论会论文集　2004年

对伊斯兰复兴的一种认识　钱雪梅　国际政治研究　2004年　第1期

对伊斯兰国际影响的客观认识：《伊斯兰与国际政治》介评　胡继平　现代国际关系　2004年　第1期

对伊斯兰政党现象的一点思考　徐小凤　当代世界与社会主义　2004年　第4期

俄罗斯的伊斯兰极端势力　王冠宇　国际资料信息　2004年　第7期

泛伊斯兰主义简论　潘志平　西北民族研究　2004年　第2期

甘肃伊斯兰教教派现状及思考　张世海　西北民族学院学报（哲学社会科学版）　2004年　第6期

古《竹枝词》中的回回风土人情　吴建伟等　回族研究　2004年　第4期

"古城金陵"与中国伊斯兰教　谈天　中国穆斯林　2004年　第4期

古代伊斯兰的书籍装帧　熊伟　包装工程　2004年　第6期

《古兰经》及早期伊斯兰社会伦理道德观初探　曹榕　燕山大学学报（哲学社会科学版）　2004年　第1期

关于回族学研究的几个问题　孙俊萍　宁夏社会科学　2004年　第5期

贯彻"十六大"精神做强畜牧产业——新街回族乡畜牧站推行"五项承诺一卡管理"服务　赵深钱　云南科技管理　2004年　第1期

国外伊斯兰绘画艺术欣赏　本刊编辑部　中国宗教　2004年　第7期

国外伊斯兰学者对于"安乐死"的看法　乜文建　中国穆斯林　2004年　第4期

河北省伊斯兰教第五次代表会议隆重召开　金汝彬　中国穆斯林　2004年　第1期

河南回族掌教制度的历史变迁　胡云生　回族研究　2004年　第1期

河南省伊斯兰教第五次代表会议隆重召开　本刊编辑部　中国穆斯林　2004年　第1期

花儿会二元结构下的特定时空：试作花儿会上回族群众的角色转换的分析　马雪莲　青海民族研究　2004年　第1期

黄土高原上的民族家庭研究：以张家川回族家庭为例　马国柱等　西北民族学院学报（哲学社会科学版）　2004年　第5期

《回回药方》阿汉对音材料中的入声　蒋冀骋　古汉语研究　2004年　第1期

《回回药方》有了新的考释本　谢海洲　时珍国医国药　2004年　第3期

回教不能等同伊斯兰教　池玉花　四川统一战线　2004年　第3期

回乡盖碗茶　马超　金融经济（宁夏）　2004年　第2期

回族"乜帖"及其功能探析　马冬梅、梁勇　青海民族学院学报　2004年　第2期

回族传统文化中的民族精神探析　何银玲　回族研究　2004年　第4期

回族的经名与官名　李生信　固原师专学报　2004年　第4期

回族对祖国科学文化的贡献　黄庭辉　广西民族学院学报（自然科学版）　2004年　第3期

回族教育的当代抉择　马惠萍　贵州民族研究　2004年　第2期

回族教育改革的切入点及其思路　海存福　甘肃高师学报　2004年　第1期

回族禁忌习俗及其社会功能　冯迎福　青海民族学院学报　2004年　第1期

回族历法与回族习俗　马登明　青海民族学院学报　2004年　第2期

回族历史上的五次移民潮及其对回族族群的影响　马婷　回族研究　2004年　第2期

回族女性罪犯心理及改造研究　杨凝华　中国政法大学　2004年　硕士论文

回族贫困地区女童教育特殊政策探析　冯雪红、王安全　西北第二民族学院学报（哲学社会科学版）　2004年　第4期

回族社区经商文化与学校教育关系研究：山东莘县朝城镇回族社区个案研究　马效义　中央民族大学　2004年　硕士论文

回族舞蹈艺术多元化发展路向　华方佐　西北第二民族学院学报（哲学社会科学版）2004年　第3期

回族装饰艺术审美风格略论　马燕　青海民族研究　2004年　第1期

几回回梦里"回"延安　高龙民　中国戏剧　2004年　第4期

家庭经济与回族两性地位述论：回族两性家庭地位实证研究之二　秦均平　宁夏社会科学　2004年　第6期

解读回族叙事诗《紫花儿》　刘秋芝　中国土族　2004年　第2期

解析马来西亚的伊斯兰金融系统　许利平　东南亚研究　2004年　第1期

近百年回族作家概论　马丽蓉　民族文学研究　2004年　第4期

近两年来我国伊斯兰教研究简述　哈宝玉　世界宗教文化　2004年　第4期

经典规范化的伊斯兰民俗学　马秀梅　回族研究　2004年　第2期

喀喇汗朝首领的伊斯兰封号钱币　李克勤　全疆钱币研究讨论会论文集　2004年第2期

"卡力岗"人与伊斯兰教　李琰　中国穆斯林　2004年　第3期

历史不会忘记这样的穆斯林学者：为纪念陈克礼先生诞辰80周年而作（续）　李华英　中国穆斯林　2004年　第1期

历史不会忘记这样的穆斯林学者：为纪念陈克礼先生诞辰80周年而作（续二）　李华英　中国穆斯林　2004年　第2期

论20世纪上半叶日本研究回族的殖民主义特征　鲁忠慧　西北第二民族学院学报（哲学社会科学版）　2004年　第3期

论当代伊斯兰复兴运动对我国安全的影响　闫文虎　国际政治研究　2004年　第2期

论抗日战争时期中国共产党对回族的政策　周瑞海　黑龙江民族丛刊　2004年　第1期

论美国与伊斯兰世界的冲突　肖宪　2004年度全国世界民族学术讨论会论文集 2004年

论宁夏南部山区回族社区建设规划的制定与实施　李禄胜　中共银川市委党校学报 2004年　第1期

论伊斯兰哲学与美学　周立人　回族研究　2004年　第1期

论中东伊斯兰国家民主化及其前景　王林聪　西亚非洲　2004年　第2期

论中古时期伊斯兰势力的崛起　王达苗　周口师范学院学报　2004年　第4期

马来西亚华人如何看待伊斯兰教国　范若兰　当代亚太　2004年　第1期
民国时期回族农业经济概述　答振益　中南民族大学学报（人文社会科学版）　2004年　第2期
民国时期青海回族与土族的经济互动　马守平　中国土族　2004年　第2期
民族社会学视野下的回族女性研究　骆桂花　青海民族研究　2004年　第4期
民族意识、历史精神和生命体验：论回族诗人马德俊的诗歌创作　王科　民族文学研究　2004年　第2期
明清时期广州回族社区及其伊斯兰文化变迁　马强　世界宗教研究　2004年　第2期
明武宗与明代回回人　邱树森　回族研究　2004年　第1期
摩洛哥伊斯兰激进组织、活动及政治主张　王建平　西亚非洲　2004年　第2期
穆巴拉克时代的埃及穆斯林兄弟会　毕健康　西亚非洲　2004年　第2期
穆斯林de饮食与卫生　李满顺　中国穆斯林　2004年　第1期
穆斯林世界的科学与信仰　刃心　国外社会科学　2004年　第2期
穆斯林银行　石弦　银行家　2004年　第3期
南亚伊斯兰教政党的发展与嬗变　张旭罪　当代世界　2004年　第5期
宁夏回族自治区教育督导条例　本刊编辑部　宁夏教育　2004年　第10期
宁夏伊斯兰教的历史与现状　王伏平　回族研究　2004年　第4期
浅论阿拉伯伊斯兰文化的历史价值和作用：兼谈马克思、恩格斯对阿拉伯伊斯兰文化的论述　马福元　西北民族学院学报（哲学社会科学版）　2004年　第6期
浅论当代伊斯兰教原教旨主义　杨超　新疆职业大学学报　2004年　第3期
浅谈伊斯兰建筑中的装饰艺术　何芳　内蒙古大学艺术学院学报　2004年　第2期
浅谈伊斯兰教对维吾尔族文化的影响　麦迪娜　中国穆斯林　2004年　第6期
浅谈伊斯兰禁忌对美术的影响　赵克仁　阿拉伯世界　2004年　第1期
浅谈伊斯兰文化的环境伦理意识　沈斐　中国穆斯林　2004年　第5期
浅析回族民间叙事长诗《紫花儿》　闫新艳、马琰　青海民族研究　2004年　第4期
浅析美国和伊斯兰世界的矛盾根源　姜丽丽、周士新　阿拉伯世界　2004年　第6期
清代西北回族社会组织发展论纲　霍维洮　宁夏大学学报（人文社会科学版）　2004年　第6期
清代新疆伊斯兰教教派问题刍议　潘向明　清史研究　2004年　第3期
全球化中的文化霸权与回族学的历史使命　李健彪　回族研究　2004年　第1期
全球伊斯兰经文学校纵览　方金英　国际资料信息　2004年　第11期
日本伊斯兰研究的回顾与反思　铃木规夫　国际政治研究　2004年　第4期
塞上江南：宁夏　肖进源　初中生辅导　2004年　第10期
沙特阿拉伯伊斯兰婚礼感悟　马利章　世界宗教文化　2004年　第4期
社会变迁中的回族文化模式及文化走向　骆桂花　周口师范学院学报　2004年　第3期
社会底层的汉——伊斯兰文明对话（对回族语言演进史的简要回顾）　刘迎胜　南京大学学报(社会科学版)　2004年　第1期
社会转型与回族婚姻家庭价值观念之嬗变　骆桂花　青海社会科学　2004年　第4期
施舍是伊斯兰教提倡的善行　景连庆　中国穆斯林　2004年　第3期

石油与美国-伊斯兰世界关系　安维华　西亚非洲　2004年　第3期
试论埃及穆斯林兄弟会的二重性问题　毕健康　世界历史　2004年　第1期
试论伦理思想在伊斯兰教中的核心地位　黄桂华　西北民族研究　2004年　第3期
试论明清回回理学兴起的历史与文化背景　孙振玉　南京大学学报(哲学.人文科学.社会科学版)　2004年　第1期
试论西北回族叙事诗中的悲剧意识及其成因　马雪莲、曹莉萍　西北民族学院学报(哲学社会科学版)　2004年　第5期
试论新世纪中国穆斯林的发展　马驭方　中国穆斯林　2004年　第1期
试论伊斯兰世界非政府宗教政治组织　杨恕　新疆社会科学　2004年　第5期
试评清代云南回民起义中的马德新　孙振玉　西北师大学报（社会科学版）　2004年　第1期
试探中国伊斯兰教的心理慰藉和情感宣泄作用　姚学丽、陈昌文　新疆社会科学　2004年　第5期
试析回族对联的文化贡献与学术价值　马广德　回族研究　2004年　第4期
试析民国时期回族女权的发展特点及原因　李安辉、王升云　黑龙江民族丛刊　2004年　第3期
试析云南回族穆斯林语言中的波斯语词汇　马利章　云南民族大学学报(哲学社会科学版)　2004年　第3期
丝绸之路与中国伊斯兰教　沙宗平　石河子大学学报（哲学社会科学版）　2004年　第3期
宋元之际的回回巨商蒲寿庚　王仁杰　江苏商论　2004年　第3期
台湾伊斯兰教一瞥　沙启玉　中国穆斯林　2004年　第2期
谈我的办学思想与实践　于洪武　北京教育　2004年　第1期
谈我国周边的伊斯兰教与伊斯兰原教旨主义　孙振玉　中南民族大学学报（人文社会科学版）　2004年　第3期
唐宋穆斯林史实杂考　王东平　回族研究　2004年　第1期
为民族教育　倾满腔热血——青州市东关回民中学校长　刘治平　当代教育科学　2004年　第4期
我的回回　我的心肺　丝绸之路　2004年　第2期
我只有一种选择：专访宁夏回族自治区政府主席马启智　周志忠　新西部　2004年　第6期
五届全国口腔颌面放射学术会议论文汇编前言　马绪臣　第五届全国口腔颌面放射学术会议论文汇编　2004年
西域文士在元代社会中的角色与地位：以赡思为个案研究　吴寒　石河子大学学报（哲学社会科学版）　2004年　第2期
析泛伊斯兰主义思潮对我国穆斯林民族的影响　马福元　2004年度全国世界民族学术讨论会论文集　2004年
现代伊斯兰经济学说及其伦理特征　冯璐璐　哈尔滨工业大学学报（社会科学版）　2004年　第2期

现代伊斯兰主义在阿拉伯现代文学中的表现　林丰民　东方论坛　2004年　第1期
笑傲天下第一村：河南桑坡穆斯林的几个第一　文刀　中国穆斯林　2004年　第2期
新疆回族成年人健康与体育锻炼现状调查　李俊英等　体育学刊　2004年　第2期
新疆回族成人体质城乡对比研究　李俊英、张岚　解放军体育学院学报　2004年　第3期
新疆回族学生身体素质现状与改善对策研究　张雅玲等　海南师范学院学报（自然科学版）　2004年　第2期
新疆伊犁地区伊斯兰清真寺　范庭刚　建筑知识　2004年　第2期
新疆伊斯兰建筑石膏装饰艺术　左力光　新疆艺术学院学报　2004年　第4期
新疆伊斯兰建筑装饰符号　左力光　新疆师范大学学报（哲学社会科学版）　2004年　第4期
新疆伊斯兰建筑装饰艺术的思维表达方式　左力光　装饰　2004年　第8期
新疆伊斯兰教第七次代表会议隆重召开　马萧萧　中国穆斯林　2004年　第1期
新疆伊斯兰教建筑装饰艺术中的多元文化现象　左力光　新疆社会科学　2004年　第4期
新世纪中国穆斯林的发展　本刊编辑部　中国宗教　2004年　第2期
信仰与商机的中和之地：临夏　杜殿文　中国民族博览　2004年　第2期
行走西部　尚立富　教书育人　2004年　第14期
一部探讨伊斯兰经济制度的力作：读王正伟博士的《伊斯兰经济制度论纲》　冀开运　回族研究　2004年　第3期
一个特殊回族群体的人类学调查：以卡力岗两个回族村为个案　刘夏蓓　回族研究　2004年　第4期
伊斯兰的装饰艺术　本刊编辑部　装饰　2004年　第6期
伊斯兰法的兴衰　敏敬　长安大学学报（社会科学版）　2004年　第1期
伊斯兰法的早期特征与作用　敏敬　中国穆斯林　2004年　第3期
伊斯兰复兴及其对马来西亚政治的影响　戴小峰　暨南大学　2004年　硕士论文
伊斯兰复兴运动对中东伊斯兰国家间关系的影响　刘中民　宁夏社会科学　2004年　第5期
伊斯兰复兴运动与当代中东政治发展　刘中民　宁夏社会科学　2004年　第1期
伊斯兰复兴运动与世俗主义　冯璐璐　太原理工大学学报（社会科学版）　2004年　第1期
伊斯兰革命以来的伊朗与美国关系研究　曹玉峰　河北师范大学　2004年　硕士论文
伊斯兰古城杰内　本刊编辑部　风景名胜　2004年　第9期
伊斯兰婚姻家庭关系的合理性　张秉民、王玉琴　中国穆斯林　2004年　第2期
伊斯兰婚姻向一妻制演变是历史发展必然　杨华　阿拉伯世界　2004年　第3期
伊斯兰极端势力：困扰巴基斯坦的梦魇　张玉兰　南亚研究　2004年　第1期
伊斯兰建筑美学谈　吴国华　社会科学论坛　2004年　第5期
伊斯兰教"天课"制度的社会意义　敏贤良　中国穆斯林　2004年　第3期

伊斯兰教的伦理道德思想　王文杰　中国穆斯林　2004年　第5期
伊斯兰教的家庭观　敏贤良　中国宗教　2004年　第9期
伊斯兰教的经济观　刘云　西北师大学报（社会科学版）　2004年　第4期
伊斯兰教的普世价值　马明良　中国宗教　2004年　第12期
伊斯兰教的特殊复杂性　余振贵　中国宗教　2004年　第4期
伊斯兰教的中道思想　邓碧波　中国宗教　2004年　第1期
伊斯兰教的自然观　丁菊霞　中国宗教　2004年　第3期
伊斯兰教对南亚及东南亚五国教育的影响　伍德勤　韶关学院学报　2004年　第11期
伊斯兰教伦理道德探析　曹榕　河北师范大学学报（哲学社会科学版）　2004年　第6期
伊斯兰教圣地非斯　本刊编辑部　风景名胜　2004年　第9期
伊斯兰教要求穆斯林谨守"中道"反对宗教极端主义　余振贵　中国宗教　2004年　第2期
伊斯兰教义学及其在中国的传承系统　马秀梅　回族研究　2004年　第3期
伊斯兰教与巴尔干半岛的历史渊源　陈建民　中国穆斯林　2004年　第3期
伊斯兰教与当代土耳其政党政治研究　左彩金　河北师范大学　2004年　硕士论文
伊斯兰教与回族服饰文化　刘军　民族服饰与文化遗产研究：中国民族学学会2004年年会论文集　2004年
伊斯兰教与影响当代东南亚政治发展的三大问题　贺圣达　学术探索　2004年　第10期
伊斯兰教在元代中国的传播　刘鸣　对外经济贸易大学　2004年　硕士论文
伊斯兰教在中国的传播发展及其特点　马忠杰等　中国宗教　2004年　第8期
伊斯兰金融机构研究　李艳枝　西北大学　2004年　硕士论文
伊斯兰陵墓建筑艺术　墨骥、敏昶　中国宗教　2004年　第3期
伊斯兰世界：国际恐怖主义的宗教民族因素分析　焦佩、夏路　阴山学刊　2004年第3期
伊斯兰世界：美国的霸权支轴　高祖贵　国际资料信息　2004年　第8期
伊斯兰世界的命运与前途　王京烈　国际问题研究　2004年　第1期
伊斯兰世界联盟代表团应邀来华访问　文舰　中国穆斯林　2004年　第4期
伊斯兰视野里的恐怖主义　马婷　西北第二民族学院学报（哲学社会科学版）　2004年　第3期
伊斯兰天文学　霍斯金　回族研究　2004年　第2期
伊斯兰投资基金　李艳枝　阿拉伯世界　2004年　第1期
伊斯兰维和军队能介入伊拉克吗　安维华　世界知识　2004年　第17期
伊斯兰文化生态理念与西部民族地区环境保护　马明良　第七次全国民族理论研讨会会议论文集　2004年
伊斯兰文化与先进文化　张志湘　渤海大学学报（哲学社会科学版）　2004年　第6期
伊斯兰文化中的环境伦理意识　王月山　自然辩证法研究　2004年　第6期

伊斯兰文明与西方文明主权观之比较　马明良　西北第二民族学院学报（哲学社会科学版）　2004年　第1期
伊斯兰艺术奇葩：阿拉伯书法　朱秀梅　美术观察　2004年　第12期
伊斯兰原教旨主义在国际政治中的影响　胡茹葵　当代世界　2004年　第5期
伊斯兰原教旨主义政治思潮分析　孙建军　江南社会学院学报　2004年　第3期
伊斯兰原子论的哲学思考　吴雁　阿拉伯世界　2004年　第2期
伊斯兰装饰图形研究　滕晓铂　装饰　2004年　第3期
元代回回法与汉法的冲突与调适　马娟　回族研究　2004年　第3期
元代回回国子监研究　王建军　回族研究　2004年　第1期
元代回回食品与西域茶饭　马建春　中国穆斯林　2004年　第2期
元明之际青海、宁夏伊斯兰教的传播与发展　程利英　天水师范学院学报　2004年　第1期
张家川回族的传统文化研究　虎有泽　回族研究　2004年　第3期
中东伊斯兰城市研究　车效梅　西北大学　2004年　博士论文
中国伊斯兰教传袭特点辨析　姚学丽　新疆社会科学　2004年　第1期
中国伊斯兰教教派西道堂的特点　马晓军　兰州大学学报（社会科学版）　2004年　第2期
中国伊斯兰教考察团圆满结束考察访问回国　清亮　中国穆斯林　2004年　第5期
中亚与伊斯兰世界关系的地缘政治思考　张新平、李维亮　西北民族学院学报（哲学社会科学版）　2004年　第6期
转型中的战略力量：伊斯兰世界　高祖贵　国际资料信息　2004年　第4期
自愿性会计政策变更与非标审计意见的相关性研究：来自1998年至2002年深沪上市公司的经验证据　刘斌等　财贸研究　2004年　第3期
宗教世俗化与伊斯兰原教旨主义的产生　邓碧波　阿拉伯世界　2004年　第2期
宗教信仰与族群边界：以保安族为例　菅志翔　西北民族研究　2004年　第2期
宗教引导的伊斯兰城市　齐前进　世界知识　2004年　第9期
走进回回心灵世界：读《回族心理素质和行为方式》　马广德　青海民族研究　2004年　第4期
走向进步与发展的中国伊斯兰教：中国伊斯兰教协会成立50周年　高占福　西北民族研究　2004年　第1期
做一个净心洁行的穆斯林　魏尚举　中国穆斯林　2004年　第1期

2005年

2004年回族伊斯兰教研究论文索引　马淑萍　回族研究　2005年　第3期
阿拉伯进入中亚与中亚伊斯兰化开始　魏良弢　新疆大学学报（社会科学版）　2005年　第3期
爱资哈尔图书馆与伊斯兰珍稀手稿　陈建民　中国穆斯林　2005年　第2期
白崇禧将军对抗日的贡献：为纪念中国人民抗日斗争胜利60周年而作　周瑞海　回族研究　2005年　第3期

沧州回族武术文化的内聚与外衍：以八极拳的传承传播为例　刘汉杰　回族研究　2005年　第2期

从白氏宗谱看回族伊斯兰宗教信仰情结　文刀　中国穆斯林　2005年　第1期

从比较学角度浅论中国伊斯兰教之特色　胡青　昭通师范高等专科学校学报　2005年　第4期

从当代伊斯兰复兴运动的背景看文明的碰撞　万明　阿拉伯世界　2005年　第1期

从东干人反观回族的文化认同　丁宏　中央民族大学学报（哲学社会科学版）　2005年　第4期

从回族的文化认同看伊斯兰教与中国社会相适应问题　丁宏　西北民族研究　2005年　第2期

从回族谚语中透视回族心理特质　张玉成、马东平　兰州交通大学学报　2005年　第2期

从民居建筑看西北回族的审美文化特征　马燕　西北第二民族学院学报（哲学社会科学版）　2005年　第2期

从文化层面看伊斯兰世界与西方的冲突　生春鸿　南京工业职业技术学院学报　2005年　第1期

从印度尼西亚社会特点看伊斯兰教与政治的关系　范若兰　当代亚太　2005年　第5期

当代埃及伊斯兰复兴运动与现代化进程互动关系之研究　曹琪　西北大学　2005年　硕士论文

当代回族民间报刊宣扬的民族文化主题　于皓　甘肃农业　2005年　第8期

当代伊斯兰法的复兴与改革　马明贤　西亚非洲　2005年　第1期

当代伊斯兰国家的亚政治现象　任继春　中国宗教　2005年　第4期

当代越南占族与伊斯兰教　滕成达　西北第二民族学院学报（哲学社会科学版）　2005年　第1期

东南亚伊斯兰教传播和发展中的若干问题　俞亚克　世界历史　2005年　第3期

对当代伊斯兰教的思考　杨维骏　回族研究　2005年　第2期

对函证程序的几点思考　于波成等　中国注册会计师　2005年　第4期

多元文明聚落中的河湟回民社会交往特点研究　马进虎　西北大学　2005年　博士论文

蕃客东来与郑和出使西洋　杨怀中　回族研究　2005年　第2期

风霜万里苦吟人：论元末回回诗人丁鹤年　张文澍　民族文学研究　2005年　第2期

符号的言说　马强　西北民族研究　2005年　第1期

甘肃临夏回族群体8个Y-STR基因座单倍型频率调查　杨亚军等　中国法医学杂志　2005年　第1期

古代回回民族对中国历史发展的贡献　何光文　保山师专学报　2005年　第1期

汉、藏、回族司法精神病鉴定对比分析　韩国玲、宋志强　中国司法鉴定　2005年　第3期

河南地方文献中的回族源流传说研究　张玮　图书馆理论与实践　2005年　第5期

呼和浩特市回民区中学行政人员管理现状与对策研究　王立军　内蒙古师范大学　2005年　硕士论文
华东回族的抗日救亡斗争　王伏平　回族研究　2005年　第3期
"回回"名源辨　杨军　回族研究　2005年　第1期
"回回识宝"传说探微　严梦春　民族文学研究　2005年　第1期
回回先民的足迹　陈敏正　中国穆斯林　2005年　第4期
回回音乐　张博等　中国民族　2005年　第7期
《回回原来》及其相关研究述评　哈正利　回族研究　2005年　第1期
回族　摩根　素质教育博览　2005年　第3期
回族传统道德简论　李保平、许新萍　固原师专学报　2005年　第1期
回族传统文化回归的推动群体分析：关注《穆斯林通讯》　于皓　湖南科技学院学报　2005年　第6期
回族的内居饰文化　白洁　宁夏社会科学　2005年　第4期
回族留学生在海外的发展变迁史　刘宝军　宁夏社会科学　2005年　第2期
回族商业经济与历史上的西部开发：以民国时期西北回族商业活动为例　马宗保　宁夏大学学报(人文社会科学版)　2005年　第5期
回族武术与近现代著名爱国武术家　马金宝　黑龙江民族丛刊　2005年　第1期
回族习俗及其与法制的关系　王存河　甘肃政法成人教育学院学报　2005年　第3期
积极引导伊斯兰教与社会主义经济建设相适应　刘仲康　新疆师范大学学报(哲学社会科学版)　2005年　第2期
积极引导伊斯兰教与社会主义社会相适应　杨岱庆、杨荔　吉林省社会主义学院学报　2005年　第1期
基督教与伊斯兰教基本教义主要异同初探　白鹤　内蒙古大学　2005年　硕士论文
近代西北回族社会二重组织及其演变　霍维洮　西北民族研究　2005年　第3期
近代伊斯兰复兴运动的先驱　马福德　西北大学　2005年　博士论文
近十年国内关于伊斯兰教与中东现代化问题研究综述　刘云　史学理论研究　2005年　第3期
近现代伊斯兰法研究　马明贤　西北大学　2005年　博士论文
抗日战争时期中国共产党对回族的民族政策　米娟婷等　社科纵横　2005年　第4期
冷战后伊斯兰世界的恐怖主义溯源　王国燕　山东省工会管理干部学院学报　2005年　第4期
理解伊斯兰的四大误区　敏贤良等　中国穆斯林　2005年　第3期
辽宁伊斯兰教团体的组织形式与运作机制　徐海燕　世界宗教文化　2005年　第2期
略论回族歌曲典型音调　杨海燕　天津音乐学院学报　2005年　第2期
论阿拉伯伊斯兰文化的开放性和保守性　刘磊　上海外国语大学　2005年　硕士论文
论艾芜小说《月夜》中的回族女子形象　白草　回族研究　2005年　第1期
论桂林回族饮食业的现状与发展取向　李云　南宁职业技术学院学报　2005年　第3期
论汉文译著和回族哲学思想形成的关系　杨华　甘肃理论学刊　2005年　第3期

论回族先民在宋代科技发展中的历史地位　吕变庭　青海民族学院学报　2005年第3期
论文化整合——蒙维民族的伊斯兰化过程　南快莫德格　新疆大学学报（哲学人文社会科学版）　2005年　第4期
论伊斯兰教在新疆的处境化　李韦　新疆师范大学　2005年　硕士论文
罗马法与伊斯兰法比较初探　周忠瑜　青海民族研究　2005年　第2期
马来西亚伊斯兰教国理念、实践与政党政治　范若兰、孟庆顺　东南亚研究　2005年第2期
美国对"伊斯兰威胁"的认知与政策演变　高祖贵　国际问题研究　2005年　第3期
美国媒体对伊斯兰世界的形象建构　宋庚一　武汉大学　2005年　硕士论文
美国—伊斯兰世界关系与"文明的冲突"　安维华　西亚非洲　2005年　第1期
美国宗教组织"伊斯兰民族"个案研究　朱秀蕾　西北大学　2005年　硕士论文
明初我国与东南亚的伊斯兰联系　陆芸　广西社会科学　2005年　第8期
明代广州的"达官兵"　马明达　回族研究　2005年　第3期
明清回族进士考略（一）　杨大业　回族研究　2005年　第1期
穆拉萨德拉伊斯兰哲学思想　王家瑛　回族研究　2005年　第2期
南亚伊斯兰文明的形成和影响　樊为之　世界宗教文化　2005年　第1期
南亚主要伊斯兰极端组织现状　张四齐　国际资料信息　2005年　第6期
宁夏MMDS覆盖网方案　余秉官　广播与电视技术　2005年　第8期
宁夏地区回族和汉族群体遗传结构分析　郭辰虹　宁夏大学　2005年　硕士论文
宁夏回、汉族11项人类学特征的调查　焦海燕等　宁夏医学院学报　2005年　第4期
宁夏农村回族聚居区群众体育活动现状分析　孙青山等　中国体育科技　2005年第1期
宁夏银川"新月园"一寺两馆规划设计方案　刘谞等　建筑创作　2005年　第7期
浅谈伊斯兰教的施济　马利强　中国穆斯林　2005年　第1期
浅谈伊斯兰教的斋戒　王海啸　世界宗教文化　2005年　第1期
青海门源地区回族宴席舞考察报告　马桂花　青海民族研究　2005年　第2期
日本伊斯兰研究的回顾与反思　铃木规夫　回族研究　2005年　第2期
弱势回族女童教育中的矛盾与对策　王安全　现代中小学教育　2005年　第2期
三重关系互动中的回族认同　胡云生　民族研究　2005年　第1期
试论达浦生的伊斯兰教人道观　马多勇　宁夏社会科学　2005年　第2期
试论回族对中华饮食文化的贡献　李自然、周传慧　宁夏大学学报（人文社会科学版）2005年　第4期
试论伊斯兰教在西夏的流传　陈广恩　回族研究　2005年　第1期
试析近代伊斯兰法发展的特点　黄跃庆　阿拉伯世界　2005年　第4期
试析近代伊斯兰法发展的特点　刘奕　重庆师范大学学报（哲学社会科学版）　2005年　第4期
四川回族的消费风俗　马尚林　西南民族学院学报（人文社科版）　2005年　第2期
松潘回族源流考　马勇　西南民族学院学报（人文社科版）　2005年　第6期

他山之石：西方学界对中国回族伊斯兰教的研究述评　周传斌　西北民族研究　2005年　第1期

王树理　本刊编辑部　中国穆斯林　2005年　第2期

西北回族音乐文化形成之影响源　陶莉　星海音乐学院学报　2005年　第2期

西方霸权语境中的阿拉伯伊斯兰研究　马丽蓉　回族研究　2005年　第2期

析回族建筑风格　李志辉　建筑创作　2005年　第8期

小经文献与伊斯兰教相关问题研究　韩中义　世界宗教研究　2005年　第3期

新疆哈萨克族中的伊斯兰经堂教育　房若愚　新疆师范大学学报（哲学社会科学版）2005年　第2期

新疆回族成人身体机能、身体素质城乡对比分析与研究　李俊英　首都体育学院学报　2005年　第4期

新疆伊斯兰文化旅游　冉红、陆亦农　新疆师范大学学报（自然科学版）　2005年　第3期

许衡、阿合马与元初汉法、回回法之争　罗贤佑　民族研究　2005年　第5期

也门在伊斯兰教兴起前后所起的作用　杨建荣　中国穆斯林　2005年　第4期

伊拉克什叶派伊斯兰运动研究　李福泉　西北大学　2005年　硕士论文

伊朗伊斯兰革命研究综述　陈安　历史教学问题　2005年　第1期

伊斯兰"和谐观"探析　罗强强　中国穆斯林　2005年　第3期

伊斯兰法创制困难的思想渊源　马进虎　长安大学学报（社会科学版）　2005年　第2期

伊斯兰法浅识及其现实意义　敏敬　世界宗教文化　2005年　第2期

《伊斯兰极端组织现状》专题之三：中东主要伊斯兰极端组织现状　唐志超　国际资料信息　2005年　第7期

《伊斯兰极端组织现状》专题之四：东南亚伊斯兰极端组织现状　黄莺　国际资料信息　2005年　第8期

伊斯兰建筑之典范　颜青　中外文化交流　2005年　第2期

伊斯兰教的宽容精神　王明权　中国穆斯林　2005年　第4期

伊斯兰教的人类平等观　马守途　世界宗教文化　2005年　第3期

伊斯兰教和西方文明以及儒家思想　伍贻业　回族研究　2005年　第3期

伊斯兰教清真寺的火灾特点及消防安全对策　王伟民　消防科学与技术　2005年　第3期

伊斯兰教与"和谐社会"　王文杰　广州社会主义学院学报　2005年　第3期

伊斯兰教与回族服饰文化　刘军　黑龙江民族丛刊　2005年　第4期

伊斯兰教在贵州的传播与发展　桂希江　中国穆斯林　2005年　第3期

伊斯兰教在乌兹别克斯坦的影响　邓晓艳　新疆社会科学　2005年　第2期

伊斯兰教在伊朗的地方化和民族化　于卫青　湛江师范学院学报　2005年　第1期

伊斯兰经济学与构建和谐社会初探　马进虎　青海社会科学　2005年　第4期

伊斯兰日常生活伦理的启示　李刚　中国宗教　2005年　第2期

伊斯兰世界的反美主义分析　高祖贵　西亚非洲　2005年　第4期

伊斯兰世界面临的内外挑战及未来走向　董漫远　国际问题研究　2005年　第1期
伊斯兰文明与西方文明无天然隔离墙　田戈　社会观察　2005年　第4期
伊斯兰文明与中华文明交往历程与交往前景　马明良　西北大学　2005年　博士论文
伊斯兰饮食文化:农村实用工程技术　本刊编辑部　绿色食品　2005年　第2期
伊斯兰与恐怖主义行为　孙德刚　阿拉伯世界　2005年　第5期
伊斯兰哲学与中国文化　赛义德等　回族研究　2005年　第3期
伊斯兰装饰风格形成浅析　张蓓贝　苏州教育学院学报　2005年　第2期
伊斯兰装饰风格形成原因浅析　黄章敏　绍兴文理学院学报（社科版）　2005年　第3期
伊斯兰装饰艺术的审美特征　李丛芹　装饰　2005年　第2期
伊斯兰装饰艺术审美特色三题　徐英　西北民族大学学报（哲学社会科学版）　2005年　第2期
元安西王阿难答倡导伊斯兰教的真正目的　陈广恩　西域研究　2005年　第2期
元代传入的回回数学知识　马建春　黑龙江民族丛刊　2005年　第1期
元代传入的回回天文学及其影响　马建春　西北师大学报（社会科学版）　2005年　第3期
元代答失蛮与回回哈的司的设置　马建春　宗教学研究　2005年　第1期
元代回回画家高克恭丛考　马明达　回族研究　2005年　第2期
元代女真人与回回人入仕广西及其活动的比较研究：以乌古孙泽、伯笃鲁丁为典型　蓝武　西北民族研究　2005年　第1期
元上都回回司天台的始末　李迪　内蒙古师范大学学报（自然科学汉文版）　2005年　第3期
再析回族建筑风格　李志辉　宁夏工程技术　2005年　第2期
在牛津伊斯兰研究中心的演讲　达图　回族研究　2005年　第1期
早期伊斯兰经济思想析论　郭永胜、郑晓峰　河北师范大学学报（哲学社会科学版）　2005年　第4期
中东伊斯兰城市起源初探　车效梅　山西师大学报(社会科学版)　2005年　第3期
《中国的伊斯兰教》波斯文版出版　广麟　世界宗教文化　2005年　第1期
中国海洋学会理事会换届国家海洋局局长王曙光当选为理事长　本刊编辑部　海洋世界　2005年　第10期
中国伊斯兰教清真寺经济的历史考察　罗莉　青海社会科学　2005年　第3期
中世纪阿拉伯-伊斯兰文化对西方文明的贡献述评　姜明文、颜景虎　济宁师范专科学校学报　2005年　第2期
中亚地区的伊斯兰化进程及其特点　万雪玉　贵州师范大学学报（社会科学版）　2005年　第3期
中亚主要伊斯兰极端组织现状　王冠宇　国际资料信息　2005年　第5期
中央社会主义学院伊斯兰教爱国人士读书班应邀到中国伊斯兰教协会座谈　中国穆斯林　2005年　第3期

重建"真正意义"的伊斯兰国家　金宜久　世界知识　2005年　第1期
自身繁衍在明代回回发展中的作用　杨登保　西北民族大学学报（哲学社会科学版）2005年　第1期
走进郑和　杨怀中　回族研究　2005年　第1期

2006年

1945年以来日本的伊斯兰暨中东研究　佐藤次高、孙振玉　内蒙古师范大学学报（哲学社会科学版）　2006年　第5期
"9·11"事件后欧洲一体化进程中的穆斯林问题　尹斌　世界民族　2006年　第6期
阿拉伯文字与阿拉伯伊斯兰文化　罗林　语文学刊　2006年　第23期
阿拉伯：伊斯兰音乐及其影响　纳光舜　中国穆斯林　2006年　第6期
阿拉善的"蒙古浩腾"人族群：对阿拉善地区蒙古族穆斯林群体的初步田野调查报告　马平　回族研究　2006年　第4期
巴基斯坦穆斯林美食大秀场　张金燕　东方食疗与保健　2006年　第12期
超越文化冲突探寻多重认同　陈昕彤　四川大学　2006年　硕士论文
城市回族社区的社区服务　张娴　华中师范大学　2006年　硕士论文
从《回回民族问题》看回族在中国共产党民族政策发展史上的重要地位　何志明　回族研究　2006年　第4期
从《穆斯林的葬礼》看回汉两族文化异同　宋涛　现代语文（文学研究版）　2006年　第11期
当代甘宁青城市化进程中的伊斯兰教研究　丁克家　中央民族大学　2006年　博士论文
当代伊斯兰复兴运动与中国国家安全研究　闫文虎　西北大学　2006年　博士论文
当代印度尼西亚政治中的伊斯兰学校　施雪琴　厦门大学南洋研究院50周年庆暨"当代东南亚政治与外交"学术研讨会大会手册　2006年
德国穆斯林族群研究　李光　西北大学　2006年　硕士论文
东干族伊斯兰文化的传承与发展：兼与回族比较研究　丁宏　宗教与民族　第4辑　2006年
都市中回民社区亚文化再生研究　高成　北京工业大学　2006年　硕士论文
对中国西北地区银行业与伊斯兰银行业合作的思考　李文瑞　西安金融　2006年　第11期
二十世纪河州经堂教育的两次重大突破　丁士仁　回族研究　2006年　第4期
繁荣的背后：回族文学发展现状思考　魏兰　民族文学研究　2006年　第4期
反恐战争视野下的东南亚伊斯兰　范鸿达　厦门大学南洋研究院50周年庆暨"当代东南亚政治与外交"学术研讨会大会手册　2006年
甘青宁回族女性传统社会与文化变迁研究　骆桂花　兰州大学　2006年　博士论文
甘肃临夏穆斯林装饰艺术研究　马中良　西北民族大学　2006年　硕士论文
构建和谐社会与伊斯兰教工作　郭承真　中国宗教　2006年　第11期
《古兰经》：伊斯兰的精神世界与行为导向　唐小蓉、陈昌文　新疆社会科学　2006年

第5期

 桂林潜经回民土话研究　朱富林　广西师范大学　2006年　硕士论文
 和谐社会中的穆斯林与非穆斯林　马明良　宗教与民族　2006年　第4辑
 红军长征路上的清真寺　杨宏渊　中国宗教　2006年　第10期
 湖北省伊斯兰教"解经"工作情况　魏国明　民族大家庭　2006年　第3期
 湖北省伊斯兰教召开第四次代表会议　魏国明、周祥　民族大家庭　2006年　第1期
 回回爷　陈天佑　雪莲　2006年　第5期
 回民街里话美食　郭远光　度假旅游　2006年　第1期
 回族大学生的民族认同与心理健康的关系　王沛　西北师大学报（社会科学版）2006年　第5期
 回族聚居区经济社会和谐发展初探　王志岚　宁夏党校学报　2006年　第6期
 回族民间文学的审美价值管窥　闫新艳　甘肃高师学报　2006年　第6期
 回族人口的分布及其城市化水平的比较分析：基于第五次人口普查资料　杨文炯　回族研究　2006年　第4期
 回族学研究新视角：分子遗传学和生物信息学在回族学研究中的应用初探　谢小冬　回族研究　2006年　第4期
 简论伊斯兰教在哈密地区的传播和发展　尤太中　新疆师范大学　2006年　硕士论文
 近代回族与边疆地区经济开发研究　李云　广西师范大学　2006年　硕士论文
 具有穆斯林特色清真儿童肠的开发　胡静　吉林大学　2006年　硕士论文
 论巴以冲突中的宗教因素　如海明　北京语言大学　2006年　硕士论文
 论回族在构建和谐社会中的积极作用　赵杰　回族研究　2006年　第4期
 论西南回民在抗日宣传中的贡献　周正龙、王明辉　四川理工学院学报（社会科学版）2006年　第6期
 论伊斯兰教在构建和谐新疆中的积极作用　阿依古丽　新疆师范大学　2006年　硕士论文
 论中阿合作论坛为回族聚居区域带来的发展机遇　马晓玲　回族研究　2006年　第4期
 马金鹏先生：一位承前启后的穆斯林学者　朱威烈　回族研究　2006年　第4期
 马来西亚伊斯兰复兴运动与政治发展　辉明　厦门大学　2006年　硕士论文
 美国对伊斯兰原教旨主义政策研究　刘铁军　外交学院　2006年　硕士论文
 民国时期甘肃的回汉民族关系　王小英　兰州大学　2006年　硕士论文
 明清时期国家与社会关系转型境遇下的回族社区：以历史上西安回族社区文化变迁为视点　杨文炯　黑龙江民族丛刊　2006年　第5期
 默默奉贤功莫大焉：为纪念著名穆斯林学者马金鹏先生归真五周年而作　李华英　回族研究　2006年　第4期
 穆斯林朝觐与经济条件　阿迪力　中国宗教　2006年　第12期
 《穆斯林的葬礼》中回族族群认同的高扬：兼论回族的发展与文化自觉　刘春艳　江西教育学院学报　2006年　第6期

穆斯林家庭与妇女　　邢慧荣　山东大学　2006年　硕士论文

宁夏回族风情旅游资源的开发构想　　陈忠祥、邱明　宁夏大学学报（自然科学版）2006年　第4期

宁夏回族汉语嵌入词的社会语言学研究　　刘瑜　华东师范大学　2006年　硕士论文

强直性脊柱炎：回族家系的调查及基因分析　　宫怡、张宁　全国自身免疫性疾病专题研讨会暨第十一次全国风湿病学学术年会论文汇编　2006年

青藏线上的穆斯林　陈鼎波　中国民族　2006年　第11期

清代河州穆斯林乡约制度考述　　武沐、陈云峰　西北师大学报(社会科学版)　2006年　第5期

清末民初河湟回藏贸易变迁研究　　勉卫忠　中央民族大学　2006年　硕士论文

清末上海穆斯林社团成立董事会事件初探　　王建平　华东师范大学学报(哲学社会科学版)　2006年　第6期

社会变迁中的回族女性文化环境　　骆桂花　青海社会科学　2006年　第6期

试从民国时期穆斯林新文化运动看文明对话的意义　　张建芳　世界宗教研究　2006年　第4期

试论甘肃穆斯林家庭的人际关系　　文化　西北民族研究　2006年　第4期

试论回族民间故事中的伦理思想：以宁夏回族民间故事为例　　陈敏　西北第二民族学院学报(哲学社会科学版)　2006年　第4期

试论老舍在回族文学创作上的贡献　　蔡志洪　周末文汇学术导刊　2006年　第2期

试论左宗棠镇压陕甘回民起义的剿抚政策　　杨卫东　绥化学院学报　2006年　第5期

试析回族的古代教育　　刘莉　西安文理学院学报(社会科学版)　2006年　第6期

试析中亚地区的伊斯兰极端主义　　徐浩淼　新疆大学　2006年　硕士论文

试析爪哇伊斯兰教的和谐价值观　　朱刚琴　东南亚研究　2006年　第6期

四位穆斯林博士隆重推出风格独特的四部专著　　本刊编辑部　中国穆斯林　2006年　第6期

泰国南部民族冲突成因及政府应对之策　　程来飞　外交学院　2006年　硕士论文

网络穆斯林社群社会记忆的建构　　任娟娟　兰州大学　2006年　硕士论文

我的回族学立论：兼谈回族和中国伊斯兰教的文化大体同构　　李兴华　回族研究　2006年　第4期

我花了77万元救回民工兄弟一条命：一个有关"诚信友爱"的故事　　刘晓林　观察与思考　2006年　第19期

西北地区回族聚居区的民族传统体育研究　　韩芳　固原师专学报　2006年　第6期

西北回族宴席曲产生的文化背景　　汪平、李松　宁夏社会科学　2006年　第6期

西北农村回族已婚妇女继承权问题探析　　刘淑媛　甘肃社会科学　2006年　第6期

先秦儒家伦理文化与伊斯兰伦理文化的比较　　张彦　宝鸡文理学院学报（社会科学版）　2006年　第6期

鲜为人知的革命之家：记满门英烈的丁氏回回　　杨德亮　中国穆斯林　2006年　第6期

小议社会文化变迁与临夏回族自治州旅游业的发展　　俞舒君、李祝舜　湖北经济学院

学报(人文社会科学版) 2006年 第12期

新疆伊犁回族发展考 武红薇、张杰 石河子大学学报（哲学社会科学版） 2006年 第5期

扬州伊斯兰建筑的文化人类学考察 张翔 广西大学 2006年 硕士论文

羊业协会带富路 霍怡 农家致富 2006年 第11期

伊朗伊斯兰文化与中伊文化交流 艾少伟 西南大学 2006年 硕士论文

伊斯兰教的传统养生思想及保健方法探讨 卡世全 亚太传统医药 2006年 第10期

伊斯兰教教职人员资格认定办法 本刊编辑部 中国宗教 2006年 第11期

伊斯兰教文化与楚雄地区回族中学生道德教育 金永宏 云南师范大学 2006年 硕士论文

伊斯兰教协会自身建设与构建和谐社会 丁文方 中共济南市委党校学报 2006年 第4期

伊斯兰教学科发展史及前沿动态 周燮藩 中国社会科学院院报 2006年 第6期

伊斯兰教与回族服饰文化 刘军 中国博物馆 2006年 第4期

伊斯兰教与新疆少数民族教育的关系 倪培强 新疆师范大学学报（哲学社会科学版） 2006年 第4期

伊斯兰世界家庭法的现代变革 吕耀军、张红娟 西北第二民族学院学报（哲学社会科学版） 2006年 第4期

伊斯兰世界犹太人与阿拉伯人的交往 张倩红 世界历史 2006年 第6期

伊斯兰文化对中晚唐时期中国设计艺术的影响：伊斯兰文化全面影响中国设计艺术开端简论 董波 苏州大学学报(工科版) 2006年 第5期

伊斯兰文化理论及实践(上) 刘月琴 西亚非洲 2006年 第8期

伊斯兰文化理论及实践(下) 刘月琴 西亚非洲 2006年 第9期

伊斯兰文明与伊拉克民主化 林波 中共中央党校 2006年 硕士论文

伊斯兰原教旨主义对我国国家安全的影响 解松 江南社会学院学报 2006年 第3期

伊斯兰装饰风格形成浅析 陈清 艺术探索 2006年 第4期

移民背景下的新疆曲子戏研究 任方冰 新疆师范大学 2006年 硕士论文

元代穆斯林族属浅析 马建春 回族研究 2006年 第4期

约旦穆斯林兄弟会研究 赛勤 西北大学 2006年 硕士论文

《月华》初期之办刊理念与实践 雷晓静 宁夏社会科学 2006年 第6期

斋月里的西宁穆斯林 勉卫忠 中国宗教 2006年 第11期

政治伊斯兰影响下的土耳其伊斯兰教育的复兴 周昭华 宁夏社会科学 2006年 第6期

中东伊斯兰世界的政治合法性：现状及重构 薛晓明 河北师范大学 2006年 硕士论文

《中国穆斯林》2006年总目录 本刊编辑部 中国穆斯林 2006年 第6期

中国穆斯林包机赴沙特朝觐 彰显政府高度重视与关心 阿迪力 中国宗教 2006年

第12期

中国伊斯兰教协会隆重举行新办公楼剪彩仪式　本刊编辑部　中国穆斯林　2006年第6期

中国园林和伊斯兰园林的比较与启示　唐燕　福建农林大学　2006年　硕士论文

走近伊斯兰拱北　唐黎标　今日民族　2006年　第12期

2007年

19世纪吉尔吉斯北部多民族居住格局的形成及影响　曹盟　贵州师范大学学报（社会科学版）　2007年　第3期

2006年回族伊斯兰教研究论文索引　马淑萍　回族研究　2007年　第3期

20世纪中国参与中东事务的伊斯兰因素　王猛　宁夏社会科学　2007年　第2期

50年的非凡业绩：我对《中国穆斯林》杂志创刊50华诞之评论　王克清　中国穆斯林　2007年　第3期

阿富汗尼的伊斯兰振兴思想探析　王建平　上海交通大学学报（哲学社会科学版）2007年　第3期

阿拉伯：伊斯兰世界群体文化心理蠡测（上）　马丽蓉　回族研究　2007年　第2期

爱情的葬礼：解读《穆斯林的葬礼》的爱情悲剧　胡献锦　安徽文学　2007年　第7期

澳大利亚穆斯林的历史与现状　杨洪贵　中国穆斯林　2007年　第2期

巴基斯坦建设文明、理性、和谐的穆斯林国家　王伟　当代世界　2007年　第3期

巴基斯坦：远景与现实　过去与未来　欧东明等　南亚研究季刊　2007年　第1期

保定穆斯林向西部贫困地区捐衣献爱心　闪保利　中国穆斯林　2007年　第2期

北京牛街回族姓氏定语的民族学解析　杨青　青海社会科学　2007年　第1期

北京与开罗清真寺建筑风格之比较　马凤雅、杨建荣　中国穆斯林　2007年　第2期

编户下的回民以清朝杜文秀京控案为例　李典蓉　清史研究　2007年　第2期

辨误与解答的时代　张承志　回族文学　2007年　第2期

不具备经济条件的穆斯林没有朝觐的义务　本刊编辑部　中国穆斯林　2007年　第2期

残缺的美丽：《穆斯林的葬礼》读后感　李萍　考试（教研版）　2007年　第6期

成长危机与发展向度　丁菊霞　中央民族大学　2007年　博士论文

城市化进程中回族伊斯兰文化的调适和发展：以宁夏回族自治区吴忠市为例　张建芳　回族研究　2007年　第1期

吃不尽的北京小吃　李莉颖　绿色中国　2007年　第2期

创造人文环境打造优质品牌学校：银川回民中学人文教育掠影　本刊编辑部　宁夏教育　2007年　第1期

从环境看我国西北回族传统民居文化　韦丽军、宋乃平　宁夏工程技术　2007年　第2期

从艰辛而靓丽的蹊径上一路走来：为纪念刘麟瑞先生诞辰90周年而作（上）　李华英　中国穆斯林　2007年　第2期

从艰辛而靓丽的蹊径上一路走来：为纪念刘麟瑞先生诞辰90周年而作（下）　李华英　中国穆斯林　2007年　第3期

从口中找回历史：马长寿先生与同治年间陕西回民起义研究　马强　回族研究　2007年　第1期

从清真女学的兴起谈回族妇女的文化自觉：以宁夏同心县城区女学为个案　马燕　宁夏社会科学　2007年　第2期

从文化移入谈云南杂居回族的民族认同　马殿立　昭通师范高等专科学校学报　2007年　第2期

从伊斯兰信仰断法看和谐社会建设　魏尚举　民族大家庭　2007年　第2期

村内建基地群众发"羊"财　孟祥利、赵百传　农业知识　2007年　第18期

大爱无边：湖北省襄樊市基督教会资助回民小学　肖安平　中国宗教　2007年　第6期

大城市传统回族社区的社会文化结构研究：以南京市七家湾回族社区为个案　白友涛　西北第二民族学院学报（哲学社会科学版）　2007年　第3期

大河情　王建平、张万红　当代戏剧　2007年　第2期

当代"蕃坊"的崛起：义乌穆斯林社区发展历程的初步调查　郭成美　回族研究　2007年　第2期

当代法国政府的穆斯林移民政策：以法国政府与伊斯兰教的关系为例　魏秀春、谢济光　广西社会科学　2007年　第3期

道教与伊斯兰教关于生死问题的对话　程群　西藏民族学院学报（哲学社会科学版）　2007年　第2期

定州伊斯兰教研究　李兴华　回族研究　2007年　第2期

"东干"名称探源　胡小鹏、沙勇　民族研究　2007年　第1期

东南亚伊斯兰政党的形成与发展前景　方金英　亚非纵横　2007年　第2期

对中国伊斯兰教与社会主义社会相适应问题的思考　庾荣　山西高等学校社会科学学报　2007年　第7期

俄罗斯文学与伊斯兰神韵　张来仪　俄罗斯中亚东欧市场　2007年　第3期

儿童社会化过程中的亲子关系探析：以甘肃穆斯林家庭为例　苏依拉　西北民族研究　2007年　第1期

甘肃穆斯林家庭结构解析　文化　西北民族大学学报（哲学社会科学版）　2007年　第1期

再倡精诚团结共建和谐社会：纪念《中国穆斯林》创刊50周年　尹忠　中国穆斯林　2007年　第3期

构建和谐回民新村　龙彩葆等　决策与信息　2007年　第5期

构建和谐社会与中国伊斯兰教：以西安回族穆斯林为例　王超　中国宗教　2007年　第5期

《古兰经》人性思想的善恶两重性与穆斯林构建和谐社会　金贵　宁夏社会科学　2007年　第1期

关于回族服饰的笔谈　雷侃等　回族文学　2007年　第2期

关于回族古代文学研究的几点思考：兼评《元代回族文学家》　丁一清　甘肃高师学报　2007年　第3期

关于妥善处理伊斯兰教派问题的思考　海俊亮　中国穆斯林　2007年　第3期

国家的儿子　民族的骄傲：记多哈亚运会冠军吴雅楠　田静　中国穆斯林　2007年第1期

国情、心态与政策：对唐宋元明清伊斯兰政策的若干思考　陈敏华　回族研究　2007年　第2期

海南回族与国内外穆斯林的交往　王献军　海南大学学报（人文社会科学版）　2007年　第3期

海南穆斯林古墓群双墓碑现象研究　武洹宇　海南大学学报（人文社会科学版）2007年　第3期

海外穆斯林商人与明朝海外交通政策　陈尚胜　文史哲　2007年　第1期

河州砖雕盛开在青砖之上的花朵　窦贤　大陆桥视野　2007年　第4期

红军西征战役中民族宗教工作述略　马永超　军事历史　2007年　第1期

后苏哈托时代伊斯兰教与印度尼西亚政治民主化　范若兰　当代亚太　2007年　第4期

呼和浩特伊斯兰风情一条街　陈冠儒、周堃　建筑知识　2007年　第3期

湖北沔城回族穆斯林的历史与现状　王明权　民族大家庭　2007年　第3期

湖北沔城回族穆斯林的历史与现状　王明权　中国穆斯林　2007年　第1期

回回民族与"花儿"歌谣　武宇林　西北第二民族学院学报（哲学社会科学版）　2007年　第2期

《回回药方》阿汉对音与《中原音韵》"章、知、庄"三系的读音　蒋冀骋　古汉语研究　2007年　第1期

《回回药方》阿汉对音与元代汉语北方话"影、云、以"三母的读音　蒋冀骋　湖南师范大学社会科学学报　2007年　第1期

《回回药方》阿汉对音与元代汉语北方话的疑母　蒋冀骋　汉语学报　2007年　第1期

回民区精心构筑"三区两带"促进经济社会和谐发展　云挨厚　思想工作　2007年第5期

回族"清真文化"论　杨文笔、李华　青海民族研究　2007年　第1期

回族的绘画、书法与建筑艺术　本刊编辑部　共产党人　2007年　第8期

回族对伟大祖国的贡献（上）　本刊编辑部　共产党人　2007年　第1期

回族对科学技术的贡献（中）　本刊编辑部　共产党人　2007年　第3期

回族对教育事业的贡献（下）　本刊编辑部　共产党人　2007年　第4期

回族古玩玉器商的旧京往事　丁大华　北京纪事　2007年　第7期

回族家谱的三个维度族源、族规与人伦：以云南昭通回族谱牒为例　胡青、马良灿　回族研究　2007年　第2期

回族伦理道德要旨及其当代意义　哈宝玉　西北第二民族学院学报（哲学社会科学版）　2007年　第3期

回族民间商业的招幌　姜歆　中国民族　2007年　第3期

回族民居面貌　马东平　回族文学　2007年　第3期

《回族人家》书讯　本刊编辑部　回族文学　2007年　第1期

回族书讯　本刊编辑部　回族文学　2007年　第1期

回族文化模式转型论:基于对大城市回族社区文化模式变迁的思考　白友涛　贵州民族研究　2007年　第1期
回族文学当代文坛领风骚　本刊编辑部　共产党人　2007年　第5期
回族舞蹈:中华舞林艺苑中的一枝奇葩　马守途等　中国民族　2007年　第4期
积极引导伊斯兰教界勤劳致富的实践与思考　吾拉木　中央社会主义学院学报　2007年　第1期
基督教和伊斯兰教镶嵌艺术比较　张敏　齐鲁艺苑　2007年　第2期
基督教与伊斯兰教婚姻观比较　谢炳国　中国宗教　2007年　第5期
基于伊斯兰文明的阿拉伯式管理研究述评　范征　阿拉伯世界研究　2007年　第3期
济南伊斯兰教研究　李兴华　回族研究　2007年　第3期
简论伊斯兰革命以来伊朗妇女的就业状况　杨珊珊　世界民族　2007年　第3期
建国初的统战、民族和知识分子工作　叶尚志　世纪　2007年　第2期
教育在促进回族和回族地区发展中的地位及功能　薛亚平　宁夏师范学院学报　2007年　第2期
解放初期北京市的回民教育工作　常颖　北京党史　2007年　第1期
借鉴西道堂教育成功经验促进西部穆斯林教育发展　吴艳华　牡丹江教育学院学报　2007年　第4期
进一步巩固我国多民族大家庭:《回族对伟大祖国的贡献》序　刘延东　回族研究　2007年　第2期
精神文化层面下的伊斯兰饮食文化解读　赵静　中国穆斯林　2007年　第1期
刊庆五十华诞共创和谐明天:我同《中国穆斯林》的情结　刘守刚　中国穆斯林　2007年　第3期
科学化管理助推学校快速发展:银川市金凤区双渠口回民小学简介　本刊编辑部　宁夏教育　2007年　第5期
拉萨藏回族群认同研究　黄罗赛　中央民族大学　2007年　硕士论文
历史上的伊斯兰教育　周燮藩　科学与无神论　2007年　第3期
路灯　大树　船桨　花瓣:祝贺《中国穆斯林》五十华诞　王耐　中国穆斯林　2007年　第3期
略论《穆斯林的葬礼》的悲剧意蕴　阳姣丽　湖南科技学院学报　2007年　第3期
略论回族学者王岱舆的伊斯兰道德修养观　梁向明　中国穆斯林　2007年　第1期
论《穆斯林的葬礼》中的爱情悲剧　邱文韬　现代语文(文学研究版)　2007年　第4期
论当今中亚回族之特性:为回民西迁130周年而作　赵杰　回族研究　2007年　第2期
论回族伦理的起源和演变　杨华　回族研究　2007年　第1期
论经济全球化与当代伊斯兰复兴运动互动关系　闫文虎　新疆社会科学　2007年　第1期
论伊斯兰教正义观　王宇洁　西北第二民族学院学报(哲学社会科学版)　2007年　第3期
马本斋精神初探　段芬果等　党史博采(理论)　2007年　第6期
马本斋逸事　马贵宝　中国穆斯林　2007年　第3期

马本斋之子马国超的故事　单守庆　新天地　2007年　第1期

"马祥兴"与"美人肝"　张国强　饮食科学　2007年　第4期

煤城一场不同寻常的穆斯林葬礼　杨志广　中国穆斯林　2007年　第1期

美国军营中的穆斯林女人　曹中轩　跨世纪(时文博览)　2007年　第3期

美好的仪式：一位穆斯林老人的葬礼　左山丹　中国穆斯林　2007年　第1期

美好的祝愿　深深地期盼　马洪涛　中国穆斯林　2007年　第3期

蒙古族穆斯林述略　宝贵贞　中国穆斯林　2007年　第2期

秘书口述于右任　李楚材、张笃勤　武汉文史资料　2007年　第1期

缅甸华人穆斯林研究——曼德勒"潘泰"社群的形成　貌貌李　南洋问题研究　2007年　第1期

民和回族土族自治县新农村文化建设探析　王增发　攀登　2007年　第2期

民族教育的奇葩：贺兰县城逸挥基金回民中学简介　本刊编辑部　宁夏教育　2007年　第2期

民族知识：回族　李立　民族论坛　2007年　第4期

明清的回回宰牛业　马明达等　回族研究　2007年　第2期

明清之际河州基层社会变革对穆斯林社会的影响　武沐　世界宗教研究　2007年　第2期

穆罕默德与伊斯兰教的兴起　范鸿达　洛阳师范学院学报　2007年　第3期

穆斯林的帽子　艾可　企业文化　2007年　第3期

穆斯林的筵席　孙冉、刘震　中国新闻周刊　2007年　第13期

穆斯林流动儿童教育民间救助状况剖析：兰州市民间农民工学校调查报告　梁兰　新西部　2007年　第2期

穆斯林群众要有序参加朝觐　周应斌　今日新疆　2007年　第4期

穆斯林如何以勤劳赢取两世吉庆　王项托　中国宗教　2007年　第3期

穆斯林书画艺术(上)　本刊编辑部　中国穆斯林　2007年　第2期

穆斯林书画艺术(下)　本刊编辑部　中国穆斯林　2007年　第3期

穆斯林应当自觉参加有组织朝觐　坚决抵制零散朝觐　本刊编辑部　中国穆斯林　2007年　第2期

南京回族社区的消失与回族文化传承的思考　张成、米寿江　回族研究　2007年　第1期

宁夏河西地区的城市化与回族社区变迁：以银川市和石嘴山市为例　周传斌　西北第二民族学院学报(哲学社会科学版)　2007年　第2期

宁夏伊斯兰教经学院巡礼　本刊编辑部　中国宗教　2007年　第8期

农用地分等成果在征地区片综合地价确定中的应用分析：以内蒙古呼和浩特市回民区为例　杨霞等　内蒙古师范大学学报(自然科学汉文版)　2007年　第3期

前进中的宁夏伊斯兰教经学院　本刊编辑部　共产党人　2007年　第10期

浅谈独特的伊斯兰文化　王欢　新西部　2007年　第6期

浅谈毛杜迪关于伊斯兰信仰及价值的阐释　马福元　西北第二民族学院学报(哲学社会科学版)　2007年　第1期

浅谈伊斯兰教对伊斯兰建筑的影响　周强　山西建筑　2007年　第11期

浅析埃及穆斯林兄弟会及其与政府的关系　李佳、田宗会　内蒙古民族大学学报(社会科学版)　2007年　第3期

浅析泛伊斯兰主义对我国穆斯林的影响　马福元　世界宗教研究　2007年　第1期

浅议伊斯兰教的爱国主义思想　张志湘　中国穆斯林　2007年　第1期

浅议伊斯兰文化中的和谐观　马小军　中国穆斯林　2007年　第1期

青藏线沿途穆斯林移民社会现状调查　马学贤　青海社会科学　2007年　第3期

青海化隆地区回族宴席舞考察报告　马桂花　青海社会科学　2007年　第3期

清朝咸同年间滇东南回民捍卫民族生存斗争的性质辨析：对马德新、马如龙的重新评价　马平安等　云南民族大学学报(哲学社会科学版)　2007年　第3期

清真寺与中东穆斯林的宗教认同　沙宗平　阿拉伯世界研究　2007年　第3期

情缘与心声：我与《中国穆斯林》　王伯早　中国穆斯林　2007年　第3期

请接受一个撒拉尔老翁的致意：献给《中国穆斯林》五十华诞　卢明道　中国穆斯林　2007年　第3期

区域土地生态环境安全评价：以宁夏回族自治区为例　李茜、任志远　干旱区资源与环境　2007年　第5期

全新突破和谐盛会：记第十六次全国回族学学术研讨会　敏俊卿　中国穆斯林　2007年　第1期

热烈庆祝《中国穆斯林》创刊50周年(诗词七章)　马福民　中国穆斯林　2007年　第3期

人才辈出的回族新闻工作者　本刊编辑部　共产党人　2007年　第7期

人类学视野下的伊斯兰教研究　马强　青海民族研究(社会科学版)　2007年　第2期

日本东洋文库所见滇版伊斯兰教文献题录　朱端强　云南民族大学学报(哲学社会科学版)　2007年　第4期

儒家文明影响下的中国伊斯兰教与基督教　伍贻业　中国宗教　2007年　第3期

上善若水：访中国伊斯兰教协会副会长余振贵　李健彪　回族文学　2007年　第3期

社会工作介入城市回族社区建设之探讨　闫丽娟　贵州民族研究　2007年　第3期

失衡断裂边缘化：泰国少数民族问题研究　王黎明　乐山师范学院学报　2007年　第4期

试论甘军与西北辛亥革命　赵维玺　甘肃联合大学学报(社会科学版)　2007年　第4期

试论国家行为在回族社区形成中的作用：以云南昭通为例　马燕坤　西北第二民族学院学报(哲学社会科学版)　2007年　第1期

试论回族上层人士在发展甘宁青地区回族近代教育中的贡献　李建国　青海社会科学　2007年　第3期

试论伊斯兰教的饮食文化　马贵宝　中国穆斯林　2007年　第2期

试论伊斯兰教婚姻制度中的女性权利　马珍　中国穆斯林　2007年　第1期

试论伊斯兰经济文化理念与激发社会活力　马利强、海一岚　中国穆斯林　2007年　第3期

试析康雍乾时期清廷回族政策的实施及变化　　赫志学　伊犁师范学院学报(社会科学版)　2007年　第2期
试析西北回族妇女"外嫁"的心理内涵　　魏寒梅　西北民族大学学报(哲学社会科学版)　2007年　第3期
试析伊斯兰教主要教派早期的政治思想　　蔡伟良　阿拉伯世界研究　2007年　第4期
《授时历》和《回回历法》中的日食时差算法　　唐泉　中国科技史杂志　2007年　第2期
索焕章与新疆回民起义　　宋水平　新疆地方志　2007年　第1期
太原伊斯兰教研究　　李兴华　回族研究　2007年　第1期
泰国南部问题的成因探析　　孟庆顺　当代亚太　2007年　第6期
外来穆斯林的城市适应状况：来自厦门市外来少数民族城市适应的调查报告　　龚坚　青海民族研究(社会科学版)　2007年　第2期
维吾尔族民居及伊斯兰教建筑中多元文化的交融荟萃　　李云　新疆艺术学院学报　2007年　第2期
我的上帝是人民：吕正操在冀中　　方小宁　源流　2007年　第7期
我国回族史研究的几点思考　　翁乾麟　回族研究　2007年　第1期
我国首家回族博物馆在宁夏银川建成开馆　　雷润泽　中国穆斯林　2007年　第3期
我是穆斯林　中国穆斯林　　金惠仁　中国穆斯林　2007年　第3期
我与《中国穆斯林》荣辱与共50春　　杨棠　中国穆斯林　2007年　第3期
乌玛观念与伊斯兰宗教共同体的构建　　吴冰冰　阿拉伯世界研究　2007年　第3期
乌兹别克斯坦加强与伊斯兰开发银行的合作　　聂书岭　中亚信息　2007年　第1期
舞台上的回族精英(上)　　本刊编辑部　共产党人　2007年　第10期
西北回族话中词语的"转用"现象　　李生信　修辞学习　2007年　第2期
西北回族伊斯兰教育的历史与当代变迁　　吴建华　中央民族大学　2007年　博士论文
西方与伊斯兰：改造与应对　　金良祥　阿拉伯世界研究　2007年　第4期
希望从这里放飞：贺兰回民小学艺术教育掠影　　本刊编辑部　宁夏教育　2007年　第1期
喜庆华诞展望明天：写在《中国穆斯林》五十华诞之际　　马海明　中国穆斯林　2007年　第3期
香港穆斯林庆祝香港回归祖国十周年　　唐爱华　中国宗教　2007年　第6期
心中的一盏明灯：一位非穆斯林心中的《中国穆斯林》　　彭忠富　中国穆斯林　2007年　第3期
新疆穆斯林人口现状与家庭生殖健康服务的新模式　　李建新　西北民族研究　2007年　第1期
新疆农村穆斯林人力资源开发的文化思考　　司律　牡丹江教育学院学报　2007年　第2期
新疆少数民族地区伊斯兰体育文化初探　　王红蕾　山西师大体育学院学报　2007年　第1期
新农村建设中回族经济发展的机遇与对策　　王奇　西北农林科技大学学报(社会科学

版） 2007年 第4期
新时期回族传统体育的社会价值 吴飞燕 回族研究 2007年 第1期
《新时期中国穆斯林风貌》大型画册图片征集通知 本刊编辑部 中国穆斯林 2007年 第2期
也门在伊斯兰教创立时期的历史作用 马凤雅 对外经济贸易大学 2007年 硕士论文
一道民族文化的独特风景线：《穆斯林的葬礼》之创作美景 张建成 新西部（下半月） 2007年 第5期
一位穆斯林与一方坟墓 朱子青 太湖 2007年 第1期
一组铭刻在心中的数字 筱楠 民族文学 2007年 第7期
伊朗国际伊斯兰研究中心代表团访问中国伊协 伟伟 中国穆斯林 2007年 第2期
伊朗伊斯兰共和国初期的妇女观与妇女就业 陈淑荣 石家庄学院学报 2007年 第2期
伊犁河畔的回族人 马康健 回族文学 2007年 第2期
伊斯兰的多元主义与宗教对话 杨桂萍 中国穆斯林 2007年 第2期
伊斯兰发展银行工程师访华 本刊编辑部 中国穆斯林 2007年 第3期
伊斯兰复兴运动中的"伊斯兰经济学" 李鹏涛 阿拉伯世界研究 2007年 第2期
伊斯兰工艺品 本刊编辑部 中国穆斯林 2007年 第2期
伊斯兰国家内部的穆斯林反叛：以印度尼西亚亚齐分离运动为例 高金明 世界民族 2007年 第2期
伊斯兰花砖与彭罗斯点阵 云中客 物理 2007年 第4期
伊斯兰化后突厥人对外扩张与奥斯曼帝国兴起 姜明新 西亚非洲 2007年 第7期
伊斯兰教的"五功" 马景 百科知识 2007年 第11期
伊斯兰教的根本经典：《古兰经》 马景 百科知识 2007年 第4期
伊斯兰教的经济思想探析 郑敏思 商丘师范学院学报 2007年 第5期
伊斯兰教的六大信仰 马景 百科知识 2007年 第9期
伊斯兰教的饮食禁忌 马景 百科知识 2007年 第13期
伊斯兰教的自然观与构建社会主义和谐社会 庾荣 世界宗教文化 2007年 第1期
伊斯兰教妇女观对西北穆斯林女性的影响 马克林 宁夏社会科学 2007年 第3期
伊斯兰教和谐思想与和谐社会建设研究综述 龙群、潘欣颂 西北民族大学学报（哲学社会科学版） 2007年 第2期
伊斯兰教活动场所主要教职人员聘任办法 本刊编辑部 中国宗教 2007年 第2期
伊斯兰教三大教派 马景 百科知识 2007年 第7期
伊斯兰教与当代文莱政治发展 黄云静 当代亚太 2007年 第4期
伊斯兰教与和谐社会 马云福 中国宗教 2007年 第8期
伊斯兰教与和谐社会的构建 王广平 广州大学学报（社会科学版） 2007年 第6期
伊斯兰教与回族舞蹈 马守途 世界宗教文化 2007年 第1期
伊斯兰教与回族舞蹈艺术 马守途、安晓春 中国宗教 2007年 第4期
伊斯兰教与民族关系的和谐 马明良 中国穆斯林 2007年 第3期

伊斯兰教与泰南问题的形成　　孟庆顺　南昌工程学院学报　2007年　第2期
伊斯兰伦理道德与中国穆斯林遵守的"五典"　李满顺　中国穆斯林　2007年　第2期
伊斯兰文明与世界　朱威烈　世界经济与政治　2007年　第7期
伊斯兰新柏拉图主义研究　吴雁　阿拉伯世界研究　2007年　第4期
伊斯兰艺术的瑰宝：阿拉伯书法　金宏伟　上海工艺美术　2007年　第1期
伊斯兰艺术对长沙窑装饰风格之影响　贾永华等　艺术与设计(理论)　2007年　第5期
伊斯兰与西方文明所蕴涵的民主价值观之比较　汪波　阿拉伯世界研究　2007年　第2期
伊斯兰原教旨主义极端势力的全球化　涂龙德　阿拉伯世界研究　2007年　第4期
伊斯兰主义向何处去(上)　东方晓　西亚非洲　2007年　第6期
伊斯兰主义向何处去(下)　东方晓　西亚非洲　2007年　第7期
伊斯兰宗教改革与中东社会变革　王京烈　历史教学(高校版)　2007年　第5期
以辛勤劳动为荣　提升穆斯林现象　王项托　中国穆斯林　2007年　第1期
印度穆斯林教育的历史研究　叶燕　中央民族大学　2007年　硕士论文
印尼伊斯兰教育中的政治因素　施雪琴　当代亚太　2007年　第1期
影视人类学与当代回族研究　杨德亮　青海民族研究　2007年　第1期
幽明与会归：回族学者马德新论伊斯兰教的后世与复生思想　杨桂萍　回族研究　2007年　第2期
由伊斯兰国家现代化发展道路所引发的思考　庚荣　青海社会科学　2007年　第2期
有组织、有计划朝觐是政府对穆斯林的关心和关爱　本刊编辑部　中国穆斯林　2007年　第2期
元代回回人研究三题　马天博　中央民族大学　2007年　硕士论文
元代回回诗人的山水吟唱　张迎胜　中国韵文学刊　2007年　第1期
元杂剧中的回回作家、演员、戏曲及其民族性　顾世群　西北第二民族学院学报(哲学社会科学版)　2007年　第3期
杂散居少数民族妇女权益保障研究：以回族为例　李安辉　民族论坛　2007年　第2期
绽放的民族教育奇葩：北京市宣武区回民小学　本刊编辑部　班主任　2007年　第3期
中东民族主义与伊斯兰教关系评析　刘中民　阿拉伯世界研究　2007年　第3期
中东伊斯兰国家民主化改革：压力、困境与选择　孙溯源　西亚非洲　2007年　第4期
中国东南沿海地区的穆斯林墓葬石刻研究　陆芸　学术探索　2007年　第2期
中国回族与新闻传播　吴清芳　中央民族大学　2007年　硕士论文
《中国穆斯林》是我的良师益友　马丰年　中国穆斯林　2007年　第3期
中国穆斯林的历史贡献　白寿彝　回族文学　2007年　第4期
中国穆斯林用阿拉伯文撰写的较早的碑记：译介西安大学习巷重修清真寺阿文碑记　白璋　中国穆斯林　2007年　第2期
中国少数民族乐器介绍之七：回族的牛头埙、口弦和满族的八角鼓　贺锡德　音响技

术　2007年　第2期
　　中国弯头管件之都：崛起的孟村回族自治县　本刊编辑部　农村工作通讯　2007年第5期
　　中国信仰伊斯兰教的十个民族人口发展分析　马正亮　人口与经济　2007年　第1期
　　中国伊斯兰教经学院2007年本科班招生简章　本刊编辑部　中国穆斯林　2007年第2期
　　自治区人民政府人事任免　本刊编辑部　宁夏政报　2007年　第10期
　　走出"坊上"的穆斯林女企业家：刘西艳　宿育海　烹调知识　2007年　第7期
　　走进"彩虹的故乡"　刘天明　丝绸之路　2007年　第4期
　　最后的西海固　胡武功、王征　文明　2007年　第5期

回族研究要籍提要

1877年

咸阳王抚滇功绩 刘发祥辑，新兴武举马佑龄清光绪三年（1877）刻本。记述元朝时期赛典赤·瞻思丁（1211—1279）的事迹。有民国年间铅印本。

1912年

清真修道撮要：四种 马廷树编辑，1912年铅印本。书名据版心题，附回回原来、教统辨、集览、清真箴言、天方蒙引歌；目次为马启荣编辑《清真认礼五时根由》、（清）刘智纂《礼拜条例》、马廷树编辑《聚礼篇摘要》、马廷树编辑《清真启蒙》。

天方至圣实录 刘智译，马福祥重译，中华书局1924年出版。本书是由中国作者撰写的第一部关于伊斯兰教创始人穆罕默德的传记，亦名《天方至圣实录年谱》。清代伊斯兰教著名学者刘智编著，成书于清雍正二年（1724）。全书除卷首外，共20卷。卷首记述穆罕默德的"圣德"、"圣行"，并辑有"历代圣容记"。前3卷系记穆罕默德的先世及"世统、国统、道统、化统"、源流图说和穆罕默德年谱。第4至18卷为年谱，概述穆罕默德的生平事迹及高贵的品德，主要是创兴伊斯兰教的全过程。第19卷记述中亚、西亚、北非伊斯兰教国家和地区的历史、地理、社会、文化和习俗概况，附录有中国史籍对这些国家的记述以及文化交流等。第20卷记述中国史籍对伊斯兰教的有关记载、明清帝王对伊斯兰教及穆罕默德赞文等有关评论，清真寺碑记及有关伊斯兰教著作的序跋等。据作者自述，本书主要以波斯文《武尔准墨》（天方至圣录）为蓝本，并博采阿拉伯、波斯及中国经传正史中有关记载汇辑而成。有乾隆四十一年（1776）袁国祚刊印本、乾隆四十三年金陵启承堂刊印本、道光年间的汉南还淳堂本、同治年间锦城宝真堂本、京口清真寺本、光绪年间镇江清真寺本、中国伊斯兰教协会1984年版本等。

1919年

天方大化历史 ［阿拉伯］海默第著，李廷相译，北京牛街清真书报社、北京万全书局合作于1919年出版铅印本。该书分上下两册，主要叙述伊斯兰教列圣史迹与传说，系著者采集著名伊斯兰学者史书中的精华部分编纂而成。译者在"自序"中说："余阅是书即天方书，无一杜撰之语，无一臆度之辞，事皆引经据典。考证明确，诚信史也，尝欲译成汉本，公诸同人。"关于该书汉译书名的来历，张子卿在序中有所解释："是书也，始则起于先世，终则至于后世，是与造化世界为始终也，谓之大化历史，不亦宜乎。"该书正文有12卷，除卷1刊载《自初祖阿丹至至圣穆罕默德世统源流图》、《自以卜拉席默至尔萨世统源流图》、《国统源流图》及《道源流图》外，其余各卷则收录了101则传说故事，如《造化之初》、《阿丹圣纪》、《努海圣纪》、《天方四景》、《洪水为灾》、《修天房》、《母萨初生得救入宫》、《七人一狗洞》、《寻长生泉》、《天筵降临》、《穆罕默德至圣纪》、《尔萨自天下降》等传说故事。书末还有介绍原作者的短跋。该书内容丰富，记述生动，充满超现实的美好想象，表现了伊斯兰教的古老传统。

1928年

土耳其革命史 柳克述著，商务印书馆民国十七年（1928）发行。全书分8章，叙述青年土耳其党领导的第一次革命（1908-1909年）至基马尔领导的第二次革命（1919-1923年）期间的土耳其革命史。

土耳其革命史 程中行（又名程沧波）编译，上海民智书局1928年出版。本书分历史背景、1919年至1923年之革命、新土耳其共和国等三部分。书末附《土耳其共和国新宪法》。

1931年

选译详解伟嘎业（第一集） ［埃及］布·沙·马赫穆德著，王静斋编译，天津伊光报社民国二十年（1931）发行。《中国回族古籍丛书》之一。书前冠"例言、原序"。另有天津古籍出版社1986年出版的《选译详解伟嘎业》本。

1933年

回教民族运动史 陈捷著，商务印书馆1933年出版。内容包括回教民族之兴起及其分布、回教民族之共同运动、其他亚洲回教民族之运动、非洲回教民族之运动等八章。重点论述了土耳其的情况。

1934年

回教哲学 ［埃及］穆罕默德·阿布笃著，马坚翻译，于1934年出版。本书又名《回教一神论大纲》或《回教一神论》。该书原为作者在贝鲁特皇家学校任教时的讲义稿，后经作者整理汇集成册。1933年马坚在埃及开罗将全书译为汉文，由纳忠帮助誊清后寄回国内。后由译者修订原稿后，于1934年由商务印书馆出版发行。全书正文共20章。第1章论述了伊斯兰教一神论的产生与发展过程，其研究的目的是坚信真主独一。第2章为全书的重点，论述了"可知之物的分类"，包括"本来当无者的定律"、"本来可有者的定律"、"本来当有者的定律"以及无始、无终、非复合体、生活、知觉、意志、能力、自由、独一等真主的德性。第3章至第20章，分别论述真主的德性和行为、人类的行为与行为的美丑、人类对于列圣的需求、默示的可能及使命的实现、列圣的职责、穆罕默德的使命、《古兰经》和伊斯兰教、宗教随人类而进化至回教而完全、回教传播之速空前未有，信仰穆罕默德圣人的传述及解答疑难等，从各个侧面，运用事例论证回教一神论。该书用逊尼派的观点系统地论证了伊斯兰教教义学的基本问题，旨在用哲学讨论基本信仰和教义，以维护伊斯兰教的纯洁性，反对各种异端学说，提出了一整套概念、范畴和原理。还对伊斯兰一神论研究中的各种观点作了概括介绍，"从远处指示各家学说的分歧"而不加深入剖析与评价。是研究了解伊斯兰哲学的重要资料。

1936年

伊朗（波斯）一瞥 马天英编译，上海伊斯兰文化供应社民国二十五年（1936）发行。介绍伊朗的疆界、面积、人口、历制、财政、农业、商务、教育、美术、文学、城市等情况。

1938年

回教真相 ［叙利亚］侯赛因·吉斯尔著，马坚译，1938年1月初版，此后曾多次再版，1951年修订后出第四版。作者侯赛因·吉斯尔（1845-1910）系叙利亚特利波里人。本书是伊斯兰教教义学著作。该书出版后，曾在叙利亚、埃及、土耳其、印度、高加索等地多次重印。书未分章节，设问叙述伊斯兰教教义，阐明了伊斯兰教的基本信仰，以及宗教与科学等内容。该书对伊斯兰教义中的特点以及多妻、蓄奴、宗教战争等问题也有较详细的阐述，对于研究伊斯兰教义有一定参考价值。1951年商务印书馆再版。

1940年

克兰经选本译笺注 刘锦标著，民国二十九年（1940）奉天南满站清真寺铅印本。克兰经即古兰经，有注者序，写于1933年，封面题"译兼笺注者刘锦标，译兼校对者张德纯，助译者李虞辰，奉天文化清真寺发行"。

回教浅说 马天英著，重庆中国回教救国协会1940年印。简要介绍回教的名称、起源、信仰、善功、回人忌食猪肉忌饮酒风俗之由来、婚姻问题、回教与其他宗教、回教与战争、回教与世界的关系等内容。

1943年

日本之回教政策 杨敬之著，商务印书馆1943年出版。《伊斯兰文化丛书》之一。本书评述了日本对华的回教政策，认为日本对华的回教政策是挑动回、汉间的仇视，是对近东回教国的阴谋，是煽动宗教纠纷、酝酿政变，其目的是妄图将回教国变成日本的殖民地。书后附《北方回教同胞之抗战情绪》一文。

至圣穆罕默德的生平 北京清真书报社编辑部译著，北京清真书报社于1943年出版，另有1998年民间出版的版本。简要记述了穆罕默德建立伊斯兰教的过程及基本教义等内容。

1944年

中国回教小史 白寿彝著，商务印书馆民国三十三年（1944）出版。又有无名氏于1980年出版的版本。本书共9章，分别论述了中国与大食间的交通、大食商人的东来、大食法之记载、礼堂和公共墓地的创建、回回之始盛、歧视与厄害之发生、寺院教育的提倡、汉文译述的发表、最近的32年中国伊斯兰史纲要，以及大食人的来华、意外的收获、宋代的大食商人、伊斯兰移植中国的开始、元时回回的政治地位等内容。

1946年

中国伊斯兰教史纲要 白寿彝著，重庆文通书局1946年出版。全书共20章，内容有：中国回族概况、大食人的来华、意外的收获、宋代的大食商人、伊斯兰教移植中国的开始、元明回回的政治地位、元时回回学术的输入、元代回回在中国学术上的贡献、伊斯兰教移植中国的成功、明清时回回政治地位的低落、明清回回中的学人和名宦、明清的回回军人和回回农村、寺院教育的提倡、宗教学术运动、清代回回的惨祸、清末回回的文化工作、伊斯兰教在厄难中的生长、结论等。书末附有参考书举要。

1947年

脑威圣训四十段 庞士谦译，北平伊斯兰出版公司印刷，1947年出版。伊斯兰教圣训选注本。脑威，全名穆哈伊丁·脑威（1233-1277），系叙利亚脑威地方人，以其出生地著称，他曾在大马士革读书，专攻阿拉伯语法学、圣训与圣训学、伦理学、宗教原理、名人传记等学科。为沙斐仪学派著名教法学家兼圣训学家，他在伊斯兰学术上颇有成就，著述尚有《穆斯林圣训实录详解》、《清廉人的修养》，以及论述古兰经学的《梯卜焉》和论述教法学的《法塔瓦》等传世。《脑威圣训四十段》是其选编的代表作之一。该选本所选注的圣训皆出自《布哈里圣训实录》和《穆斯林圣训实录》，故历来受到学术界重视，在伊斯兰世界被作为教本，在中国亦广泛流传。1947年庞士谦将其译为汉文，译名《脑威四十段圣谕》，作为"回民大众读物之一"出版，黎明学社发行。

1948年

中国伊斯兰教史纲要参考资料 白寿彝著，重庆文通书局1948年出版，作为教员教学辅导材料。该书共15篇文章，其中《记明清时之回回文人》及《记明清时的回将》，系作者随笔之作，最后一篇是史料辑录，其余各篇则为作者本人及其他著名学者的专论，包括陈汉章《中国回教史》、陈垣《回回教入中国史略》、杨志玖《"回回"一词的起源和演变》、《元代回汉通婚举例》、庞士谦《中国回教寺院教育之沿革及课本》、赵振武《三十年来之中国回教文化概况》，以及作者所著《怛逻斯战役和它的影响》、《宋时大食商人在中国的活动》、《元代回教人与回教》、《跋吴鉴"清净寺记"》、《跋"重建怀圣寺记"》、《柳州伊斯兰与马雄》等。附"西安大学习巷的明洪武圣旨碑"、"云南昆阳马哈只墓志铭"、"古兰经最早之中国刻本"照片。

1951年

回回民族底新生 白寿彝著,上海东方书社1951年出版。《新时代亚洲小丛书》之九。简要介绍了中华人民共和国成立后回族人民翻身得解放的幸福生活。

西北回族革命简史 马霄石著,上海东方书社1951年出版。《新时代亚洲小丛书》之一。介绍西北地区回族历史。

1953年

河南回族群众反映分类汇集 中南行政委员会民族事务委员会编印,1953年印行。记录了新中国成立后河南回族群众的生活、生产等情况。

穆罕默德的宝剑 马坚译,北京清真书报社1953年出版。另有天津进步日报社1956年的版本。

1954年

圣训经（上中下） 陈克礼据埃及纳·阿·曼素尔的《塔志》选译,共3册,约30万字。上册于1954年在北京出版,中下二册于1981年出版。本书为伊斯兰教逊尼派"圣训"汉译本。

1955年

中国的穆斯林 中国伊斯兰协会编,民族出版社1955年出版。活页装。简要介绍了我国信仰伊斯兰教的地区和民族。

1957年

回回民族的历史和现状 白寿彝等编著,民族出版社1957年出版。参与编写这本书的作者有：白寿彝、韩道仁、丁毅民、穆广文、马恩惠、龙宝光、杨兆钧、马寿千等。主要介绍中国回族的历史、政治、经济、宗教和文化等内容。此书初稿由中国回民文化协进会于1957年出版,印刷1000册。

1958年

黑龙江省回族社会历史调查报告 中国科学院民族研究所、黑龙江少数民族社会历史调查组编印,1958年出版。本书是解放初期的社会调查报告,具有较高的资料价值。

西突厥史料补阙及考证 岑仲勉著,中华书局1958年、2004年出版。中国出版集团学术著作出版资助项目。本书收录我国现代著名历史学家岑仲勉的论文有：《西突厥史料编年补阙》、《西突厥世系考》、《西域十六国都督府州治地通考》等18篇。另有日本京都中文出版社1972年版（海外中文图书）。

新中国的回回民族 丁毅民编著,民族出版社1958年出版。简要介绍了我国回族的宗教、习俗、生活和生产等内容。

波斯人信札 [法]孟德斯鸠著,罗大冈译,人民文学出版社1984年出版。本书为《外国文学名著丛书》之一。作者孟德斯鸠,原名夏尔·特·塞孔达,1689年1月18日出生于法国波尔多附近的贵族世家，祖父曾任波尔多法院院长。孟德斯鸠从小读书用功，25岁时出任波尔多法院顾问。两年后任波尔多法院院长，获"孟德斯鸠男爵"称号，孟德斯鸠的名字由此而来。1748年在巴黎出版用了22年心血写成的有关法学的专著《论法的精神》，受到法国启蒙运动的先驱伏尔泰的赞赏，被他称为"理性和自由的法典"，立即引起了轰动，在两年中发行了22版。《波斯人信札》发表于1721年，是孟德斯鸠第一部讽刺性的哲理小说，内容讲述两个波斯人以通信的方式，通过他们在欧洲和巴黎旅行的见闻，对法国封建君主和上层社会的种种暴政和弊端，进行了辛辣的讽刺和鞭笞，借用书中人物之口，指出封建专制的法国，是一个极不合理、极不平等的社会。"如果君主不能给自己的臣民创造幸福的生活，反而想压迫和毁灭他们，那么，服从的理由就没有了。"此书问世后，被译为多国文字。

1959年

蔷薇园 波斯（今伊朗）著名诗人萨迪著，水建馥选译，人民文学出版社1959年出版。《文学小丛书》之一。伊朗中篇小说选译本。

1960年

从穆罕默德看伊斯兰教 陈克礼著，出版社不详，1960年出版。本书是陈克礼在其二十岁左右所著，简要介绍了穆罕默德的生平事迹和伊斯兰教的一般知识。新中国成立后，曾在北京先后出版过两次。后在内蒙古、河北、河南、甘肃等地再版多次。以临夏穆斯林中心版本流传最广。改版扉页有作者《墓碑》诗一首，及穆罕默德·舒尔布《前言》和庞士谦《序》、《再版自序》、《一版自序》。全书共分20章，此外前插"平反证"，后有穆罕默德·萨里赫《后记》及劲苗和旭光的两封悼词。

1964年

甘肃回族调查资料汇集 中国科学院民族研究所甘肃少数民族社会历史调查组编印，1964年内部出版。本书是建国后由中国社会科学院和各省社会科学院组织专家对我国少数民族进行大规模调查的珍贵资料，记录了上世纪60年代初甘肃回族的社会状况。

1969年

伊斯兰教精义 周仲义著，新加坡伊斯兰教阿哈默底亚国际教会新加坡分会1969年出版。海外中文图书。本书简要介绍了伊斯兰教的教义和发展等内容。

1974年

初潭集（全二册） 李贽著，中华书局1974年初印。李贽（1527-1602），号宏甫，又号卓吾，别号温陵居士，今福建晋江人，明末杰出思想家和进步史学家。李贽原姓林，名载贽，出生在一个回教徒的市民家族。原籍河南，元朝以后迁福建。三世祖因反对封建礼教，得罪林姓御史，为避祸改姓李。李贽幼年丧母，随父读书，学业进步迅速。自幼倔强，善于独立思考，不信回教，也不受儒学传统观念束缚。26岁中举人，30岁至45岁为官，先后任河南辉县教谕、南京国子监博士、北京国子监博士、北京礼部司务、南京刑部员外郎和郎中,最后出任云南姚安知府。54岁毅然辞官,迁居湖北黄安(今红安县),同耿定理探讨学问。后移居黄安邻县的座城经摩庵,过着半僧半俗的"流寓"生活。后来把妻女送回原籍,自己则在座城龙湖芝佛院落发。本书是作者有关论述哲学、抨击"道学"丑恶现象等方面的文章。

1975年

巴勒斯坦阿拉伯人和以色列 [巴勒斯坦]亨利·卡坦著,西北大学伊斯兰教研究所译,北京出版社1975年出版。作者亨利·卡坦是著名法学家,1906年生于耶路撒冷。从1932年到1942年任耶路撒冷法学院讲师,后担任巴勒斯坦法律委员会委员。1948年受阿拉伯联盟的委派同联合国巴勒斯坦调节员进行会谈。本书阐述了巴勒斯坦问题的产生和发展过程、以色列建立以后的三次大规模战争,以及1967年6月以来的中东局势。

第四次中东战争 [西德]格哈尔德·康策尔曼著,康幼南译,商务印书馆1975年出版。记载了发生于1973年10月6日至10月26日的第四次中东战争(又称赎罪日战争、斋月战争、十月战争)。此次战争起源于埃及与叙利亚分别攻击六年前被以色列占领的西奈半岛和戈兰高地这一事件。战争起初一至两日埃叙联盟占了上风,但此后战况逆转。至第二周,叙军退出戈兰高地。在西奈,以军在两军之间攻击,越过苏伊士运河。战争对多个国家有深远的影响。

1978年

天方性理(白话本) 刘智著,刘介廉译著,台北黎明文化事业公司1978年出版。《天方性理》为清代著名伊斯兰教学者刘智所著,该书分《本经》和《图传》。内容参见马宝光、李三胜译《天方性理》(白话译丛)本。

伊斯兰教简史 [法]昂里·马塞著,王怀德、周祯祥译,商务印书馆1978年出版。书中介绍了伊斯兰教兴起前阿拉伯半岛的状况,综述了伊斯兰教的产生及其在世界传播发展的历史,阐述了伊斯兰教的教义、教法、教派、文化以及宗教哲学思想的发展,对了解和研究伊斯兰教有参考价值。汉译本系根据1952年法文第六版的俄译本转译。

战后中东四次战争 申钟编著,上海人民出版社1978年出版。内部发行。本书详细介绍了中东第四次战争。1973年10月,埃及、叙利亚为收复失地和摆脱美、苏造成的"不战不和"局面,向以色列开战。伊拉克、约旦、阿尔及利亚、利比亚、摩洛哥、沙特阿拉伯、苏丹、科威特、突尼斯和巴勒斯坦解放组织参战。1982年4月,根据1979年3月《埃以和平条约》,以色列完全撤出西奈半岛。北线以军撤至1967年停火线以西,宣告第四次中东战争结束。

1979年

阿拉伯通史(上下) [美]希提著,马坚译,商务印书馆1979年出版。本书作者希提1886年出生于黎巴嫩,美国哥伦比亚大学哲学博士,1920年加入美国国籍,其著作有《阿拉伯简史》(1956年)、《阿拉伯史》(1957年)、《黎巴嫩史》(1957年)、《叙利亚简史》(1959年)、《近东历史》(1961年)等。译者马坚先生(1978年在北京病故),原为北京大学东方语系教授。1957年着手翻译此书,1965年译完。本书于

1937年问世，后多次修订，到1970年时已出10版。全书共52章，分上下两册。上册包括前33章，从早期的阿拉伯人讲起，叙述了伊斯兰教的兴起，阿拉伯国家的诞生，阿拉伯帝国的兴盛与衰败，以及阿拉伯人在文化科学上的成就等。下册包括后19章，主要讲述阿拉伯人在欧洲建立的国家，其他穆斯林国家，奥斯曼帝国，以及直到本世纪阿拉伯国家发展的新趋势。同时，也介绍了阿拉伯人在文化科学方面所取得的成就，以及对西方所产生的影响等。此书史料丰富，脉络清楚，文笔生动。书中关于蒙古人的部分，对研究蒙古族历史有一定参考价值。

1980年

阿拉伯文学简史 ［英］汉密尔顿·阿·基布著，陆孝修、姚俊德译，人民文学出版社1980年出版。本书主要讲述了阿拉伯古代文学发展的五个阶段，即：贾希利叶时期或前伊斯兰时期（475-622年）；伊斯兰初创期或拉希德时期（622-661年）、伍麦叶时期（661-750年）；阿拔斯时期（750-1258年）；蒙古和土耳其统治时期（1258-1798年）。以上为古代文学时期。古代文学与现代文学的分界一般定在拿破仑入侵埃及的1798年。广义的现代文学时期实际上包括近代、现代和当代三个时期。对这三个时期，阿拉伯文学史家至今没有统一明确的时间划分。不过一般把第一次世界大战结束的1919年作为近、现代文学分期的界限。本书基本上是把近代、现代两个部分合在一起来写的，基本未包括第二次世界后的阿拉伯当代文学。此书有维吾尔文译本（巴吾东·哈德尔译，新疆人民出版社1983年出版）。

甘肃伊斯兰教史料文摘 甘肃省图书馆编，并于1980年油印成册。本书是为配合西北民族宗教研究而编辑的资料集，是甘肃省图书馆根据馆藏期刊资料中的伊斯兰教史料编辑的《文摘》，全书约12万多字。

新疆简史 新疆社会科学院历史研究所编著，新疆人民出版社1980年、1997年出版，全3册。本书分三册：第一册为古代史，记述从原始社会到鸦片战争以前的历史；第二、三册则分别叙述从鸦片战争到五四运动以前以及从五四运动到中华人民共和国成立以前的历史。

伊斯兰教派历史概要 ［前苏联］叶·亚·别利亚耶夫著，王怀德译，宁夏人民出版社1980年出版。本书记述了伊斯兰教的产生和发展的历史。

1981年

波斯语汉语词典 北京大学东方语言文学系波斯语教研室编，商务印书馆1981年出版，1997年3月重印原书。本词典共收现代波斯语词汇6万余条，其中包含一定数量的成语、谚语和现代科技词语。每个词条的主要部分是本词和释义，有的词条还收有短语、词组、动词搭配、谚语、成语和例句。波斯语是伊朗的官方语言，也是阿富汗境内两种主要语言之一（另一种是普什图语），属印欧语系中印度的伊朗语族伊朗语支，又称法尔斯语。波斯语还分布于前苏联的中亚部分地区和中国新疆的个别地区。波斯语是世界上的古老语言之一。古波斯王大流士一世有碑，刻有波斯楔形文字，今存伊朗。公元前3世纪至公元8世纪，古波斯语演变为中古波斯语（又称巴列维语）。现代波斯语主要在中古波斯语的基础上，由8世纪左右通行于伊朗南方法尔斯部族中的一种方言发展而成。该方言自阿拉伯哈里发政权在波斯东南方建立朝廷后逐渐成为朝廷的官方语言。在长期的发展中，波斯语积累了丰富的文学、哲学、历史和其他科学等方面的著作文献。它至今仍然是近东地区最重要的语言之一。波斯语为拼音文字，共有32个字母，其中28个是阿拉伯字母，4个是波斯字母。波斯语有8个元音，长元音和短元音各3个，双元音2个；有辅音22个，其中8个清辅音，14个浊辅音。单词的重音基本上落在最后一个音节上。句法特点是语序相对固定，基本语序是主语—宾语—谓语，修饰语在中心语之后。动词有人称、数、时态、语态和语气等语法范畴，时态共有9个，通过动词的词尾，或者加助动词来体现。名词和代词没有明显的格和性的范畴，领属关系由一个连接符（波斯语称伊扎菲）表示。波斯语在历史上受阿拉伯语影响最大，约有近一半的词语来自阿拉伯语。此外，还吸收了土耳其语和蒙古语词语，近年又较多地吸收了法语、英语和俄语等欧洲语言的词语。

甘肃回族五次反清斗争资料 谢再善译注，西北民族学院研究所1981年内部出版。本书对清代回族人民反对清朝政府五次斗争的历史文献作了比较详细的解读和注释。

萨拉丁 [黎巴嫩]乔治·宰丹著，顾正龙等译，新华出版社1981年出版。黎巴嫩近代长篇小说。

中国穆斯林的宗教生活 中国伊斯兰教协会编，1981年出版。上世纪80年代摄影集。汉、维、英3种文字对照本。本书以图片形式介绍了中国穆斯林的宗教生活。

1982年

保安语简志 布和、刘照雄编著，民族出版社1982年出版。《国家民委民族问题五种丛书》中的《中国少数民族语言简志丛书》之一。主要介绍了保安族的语言，包括语音、词汇、语法、使用地区等内容。

当前我国伊斯兰教研究的几个问题 李松茂著，中央民族学院1982年内部出版。本书就中国伊斯兰教研究中存在的几个问题作了比较深刻的论述。

丁鹤年 丁生俊著，宁夏人民出版社1982年出版。丁鹤年（1335-1424）字永庚，号友鹤山人，是我国明朝初年一位有影响的著名回族诗人。本书详细叙述了他一生的经历。丁鹤年自幼勤奋好学，17岁时已"穷经博史"。精诗律，创作内容比较广博。除感怀、赠送之外，还有咏物、题画、登临、怀古等各种内容的诗歌。这位著名的回族诗人的主要作品有《海巢集》、《哀思集》、《方外集》、《方外续集》各一卷，共有诗300多首。这些作品收在后人所编的《丁鹤年集》和《丁孝子集》、《艺海珠尘》、《琳琅秘室丛书》中。

伊斯兰教在中国 甘肃省民族研究所编，宁夏人民出版社1982年出版。西北地区西北五省（区）伊斯兰教学术讨论会（兰州会议）论文选编。本书叙述了伊斯兰教传入我国的历史过程，以及伊斯兰教在我国的发展情况。目前我国有10个少数民族信仰伊斯兰教。伊斯兰教传入我国后，在其发展过程中逐渐形成五个教派，即格底木教派、虎非耶教派、哲合林耶教派、格底林耶教派、伊合瓦尼教派。这五个教派的基本信仰都属逊尼派，其教规律法又都崇信逊尼派的哈乃斐学派。

征服黑暗的人 [埃及]凯马勒·迈拉赫著，李唯中译，湖南人民出版社1982年出版。埃及作家传记。

1983年

穆罕默德传 [埃及]穆罕默德·胡泽里著,秦德茂、田希宝译,宝文安、居乃海·拜克里校,宁夏人民出版社1983年出版。本书较详细地记述了伊斯兰教创始人穆罕默德的生平事迹。伊斯兰教于公元7世纪初由穆罕默德创立于阿拉伯半岛麦加城。1400多年来,它已传播到世界广大地区,对全世界的政治、经济、思想、文化有着深远的影响。本书作者是19世纪末20世纪初埃及文化复兴运动和教育改革运动的著名代表之一,他发表的有关宗教、道德及社会学和文学的论著吸引了舆论界的注意。他的部分学术论文曾被选入《阿拉伯文学选集》。他对伊斯兰教学,特别是对伊斯兰教史的研究有较深的造诣,主要著述有《论伊斯兰国家》、《哈里发传记》、《伊斯兰法形成史》、《教学法规则》等。这本《穆罕默德传》曾是伊斯兰最高学府的教材,至今仍不失为研究穆罕默德的主要参考资料之一。

泉州伊斯兰教研究论文选 福建省泉州海外交通史博物馆、泉州市泉州历史研究会编,福建人民出版社1983年出版。本书是泉州地区有关伊斯兰教史的论文集。

丝绸之路:中国波斯文化交流史 [法]阿里·玛扎海里著,耿升译,新疆人民出版社1983年出版。《中亚历史文化翻译丛书》之一。此书据巴黎斯巴格(巴比鲁斯)出版社1983年版译出。本书分三编:1.《波斯史料》。对《沙哈鲁遣使中国记》、阿克伯的《中国志》以及《纳迪尔王和乾隆在中亚的较量》三种古代波斯文著作作了译注。作者把这三种有关中国和波斯之历史关系,特别是以丝绸之路为纽带的文化关系的重要古波斯文著作译成法文并作了长篇注释。他在注释中提供的资料具有宝贵的价值,其诠释又多具新颖观点。他对中国文化(也包括印度及中国周边地区的文化)经丝绸之路传到波斯并在波斯得以发展,然后又传向西方(特别是罗马)的问题作了深入探讨,有许多观点是先人所未触及过的。2.《希腊—罗马史料》。对托勒密、普罗科波、泰奥法纳、科斯马、马尔塞林和梅南德著作中有关波斯的段落作了辑录和译注。3.《丝绸之路和中国物质文明的西传》。主要介绍了中国的高粱、樟脑、桂皮、姜黄、生姜、水稻、麝香和大黄的栽培史、用途以及经波斯传向西方的过程。

移居北方的时期 [苏丹]塔依布·萨利赫著,李占经译,外国文学出版社1983年出版。苏丹现代中篇小说。

斋月十七 [黎]乔治·宰丹著,美拉特汉译,新疆人民出版社1983年出版。本书根据新华出版社1980年8月北京第一版第一次印刷版本翻译出版。

战斗的伊斯兰 [英]G·H·詹森著,高晓译,商务印书馆1983年出版。介绍了阿拉伯地区伊斯兰国家的政治、军事、外交等内容。

中国伊斯兰教史存稿 白寿彝著,宁夏人民出版社1983年出版。本书是作者的伊斯兰历史研究论集,收入《中国回教小史》等论著。

郭隆真 黄庭辉著,宁夏人民出版社1983年出版。本书详细记载了郭隆真(1894–1931)的生平事迹。郭隆真原名郭淑善,女,回族,大名县金滩镇人。中国共产党早期的革命家,是北方妇女运动和工人运动的卓越领导人。1913年就读天津直隶第一女子师范,1919年响应五四号召主持召开了预备班积极分子大会,倡议立即行动起来。1919年5月25日选为天津女界爱国同志会演讲部部长。1920年同周恩来等人一起赴法勤工俭学，1922年，中共旅欧支部成立，郭隆真于1923年经周恩来介绍加入中国共产党。1923年2月，郭隆真等15位同志被中共旅欧支部派往苏联莫斯科东方大学学习。1925年被党组织委派到国民党北京特别市党部妇女部工作，1930年选为中共满洲省委委员和满洲省委职工运动委员会书记，1930年任青岛市宣传部长，1931年被敌人杀害。她先后创办了《红旗报》、《海光报》等革命刊物，一生五次入狱，但始终坚信共产主义。

1984年

波斯文学故事集 ［伊朗］扎赫拉·恒拉里著，张鸿年译，山西人民出版社1984年出版。本书为《东方文学丛书》之一。收录《阿里巴巴》等20多个故事。

风流赛义德 ［苏丹］塔依卜·萨利赫著，张甲民、陈中耀译，山西人民出版社1984年出版。阿拉伯小说。讲述主人公赛义德热爱爱情，追求爱情，把热烈的爱情送给了一个个他所爱的姑娘。赛义德的爱不是贪婪的爱，而是无私的爱，那些嫁不出去的姑娘，在他的赞美之下，一个一个获得了幸福的婚姻，而他仍旧是那样，一个人在村落间赞美着自己的爱情。

回族史论集 中国社会科学院民族研究所、中央民族学院民族研究所回族历史组编，宁夏人民出版社1984年出版。本书收录了1949年至1979年期间国内具有代表性的回族历史研究论文。

尼罗河畔的悲剧 ［埃及］纳吉布·迈哈福兹著，李维中等译，花山文艺出版社1984年出版。埃及现代长篇小说。

平民史诗 ［埃］纳吉布·迈哈富兹著，李唯中、关称译，湖南人民出版社1984年出版。埃及现代长篇小说。

伊斯兰与塞内加尔社会 杨荣甲、田逸民著，世界知识出版社1984年出版。本书简要介绍了塞内加尔的伊斯兰教史和信仰民众的情况。

1985年

青海省回族撒拉族哈萨克族社会历史调查 国家民委民族问题五种丛书编辑委员会青海省编辑组编辑，青海人民出版社1985年出版。《国家民委民族问题五种丛书·中国少数民族社会历史调查资料丛刊》之一。

中国伊斯兰教史参考资料选编 李兴华、冯今源编，宁夏人民出版社1985年出版。中国伊斯兰教史论文资料选集。分上下两册，收入1911年至1949年全国各地中文报刊所载有关伊斯兰教的论文、调查、散记、报道、译文等197篇，分为史略概述、寺院古迹、人物掌故、教派门宦、文化教育、经著学说、各地概况、其他等8类。在史略概述部分，不仅辑入了白寿彝、杨志玖、金吉堂等回族穆斯林学者关于中国伊斯兰教史的论著，还辑入了陈垣等汉族著名历史学家的有关论述。寺院古迹部分，搜集了广州、北京及新疆等地的清真古寺、陵墓及碑铭资料，保存了丰富的文化遗存。人物掌故部分，不仅有王岱舆、马复初、王浩然、哈德成等著名学者、阿訇的史略，还有《中国历代回教名贤事略汇编》。教派门宦类反映了清代与民国初西北地区的伊斯兰教派别。文化教育部分反映了经堂教育的沿革与现代教育之兴起。经著学说部分反映了中国伊斯兰教思想史。附录有《未选文章索引》（未选入本书的480篇文章的题目）、《1911

年至1949年中国伊斯兰教主要中文刊物索引》。该书是研究中国伊斯兰教学术文化的重要资料。

伊斯兰教与穆斯林世界　[美]托马斯·李普曼著，陆文岳、英珊译，新华出版社1985年出版。论述了伊斯兰教在世界范围传播的情况，以及穆斯林信众的社会状况。

伊斯兰教各民族与国家史　[德]卡尔·布罗克尔曼著，孙硕等译，商务印书馆1985年出版。本书简要介绍了伊斯兰国家的民族、历史和文化等内容。

云南回族社会历史调查（一、二）　《民族问题五种丛书》云南省编辑组编，云南人民出版社1985年出版。《国家民委民族问题五种丛书·中国少数民族社会历史调查资料丛刊》之一。本书是云南回族社会历史的调查材料集。

郑和下西洋论文集（第一集、第二集）　纪念伟大航海家郑和下西洋580周年筹备委员会、中国航海史研究会编，人民交通出版社1985年出版。收录有关郑和下西洋的研究论文和文章数十篇。

1986年

马步芳家族统治青海四十年　陈秉渊著，青海人民出版社1986年出版。记述了马步芳家族历史和马氏统治青海四十年的历史。

马苏第《黄金草原》一书有关突厥和吐蕃民族的记载　耿升著，载于《甘肃民族研究》1986年第3期。本文是有关吐蕃和突厥的古代史料。

萨姬妲的爱与恨　[巴基斯坦]哈蒂嘉·玛斯杜尔著，袁维学译，世界知识出版社1986年出版。巴基斯坦现代长篇小说。

伊斯兰教法律史　[英]诺·库尔森著，吴云贵译，中国社会科学出版社1986年出版。简要介绍了阿拉伯地区伊斯兰教的法制史。

狱中四年　中共新疆维吾尔自治区党史工作委员会、新疆维吾尔自治区民政厅新疆烈士传编辑部编，新疆人民出版社1986年出版。《前辈话当年丛书》之一。

云南回民起义史料　荆德新编，云南民族出版社1986年出版。记述云南回族起义的史料集。

真主的大地　[巴基斯坦]肖克特·西迪基著，刘曙雄、唐孟生译，北岳文艺出版社1986年出版。《东方文学丛书》之一。根据巴基斯坦1982年乌尔都文第七版译出。巴基斯坦现代长篇小说。

中东问题报刊资料索引汇编（1980-1985年）　王帼艳、鲁忠慧、铁维英等4人编纂，宁夏社会科学院情报所、中东伊斯兰国家研究所于1986年联合刊印出版。书中收录了1453条有关中东问题的论文资料索引。

最后的遗嘱　[埃及]纳吉布·迈哈福兹著，孟凯译，上海译文出版社1986年出版。埃及现代长篇小说。

焉耆回族自治县概况　齐尚明编，新疆大学出版社1986年出版。《国家民委民族问题五种丛书·中国少数民族自治地方概况丛书》。本书简要介绍了焉耆回族自治县的地理、历史沿革、民族、人口、经济、文化、教育等情况。

云南回族社会历史调查（三）　《民族问题五种丛书》云南省编辑组编，云南人民出版社1986年出版。《国家民委民族问题五种丛书·中国少数民族社会历史调查资料丛刊》。本书是云南回族历史社会的调查材料集。

阿拉伯语应用文 沈冠珍、王伟编，上海外语教育出版社1986年出版。主要介绍阿拉伯文的各种应用文写作格式及写作技巧。

1987年

阿拉伯语基础语法 纳忠编，外语教学与研究出版社1987年出版。阿拉伯语语法内容十分丰富，使用规则比较复杂，既严谨周密，又不乏灵活多变，是一门较难掌握的学问。本书在保持阿拉伯语语法特点的基础上，以实用为原则，采取了与传统阿拉伯语语法书不同的全新体系和体例，将复杂的语法现象用简洁明了的语言予以归纳、总结、概括、阐述、分析，并配以规范、生动、易懂的例句，便于理解、记忆和掌握。本书内容由两部分构成：基础阿拉伯语语法知识和常用阿拉伯语语法工具词（包括约定俗成的词组、短语等）。系统、全面地阐述了阿拉伯语语法知识和语法工具词，说明了常见、实用、难用的语法现象，而且通过列举大量例句，从不同的角度、侧面说明了它们的具体用法，较全面地探讨、研究了它们的构成、含义、特点及语法分析等问题。

第一位伊斯兰女王：莎吉雷杜 ［黎巴嫩］乔治·宰丹著，杨期锭、元慧译，世界知识出版社1987年出版。据贝鲁特生活图书出版社阿拉伯文版翻译。莎吉雷杜是13世纪中叶埃及阿尤布王朝萨利赫国王的爱妃，出身奴隶，在国王临战病故的危急关头，她挺身而出，领导埃及军队大败第七次入侵的十字军，俘虏了法国路易九世国王，并由此登上了伊斯兰女王的宝座。本书比较详细地叙述了法王路易九世率十字军东侵的过程和莎吉蕾杜率领埃及军队打败十字军，以及登上女王王位的过程。

丁鹤年诗辑注 丁生俊编注，天津古籍出版社1987年出版。本书为《中国回族古籍丛书》之一。本书是对丁鹤年的主要代表作所作的注释。丁鹤年（1335-1424）字永庚，号友鹤山人，是我国著名回族诗人。丁鹤年曾祖阿老丁与曾叔机乌马尔皆为西域巨商，都曾在元朝政府任职。丁鹤年自幼勤奋好学，精诗律，创作内容比较广博。除了感怀、赠送之外，还有咏物、题画、登临、怀古等各种内容，有着自己所独具的风格。他创作的诗歌"皆清丽可喜，而注意之深，用工之至，尤在于五七言律。但一篇之作，一语之出，皆所以寓夫忧国爱君之心，悯乱思治之意，读之使人感愤激烈，不知涕泗之横流也。其入人之深，感人之妙，有非他诗人之所可及"。"凡忧国之念，旨发之诗歌"，这是丁鹤年诗歌创作中的一个突出特点。他把自己对祖国命运的担忧，对久别故乡的怀念，以及对坎坷生活道路的余悸，全都倾注在自己的创作中。这一类感时忧国的诗篇，在诗人的作品中占有很大的比重。丁鹤年为了逃避灾祸，常寄居佛寺，与佛门僧人接触相当频繁，因此，在他创作的全部诗歌中，与僧侣的唱酬之作很多，主要收在《方外集》中。据统计，在他作品中所见到的僧侣竟达30多人。这位享年90岁的著名回族诗人，其主要诗作有《海巢集》、《哀思集》，《方外集》、《方外续集》各一卷，共有诗300多首。这些作品收在后人所编的《丁鹤年集》、《丁孝子集》、《艺海珠尘》和《琳琅秘室丛书》等书中。

钦定石峰堡纪略 杨怀中标点，宁夏人民出版社1987年出版。《中国回族古籍丛书》之一。本书内容是清政府关于平定乾隆四十九年（1784年）宁夏和甘肃地区的回民起义的皇帝谕令及大臣奏稿,对研究西北地方史、回族历史和中国伊斯兰史具有一定价值。

清真大学 王岱舆撰,影印本,天津古籍出版社1987年出版,九函。《回族和中国伊斯兰教古籍资料汇编》第一辑第二函。王岱舆(约1584—1670),中国明末清初著名的伊斯兰教学者和经师,名涯,以字行,别号"真回老人"。

萨达特遇刺记 [埃及]穆罕默德·海卡尔著,发恩、黎启译,新华出版社1987年出版。作者是萨达特的密友之一。本书描述了萨达特从童年到青年时代的生活和发迹史,剖析了萨达特政治生涯兴起、发展和衰亡的过程。

赛典赤·瞻思丁 马恩惠、朱昌平著,宁夏人民出版社1987年出版。《回族历史人物故事丛书》之一。记述了元代著名回族政治家赛典赤·瞻思丁(1210-1279)的生平事迹。

天房史话 [黎]谢赫阿里·海尔布塔里著,李光斌、李沁兰译,世界知识出版社1987年出版。伊斯兰教史话通俗读物。

一个大人物的小故事 黄云龙、赵龙根译,世界知识出版社1987年出版。本书介绍了埃及著名人物纳赛尔(1918-1970)的生平事迹。纳赛尔曾是埃及总统,他毕业于埃及皇家军事学院,获少尉军衔。在苏丹埃军服务时结识了毛希丁(后任副总统)、阿迈尔(后任陆军元帅)和萨达特(后继纳赛尔任总统)三位年轻军官,他们建立秘密革命团体自由军官组织,目的是赶走英国人,废黜君主制。1952年7月23日,与89名自由军官发动一场不流血的政变,推翻帝制,成立埃及共和国,由以他为首的11名军官组成革命指挥委员会,推举纳吉布为国家元首。1954年春,纳吉布被罢免软禁,纳赛尔出任总理。1956年当选总统。7月宣布苏伊士运河国有化。他在1954年所写的《革命哲学》一书中曾表示希望自己有朝一日成为全体阿拉伯人、非洲人以至伊斯兰教徒的领袖。在职期间,苏联援建的电站于1968年开始发电;现代化生活开始进入农村;工业化速度加快;进行了土地改革,限制个人占有土地数量;反对贪污腐化收到部分成效;使妇女享有更多权利;培育埃及新人以替代西方人员。在外交方面他和铁托、尼赫鲁一起提倡不结盟,拒绝承认以色列。1956、1967年两次爆发"阿以战争"。

中东研究参考书目 张毓熙编纂,中国中东学会1987年印行。内部出版物。书中收辑了1949-1986年我国学者著译的有关中东问题的图书书目800种,书后附有以汉语拼音为序的书名索引。

1988年

阿拉伯概况 陈万里编著,上海外语教育出版社1988年出版。本书介绍了22个阿拉伯国家的地理、历史、政治、经济和文化等方面的概况,对历次中东战争也作了简要介绍。

白崇禧传奇 苏理立著,广西人民出版社1988年出版。本书描写了白崇禧的多重性格,展现了他青少年时代一系列传奇故事。

朝觐途记 马德新著,马安礼译,宁夏人民出版社1988年出版。《中国回族古籍丛书》之一。本书是清代马德新旅游阿拉伯世界见闻录,原稿是阿拉伯文,1861年作者弟子马安礼译为汉文。

回族商业史 赖存理著，中国商业出版社1988年出版。简要介绍了回族的各类商业活动和商业活动的历史。

回族社会历史调查资料 《国家民委民族问题五种丛书》云南省编辑组编，云南民族出版社1988年出版。是对我国回族社会历史的调查资料汇编。

简明汉语阿拉伯语词典 北京语言学院《简明汉语阿拉伯语词典》编写组编写，商务印书馆1988年出版。本词典共收近2万词条，包括成语、熟语、结构、格式等。

兰州回族与伊斯兰教 兰州市政协文史资料委员会编，1988年出版。本书收入《兰州文史资料选辑》第9辑。

穆斯林的儿女们 查舜著，人民文学出版社1988年出版。这是一部反映当代西北地区回族人民生活的长篇小说。

宁夏三马 宁夏回族自治区政协文史资料研究委员会主编，中国文史出版社1988年出版。本书汇集了马福祥、马鸿宾、马鸿逵的有关史料。

清末西北回民之反清运动 高文远著，台北学海出版社1988年出版。对清代同治年间西北回民反清起义运动作了全面论述和系统研究，是近年出版有关清代回民起义研究中的一部翔实之作。

清真指南 马注著，余振贵标点，宁夏人民出版社1988年出版。《中国回族古籍丛书》之一。本书是中国伊斯兰教重要典籍之一，共十卷。主要内容为涉及"晰诸教异同之理，阐幽明死生之说，上穷造化，中尽修身，末言后世"。

撒拉族 陈云芳、樊祥森著，民族出版社1988年出版。本书阐述了撒拉族发展的历史，撒拉族在新中国成立初期的经济社会形态，撒拉族的文化特点和风俗习惯以及目前的发展状况等。

突厥史 林幹著，内蒙古人民出版社1988年出版。《中国古代北方民族史丛书》之一。本书内容包括突厥的族源、突厥族的兴起及其社会制度、突厥的文化和习俗等，书后附有突厥文碑铭译文等。

西北回民起义研究资料汇编 李范文、余振贵主编，宁夏人民出版社1988年出版。收集了从新中国成立以来至1986年底国内学术界对西北回民起义的主要研究动态和成果，"是一部专业性资料汇编，约36万字，反映了新中国成立以来我国学术界在西北回民起义研究方面的动态和成就"。

新编郑和航海图集 海军海洋测绘研究所、大连海运学院航海史研究室编制，人民交通出版社1988年出版。本图集基本内容为序图、航行图、过洋牵星图三部分。

醒回篇 留东清真教育会编，王希隆点校，兰州大学出版社1988年出版。本书是我国回族历史上第一个自办刊物，集中反映了清末回族资产阶级知识分子的进步思想。

云南回族社会历史调查（四） 《民族问题五种丛书》云南省编辑组编，云南人民出版社1988年出版。《国家民委民族问题五种丛书·中国少数民族社会历史调查资料丛刊》之一。本书是云南回族历史社会的调查材料集。

中东问题报刊资料索引汇编（1986-1987年） 王帼艳等编，1988年出版。书中收录了全国269种刊物（包括内刊）和35种报纸中的中东问题论文资料索引2457条。

1989年

保安族 马少青著,民族出版社1989年出版。为《民族知识丛书》之一。简要介绍了保安族的历史、风土人情和现状。

陈经畲 郑勉之编著,宁夏人民出版社1989年出版。本书详细记述了陈经畲的一生。陈经畲,名庆纶,字经畲,南京人,回族,1880年2月16日生。幼读私塾,1898年在南京金融业学会计。1901年,陈经畲在汉口义盛成广货店任会计。1905自设作坊,制销优质呢面布底、皮底鞋,带动广货业务,并另开了呢绒分号。1912年遵照父亲的愿望,设立"秋潭助学金",又捐资设立"预悯堂基金",历经22年,与杨叔平花巨资建成南京孤儿院。1915年,陈经畲开办了汉昌烛皂厂等,其股东大都为回族。他亲身经历了清末民初亡国的危机,故欣赏南通张謇"实业救国"的理念,积极提倡国货,于1931年"九一八"事变后,在全国抵制日货时,带头改"义顺成百货店"为"国货店",不进销舶来高档呢绒百货。1935年购置了新式制皂机,因日寇进攻未能投产。1932年与李嘉禾出版《汉口孤儿院筹备之经过》。1937年,任汉口抗敌后援会副会长,同年冬,任江苏旅汉同乡会会长兼同乡会难民救济委员会总主任,筹款收容和转移江苏难民万余人。1938年以后,被选任为国民参政会第一、二届参政员。1938年武汉沦陷前,他拒绝日商派人劝他留汉合作的"建议",将厂迁到重庆。1948年,中共地下党组织通过陈经畲长子元直在其企业、孤儿院和清真寺中建立联络点,并与他联系,他逐步寄希望于共产党。1949年9月,他参加了第一次全国政协会议,为会议代表,并当选为一、二、三届全国人大代表,后为二、三、四届全国政协委员。他曾任中央民族事务委员会委员,民建二届中央常委,全国工商联一、二、三届副主委,全国伊斯兰教协会副会长,中南军政委员会中南行政委员会委员,湖北省副省长,武汉市副市长,湖北省和武汉市工商联主委等职。1967年5月29日,因病在武汉去世,终年87岁。

古埃及神话 朱立福、康曼敏编译,湖南少年儿童出版社1989年出版。《外国古代神话套书》之一。本书包括10篇古埃及神话。其中有《伊希斯的悲伤》、《众神之父》、《赫里尤布里斯麦洒》、《阿露斯与塞特之争》、《埃及法老和魔术师的故事》等。书中有40余幅与神话有关的图照,摄自保存至今的古埃及建筑、壁画和雕塑。

古莱氏贞女 [黎]乔治·泽丹著,李唯中译,新疆人民出版社1989年出版。《伊斯兰历史系列小说丛书》之一。

纳吉布·马哈福兹短篇小说选 [埃及]纳吉布·马哈福兹著,葛铁鹰等译,华夏出版社1989年出版。本书是埃及作家纳吉布·马哈福兹的短篇小说集。作者于1988年获诺贝尔文学奖。

清真指南译注 马恩信等译注,云南省少数民族古籍整理出版规划办公室编,云南民族出版社1989年出版。是《云南省少数民族古籍译丛》第16辑。

西藏境内的门巴族、珞巴族和回族 吴从众著,中国藏学出版社1989年出版。《西藏知识小丛书》之一。简要介绍了西藏回族的历史、人口、经济等情况。

《伊斯兰教概论》等合印本 马邻翼等著,上海书店1989年出版。本书为三书合印本,即马邻翼著《伊斯兰教概论》、马以愚著《中国回教史鉴》、金吉堂著《中国回教史研究》。影印本。《民国丛书》第一编。

伊斯兰教历史百问　易卜拉欣·冯今源、凯里麦·沙秋真著，今日中国出版社1989年出版。《宗教文化丛书》之一。介绍伊斯兰教发展史的通俗读物。另有台湾高雄佛光出版社1991年版本（海外中文图书）。

云南回族史　《云南回族史》编写组编著，云南人民出版社1989年出版。本书全面论述了云南地区回族的形成和历史沿革。

1990年

波斯诗圣菲尔多西　潘庆舲著，重庆出版社1990年出版。菲尔多西（940-1020），西方公认的五大诗人之一，本书是菲尔多西的评传。菲尔多西为波斯诗人，生于霍拉桑图斯城郊巴惹村一贵族家庭，自幼受过良好教育，精通波斯语，通晓阿拉伯语和中古波斯语的巴列维语。早年研读过诸多波斯古籍，熟知民间的历史传说故事。约980年左右开始创作波斯民族史诗《王书》。1009年完成第一稿，临终前作了最后一次修改，历时40年。开始创作时，他是萨曼王朝的臣民，史诗完成时，其家乡已纳入伽色尼王朝。依照惯例，他将诗稿呈献给伽色尼国王玛赫穆德。但因书中鲜明的反抗异族侵略的思想，以及他和国王属于不同的伊斯兰教派，国王拒绝接受其作品，并屡受迫害。1934年伊朗政府为诗人建造了陵园。《王书》（又译《列王纪》）长达60000双行，时间跨度在4000年以上，从开天辟地写到651年波斯帝国灭亡时止。简要叙述了波斯历史上50个帝王公侯的生平事迹，并汇集了数千年来流传在民间的神话传说和历史故事。大致可以分为三部分：1.神话传说。其中最精彩的诗章是描写铁匠卡维领导人民起义、反抗暴君蛇王祖哈克的传说故事，塑造了众多英勇起义者的形象。2.勇士故事。约占全书一半篇幅，是全书的精华。突出表现了民族英雄鲁斯坦姆光辉的一生，同时谴责了暴君的统治。3.历史故事。描写了阿拉伯人入侵前萨珊王朝时期的历史事件。其中尤为生动地描写了国王巴赫拉姆·古尔的事迹，将领巴赫拉姆·楚平的叛乱及马兹达克起义的历史等。《王书》是古代波斯民间文学的总汇。它为后世的诗人和作家提供了丰富的创作素材。中译本有《鲁斯塔姆与苏赫拉布》、《列王记选》等。

哈德成　马孟良编著，云南民族出版社1990年出版。哈德成（1888-1943）是著名回族教育家、现代伊斯兰教学者，与王静斋、达浦生、马松亭并称为现代中国四大阿訇。哈德成幼年曾读儒书，学阿拉伯语。16岁到江苏镇江和河南投伊斯兰教经师深造。1913年赴麦加朝觐，1919年出任驻锡兰（今斯里兰卡）、埃及经理，1924年回上海与马刚侯等筹组"中国回教学会"并发行《月刊》和翻译《古兰经》，1928年与达浦生等创办上海伊斯兰师范学校，1937年到云南沙甸协助其学生马坚翻译《古兰经》，1943年病逝于沙甸。哈德成爱国爱教，毕生献身于伊斯兰教文化教育事业，对教义研究较深，对《古兰经》理解尤精。抗日战争期间，他赤诚的爱国气节和行动，忧国忧民的精神，抵制日伪当局威胁利诱、拒绝官位厚禄而清贫自守，倾心于伊斯兰学术文化研究的高尚情操深受中国穆斯林的赞佩。

黄金草原（一、二卷）　［阿拉伯］马苏第著，耿升译，青海人民出版社1990年出版。主要记述了高加索山、关阿兰人、阿瓦尔人、可萨人、突厥部族、保加尔人及附近地区的国家、国王和民族的历史等。

平暴英烈传　新疆革命烈士事迹编纂委员会、新疆维吾尔自治区民政厅编，新疆人民出版社1990年出版。《新疆烈士传丛书》之一。本书记述了在平定1990年4月5日新疆克孜勒苏柯尔克孜自治州阿克陶县巴仁乡极少数民族分裂主义分子反革命暴乱中牺牲的八位烈士的事迹。

天方典礼译注 刘智原著，纳文波译注，云南省少数民族古籍整理出版规划办公室编，云南民族出版社1990年出版。本书为《云南省少数民族古籍译丛》第二十七辑。《天方典礼》是中国伊斯兰教教义著作，亦名《天方典礼择要解》。清代著名伊斯兰教学者刘智著。全书20卷。前4卷为"原教卷"，第5至9卷讲述伊斯兰教的法定功修，第10至13卷讲述伊斯兰教的"五典"，第14至20卷记述"民常"。全书以"原教篇"为纲，阐述伊斯兰教以"认主为宗旨"、"以敬事为功夫"，"以归根复命为究竟"，开宗明义，提纲挈领，系统地阐述了教义学。其基本理论采自近百种阿拉伯文、波斯文经籍，而"集览、考证"部分，则采集中国历史文献典籍，是一部带有中国特色的伊斯兰教教义、教法理论专著。此书于康熙四十八年（1709）由杨斐篆兄弟在山阳（今淮安）刻版印行，后有成都、广州等多种版本流行。本书以通俗易懂的语言，对原古文中的难点、教义、艰深的词句，作了详细注释。

伊斯兰教史 任继愈总主编，金宜久主编，中国社会科学出版社1990年出版。本书叙述了伊斯兰教的产生、发展、演变、分化，介绍了伊斯兰教国家的宗教习俗、法规、政策，宗教哲学与文化，宗教派别与政党。

清代同治年间陕西回民起义研究 冯增烈等编，陕西三秦出版社1990年出版。是1987年在西安举行的"清代同治年间陕西回民起义学术讨论会"的论文集，书后附有《清代同治年间陕西回民起义研究论著、资料索引》。

1991年

阿拉伯国家简史 彭树智主编，福建人民出版社1991年出版。本书突出了阿拉伯国家历史发展的总特征、总趋势，并从历史交往的角度为世界地区史研究提供新思路。

阿拉伯语汉语翻译教程 刘开古、朱威烈编著，上海外语教育出版社1991年出版。本书在编写过程中结合了阿拉伯语汉语的翻译特点，参考吸收了当代国内外的一些翻译理论、翻译方法与技巧，并注意运用现代语言学的有关理论，对阿汉翻译的理论与实践问题作了比较系统的论述。本书共分五章，前三章结合各种文体译例，阐述翻译的基本理论知识，阿汉语言的异同，以及翻译的理解和表达、直译与意译、语体风格等带有普遍性的问题。后两章着重介绍阿译汉与汉译阿中最常用的方法与技巧。本书共选用例句100多个，力图通过大量典型精练的例句进行研究比较，使读者自然得出翻译方法与技巧方面的印象和结论。书后附各种体裁的对照阅读材料40篇、短文翻译练习五十篇。

痴醉的恋歌：波斯柔巴依集 ［波斯］奥马尔·哈亚姆等著，张晖译，漓江出版社1991年出版。本书是古代波斯的爱情、人生哲理诗选。

当代阿拉伯文学词典 朱威烈主编，译林出版社1991年出版。本词典共选收词条726条，范围限于1900年以后尚健在的知名作家、有影响的作品、文学流派和主要的文学奖等。

海固回民起义与回民骑兵团 中共宁夏回族自治区委员会党史研究室编，宁夏人民出版社1991年出版。本书记载了海原、固原等地区的回族人民在1939年1月至1941年6月间连续三次举行武装起义的前后经过。

汉语阿拉伯语成语词典 北京大学阿拉伯——伊斯兰文化研究所、北京大学阿拉伯语言文化教研室编,华语教学出版社1991年出版。本词典共收汉语成语(包括少数俗语和谚语)近4000条,每条汉语成语后有一至多条阿语译文,有的还附有相应的阿语成语或俗语供参考。

回回族源考论 高嵩著,西北大学出版社1991年出版。本书按三个历史阶段考述回族族源:1.考定此前学术界关于回族族源为蒙元回回人的学说正确无误;2.考定蒙元回回人的民族实体;3.考定蒙元回回人的第一亲族伊斯兰回鹘人应族属古代中国北方嬴姓族系。

回族史论稿 杨怀中著,宁夏人民出版社1991年出版。本书共收作者有关回族史研究和伊斯兰史研究的论文17篇,其中有"伊斯兰在中国文化史上的地位"、"唐代的番客"、"宋代的番客"、"元代东来的回回世家"等。

凄楚的微笑 [叙]伊勒法·伊德莉比著,王复译,外国文学出版社1991年出版。著者原题:伊勒法·伊德莉比。本书叙述一位年轻漂亮、天资聪颖的富商的女儿,为了反抗封建礼教的种种迫害和争取恋爱自由,遭到了父兄百般的折磨和凌辱,父亲死后,竟被赶出家门,她走投无路以死相抗。

清代西北回民起义研究 吴万善著,兰州大学出版社1991年出版。该书对清代西北历次回民起义做了全面、系统的论述。

武坛之星:赵长军的武功和爱情 李新民著,陕西人民出版社1991年出版。叙述回族武术家赵长军的生平事迹。

新疆纵横 杨策主编,中央民族学院出版社1991年出版。本书共分历史、地理、民族、宗教、风俗文化、经济等六篇,简要介绍了新疆社会历史、山川资源、经济文化等各方面的情况。

续天方夜谭 [埃及]纳吉布·马哈福兹著,谢秋荣等译,中国文联出版公司1991年出版。纳吉布·马哈福兹通译为纳吉布·迈哈福兹,埃及当代著名作家,1988年获诺贝尔文学奖。埃及现代长篇小说。

伊斯兰皇族 [美]詹姆士·克莱威尔著,杨佑方等译,贵州人民出版社1991年出版。本书为《亚洲传奇》第五部。以海湾地区为背景,描述了1979年由霍梅尼领导的两伊战争,着重穿插四对异国情侣哀艳悲绝的爱情故事。

伊斯兰教文化面面观 中国社会科学院世界宗教研究所伊斯兰教研究室编,齐鲁书社1991年出版。本书除介绍伊斯兰教的基本信仰、礼仪、节日、经训外,以较多的篇幅介绍伊斯兰教法、伊斯兰教的神秘主义、伊斯兰教传统的宗教学科和世俗的自然学科,同时,还涉及到伊斯兰哲学、伦理、文学、艺术、绘画、建筑、书法等方面的知识。本书还涉及突厥、蒙古对伊斯兰教发展的影响,以及伊斯兰教对这些民族自身发展及其语言文字(如乌尔都语、波斯语等)的影响;伊斯兰教与其他宗教(如犹太教、基督教、琐罗亚斯德教、诺斯替教、印度教、锡克教等)和学说(如新柏拉图学派的"流溢说")的相互影响等。此外本书还就伊斯兰教与当前国际政治生活有关的问题以及伊斯兰教的社会思潮和社会运动等作了扼要的介绍。

雨中情马　[埃及]纳吉布·马哈福兹著，蒋和平译，杨孝柏校，文化艺术出版社1991年出版。据埃及出版社1975年第二版翻译。纳吉布·马哈福兹，通译为纳吉布·迈哈福兹，埃及著名小说家，系1988年诺贝尔文学奖获得者。本小说书名又译为《尊敬的阁下》，以1967年埃以战争为背景，作者用"雨"象征当时炮火纷飞、枪林弹雨的战场，用"情"象征着那些在战争时期沉迷于酒色、干尽淫荡堕落之事的社会败类。

在解放大西北的日子里：一个战士的日记　姚德怀著，陕西人民教育出版社1991年出版。记述了第三次国内革命战争时期西北地区的革命史。

中国的伊斯兰教　冯今源著，宁夏人民出版社1991年出版。本书详细介绍了伊斯兰教在中国的传入和发展过程。对信仰伊斯兰教的回、维吾尔、塔塔尔、柯尔克孜、哈萨克、乌孜别克、东乡、撒拉、保安等少数民族的分布、伊斯兰教的逊尼派和什叶派，以及伊斯兰教的特点、教义、群众的宗教活动等作了全面记述。

中国回族教育史论集　山东省民族事务委员会编，山东大学出版社1991年出版。《回族史论丛》之一。本书是第六次全国回族史讨论会论文集，收录具有一定代表性的论文、资料近40篇，反映了当时国内回族教育史研究的状况和特点。

中国西北伊斯兰教的基本特征　马通著，兰州大学出版社1991年出版。本书介绍了我国西北地区伊斯兰教的教义、发展历史、信仰民众等情况。

中亚浩罕国与清代新疆　潘志平著，中国社会科学出版社1991年出版。中国边疆史地研究中心主编的《中国边疆史地研究丛书》之一。本书对浩罕与清代新疆的关系，按年代顺序作了全面的论述。

1992年

阿拉伯哲学史　蔡德贵著，山东大学出版社1992出版。全面论述了阿拉伯哲学的产生、发展及其理论体系。

白寿彝民族宗教论集　白寿彝著，北京师范大学出版社1992年出版。本书是收集了白寿彝先生关于民族史、回族史、宗教等领域的代表性论文，这些论文梳理出了白先生的一系列论述和观点，对从事回族史和伊斯兰教史研究工作有重要的指导意义。白先生对论文不仅倾注了饱满的民族感情，而且处处保持了严谨的科学态度。

回鹘史编年　冯志文、吴平凡编，新疆大学出版社1992年出版。属敦煌资料。以编年史形式出版的维吾尔族史料汇编。每条史料均注明出处。

回回历史与伊斯兰文化　林松等著，今日中国出版社1992年出版。本书为作者具有代表性的论文合编，具有很高的学术价值，在我国回族伊斯兰文化学术界影响较大。

纳赛尔传　[英]罗伯特·斯蒂文思著，王威等译，世界知识出版社1992年出版。《世界名人丛书》之一。本书据英国企鹅出版有限公司1983年版译出。描述埃及前总统纳赛尔一生经历，探讨了纳赛尔的政治活动及他在阿拉伯世界的巨大影响。

陕西回民起义史　邵宏谟、韩敏著，陕西人民出版社1992年出版。本书记述了19世纪中叶三秦大地上以回族为主体的各族人民的反清斗争史。

突厥语概论　李增祥编著，中央民族学院出版社1992年出版。本书主要论述了突厥语和突厥语民族、突厥语族语言的历史分期和主要文献、突厥语的分类法等。

新疆烈士传（第五辑）　新疆维吾尔自治区革命烈士事迹编纂委员会、新疆维吾尔自治区民政厅编，新疆人民出版社1992年出版。本书记述了43年来新疆各族革命烈士的斗争事迹。

伊斯兰的召唤 [埃及]伊斯梅尔著，内部出版物，1992年出版。本书从多角度阐发和探求了伊斯兰的教义、精神和意义。

伊斯兰教史 王怀德、郭宝华著，宁夏人民出版社1992年出版。有1300多年历史的伊斯兰教与基督教和佛教并称为世界三大宗教。本书对伊斯兰教的发展、传播进行了详细的叙述。

伊斯兰思想历程：凯拉姆神秘主义哲学 [日]井筒俊彦著，秦惠彬译，今日中国出版社1992年出版。内容有伊斯兰教义学、伊斯兰神秘主义、东方伊斯兰哲学的发展、西方伊斯兰哲学的发展。

伊斯兰艺术鉴赏 [意]加布里埃尔·曼德尔著，陈卫平译，北京大学出版社1992年出版。《世界艺术鉴赏译丛》之一。本书首先介绍了繁荣昌盛的伊斯兰艺术及其在世界各地的传播的简况，重点介绍了伊斯兰的装饰艺术、建筑艺术、雕刻艺术等。作品有清真寺墙上瓷砖、玻璃器皿、家具、珠宝、兵器、小地毯、书法等。

伊斯兰哲学史 [美]马吉德·法赫里著，陈中耀译，上海外语教育出版社1992年出版。根据纽约哥伦比亚大学出版社和伦敦朗文出版社1983年版译出。属国家教育委员会哲学社会科学"七五"重点科研项目——"阿拉伯哲学研究"。本书主要研究信仰伊斯兰教的各民族在哲学和神学中所体现出来的各种思潮和倾向及近现代的发展。

中东艺术史：希腊入侵至伊斯兰征服 [埃及]尼阿玛特·伊斯梅尔·阿拉姆著，朱威烈译，上海人民美术出版社1992年出版。叙述了中东地区被亚历山大大帝攻占后的文化艺术，亦即希腊化艺术和基督教艺术，其中包括建筑、雕塑、绘画等造型艺术。

中国回族大词典 邱树森主编，江苏古籍出版社1992年出版。国家民委教育司资助。本词典共收词目7042条，分为族体、政治、经济、文化、宗教、团体、对外关系七类。

1993年

阿拉伯文学简史 伊宏著，海南出版社1993年出版。本书为《世界文学评介丛书》之一，由吴元迈主编。本书简明扼要地介绍了阿拉伯文学的发展过程及各个时期的代表作和作家。

阿拉伯语基础教程答案 张甲民、景云英编著，北京大学出版社1993年出版。本书从阿语本身的特点和中国人学习阿语的实际需要出发，通过总结北京大学阿语教学的经验和吸收外来研究成果的基础上编纂而成。其内容立足于基本知识、基本理论的传播和基本技能的训练，力求思想性、科学性、系统性和趣味性的有机结合，实现题材广泛、体裁多样、实用性强、语言简练规范、进度由浅入深循序渐进等要求，而在编排上则采取句型为基点、常用语句为先导，听、说、读、写全面发展的机制。本书5册，前4册共68篇课文，包括句型、对话、课文、单词、谚语和格言、说明、语法，以及练习、阅读、作业等10大环节。各课彼此相关，环节互有联系，练习形式多样、内容充实，单词（约3600个）分布均衡。第5册为习题答案。

传承与交融：阿拉伯文化 纳忠、朱凯、史希同著，浙江人民出版社1993年出版。本书为周谷城、田汝康先生主编的《世界文化丛书》之第28册。作者为回族学者、阿拉伯史专家，著述极丰。本书除导言、大事年表和后记外，正文共15章，主要论述了伊斯兰教产生以前的阿拉伯、伊斯兰教、阿拉伯文化的兴盛时期、国家制度、经济制度、社会生活与社会关系、百年翻译运动、教育与文化、文学与艺术、历史学家与地理学家、教派与哲学、自然科学、中世纪中国与阿拉伯的关系、阿拉伯文化对西方的影响等内容。

动荡的中东　王铁铮等著，西北大学出版社1993年出版。本书为《世界新格局丛书》之一。中东地区或中东是指地中海东部与南部区域，从地中海东部到波斯湾的大片地区，"中东"地理上也是非洲东北部与欧亚大陆西南部的地区。本书对中东名称的来源、中东问题的历史沿革、四次中东战争、目前中东态势、"以土地换和平"的原则、中东的石油资源、中东石油对世界经济的影响等问题作了比较详细的介绍。

穆圣的故事　［埃及］麦赫穆德·萨里姆著，王彤译，中国社会科学出版社1993年出版。据贝鲁特研究出版公司1987年第二版译出。叙述了伊斯兰教创始人穆圣的家世、高尚品德、创教、创军以及征服圣城麦加和使伊斯兰教传遍阿拉伯半岛的生平业绩。

穆斯林的彩虹　马德俊著，电子科技大学出版社1993年出版，2005年再版。叙事诗。本书原名《阿里坡》，是一部回族叙事长诗，收入诗歌75篇。

宁夏回族　丁国勇主编，宁夏人民出版社1993年出版。本书全面介绍宁夏回族的历史、政治、文化、经济、宗教、教育、体育、农业、牧业、医疗、工业等方面的内容。

七十述怀　［黎巴嫩］米哈依尔·努欧曼著，王复、陆孝修译，甘肃人民出版社1993年出版。本书按作者自己生活和创作生涯的三个阶段，分为启蒙时期、战斗实践时期和潜心著作时期。

青海王传奇马步芳祖孙三代盛衰记　程虎著，重庆出版社1993年出版。长篇章回小说。本书描写军阀马步芳家族在1912年到1949年期间统治青海的历史。

热什哈尔　关里爷著，杨万宝、马学凯、张承志编译，三联书店1993年出版。本书记述了乾隆年间被清政府两次镇压的回民哲合忍耶派及其苏菲导师的故事。"热什哈尔"一词系阿拉伯文rashah，原义是"泄漏出、出汗"，引伸常为"晶莹、烁亮"，约10世纪的诸苏菲主义（即伊斯兰神秘主义）著作中，有一部《原本生活的露珠.注》，就用了这个词。现在将它的文学含义译为"露珠"。由于遭迫害，悲愤的回民们用阿拉伯文写成了这本非官方的、被禁绝的历史文献《热什哈尔》。写成后从未刻版，仅仅在哲合忍耶派回民的一些大学者（阿訇）中传抄。而作者为了进一步守密，书的后半部又改用波斯文，这样又拒绝了相当多数的阿訇阅读，因为阿訇中识波斯文的毕竟更少。据传说，关里爷为甘肃伏羌人（今甘谷县），家曾住伏羌东关内，"关里"一名由此而来亦未可知。他是19世纪前叶极重要的回教人物。关里爷逝世后，坟墓曾被清政府毁坏。后来迁修的坟在今张家川回族自治县莲花城。

人生箴言录　［黎巴嫩］纪伯伦著，秦悦译，漓江出版社1993年出版。纪伯伦（1883-1931），黎巴嫩著名诗人、作家、画家和哲学家。本书收入了纪伯伦的格言、哲理散文、情书、信件。

同治年间陕西回民起义历史调查记录（陕西文史资料第26辑）　马长寿主编，西北大学历史系民族研究室调查整理，陕西人民出版社1993年出版。本书资料反映了同治年间陕西回民起义的情况与传说。

西京近代工业（西安文史资料第19辑） 西安市政协文史资料委员会编，陕西人民出版社1993年出版。收《西安近代军械工业》、《西安大华纺织厂》、《利民米厂变迁》等30余篇文章。

伊斯兰和穆斯林 潘梦阳著，宁夏人民出版社1993年出版。本书介绍了伊斯兰教教史、清真寺风貌、伊斯兰音乐、清真美食及中国的穆斯林等。

伊斯兰教法概略 吴云贵著，中国社会科学出版社1993年出版。本书介绍了伊斯兰教法的起源、实体法与法律程序、近现代法制改革等内容。

伊斯兰教简明辞典 郑勉之主编，江苏古籍出版社1993年出版。本书共收词条2100个，简明扼要地介绍了有关伊斯兰教的基本知识。

元代安西王及其与伊斯兰教的关系 王宗维著，兰州大学出版社1993年出版。元代西北地区回族史评。

真主的世界 [埃及]纳吉布·马哈福兹著，解传广译，宁夏人民出版社1993年出版。《新月译丛》之一。本书收入短篇小说17部，包括《赤裸与愤怒》、《疑案》、《新居》、《真主的世界》等。

中国回族 胡振华主编，宁夏人民出版社1993年出版。本书收录文章37篇，论述了全国各省回族的情况，如民族来源、人口分布、社会经济、宗教习俗、文体事业等。

中国回族大辞典 杨惠云主编，上海辞书出版社1993年出版。本辞典收词目8468条，包括回族地理、历史、政治、经济、军事、文化、古今回族知名人士等。

中国回族民间实用药方 马应乖主编，国际文化出版公司1993年出版。本书上篇为清真食疗方，下篇为实用药疗方，合计共1466个，并介绍其用法、来源等。

中国伊斯兰文献著译提要 杨怀中、余振贵编，宁夏人民出版社1993年出版。本书是一部工具书，收录578部有关伊斯兰研究的著作和160部参考资料。

中亚：马背上的文化 项英杰等著，浙江人民出版社1993年出版。周谷城、田汝康主编的《世界文化丛书》之一。本书以阿尔泰语系的匈奴、突厥、蒙古和印欧语系的哥特、塞种人为代表，勾勒了亚欧游牧文化的总体面貌，探讨亚欧游牧文化的特质和兴衰的原因。

阿拉伯书法艺术 周顺贤、袁义芬编著，宁夏人民出版社1993年出版。本书详细介绍了阿拉伯书法的基础知识及作品欣赏，内容包括古代阿拉伯语言文学与书法的传播、杰出的阿拉伯书法家、阿拉伯书法体（库法体、三一体、誊抄本、波斯体、签署体、公文体、行书体、花押、王冠体、雷哈尼体、马格里布体、西雅格特体）、阿拉伯书法文具、图案花饰和描金、阿拉伯书法珍品概览、阿拉伯书法艺术的应用等。

1994年

传统的回归：当代伊斯兰复兴运动 肖宪著，中国社会科学出版社1994年出版。本书叙述了当代的伊斯兰复兴运动，认为伊斯兰复兴运动可分为两个时期：自1928年埃及穆斯林兄弟会创立到60年代末为第一阶段，自70年代起至90年代为第二阶段。以哈桑·班纳为首的埃及穆斯林兄弟会，曾以伊斯兰教为旗帜，同帝国主义、殖民主义和本国的封建主义进行英勇的斗争，提出包括平等、公义、反对剥削、压迫、改善人民生活等在内的各种社会、政治主张，同以纳赛尔为首的埃及民族主义者也曾有过一段合作。后因政见不同，合作关系破裂，于1954年被埃及政府取缔，许多领导人遭到逮捕。此后，其他国家的兄弟会组织也大多被迫转入地下。20世纪70年代以后，由于埃及等阿拉伯国家在现代化建设中遇到挫折，经济增长缓慢，建设资金短缺，通货膨胀加剧，失业率上升，社会分配不均、两极分化，统治者专制腐败，加之在阿以战争中屡战屡败、失地辱国，引起社会各阶层的不满，人们对以纳赛尔主义为代表的阿拉伯民族主义、阿拉伯社会主义日益失望，要求以一种新的精神取而代之。这种信仰危机因伊朗于1979年发生了推翻巴列维政权的"伊斯兰革命"而加深，于是在阿拉伯世界和伊朗等地出现了数以百计的公开的或秘密的伊斯兰教政党、派别和组织，一些被取缔的伊斯兰教政党、组织也相继恢复活动，这些非官方的宗教组织成为当今伊斯兰复兴运动的鼓吹者、领导者和组织者。

当代回族文学史　杨继国、何克俭著，宁夏《回族文学史》编写组，宁夏大学回族文学研究所编，宁夏人民出版社1994年出版。

甘肃回族史　马通著，甘肃民族出版社1994年出版。本书主要介绍了甘肃地区回族的历史、政治、经济、文化、人口、教育、宗教和商业活动等内容。

古兰经百问　陈广元、冯今源、铁国玺著，今日中国出版社1994年出版。冯今源全名为易卜拉欣·冯今源，铁国玺全名位赛尔德·伊布拉欣·铁国玺。本书设百问，回答了有关《古兰经》中涉及的伊斯兰教义、教法、哲学，以及《古兰经》的成书年代、《古兰经》的抄本和译本等主要内容。

回族风情录　罗韵希、王正伟、马建春、李仁、马达等编著，四川民族出版社1994年出版。介绍了回族的风俗习惯和文化传统。

穆斯林民族的觉醒：近代伊斯兰运动　吴云贵著，中国社会科学出版社1994年出版。本书对近代发生在阿拉伯地区的政治冲突、军事冲突、文化冲突、宗教冲突等作了比较细致的论述。

绿野沉思：李佩伦文集　李佩伦著，山西古籍出版社1994年出版。本书收《倔强的爱恋》、《回族文化讨论中的困惑》、《论回族戏剧》等28篇文章。

神示的诗篇　张承志著，江苏文艺出版社1994年出版。本书收《黑山羊谣》、《海骚》、《错开的花》等作品5篇。

伊斯兰教典籍百问　吴云贵著，今日中国出版社1994年出版。《宗教文化丛书》之一。本书设百问，回答了伊斯兰教的教义、经典、功课等问题。

伊斯兰教与经济　张永庆、马平、刘天明编著，宁夏人民出版社1994年出版。本书论述了伊斯兰教的经济思想、经济制度和伊斯兰教对经济发展的影响及社会主义时期伊斯兰教与民族经济的发展等。

伊斯兰教哲学百问　秦惠彬著，今日中国出版社1994年出版。《宗教文化丛书》之一。本书介绍了伊斯兰教哲学基本知识。

元咸阳王赛典赤·瞻思丁世家　尔萨·纳为信著，今日中国出版社1994年出版。赛典赤·瞻思丁是元朝一位享有盛誉的回族政治家。本书探讨他及其后裔落根华夏，同各兄弟民族一道共建中华民族大家庭的历史。

伊斯兰汉籍考　[英]莱斯利著，杨大业译，内部出版物，1994年印行。收录伊斯兰汉文书籍59种，并逐一进行了评论。

1995年

阿拉伯语汉语成语谚语辞典 杨言洪主编，对外经济贸易大学出版社1995年出版。本辞典收成语谚语7000余条，书后附部分阿拉伯国家方言成语。

阿拉伯语语言学 周烈编著，外语教学与研究出版社1995年出版。本书在编写过程中遵循的是简明、实用的原则，运用传统语言学与现代语言学相结合的方法，并注意结合我国阿拉伯语教学与研究的实际，力图以科学的实事求是的态度对阿拉伯语语言学的基本理论和基本概念进行介绍、分析和探讨。在内容的实用性、通俗性和科学性等方面作了一些新的尝试。本书可作为阿拉伯语专业大学本科高年级学生或硕士研究生的教材，也可供自学者、从事阿拉伯语教学、研究以及翻译工作的学者参考之用。

阿拉伯哲学 陈中耀著，上海教育出版社1995年出版。本书为国家教委"七五"社科重点项目。主要论述了阿拉伯国家的哲学发展简史，主要哲学家及其著作、主要的哲学流派，以及逻辑学、伦理与政治哲学、自然哲学、心理学等。

阿拉伯哲学史 李振中、王稼英著，北京语言学院1995年出版。本书为国家社会科学基金"七五"规划重点项目。本书比较系统地论述了阿拉伯哲学的发展历史，其主要内容包括：古代阿拉伯半岛朴素的唯物主义思想、7世纪初穆罕默德（约570-632）在阿拉伯半岛创立的伊斯兰教、阿布·阿巴斯（约721-754）时期的宗教和文化、逊尼派和什叶派、穆尔太齐赖派、新凯拉姆、苏非派、外来思想的影响、阿拉伯亚里士多德学派、穆罕默德·阿布杜等。

白崇禧传 程思远著，华艺出版社1995年出版。作者为广西宾阳人，第八届全国人大常委会副委员长，上世纪30年代曾任白崇禧的机要秘书，其后又在国民党高层供职，洞悉党内军政大事。本书即据其亲身见闻和第一手资料写成，记述了白崇禧将军的一生和各种重大的政治、军事事件。

白崇禧传 夏天编著，四川人民出版社1995年出版。《民国风云人物系列》之一。白崇禧（1893-1966），民国时期军事家，国民党军高级将领，字健生，广西人，回族。1916年毕业于保定陆军军官学校。1923年被孙中山任命为广西讨贼军参谋长。1924年任定桂讨贼军前敌总指挥兼参谋长，1926年任国民革命军第7军参谋长，1927年任东路军前敌总指挥，同年3月兼任上海警备司令，1932年任广西绥靖公署副主任兼民团司令，1937年任军事委员会副总参谋长，1938年7月代理第五战区司令长官，1939年底至翌年初指挥桂南会战，1945年10月晋陆军一级上将，1946年5月任国防部部长，1948年5月任战略顾问委员会主任委员兼华中"剿总"（剿灭共产党总司令），1949年9月任战略顾问委员会副主任，同年12月由海南岛去台湾。白崇禧是国民党陆军上将，素有"小诸葛"之称，曾在北伐、抗战时期立过战功，但又三次逼蒋下野，足见其在国民党内的显要地位。本书纪事从白氏在广西的童年家世起，迄晚年在台湾辞世止，完整而有系统地记叙了这位国民党一代名将的毕生经历，有条不紊地缕述了北伐战争、四·一二事变、蒋桂战争、两广事变、抗日战争、国共内战与国共和谈等风云大事，并透过蒋白之间的悲欢离合，揭示了国民党内部错综复杂的人事矛盾和当年政坛的秘情，记录了国民党政权从发展、分裂到落败的历程。

波斯古代诗选 张鸿年编选，外国文学名著丛书编辑委员会编，人民文学出版社

1995年出版。本书是《外国文学名著丛书》之一。伊朗伊斯兰共和国驻华使馆文化处协助出版。本书收录了关于伊朗古代的各类具有代表性的著名诗歌数十首，并有作者简介。

当代伊斯兰教　金宜久主编，东方出版社1995年出版。本书为《当代世界宗教丛书》之一。在当代的国际政治生活中，伊斯兰教作为一种宗教因素，它的作用和影响是人们可以轻易感觉到的。本书重点叙述了伊斯兰教在当代社会的发展与演变、伊斯兰教的"新兴教派"巴哈派、信仰伊斯兰教地区的政治、经济、文化等内容。

古兰经（多文种对照本）　马振武编，宗教文化出版社1995年出版。汉文、阿拉伯文和"小儿锦"对照本。

古兰经知识宝典　林松著，四川人民出版社1995年出版。本书分为三编，第一编主要内容有：1.《古兰经》是伊斯兰教最神圣的经典。2.《古兰经》内容综览。3.《古兰经》的结构与编排。4.《古兰经》的语言、口吻和诵读。5.对《古兰经》的注疏与求索。6.《古兰经》的翻译。详细介绍了汉文和少数民族文字通译本，汉文通译本有铁铮《可兰经》、姬觉弥《汉译古兰经》、王文清（静斋）《古兰经译解》、刘锦标《可兰汉译附传》、杨敬修《古兰经大义》、时子周《古兰经国语译解》、马坚《古兰经》、林松《古兰经韵译》、全道章《古兰经中阿文对照详注译本》、周仲羲《古兰经》，少数民族文字通译本有买买提·赛来《古兰经》维吾尔文、哈再孜、马哈什《古兰经》哈萨克文。第二编主要内容有：《古兰经》与六大信条、《古兰经》与五项功课、古兰经的社会主张、《古兰经》与伦理道德、《古兰经》与科学知识、《古兰经》与穆斯林日常生活、《古兰经》中的妇女、家庭与婚姻、《古兰经》的艺术风格。第三编为人物故事。

古兰释义8000题　杜文秀著，孙俊山点校，中国回族伊斯兰教古籍珍贵文献编辑组1995年出版。《中国回族伊斯兰教古籍珍贵文献》丛书之一。原本《古兰释义8000题》轶失较严重，今存部分正文和附题。

回族　马启成、高占福、丁宏著，民族出版社1995年出版。有2004年本，《民族知识丛书》之一。本书叙说了回族发展的简要历史，回族在新中国成立初期的经济社会形态，回族的文化特点和风俗习惯以及目前的发展状况等。

回族文学创作论　杨继国著，宁夏人民出版社1995年出版。作者为中国著名回族文学评论家，本书是其文学评论集，主要收录对回族作者和作品的评论文章，对了解中国回族文学具有参考价值。

蔷薇园　《贵阳晚报》报社编，贵州人民出版社1995年出版。漫画作品集。

圣洁的心旅：回族　林艺著，云南教育出版社1995出版。回族有近800万人口。云南有52万余人（1990年），女性约24万人，呈大分散、小聚居的分布态势。全省各地都有，昆明、开远、昭通等地都有较大的聚居区。本书以回族女性的宗教心旅为主线，通过其现代女性的生活再现了她们的传统文化及其心灵的圣洁。

伊斯兰教的苏非神秘主义　金宜久著，中国社会科学出版社1995年出版。《伊斯兰文化丛书》之一。本书主要介绍了伊斯兰教苏非派的产生、发展、特点等内容。

伊斯兰与中国文化　杨怀中、余振贵主编，宁夏人民出版社1995年出版。本书主要内容有：1.唐代盛世与阿拉伯帝国的经济文化交流，其中涉及唐代盛世的建立、穆罕默德的宗教革命与阿拉伯帝国的崛起、伊斯兰文化的形成及其在世界文化史上的地位、伊斯兰文化在唐朝与阿拉伯帝国交往中传入、《经行记》记载的阿拉伯社会和穆斯林生活等。2.宋朝与阿拉伯帝国的经济文化交流，包括繁荣的国际贸易、穆斯林人物、穆斯林生活、《岭外代答》与《诸蕃志》所记阿拉伯国家和商品等。3.蒙古军的西征和回回人的东来，包括蒙古军的西征、回回人的东来、三篇礼拜寺碑记等。4.中国历史上伊斯兰文化的四次高潮，包括突厥伊斯兰文化的形成（10至13世纪初）即中国历史上伊斯兰文化的第一次高潮。5.伊斯兰天文学和医学的输入。6.中国伊斯兰教经堂教育典籍、中国伊斯兰教的汉文译著活动、《古兰经》的翻译。7.中国伊斯兰文化的特点。本书揭示的历史事实，充分说明回回民族一开始就具有较高的文化水平，它是伊斯兰文化的载体，历史让它担负着向东方传播伊斯兰文化的使命，是它把先进的伊斯兰文化传入中国，在中国历史上也是它第一次较系统全面地把西方文化介绍到中国来。但在曲折坎坷的历史道路上，它又从文化的高起上逐渐跌落下来了。特别是清末咸同之际，回民起义失败，西南、西北回族农业经济基础被严重破坏，千百年的回回商业优势也失势了，劫后回民大都流为穷乡僻壤的佃农或城市贫民，出卖苦力之余兼以小商小贩糊口。经济上的穷困，更加速了文化的衰落。作者回顾历史，瞻仰先辈，号召人们自识、自语、自尊、自强，追踪先辈以知识为财富的传统，在祖国现代化的伟大事业中，振兴民族的经济文化，以求民族繁荣昌盛。

中国回族名人辞典 丁毅民主编，宁夏人民出版社1995年出版。收录了历代回族名人及其生平。前言中认为回族姓氏的来源有五：1.由波斯或阿拉伯语原读音引申而来的，如采用谐音、近音以名改姓等；2.由祖姓或回族名演变而来的，如变繁为简、谐音、近音等；3.由曾得到过的尊号或源来地名变繁为简、采用谐音等而产生；4.由各代皇帝赐给或御批（改）而产生的（一般会使用国姓或不绕口的姓氏）；5.历史上因战乱、民族冲突等为避仇躲难而隐姓埋名，或者借用周边汉人邻居、朋友姓氏的。

中国穆斯林居民文化 马平、赖存理编著，宁夏人民出版社1995年出版。本书根据我国10个穆斯林民族民居的民族类型，对这种特殊民居之所以出现的自然环境、社会背景和文化特点等要素以及伊斯兰教的宗教规定性、营造、布局及装饰等要素进行了全方位、深层次的探讨。

中国清真寺综览 吴建伟主编，宁夏人民出版社1995年出版。介绍了我们各地主要的清真寺及其历史沿革。

中国伊斯兰教与传统文化 秦惠彬著，中国社会科学出版社1995年出版。本书论述了伊斯兰教在中国的传播、发展，以及中国回族的传统文化等。

总统与我：萨达特夫人自传 [埃及]贾汉·萨达特著，周仲安、陈寅章译，上海译文出版社1995年出版。讲述了萨达特读书、结婚、生子等一生的经历。

1996年

回族 马国荣著，新疆美术摄影出版社1996年出版。《中国新疆民族民俗知识丛书》之一。本册内容介绍了回族的人口与分布、自然环境、物产资源、历史源流、社会经济、物质文化、家庭与婚姻、宗教信仰、文化和艺术、风俗习惯与娱乐活动。

回族语言文化 杨占武著，宁夏人民出版社1996年出版。本书主要介绍了回族语言的产生、发展以及回族伊斯兰教特点的汉语词汇、谚语与文化习俗等等。全书讲述全面、系统，具有一定的理论性、科学性及知识性，非常值得一读。

三宝太监下西洋记　（明）罗懋登著，石仁和校点，三秦出版社1996年出版。《明清通俗小说系列》之一。中国明代古典小说。

天方至圣：穆罕默德传　刘智著，周致一编译，黑龙江人民出版社1996年出版。本书根据我国清初著名伊斯兰学者刘智所著记述伊斯兰教创建者穆罕默德的编年体传记《天方至圣实录》编译而成。

天房史话　［黎巴嫩］谢赫阿里·海尔布塔里编，李光斌、李沁兰译，世界知识出版社1996年出版。本书讲述了卡尔白和麦加的历史，其中有关于《古兰经》、《圣训》等内容。

伊斯兰教简史　［巴基斯坦］赛义德·菲亚兹·马茂德著，吴云贵等译，中国少年儿童出版社、中国青年出版社1996年出版。《希望书库》之一。中国青少年发展基金会委托出版，版权归中国社会科学出版社。本书简要介绍了伊斯兰教产生、发展的历史及其经典、信仰、功课、派别等基础知识。

中国回族史　邱树森主编，宁夏人民出版社1996年出版。全书上下二册，是社会科学基金资助项目和国家民委"八五"社会科学科研课题、宁夏"八五"社科出版规划项目。这是一部比较完整的、富有特色的回族通史。该书从中外关系发展的角度，详细论证回族的族源及其聚合；从中国历史发展的线索，置回族于全国大环境内，详细论证其政治活动与经济结构；从中华民族多元一体化格局的角度，探索回族的共性与个性、文化的内涵以及伊斯兰文化的中国化问题。

中国历代政权与伊斯兰教　余振贵著，宁夏人民出版社1996年出版。本书是国家"八五"哲学社会科学重点研究课题《我国历代政权关于伊斯兰教事务治理策略研究》的最终成果。本书依时间顺序从唐代写到建国前，阐述了唐、宋、元、明、清、民国等各个历史时期伊斯兰教与政治的关系，尤其是明末清初以来伊斯兰教与西北地区社会安定的密切关系。在研究方法上，本书有四个特点：其一，以分析评估我国历代政权处理伊斯兰教事务的治理策略和实际效应为主线，揭示伊斯兰教在我国社会政治发展史上不可忽视的重要作用。其二，鉴于在历史上伊斯兰教和回族、维吾尔族等信仰伊斯兰教的少数民族关系十分密切，这两个方面的事情常常交织在一起，本书把伊斯兰教和信仰伊斯兰教的少数民族二者结合起来进行研究，在考虑历代政权对伊斯兰教的政策时，同时分析他们对信仰伊斯兰教的少数民族的态度，以及这些少数民族作出的反应。其三，为了对历代政权伊斯兰教政策的形成及演变作出较清晰完整的勾勒与评价，本书在分析他们推行伊斯兰教政策的动因及社会效果时，深入阐述了历代政权的民族观、宗教观，他们对信仰伊斯兰教少数民族的认识与态度，制定治理伊斯兰教事务策略的政治、经济、民族、思想、时代与文化背景以及各个时期的社会反映。其四，通过对不同时期不同政权的伊斯兰教政策进行纵向研究和对同一时期不同政权的伊斯兰教政策开展横向比较，反映出伊斯兰教在中国历史上发展的曲折历程。本书首次从中国历史发展整体上，对历代政权的伊斯兰教政策进行了大跨度的系统研究，以历史事实为依据对一些传统看法提出了自己的见解，并对前人鲜有论述的问题，如民国时期的伊斯兰教政策进行了探讨。

中国伊斯兰文化 《文史知识》编辑部、国务院宗教事务局宗教研究中心合编,中华书局1996年出版。1995年10月,《文史知识》编辑部与国务院宗教事务局宗教研究中心合办了《文史知识·伊斯兰文化专号》,旨在从宗教文化的角度出发,向广大读者介绍独具特色的中国伊斯兰文化。具有以下特点:1.从文化而非宗教的角度来介绍伊斯兰教在中国历史上的状况。2.在肯定伊斯兰教传入中国后仍保持其原有特点的基础上,侧重介绍伊斯兰教与中国传统文化相融合的过程。3.着重介绍伊斯兰教传入中国后对历史发展的贡献。4.简要介绍了关于伊斯兰教的常识。本书是在《文史知识·伊斯兰文化专号》基础上通过增补内容编写的,附有《伊斯兰教节日及纪念日公、农、伊历对照表》。

清洁的精神 张承志著,安徽文艺出版社1996年出版。《金蔷薇文丛》之一。本书收入散文作品30篇,分为《荒芜英雄路》、《心灵模式》、《清洁的精神》等5辑。

1997年

阿拉伯商人 顾晓鸣、黎瑞刚著,江西人民出版社1997年出版。本书首先论述了远古的"丝绸之路"上的波斯商人,接着介绍当今"石油时代"的阿拉伯商人。对阿拉伯商人在全世界的经商活动和他们的贡献,作了比较客观的评述。认为新一代阿拉伯商人,既承袭伊斯兰传统文化的熏陶,又深受西方教育的影响,显示出古老文明和石油新富的智慧风采,以自己别具一格的经营、思维和生活方式,成为引人瞩目的特殊群体,在全球性的经济格局中发挥着越来越大的作用。

阿拉伯史纲 郭应德著,经济日报出版社1997年出版。本书记事上起公元前610年穆罕默德传布伊斯兰教时期,下迄1845年第二次世界大战结束,全书38万字。论述了阿拉伯人的历史发展过程及其规律,阐述了伊斯兰教产生的背景与所起的历史作用以及阿拉伯帝国的兴衰、土耳其的专制统治与阿拉伯人民的反殖反帝斗争,分析了伊斯兰教派形成的社会政治原因及其影响,详述了阿拉伯伊斯兰文化的形成、发展及其对世界文化的影响等内容。

阿拉伯通史 纳忠著,商务印书馆1997年、1999年出版。本书为全国哲学社会科学"七五"规划重点项目、北京外国语大学"七五"科研规划项目。全书共分8篇、56章,是一部110万字的巨著。本书以较多的篇幅阐述阿拉伯民族从游牧部落发展到强大的民族国家,建立了东起中国边疆外、西迄大西洋边、横跨三大洲的阿拉伯—伊斯兰大帝国的全过程。除介绍历史上的政治、经济、社会、宗教、文化发展等内容之外,以较大的篇幅阐述了一般阿拉伯史书涉及不多的许多重大课题,如阿拉伯人向岛外扩张的政治、经济、社会的基础,南方也门地区文化的繁荣,伊斯兰教兴起前夕阿拉伯人的国际环境,北方麦加地区经济的腾飞以及思想意识的变化等。伊斯兰教兴起后,提出了《麦地那宪章》,促进了阿拉伯半岛南北部落从孤立走向统一。此外,对阿拉伯人历次向岛外迁移,阿拉伯人在"新领土地"留恋定居、夺取土地及封建土地制的发展,"新穆斯林"(阿拉伯人以外的各国穆斯林)与"被护民"(异教徒)对阿拉伯伊斯兰帝国的贡献、阿拉伯人与各民族的交融、帝国经济文化大发展、陆上和海上的两条丝绸之路、阿拉伯海到波罗的海之间的南北商道、西方十字军与东方蒙古人的夹攻、16世纪以后的400余年内阿拉伯各国在土耳其帝国和西方殖民主义统治过程和阿拉伯最终赢得独立等内容也作了详略不一的论述。林松先生评介此书为：与海外类似著作包括有影响的知名史家的论著绝不雷同相似，不同于美国学者希提的《阿拉伯通史》，不同于埃及学者艾哈迈德·艾敏的《阿拉伯：伊斯兰文化史》，它是中国学者纳忠自己的、凝结着古今中外学者研究之大成而又独树一帜、增辉溢彩的《阿拉伯通史》。

阿拉伯—伊斯兰文化史：近午时期 [埃及]艾哈迈德·爱敏著，朱凯等译，商务印书馆1997年出版。《近午时期》分三卷，本书为第三卷，本书是《阿拉伯—伊斯兰文化史》丛书的第四册。本书阐述了阿拔斯王朝前期公元8世纪中叶至9世纪中叶教义学的产生和发展，并依据大量原始资料，详细考察和介绍了教义学各主要教派穆阿台及勒派、什叶派、麦尔吉阿派和哈瓦立及派的教义、政治历史、著名人物和文学。阿拔斯时代教义学的产生和发展在整个伊斯兰史上具有重大的影响，但当时的教派之争造成各教派典籍大量佚失，各派观点鱼龙混杂，真伪难辨。为了尽可能全面、真实、系统地介绍伊斯兰教各主要教派的历史和基本观点，作者作了大量搜集、校勘和论证工作，进行了广泛而深入的研究，对伊斯兰史研究作出了重要贡献。

阿拉伯哲学：从铿迭到伊本·鲁西德 [伊拉克]穆萨·穆萨威著，张文建、王培文译，商务印书馆1997年出版。本书主要论述了哲学的定义、哲学的理论、哲学研究的课题、哲学的涵义、谁首先使用哲学一词、哲学家的工作方法、哲学家的条件、希腊哲学的东移等。本书据贝鲁特大学思想书社1977年阿拉伯文第二版翻译出版。

灿烂的阿拔斯文化 蔡伟良编著，上海外语教育出版社1997年出版。为国家教委"七五"社科重点项目。阿拔斯王朝从公元750年取代倭马亚时代开始到公元1258年被蒙古人攻陷巴格达为止，经历了约500年。穆罕默德的叔父、阿拔斯的后裔艾布·阿拔斯高举捍卫伊斯兰教的旗帜，利用人民对腐败倭马亚统治者的不满，联合了波斯人和什叶派的力量，夺取政权，成立了阿拔斯王朝。本书对阿拔斯王朝时期的都市、商业、文化、科学（两座天文台，一座在大马士革，一座在巴格达）、图书馆、翻译所、哲学家、法学家、数学家、医学家、文学名著等，都作了介绍。

当代国际伊斯兰潮 肖宪著，世界知识出版社1997年出版。内部发行。本书介绍伊斯兰教的概念、发展和形成，以及当代伊斯兰运动的情况。

当代回族经济掠影 马寿千、赵宏庆著，中央民族大学出版社1997年出版。本书主要论述了当代回族的商业意识、经营手段、主要的商业活动等内容。

伊朗通史 [伊朗]阿宝斯·艾克巴尔·奥希梯扬尼著，叶奕良译，经济日报出版社1997年出版，上下册。《东方文化集成：伊朗、阿富汗文化编》之一。

伊斯兰教 金宜久主编，宗教文化出版社1997年出版。伊斯兰教主要流传于西亚、北非、南亚、东南亚、中亚等地区，迄今已有1300多年的历史。第二次世界大战以来，伊斯兰教在西欧、北美、南美和黑非洲的一些国家里，也得到不同程度的传播和发展。据目前统计，信仰它的世界人口已近10亿。上世纪70年代以来，伊斯兰教愈来愈引起世人的关注。它所流传的西亚、北美地区则是战后世界的热点之一。书中对伊斯兰教在各地的发展和传播以及伊斯兰教著名学者、中国的著名清真寺、伊斯兰教在中国科技、文化等方面的贡献、中国伊斯兰教的门宦、道堂、教派以及伊斯兰教与中国传统文化的关系等方面都作了介绍。

伊斯兰教与中东现代化进程 彭树智主编，西北大学出版社1997年出版。国家教委人文社会科学"八五"规划项目,陕西优秀科学文艺著作出版基金资助项目。本书主要论述了伊斯兰教在阿拉伯地区的作用和中东现代化发展等问题。

云南回族苗族百村社会经济调查 马占伦主编,政协云南省民族宗教委员会编,云南民族出版社1997年出版。本书涉及云南农村的回族文化、宗教、生产、生活等社会调查内容。

中国的伊斯兰教 秦惠彬著,商务印书馆1997年出版。我国信仰伊斯兰教的民族主要有回、撒拉、东乡、保安、维吾尔、哈萨克、柯尔克孜、乌孜别克、塔塔尔、塔吉克等10个民族,据不完全统计约1700万人。中国伊斯兰教的分布有很强的地域特点,主要在西北五省(区)。此外,在云南、河北、山东、河南、安徽、北京等省市,也有相当数量的穆斯林,全国各地亦有散居人口。本书对中国穆斯林民族的分布、文化、宗教、建筑等作了简要介绍。

中国回族伊斯兰宗教制度概论 勉维霖主编,宁夏人民出版社1997年出版。本书全面系统地论述了回族伊斯兰宗教制度的历史演变和现状,诸如基本信仰和功修制度、教坊和掌教制度、寺院经堂教育、传统节日、婚丧礼仪和生活定制、苏非门宦、清真寺建制、近代回族伊斯兰教的维新运动,以及现阶段的新面貌等等,同时进行了科学地分析研究,归纳和认识回族伊斯兰教的社会作用。尤其是对回族伊斯兰教的民族特色,作了比较充分的探讨和论述。本书后半部分,集中论述各教派的源流、形成、传播、宗教主张、功修礼仪及其演变等等。本书最后一部分"当代回族伊斯兰教",是对20世纪80年代以来回族伊斯兰教现状的概述。

1998年

阿拉伯文行书字帖 马忠厚、米广江、杨智敏编,外语教学与研究出版社1998年出版。书中介绍了阿拉伯文的行书的写法,并有行书作品。可参阅《阿拉伯书法艺术》一书。

阿拉伯文学史 蔡伟良、周顺贤著,上海外语教育出版社1998年出版。本书分上下两卷。上卷叙述阿拉伯古代文学,包括伊斯兰教前的贾希里亚时期文学、伊斯兰初期文学、倭马亚文学、阿拔斯文学、安达卢西亚文学、马木鲁克和奥斯曼时期文学等。下卷为阿拉伯现代文学,包括北非的埃及、苏丹、马格里布三国文学;西亚的叙利亚、黎巴嫩、巴勒斯坦、伊拉克、巴林、也门等国家文学和侨民文学。本书的特点是,从中国学者的角度客观评价阿拉伯文学的历史功绩。采用科学性与实用性相结合的撰写方式,简明扼要,重点突出特色。本书是一部介绍阿拉伯文学发展历史的专著,不但可作为我国高校阿拉伯语专业和外国文学专业的阿拉伯文学史教材,也可作为从事外交、外贸工作人员以及阿拉伯文学爱好者的一本必备参考书。

阿拉伯语词汇学 国少华编,外语教学与研究出版社1998年出版。本书重点研究阿拉伯语词汇,不涉及各派语言学家研究词汇的不同流派。本书借助各流派中比较切合实际的理论,对阿拉伯语词汇的构成方法,如派生法、合成法、复合法、缩略法、阿拉伯化外来词等,对阿拉伯语词的意义的种类及其发展变化,对阿拉伯语习语的构成及其阿拉伯文化的渊源,作了尽可能深入的研究,力图探索其中的规律,更多、更快、更好地学习和运用阿拉伯语词汇,提高学习效率,提高阿拉伯语水平。同时本书还介绍了阿拉伯语词典编纂的历史、方法和著名的词典。

阿拉伯语语法 陈中耀编著,上海外语教育出版社1998年出版。介绍了阿拉伯语法历史、特点、用法等。另该书作者编著的《新编阿拉伯语法》,于2000年由上海外语教育出版社出版。

大陆与情感 张承志著,山东画报出版社1998年出版。本书为作者之散文集,有照片106幅,文章37篇。作者在《序》中说:"此书的分类和选择的原则是:用图片再次描述自己的文学安身立命的三块大陆:蒙古大草原、回民的黄土高原、文明的新疆;表达这三块大陆的民众对自己的支撑、友谊与哺育;作家只是儿子,只是引线,图片中的三片土地上的民众,才是主题和主人公。在这个原则确立以后,我兴奋了。这样激动的编辑已经久违。不仅好像在和处处的朋友重逢,不仅在重温自己三十年的道路和历史,我从图到文,又一次审视和掂量了自己。"实际上就是记录了作者本人三十多年的情感和经历。

积石山保安族东乡族撒拉族自治县志 董克义总编,积石山保安族东乡族撒拉族自治县志编纂委员会编,甘肃文化出版社1998年出版。《中华人民共和国地方志丛书》之一。本书记述积石山县自然、人文、社会、经济的历史和现状,全志由概述、大事记、地理编、经济编、文化编、政治编、民族宗教编等组成,内容上限不限,力溯古往,下限断至1988年底。

鲁达基、海亚姆、萨迪、哈菲兹作品选 潘庆舲等译,人民文学出版社1998年出版。《世界文学名著文库》之一。本书收入〔波斯〕鲁达基著《诗选》、〔波斯〕欧玛尔·海亚姆著《鲁拜集》、〔波斯〕萨迪著《蔷薇园》和〔波斯〕哈菲兹著《抒情诗选》。

穆罕默德 王俊荣、沙秋真编著,辽海出版社1998年出版。《布老虎传记文库·巨人百传丛书:思想家卷》之一。本书既以资料翔实、叙述严谨、语言生动突出了穆罕默德深沉克俭、渴求真知和思索人生的个性,又以阿拉伯文化特有的美好传说和宗教预言描绘了他作为先知的传奇色彩,使其具有伊斯兰文化内涵。重要内容包括伊斯兰教前的阿拉伯半岛、穆罕默德诞生、安拉的使者与伊斯兰教、麦地那社团和阿拉伯先知等。

清末西北回民之反清运动 高文远著,宁夏人民出版社1998年出版。记述清末西北回民反抗清政府压迫的历史。

沙特阿拉伯:一个产油国人力资源的发展 黄民兴著,西北大学出版社1998年出版。陕西省教委专项科研基金课题。本书主要叙述沙特阿拉伯经济的发展特征、模式及其人力资源(包括教育和劳动力市场)的发展历史、模式和问题。尤其对产油国沙特经济发展的主要机制和模式、沙特教育体制的基本特征、沙特劳动力的转移模式、沙特人力资源的发展等问题,作了全面论述。

闪族历史与现实:文化视角的探索 陆培勇著,甘肃人民出版社1998年出版。作者毕业于上海外国语大学阿拉伯语专业,获硕士学位。现任上海外国语大学东方语学院院长、中东文化研究所所长。除担任阿拉伯语专业本科生和硕士研究生的教学外,一直从事中东问题研究,曾先后到十多个阿拉伯国家学习、工作或作学术访问。本书汇集作者近年来已发表或尚未发表的论文和文章30篇。根据内容分为历史文化篇、政治经济篇和访问札记三部分。本书试图从文化因素出发,探讨和研究阿拉伯人与犹太人的历史演绎过程，从种族、宗教、政治、社会和文学艺术等方面分析阿犹两个民族的文化内涵异同点，以及当代政治、军事冲突的历史根源及和平共处的前景。

西安近代中等教育（西安文史资料第二十一辑） 西安市政协文史资料委员会编，陕西人民出版社1998年出版。记述了包括回族教育在内的西安地区近代教育的情况。

现代伊斯兰主义 陈嘉厚等著，经济日报出版社1998年出版。本书是我国迄今为止系统研究西方称之为"伊斯兰教旨主义"的第一部专著，也是国家社科基金"八五"规划重点课题的研究成果。上起公元610年，下止1996年底。现代伊斯兰主义运动中心在中东，是当代震撼世界的一股强劲的国际宗教政治思潮和社会改革运动，已引起各国政府和人民的密切关注。全书十四章，首先对运动的起因、组织、性质、特点、社会基础、理论观点、战略策略和发展前途等问题作全面的介绍和分析；其次，对与运动有关的今日中东热点问题，如伊朗、苏丹、阿富汗、阿尔及利亚、埃及穆斯林兄弟会、巴勒斯坦"哈马斯"、黎巴嫩真主党、沙特阿拉伯的瓦哈比主义，以及中东和平进程，都设有专章论述。

伊斯兰与回族研究文荟 吴艳冬著，宁夏人民出版社1998年出版。本书涉及国内伊斯兰哲学思想研究等内容。

云南回族研究 沙非亚编著，昆明市地方志学会编，内部出版物，1998年出版。本书是研究云南地区回族历史、经济、文化等方面的论文集。

中国回族之最 余振贵主编，宁夏人民出版社1998年出版。是庆祝宁夏回族自治区成立40周年举行的首届回族历史与文化国际研讨会的文集。

中国清真寺综览续编 吴建伟主编，宁夏人民出版社1998年出版。本书收录了《中国清真寺综览》未收录的清真寺名录及介绍。

中国伊斯兰教史 李兴华、秦惠彬、冯今源、沙秋真著，中国社会科学出版社1998年出版。本书按照五个历史时期叙述了伊斯兰教在中国的初期传播、普遍传播、完善成型为具有中国特点的伊斯兰教以及随着中国社会性质的两次重大变化而继续演变的整个历史过程。本书重点论述了伊斯兰教传入中国后在适应中国国情的本土化和民族化的同时，保持了它作为一种信仰和生活方式的基本特质。

中国伊斯兰教著述目录索引 桑荣编，新疆社会科学院图书馆1998年印制，内部出版物。为馆藏目录。

中国伊斯兰文化类型与民族特色 马启成、丁宏著，中央民族大学出版社1998年出版。本书主要论述了回族传统文化及其特点。

1999年

阿拉伯-伊斯兰文化史：正午时期 ［埃及］艾哈迈德·爱敏著，赵军利译，商务印书馆1999年出版。《正午时期》共二卷，此为第二卷。《阿拉伯-伊斯兰文化史》全套丛书八册，本书是该丛书的第六册。本卷描述、分析了公元9世纪中叶至11世纪初（伊斯兰教历4世纪末）阿拔斯王朝的社会状况及其对学术文化的影响。详细阐述了经注学、圣训学、教法、苏非派、语言、文学、语法、词法、修辞、哲学、伦理学、历史学、地理学等学科的演变和发展，以及各学科代表人物的生平及其学术成就。

沧州回族 吴丕清著，中央民族大学出版社1999年出版。本书叙述了沧州地区回族的历史、经济、文化和习俗等方面的内容。

古典伊斯兰世界 哈全安著，中国青年出版社1999年出版。《精粹世界史》丛书之一。本书全面介绍了古典伊斯兰世界的历史、政治、经济和文化等方面的内容，认为古典伊斯兰在时间上开始于610年先知穆罕默德在麦加传布启示，结束于1258年巴格达的陷落和阿拔斯王朝的倾覆。古典伊斯兰世界的空间范围，西起北非的西端和西班牙，东至帕米尔高原，北迄里海和高加索山，南达阿拉伯海和亚丁湾。古典时代堪称伊斯兰历史的黄金时代，中东则是古典伊斯兰世界的主体区域。

古兰经分类全编 [阿拉伯]穆罕默德·穆斯塔法·穆罕默德编，刘建荣译，内部资料，1999年出版。是中国目前最全面、最系统的一本中文本《古兰经》分类工具书，分类详细，查找方便，是学习、研究古兰经的必备工具书。本书内分：信仰——伊玛尼、启示、使命、复生日、知识与学者、伊斯兰教的基石、叩首、祈求与记念、天课、施舍、斋戒、朝觐、战争、迁徙、犯罪、犯罪者的下场、顺从、禁戒、婚配、离婚、限期、死亡、交易、食品、工作与劳动、安拉宽待人类、伊斯兰与妇女、伊斯兰与奴隶制度、《古兰经》与比喻、使者与先知的故事等内容。

古兰经：中阿文对照详注译本 闪目氏·仝道章译注，江苏省伊斯兰教协会1999年出版。已故仝道章哈吉是美籍华人，他倾二十年之心血翻译了这部中阿对照本古兰经。文字优美，附有注释。

汉语阿拉伯语常用词分类辞典 北京大学外国语学院阿拉伯语系与外文出版社阿拉伯文部编，外文出版社1999年出版。本词典选录了各类常用词汇和短语共35000余条，其中还选编了我国近年来改革开放、经济、金融、电子、高科技词汇万余条。分为政治、工业、农业、财贸、国际关系等十六类。

回回古诗三百首 丁文庆、吴建伟注评，民族出版社1999年出版。本书仿照《唐诗三百首》的体例编纂而成，并加了简明的注释和评价。收录了古代回族诗人具有代表性的三百余首诗，从中可以了解回族古代诗歌的面貌及其特点。

回族民间文学史纲 李树江编著，宁夏人民出版社1999年出版。1958年7月，中共中央宣传部召开少数民族文学史座谈会，明确提出："目前社会上迫切需要编写一部马克思主义观点阐述的包括少数民族的中国文学发展史。"在这次座谈会上，回族文学史被确定为首批上马的项目，并在1960年8月召开的第二次少数民族文学史编写工作座谈会上再一次明确。本书一方面在上编保留了《概况》，以介绍种类、特点为主，另一方面在下编则按历史发展时期的顺序，叙述各种重要的回族民间文学现象，评价重要的有代表性的各类作品。还突出介绍了古代回族民俗的情况。该书既是回族文学史的一个重要组成部分，又有着独立存在的价值。

回族民俗学概论 王正伟著，宁夏人民出版社1999年第二版。本书全面论述了回族的生活、宗教等方面的习俗和与之相关的民俗学理论。

近代伊斯兰思潮 张秉民著，宁夏人民出版社1999年出版。对近代发生在伊斯兰教信仰地区的各种运动作了比较细致的论述。

穆罕默德的故事：金汤瓶 李树江编，宁夏人民出版社1999年出版。本书为《回族民间传说故事丛书》之一。《穆罕默德的故事》为伊斯兰历史人物类民间传说专辑。回族劳动人民在他们的口头创作中，赋予他们所敬仰的伊斯兰历史人物以理想的色彩、超人的神力，使其超越了历史真实人物和宗教圣人的范畴，成为回回民族力量、才智和尊严的化身。本书还收录了《蜜枣的传说》、《乞讨不如自食其力》、《洋芋的来历》、《穆罕默德与蜘蛛鸽子》、《穆罕默德的劝告》、《赛典赤的故事》、《锁蛟》、《赛典赤征萝槃甸》、《郑和的传说》、《小马和捉赃官》、《三保太监和接官亭》、《杜文秀的故事》、《是个干大事的人》、《洪水让路》、《起反》、《一副对联》、《筑台拜帅》、《渡漾江》、《斩将》等28篇故事。

同心县·回族卷 李希著，民族出版社1999年出版。本书为《中国少数民族现状与发展调查研究丛书》之一。本书全面反映了同心县回族的政治、经济、文化教育和社会各方面的现状及未来发展趋势。

五花石：金汤瓶·回族民间传说故事丛书 李树江编，宁夏人民出版社1999年出版。本书收录了《宝罐》、《泥人》、《尔里的奇遇》、《要口唤》、《阿比德和伊布利斯》、《五花石》、《苏尔乃白》、《马大哥和他的兄弟》等故事。

现代政治与伊斯兰教 刘靖华编著，社会科学文献出版社1999年出版。本书主要内容：1.伊斯兰教与现代政治：理论的新综合。2.伊斯兰教与政治传统。3.伊斯兰教与政治文化。4.伊斯兰教与政治意识形态。5.伊斯兰教与政治合法性等。

信主独一：伊斯兰教 张文建编著，世界知识出版社1999年出版。《世界宗教史话丛书》之一。本书通过史话形式，生动描述了伊斯兰教的起源、传播和发展的历史进程。作者运用丰富的研究积淀，以通俗易懂的语言，有机地将伊斯兰教创立、发展中具有特殊意义的事件，撰写为一个个故事，中间穿插人物传记、历史典故、传闻传奇等等描述，使读者在阅览鉴赏中开阔视野。书中史料、情节，均据本而述，而非随意写就。

伊斯兰建筑 [美]霍格著，杨昌鸣等译，中国建筑工业出版社1999年出版。本书目录简介：第一章伊斯兰建筑的滥觞，第二章伍麦叶时期的建筑，第三章阿拔斯时期的建筑，第四章北非的早期伊斯兰建筑，第五章西班牙的早期伊斯兰建筑等。

伊斯兰威胁：神话还是现实 [美]约翰·埃斯波西托著，东方晓等译，社会科学文献出版社1999年出版。本书收录了论述当前国际前沿问题和热点问题的学术论文多篇，这些论文中，有的从历史的角度论述了现代国际政治发展的规律，有的分析探讨当前的格局和态势，有的展望未来预测演变的趋势和前景。总之，此书汇集了不同学派、不同观点的优秀论文。

伊斯兰与冷战后的世界 东方晓著，社会科学文献出版社1999年出版。本书内容包括：当代伊斯兰运动概论、伊斯兰历史的透视、伊斯兰社会来自外部的压力、伊斯兰社会来自内部的危机。

云南回族历史与文化研究 马维良著，云南大学出版社1999年出版。《云南民族学院科研成果丛书》之一。云南民族学院资助出版。本书论述云南回族的历史、宗教、生活、习俗、文化等内容。

在中国信仰：回族题材散文卷 张承志著，湖南文艺出版社1999年出版。作者1948年生于北京，原籍山东济南，回族，职业作家。曾供职于中国历史博物馆、中国社会科学院民族研究所、海军创作室、日本爱知大学等处。曾获第一届全国短篇小说奖，第二、第三届全国优秀中篇小说奖及全国少数民族文学创作奖。现为中国作家协会理事。出版著作30余种，代表作品集有小说集《张承志集》（1993）、《清洁的精神》（1994）、诗集《神云的诗篇》（1991）、文集《张承志作品集》（1995）、《心灵史》（1991）等。此书为《张承志文集》之一。本书收录《心火》、《大河家》、《三营会》等29篇散文。

中国回族姓氏溯源　魏德新编著，新疆大学出版社1999年出版。有日文、阿拉伯文并列题名。本书介绍的内容有：1.回族姓氏的渊源；阿拉伯人的姓名是由本人名、父名、祖父名、族名、地名和部落名等构成；唐宋元时期，来华的穆斯林为中国回回民族的形成奠定了基础，同时也为回回姓氏的诞生、形成和发展准备了条件。认为回族先民在唐宋元时期基本保持他们原来的姓氏，但也有所变化，到元代末期，回回人姓氏与汉文化相结合。2.回族姓氏的来源与他们的先民尤其是元代回回人的姓氏有着直接的渊缘关系；明代回族姓氏汉化表明中国回族的形成。3.回族姓氏的特点：有很大一部分来自阿拉伯人、波斯人，中亚人的姓氏译音；有许多姓氏是同姓不同源；同音姓氏多但同音不同字；回族人口少，但姓氏数量多且生僻姓氏也多。并对汉族、蒙古人、维吾尔人、犹太人、菲律宾人、越南人、傣族、白族的姓氏等也作了论述。

中国穆斯林的礼仪礼俗文化　杨启辰、杨华主编，宁夏人民出版社1999年出版。本书从多个少数民族的角度出发，对中国各族穆斯林在服饰、婚俗、饮食、丧葬、禁忌、节庆、行为、交际、民居、商贸等各个方面所形成的礼仪礼俗，作了全面、系统的介绍。

中国南方回族碑刻匾联选编　答振益、安永汉主编，宁夏人民出版社1999年出版。中国南方回族古籍丛书之一。本书主要收入了南方地区有关回族的碑刻和匾联，并对资料逐一进行了介绍。

中国史学史论集　白寿彝著，中华书局1999年出版。是作者的史学论文集。

中国伊斯兰教的历史发展和现状　杨启辰著，宁夏人民出版社1999年出版。本书着重论述了中国信仰伊斯兰教的10个民族、中国伊斯兰教的民族化地方化进程、中国传统文化对中国伊斯兰教的影响、中国伊斯兰教哲学思想的发展、中国伊斯兰教伦理道德思想的发展、中国伊斯兰教文化思想的发展、中国伊斯兰教教育思想的发展、中国伊斯兰教经济思想的发展、中国伊斯兰教生活方式的发展、中国伊斯兰教与社会主义社会相适应的问题等内容。

中国伊斯兰探秘　金宜久著，东方出版社1999年出版。本书内容包括：1.刘智生活的社会背景和他的思想渊源、思想模式。2.刘智的精神实体"真"的基本含义、特点，以及"真"在理论和形化过程中的内在关系。3.刘智关于光的思想。4.刘智的性理思想。着重介绍"真"所显示的人性的不同层次及其特点、人性机能、人性与人体的关系、人性与情欲的关系、人的后天品性等级、人性的使命等问题。5.刘智关于"世界"的思想，包括天体大世界和人身小世界。6.刘智关于"思统"、"复归"的思想。7.刘智的宗教、伦理思想，包括关于天道五功、人道五典以及如何尽人道以合天道的主张。8.刘智的神秘观，以其《五更月》和《天方字母解义》两本著作为实例，从内容上具体分析并介绍他的神秘主义思想。9.刘智思想的载体。通过具体事例说明，刘智的思想当前在国内仍有重要影响，并以此表明刘智思想乃伊斯兰教在中国地方化和民族化的一个典型表现，刘智本人则是中国伊斯兰教内的汉学派的重要代表。

2000年

阿拉伯现代文学与神秘主义 李琛著，社会科学文献出版社2000年出版。东方神秘主义是一宗丰富的文化遗产，取其精华，去其糟粕，是一项艰巨、复杂而细致的工作。本书独辟蹊径，从神秘主义与文学的关系入手，运用"个案"研究的方法，以实事求是的科学精神和态度，在研读作家大量作品、占有各种丰富研究资料以及亲历阿拉伯社会、了解伊斯兰文化传统、访谈有关作家、评论家的基础上，对阿拉伯现代神秘主义与文学关系进行了深层次研究和论述。

宝珠：金汤瓶·回族民间传说故事丛书 李树江主编，宁夏人民出版社2000年出版。本书选了古代小说中胡人识宝的故事，及现代流传的回回采宝的民间传说故事26篇，透过这些故事可以追溯回回先民的活动足迹，多角度地体察回回民族的独特气质。

聪明的阿卜杜：金汤瓶 李树江主编，宁夏人民出版社2000年出版。本书为《回族民间传说故事丛书》之一。《聪明的阿卜杜》为回族机智人物类民间故事专辑。幽默风趣的情节，浓郁的喜剧色彩，生动诙谐的语言，豪侠尚义、疾恶如仇的品格勾勒出一组生动光彩的回族机智人物的群像，展示出回族劳动人民的智慧及其朴素而丰富的精神世界。

二十世纪中国文学与伊斯兰文化 马丽蓉著，安徽教育出版社2000年出版。《20世纪中国文学研究丛书》之一。本书主要论述了伊斯兰作家复合型的文化人格、伊斯兰作家多元化的创作资源、"人性"主题的纵深开掘、地域情结的浓情宣达、文化皈依中的艺术收获、文学体式的有益探索等内容。

发菜姑娘：金汤瓶 李树江主编，宁夏人民出版社2000年出版。本书为《回族民间传说故事丛书》之一。《发菜姑娘》是回族生活风情类民间传说故事专辑。这些故事或幽默风趣，或浪漫奇幻，或凄婉深沉；故事主题单纯素朴，表述生动感人，体现了回族穆斯林群众对真、善、美、洁、圣的崇尚与追求。

凰城：金汤瓶 李树江主编，宁夏人民出版社2000年出版。本书为《回族民间传说故事丛书》之一。本书为回族风物传说类民间故事专辑。透过这些故事，不仅可以感受浓郁的地方风情，也可以体悟回族民间故事与多民族民间文化的交流与融合。

回回古文观止 吴建伟主编，宁夏人民出版社2000年出版。本书比较系统地提供了一批古代回回文人散文创作的基础性材料，借以促进人们在阅读欣赏的同时，关注对回回古文的搜集保存和流传研究。

回回药方考释 宋岘考释，中华书局2000年出版。明初出现的《回回药方》是唐中叶西方伊斯兰医药传入中国后中国人编撰的一部伊斯兰医药百科全书。原书共36卷，现仅存残本4卷。本书除将4卷全部影印外，并对其中的医药名词进行了详细考释；其中特别对回回医药的渊源、古代中国与伊斯兰世界的医学交流、中国各民族文化的交流与融合都提出了独到的见解。本书对古代中外文化交流史和中国医学发展史的研究，都有重要参考价值。

回民起义 中国史学会主编，上海书店2000年出版。《中国近代史资料丛刊》之一。本书记述了杜文秀及其领导的清末云南回民起义的过程，清代西北各族穆斯林反抗清朝及外国人入侵者的斗争，并对起义的性质和影响等问题进行了评价和探讨。

回族人物志　白寿彝主编，宁夏人民出版社2000年出版。本书为上下册。收录了元明至清鸦片战争前后几百年间回族主要历史人物的传记，详细记述了他们的生平及所经历的重大事件。全书内容丰富，资料翔实，具有较强的系统性、史料性及知识性，有助于读者对元至清末这几百年间回族历史人物有一个系统的了解。此外还包括元明清以来的遗文碑传、题跋及有关诗词的酬赠等。本书为研究回族历史人物的要籍之一。

回族文化史　纳文汇、马兴东著，云南省民族研究所、云南民族出版社编，云南民族出版社2000年出版。《云南少数民族文化史丛书》之一。本书以历史走向为坐标，民族发展为线索，从历史源流、人口分布、生存环境、组织结构、哲学思想、宗教信仰、语言文学、风俗习惯、婚姻家庭、伦理道德、科技教育以及民族关系等方面，系统论述了云南回族文化的历史。

金雀：金汤瓶　李树江主编，宁夏人民出版社2000年出版。本书系《回族民间传说故事丛书》之一。本书为动物传说类回族民间故事专辑。大千世界中与人类共处的自然界生灵，也具有人的品性与爱憎，具有美的渴望与追求，动物类民间传说故事中寄寓着回族人民对社会、对人生的理解和认识。

近代西北回族社会组织化进程研究　霍维洮著，宁夏人民出版社2000年出版。宁夏社会科学"八五"规划课题之一。本书主要研究了西北回族社会发展与组织化运动、西北回族社会组织的双重性及其矛盾、反清斗争及其影响、西北回族全面反清等问题。

近现代伊斯兰教思潮与运动　吴云贵、周燮藩著，社会科学文献出版社2000年出版。本书针对怎样认识和评估运动思潮席卷整个穆斯林世界、如何认识作为许多国家传统文化重要组成部分的伊斯兰教与社会现代化进程关系、怎样认识和评估近代以来伊斯兰世界与西方的关系史等问题，进行了全面系统的梳理并做了一些新尝试。

曼苏尔：金汤瓶　李树江主编，宁夏人民出版社2000年出版。本书为《回族民间传说故事丛书》之一。本书为回族爱情传说类民间故事专辑，曲曲"花儿"袒露着回族青年爱的情愫，抒写着爱的圣洁与美丽、爱的不屈与忠贞。收录了《曼苏尔》、《不见黄河心不死》、《琴师哈桑》、《五姐儿》、《野菊花》、《春风姑娘》、《阿里和他的白鸽子》、《金口弦》、《猎人和牡丹》、《咪咪情》、《樱桃仙女》、《鲤鱼复活的故事》和《牛犊儿和白姑娘》等故事。

穆罕默德传　[英]罗伊斯顿·派克著，张春霞译，中共中央党校出版社2000年出版。本书叙述了穆罕默德创立伊斯兰教的过程和伊斯兰教的教义等。

宁夏清真小吃　宁夏清真小吃编委会编，宁夏人民出版社2000年出版。本书精选近两百个小吃品种，以包容乃大的思想，沿宁夏小吃这条发展主线，探讨了西北地区民族饮食文化的共性与个性，让人们领略到华夏饮食文化和清真小吃的博大精深。

企业腾飞的翅膀：制造自动化　薛劲松著，辽宁科学技术出版社2000年出版。《当代青年科普文库》之一。本书概括介绍了制造业的发展历程及自动化技术的作用，分析了国内制造业的竞争形势及所面临的机遇与挑战，介绍了现有的用于制造业的各种自动化技术成果。

蔷薇园　[波斯]萨迪著，张鸿年译，湖南文艺出版社2000年出版，全18册。《波斯经典文库》之一。本书分8章，前7章包括散文故事186段，第8章为箴言警句120则。

人祖阿丹：金汤瓶　李树江主编，宁夏人民出版社2000年出版。《回族民间传说故事丛书》之一。《人祖阿丹》为回族创世神话、回族族源神话传说故事专辑。这些故事想象奇美、瑰丽多姿，具有鲜明的伊斯兰文化特点又渗透着生动感人的东方情结。

赛典赤·瞻思丁传 李清升著，李丹河等译，云南大学出版社2000年出版。中英文对照译本。本书根据内容分为早年政绩、抚治云南、古今同悼三个方面，对云南政治家赛典赤·赡思丁这个历史人物进行了详细的介绍。

塔志圣训经 陈克礼译，内部资料，2000年出版。中国流传最广的中译本分类圣训集，即阿文本"塔志"圣训。

巍山回族简史 马绍雄主编，云南民族出版社2000年出版。本书详细记述了杜文秀起义时期巍山回族的不屈斗争和为此付出的巨大民族牺牲，同时也充分展示了巍山回族人民所取得的重要成就。

循化撒拉族自治县文化资源开发研究 冯敏主编，青海人民出版社2000年出版。本书共分九章，内容包括导论，民族文化的现状及特征，民俗文化的特色及其开发利用，经济文化的优势与发展前景，宗教文化及其开发利用，享誉海内外的饮食文化，丰富多彩的旅游文化，古建筑文化的优势与开发，开发县域文化资源价值、问题、目标、前景。

伊斯兰教学 王俊荣、冯今源著，当代世界出版社2000年出版。《中国现代科学全书·宗教学》之一。本书客观地论述了伊斯兰教的兴起、传播、教派、信仰、制度、节日，以及伊斯兰教与经济、妇女、伦理道德、科学文化的关系，对伊斯兰教学的对象、范围、研究方法等问题进行了研究。

伊斯兰教知识读本 秦惠彬著，宗教文化出版社2000年出版。伊斯兰教是公认的世界三大宗教之一，在世界各地有着广泛的社会影响。本书用通俗易懂的文笔介绍了伊斯兰教的创立、形成与发展、基本教义、伊斯兰教主要人物、主要节日、伊斯兰教的各种宗派等内容。

伊斯兰文明 秦惠彬主编，中国社会科学出版社2000年出版。本书内容涉及伊斯兰文明的兴起、伊斯兰教的传播与发展、传统哈里发制解体后的伊斯兰教、近现代伊斯兰文明、伊斯兰政治、伊斯兰经济、伊斯兰社会、伊斯兰女权主张、伊斯兰文学艺术、伊斯兰教派、伊斯兰科学和伊斯兰文明对世界文明的贡献等。

真境花园 [波斯]萨迪著，杨万宝译，宁夏人民出版社2000年出版。又名《蔷薇园》。中世纪伊朗诗歌选集。

执著岁月：回族史与伊斯兰文化 李健彪著，西安出版社2000年出版。是作者研究回族历史、文化等方面的论文集。

中东国家通史：沙特阿拉伯卷 王铁铮著，商务印书馆2000年出版。本书内容包括：1.沙特王国概貌、地理位置、人口、资源；国家的形成、伊斯兰教的地位、石油与世界经济、"政教合一"政体的演进。2.古代的阿拉伯半岛、阿拉伯人的起源和演变、岛北部的古代国家、伊斯兰教的兴起。3.伊斯兰教诞生后的阿拉伯半岛。4.瓦哈比运动与早期的沙特王国。5.战后初期的发展与沙特国王的逊位。6.费萨尔时期的外交政策和现代化战略。7.哈立德时期的石油繁荣及其社会效应。8.法赫德时期的经济调整和社会政治走向。9.伊斯兰教与沙特社会政治生活。10.沙特王国同中国的关系，其中涉及渊源久远的中阿关系、近代以来的中沙交往、1990年建交后中沙关系的发展等。

中国回教史　傅统先著，宁夏人民出版社2000年出版。本书内容包括回教与穆罕默德、回教之传入中国、宋代之回教、元代回教之鼎盛、明代之回教、清代之回教和中华民国之回教等。

中国回教史鉴　马以愚著，宁夏人民出版社2000年出版。《回族学丛书》之一。据商务印书馆1948年上海修订第二版重排本。本书内容包括至圣纪要、回教之道、历代史志、回纥源流、回回历法、文章勋业和名寺古墓等。

中国回教史研究　金吉堂著，宁夏人民出版社2000年出版。《回族学丛书》之一。本书分2卷6章，上卷为中国回教史学，下卷为中国回教史略。本书是民国时期回族学者研究中国伊斯兰教史的代表性成果之一。

中国回教小史　中国伊斯兰史纲要　白寿彝著，宁夏人民出版社2000年出版。《回族学丛书》之一。本书收《中国回教小史》和《中国伊斯兰教史纲》两部著作，书后附有陈垣《回回教入中国史略》和陈汉章《中国回教史》两篇文章。

中国西北伊斯兰教基本特征　马通著，宁夏人民出版社2000年出版。宗教既是人类社会的一种意识形态，也是一种文化。它是社会存在的反映，是人类社会发展到一定阶段的产物。现今世界上约有188个国家和地区，2000多个民族，近60亿人，有48亿人存在着宗教信仰问题。在我国55个少数民族中，也不同程度地存在着宗教信仰的问题，其中有些民族只信仰一种宗教，也有一些民族信仰几种宗教。本书主要介绍了中国西北伊斯兰教的基本特征，伊斯兰教派门宦与研究方法，以及中国西北伊斯兰教著名经师、学者和社会活动家等等，书后附有西北穆斯林学用阿拉伯语、波斯语和汉语专用语表，便于读者查阅。

中国新疆地区伊斯兰教史　陈慧生主编，《中国新疆地区伊斯兰教史》编写组编著，新疆人民出版社2000年、2006出版。全书共分二册，第一册是记述古代部分，时间上限为10世纪前后伊斯兰教传入新疆，下限到19世纪中叶（即鸦片战争前后）。第二册是近现代部分，上限为19世纪中叶，下限到1949年。详细记述了伊斯兰教传入新疆地区的历史过程。

中国伊斯兰教基础知识　秦惠彬编著，宗教文化出版社2000年出版。本书详细介绍了伊斯兰教的传播发展、基本信仰、经训典籍、教义学说、教法制度、派别组织、中外人物、历史事项、圣地寺院古迹、文化教育、主要穆斯林民族、常用术语等方面的伊斯兰教知识。

中国伊斯兰教简史　米寿江、尤佳编著，宗教文化出版社2000年出版。本书简要介绍伊斯兰教产生、发展的历史及其经典、信仰、功课、派别等基础知识；并以中国伊斯兰教传入和发展的客观历史过程为线索，将中国伊斯兰教发展过程分成四个时期，并对唐宋丝绸之路的和平传教、元及明前期的大分散与小聚居、中国伊斯兰教民族化的进程和现当代中国伊斯兰教的发展等内容作了详细论述。本书第一作者米寿江现为江苏省行政学院教授、中国回族学会副秘书长、中国宗教学会理事、中国伊斯兰教协会委员、江苏省伊斯兰教协会副秘书长，其著作有《当代视角下的宗教》、《伊斯兰教简明辞典》、《宗教通史简编》、《宗教经籍简编》等10余部，发表有关伊斯兰教研究的论文40余篇。

中国伊斯兰教派门宦溯源　马通著，宁夏人民出版社2000年出版。伊斯兰教作为世界三大宗教之一在中国有一定的影响，因此，对伊斯兰教的研究是社会科学研究的一项重要内容，对于进一步贯彻落实党的民族宗教政策、加强民族团结、繁荣民族经济和文化，以及建设社会主义物质文明和精神文明，具有重要意义。本书主要探讨了中国伊斯兰教派别的历史渊源，主要涉及的内容还包括苏非派、依禅与门宦、赫达叶通拉希与马守贞、华哲·阿布都·董拉希与祁、马、鲜三门、马灵明与巴布派、西道堂与白道堂、瓦哈比耶与伊赫瓦尼、东南沿海的伊斯兰史迹与西北地区派别的具体情况，以及他们与门宦的关系。所述内容较为全面，具有一定的系统性和知识性。

中国伊斯兰教派与门宦制度史略 马通著，宁夏人民出版社2000年出版。作者为回族，1929年出生于甘肃张家川。1949年毕业于西北大学法律系。长期在西北民族、宗教、统战系统从事研究工作，主编了《中国伊斯兰教在中国》、《中国伊斯兰百科全书》、《中国回族大辞典》等10余部著作，发表学术论文30多篇。伊斯兰教是一个传播广泛、具有世界影响的宗教，在世界史中占有一个很重要地位，尤其在当今国际事务中表现出来的能量，说明它是现代第三世界中的一支不可忽视的社会力量。本书为研究中国伊斯兰教提供了较好的资料。全书分三篇，主要内容有：1.伊斯兰教的创建、发展和纲领。详述了伊斯兰教产生前的阿拉伯社会、伊斯兰教的兴起、形成、发展和伊斯兰教的纲领。2.伊斯兰教传入中国。内容有伊斯兰教传入中国的几种说法，伊斯兰教传入中国的路线，穆斯林对中国政治、经济和科学文化的贡献等。3.产生门宦的社会基础及历史条件。涉及教派与门宦、"三掌教"、"热依斯"和"海乙"制、经堂教育和宗教职业者、汉译经典和汉文经著的出现、清朝中期开放海禁与苏非派的传入。4.三大教派。包括格底目、伊赫瓦尼、伊赫瓦尼的创建和发展、伊赫瓦尼的分裂、赛莱非耶和伊赫瓦尼的主张、西道堂、西道堂创建前洮州民族宗教状态、西道堂的创建、西道堂的振兴、西道堂的衰落、马启西的遗作等内容。5.四大苏非学派及其门宦。叙述虎夫耶学派及其门宦、嘎德林耶学派及其门宦、哲赫忍耶学派及其门宦、库布忍耶学派及其门宦等。

诸马军阀集团与西北穆斯林社会 许宪隆著，宁夏人民出版社2000年出版。本书叙述了回族诸马军阀从维护集团利益、强化地方治权的角度，在中国主流社会现代化潮流的带动下，主持了甘宁青地区的早期现代化建设，为后世对该地区的开发留下了可资借鉴的历史经验和教训。

阿拉伯书法艺术赏析 米广江编，陕西旅游出版社2000年出版。本书是我国著名阿拉伯文青年书法家米广江（全名为哈吉·努伦丁·米广江）书写与编辑的阿拉伯文书法集，收集了世界著名泰斯米写法600种，具有很高的收藏价值。

2001年

阿拉伯-伊斯兰文化史：近午时期（1） [埃及]艾哈迈德·爱敏著，朱凯、史希同译，商务印书馆2001年出版。《阿拉伯-伊斯兰文化史》丛书的第二册。本书阐述阿拔斯王朝前期（750-847年）百年内的社会和文化的发展。本书根据大量的原始资料，阐述了这一史实：阿拉伯人和各族穆斯林学者对波斯、印度、希腊、罗马的古籍进行大量的翻译和校勘、诠释，并结合伊斯兰教文化和阿拉伯文化做了广泛深入的研究，为开创阿拉伯文化鼎盛时期光辉灿烂的"阿拉伯-伊斯兰文化"奠定了坚实的基础。本书还着重阐述了奴隶阶级对文化的贡献。阿拔斯人重视女奴的教授,培养她们通晓各种学艺,尤其是文学诗词和歌舞弹唱。女奴来自文化高度发展的各邻近民族,女奴在文学、艺术方面的贡献,远非阿拉伯自由妇女所能及,可以和男奴在政治、军事、经济和文化方面的贡献媲美。

阿拉伯-伊斯兰文化史：黎明时期 [埃及]艾哈迈德·爱敏著,纳忠译,商务印书馆2001年出版。《阿拉伯-伊斯兰文化史》丛书共六册,本书为第一册。作者为埃及著名历史学家艾哈迈德·爱敏。本书根据大量原始史料,叙述了伊斯兰教产生前阿拉伯地区的概况,并详细记载和论述了伊斯兰教产生后阿拉伯-伊斯兰国家的政治、经济、社会、文化、学术活动,特别详细论述了伊斯兰教各教派的产生和发展,被阿拉伯学术界誉为"划时代的伊斯兰百科全书",为研究阿拉伯伊斯兰历史、文化的重要史籍。

阿拉伯-伊斯兰文化史：正午时期 [埃及]艾哈迈德·爱敏著,史希同等译,商务印书馆2001年出版。《阿拉伯-伊斯兰文化史》丛书的第五册。本书逐一介绍了阿拉伯帝国境内的突厥人、波斯人、阿拉伯人、罗马人、黑人以及犹太人和基督教徒的社会地位及其对政治、社会、宗教的影响,论述了帝国的分裂对学术及文学发展所起的作用。本书还以更大的篇幅,详细介绍了埃及及沙姆地区、伊拉克及波斯南部、呼罗珊及河边地区、信德及阿富汗、马格里布诸国和阿拉伯半岛等地的学术中心、著名学者以及学术发展和演变情况。

阿拉伯伊斯兰文化史纲 孙承熙著,昆仑出版社2001年出版。《东方文化集成》丛书之一。本书首先阐述了伊斯兰教创立前阿拉伯半岛的文化概貌,并较详细地介绍了半岛南部和北部阿拉伯人所建立的区域性城邦国家及其所创造的绚丽多彩的古代文化；随后对深刻体现和反映伊斯兰文化的精髓和本质的内容,诸如伊斯兰文化的发祥地麦加和麦地那、阿拉伯人的先知穆罕默德、《古兰经》和圣训、教义学派和教法学派、阿拉伯——伊斯兰哲学和阿拉伯文学等进行了重点介绍和评价。作者认为,阿拉伯民族舍多神而改信一神的伊斯兰教决非偶然,而是阿拉伯社会制度发生了巨大变革时期的产物,它是与阿拉伯人急需寻求一种新的生产关系和新的社会组织形式来替代行将崩溃和解体的氏族经济和氏族社会的客观形势相适应的。同样,与此相关的伊斯兰文化的孕育、诞生和成长也不是偶然的,而是在阿拉伯半岛的经济、政治、文化、种族、语言、地域等诸多因素的制约和培植下脱胎成型的。同时还指出伊斯兰文化是在古代闪族文化的基础上吸收外来文化（如希腊、罗马、拜占庭、叙利亚、波斯、印度、中国等）而形成的产物。

阿拉伯语实用口语 北京外国语大学阿拉伯语系编,外语教学与研究出版社2001年出版。本书是北京外国语大学阿拉伯语系本科学生口语课教材。本书的编写按专题分类,每个专题都从语言的实际使用出发,设计了一些讲话的场合和情景,涉及生活的各个方面,但不包括口译内容。在每个或几个专题后面附有一定数量的补充词汇,并注意句子表达及词语的普遍性、常用性,避免使用只在某个国家通用的方言。

布哈里圣训实录全集（第2部） 布哈里辑录,康有玺译,经济日报出版社2001年出版。本书是《东方文化集成·西亚北非文化编》系列之一。主要收录了伊斯兰教先知穆罕默德的言行汇编,全书涵括了伊斯兰教信仰、法律、政治、战争等等多方面的内容。本书为第二部,包括商业篇、雇佣篇、水利篇、诉讼篇、馈赠篇、调解篇等21篇内容。

踩在几片文化上：张承志新论　马丽蓉著，宁夏人民出版社2001年出版。"青岛大学出版社基金资助"项目之一。本书分为人格论与艺术论两个单元，将张承志纳入几片文化理论视野下作出全方位、多层次的探讨论断，提出了一系列独到的观点与见解。

传统与现代的整合：云南回族历史文化发展论纲　纳麒著，云南大学出版社2001年出版。本书比较详细地叙述了云南地区回族的历史源流、主流文化等内容。

传统与现实：土耳其的伊斯兰教与穆斯林　孙振玉著，民族出版社2001年出版。本书内容包括：世俗化与伊斯兰宗教传统，逊尼派伊斯兰教，奥斯曼帝国政教合一体制下的逊尼派伊斯兰教；世俗共和国政教分离体制下的逊尼派伊斯兰教；什叶派伊斯兰教；苏非派伊斯兰教在土耳其的发展过程及社会地位与影响；土耳其苏非派伊斯兰教的各主要教团；土耳其伊斯兰教育传统、改革与现状、当代土耳其伊斯兰教育的几种主要形式；土耳其多党派民主政治与伊斯兰政党的形成与发展过程及其社会背景；伊斯兰政党的存在现状及其评价；土耳其的伊斯兰原教旨主义的形成与发展背景；土耳其伊斯兰原教旨主义的理论形态；土耳其伊斯兰原教旨主义的实践特征；土耳其伊斯兰原教旨主义的评价；土耳其世俗共和国中的穆斯林；穆斯林妇女；穆斯林知识分子；土耳其最大的穆斯林少数民族库尔德民族等。

当代伊斯兰阿拉伯哲学研究　蔡德贵主编，人民出版社2001年出版。本书为国家社会科学"九五"重点科研项目。本书对阿拉伯思想文化从历史演变、发展脉络、基本规律和特征的角度做了层次分明的梳理，不但对流行于阿拉伯世界的三大宗教做了宏观的比较研究，还对流行于阿拉伯世界的其他宗教，如萨比教、摩尼教、巴哈伊教等辟专章进行了说明介绍，对伊斯兰原教旨主义、伊斯兰神秘主义、存在主义、实证主义、唯理主义、马克思主义等社会思潮的哲学思想，一一进行了剖析和阐述，阐释了各种社会思潮之间相互交叉、相互作用的复杂关系，并指出各种学派和思潮的斗争始终围绕着传统与现代、西化与反西化这一主线进行。该书既突出了阿拉伯哲学的多元特征，又强调了当代伊斯兰阿拉伯哲学的民族性和历史性，比较准确全面地展现了当代伊斯兰阿拉伯哲学的思想全貌，在国内学术界对当代伊斯兰阿拉伯哲学了解甚少的情况下，该书的出版，填补了国内学术界在这一领域研究的一项空白。本书作者蔡德贵在中东地区留学、工作多年，对阿拉伯哲学、文化、宗教等领域有深刻的了解。因此，对许多看似纷繁复杂、杂乱无章的社会问题、理论问题，作者在书中处理得井然有序、条理分明，充分展示了作者驾驭问题、分析问题和解决问题的逻辑思维能力。该书为人们深入了解当代伊斯兰阿拉伯思想文化提供了一条重要途径，对探究当代伊斯兰阿拉伯哲学有重要的推动作用，对深入把握当代阿拉伯世界纷繁的思想文化风貌及认识复杂多变的世界格局有重要的借鉴意义。

当代中东政治伊斯兰：观察与思考　曲洪著，中国社会科学出版社2001年出版。本书叙述了中东地区历史上的宗教与政治、伊斯兰教与穆斯林社团、传统的伊斯兰政治制度、传统的伊斯兰政治学说、近现代伊斯兰教思潮辨析、伊斯兰教与中东宗教政治反对派等内容。

道里邦国志　[阿拉伯]伊本·胡尔达兹比赫著，宋岘译，中华书局2001年出版。本书为阿拉伯古典地理的代表作。简要记载了两河流域12郡60县的地名、道里、税收等内容。

高等学校阿拉伯语教学大纲 基础阿拉伯语教学大纲研订组编，北京大学出版社2001年出版。本书为高等学校阿拉伯语专业基础阶段阿拉伯语教学大纲。内容涉及语音（读音规则、语调、正字法）语法（词与词的分类、名词、动词、虚词、短语、句子及其主要成分、句子的次要成分、呼唤表达形式、感叹表达形式、除外表达形式、特指宾语表达形式、假设词根、词根的动词作用、主动名词的动词作用、叙事代词、分离代词、标点符号、语法术语）、功能意念（社交、试图影响他人行为的表达方式、对客观事物的态度、情感的表达方式、交流信息、关系、相似与不同、方法、手段、变化、发展、可能性、时间、空间、颜色、形状、材料、数和量）、语言技能（听的技能、说的技能、读的技能、写的技能、题材）、测试参考方案等。

古埃及神话故事 王海利编著，吉林人民出版社2001年出版。本书为《神话之旅》丛书之一。本书收录了《爱茜丝戏谑拉神》、《人类罹难》、《奥西里斯死而复生》、《法老与魔术师》、《三个王子诞生记》、《无首之尸案》等17个故事。

古代波斯医学与中国 宋岘著，经济日报出版社2001年出版。《东方文化集成：伊朗、阿富汗文化编》丛书之一。本书是一部探讨中古波斯医学怎样产生、如何传入中国的专著。该书以《回回药方》为例，介绍波斯医药文献传入中国的史实；以《本草纲目》、《普济方》为例，介绍波斯医学融入传统中医学的历史过程。

回族传承文化实录 王正伟著，宁夏人民出版社2001年出版。本书介绍了回族数百年来形成过程中所流传或传授并继承下来的器质性文化、精神性文化和制度性文化，也包括习俗、传说、故事、歌谣这些民间口头文化作品。

回族文化新论 杨华、杨启辰著，宁夏人民出版社2001年出版。本书较为深入地介绍了全国各地的回族概况、回族哲学思想、回族伦理道德、回族文化教育、回族经济发展、回族宗教信仰等。

回族学刊：全国第十一次回族史讨论会暨全国回族学会成立大会论文集（第一辑） 高发元主编，云南回族研究委员会编，云南大学出版社2001年出版。本书从全国第十一次回族史讨论会暨全国回族学会成立大会论文中选出67篇，从不同角度论述了回族在新的历史条件下面临的诸多问题，内容涉及历史、文化、教育、经济、宗教等。

简明伊斯兰史 马明良著，经济日报出版社2001年出版。本书为《东方文化集成：西亚、北非文化编》之一，该丛书主编为季羡林。本书系统地阐述了自伊斯兰教诞生到现代伊斯兰复兴运动，即自公元610年至20世纪90年代近1400年的伊斯兰教发展史。

辽宁回族史话 马文清等著，辽宁民族出版社2001年出版。《辽宁少数民族史话丛书》之一。本书介绍了辽宁历史上的回族，辽宁回族的发展演变和存在形式，辽宁回族人对祖国繁荣、祖国尊严以及辽宁的腾飞做出的贡献。

绿苑钩沉：张巨龄回族史论选 张巨龄著，民族出版社2001年出版。本书收录张巨龄回族史论文章70余篇，其中包括"关于回族史研究的思考"、"20世纪初中国回族伊斯兰研究述补及评"等，其中有关语言文字和语文教育的论文和观点在学术界有广泛影响。

穆罕默德传 梅益盛辑译，全国图书馆文献缩微复制中心2001年印行。叙述穆罕默德一生事迹。分幼年之遭遇，传道之发轫，穆氏逝世及继位者等，计17章。

宁夏文史资料（第25辑） 政协宁夏回族自治区委员会文史和学习委员会编，宁夏人民出版社2001年出版。本书收录《我所走过的路》、《回忆我的父亲姚以壮》、《秦腔名丑钟新民》、《湘川客商担枸杞》、《昔日宁夏回族教育》等30多篇回忆文章。

圣学复苏精义　[阿拉伯]安萨里著，[沙特]萨里赫·艾哈迈德·沙米编，张维真译，商务印书馆2001年出版。《宗教文化丛书》之一。本书分"功修卷"、"习俗卷"、"自毁卷"、"自救卷"四卷，阐述了功修的详明规则和礼节、人际关系的要诀和哲理、各种恶德、虔诚之士所具备的品性。

圣裔的王冠：约旦王室　杨孝柏等著，中国戏剧出版社2001年出版。本书共分18章，内容包括"显赫的家谱"、"壮心未已"、"崭露头角"、"风华少年"、"团结统一"、"寻求和平"等。

天方夜谭　佚名著，郅溥浩等译，译林出版社2001年出版。《天方夜谭》又名《一千零一夜》，阿拉伯半岛地区民间故事选集。《译林世界文学名著》之一。本书收入《国王山鲁亚尔和宰相女儿山鲁佐德》、《商人、妖怪和三个老人》、《巴格达脚夫、三个女郎和三个流浪汉》等18个阿拉伯民间故事。

西域古代伊斯兰教综论　高永久著，民族出版社2001年出版。本书专门就清代以前伊斯兰教在西域的传播和发展这一课题，进行了系统研究，书中综述的西域古代伊斯兰教包括三个层面：1.伊斯兰教在西域地理范围内的传播；2.伊斯兰教在西域历史上的横向、纵向的延续发展；3.西域古代伊斯兰教在西域历史上的地位。

新编卧尔兹演讲集（第一辑）　中国伊斯兰教教务指导委员会编，宗教文化出版社2001年出版。本书主要内容包括做一个虔诚敬畏的穆斯林，什么是"吉哈德"和如何正确认识"吉哈德"，孝敬父母是穆斯林的天职等。

新疆回族民间歌曲精选　马成翔编著，新疆青少年出版社2001年出版。本书编者是新疆知名作曲家，是生长在新疆的一位成就卓著的回族专业音乐工作者，对新疆各民族音乐的研究成果比较突出。本书是其多年来发掘、整理、研究民族音乐的成果。

循化撒拉族自治县志　韦琮主编，循化撒拉族自治县志编纂委员会编，中华书局2001年出版。《青海省地方志丛书》之一。本志以新中国成立以后该县发展为主，以述、记、志、传、图、表、录等体裁，对循化撒拉族自治县的历史沿革及其现状进行了介绍。

一册山河　张承志著，作家出版社2001年出版。本书收录作者的散文20篇，包括《水路越梅关》、《檀木镇纸》、《东本愿寺》、《与草枯荣》等。

伊斯兰教小辞典　金宜久主编，上海辞书出版社2001年出版。本辞典共选收伊斯兰教方面词目1932条。包括教派、组织、机构、人物、信仰、教义、学说、思想、经籍书文及其用语、历史事项、古兰经人物与传说、称谓、教职、教制、礼仪、节日、清真寺、圣地及其他等九大类。正文按词目分类编排。一词多义的词目，用1234等分项叙述。释文中的"*"符号，表示该符号后面的词有专条解释，可供查阅。关于中国的历史纪年，1911年辛亥革命前一般用旧纪年，夹注公元纪年；1911年以后一般用公元纪年。在使用公元纪年时，一般省略公元两字；括号注释内的公元纪年，一般省略年字。译名采用通行的译法，对一些译音虽有出入，但至今仍可习用者，则根据约定俗成的原则沿用。外国人名、教派、组织、经籍、清真寺、圣地、名词等词目，一般按名从主人的原则附注外文，阿拉伯文、波斯文、乌尔都文、土耳其文等注拉丁字母对音。释文中出现未收专条的外国人名、地名、名词等，根据需要，酌注外文。2006年再版时，共选收伊斯兰教方面词目1940条。《宗教小辞典丛书》包括《佛教小辞典》、《基督教小辞典》、《伊斯兰教小辞典》、《道教小辞典》等，所收条目选自《宗教大辞典》，并根据宗教学科学发展的情况，增补了必要的内容。此修订版吸收了初版五年来宗教学术研究的新成果，并增加了一批新条目。各小辞典词目按分类编排，正文后附有词目笔画索引，既可查检，又可阅读。

伊斯兰经济思想 刘天明著，宁夏人民出版社2001年出版。本书比较详细地论述了穆斯林的经济生产、生活方式与伊斯兰经济思想的密切关系问题。

伊斯兰文化论集 朱崇礼主编，中国社会科学院宗教研究所、西安市伊斯兰文化研究会编，中国社会科学出版社2001年出版。本文集收录论文40篇，内容包括：对《古兰经》、圣训、伊斯兰哲学以及宗教与社会主义社会相适应等问题进行不同层次的分析和论证；还有从民族学的视角对回族历史、经济和文化等方面进行的探讨和研究。

伊斯兰文化与现代社会：东方文化与现代社会 秦惠彬主编，沈阳出版社2001年出版。本书涉及范围较为宽泛，既有对教规的简单介绍，又有对这一宗教思想奥义的详细诠释。同时，从政治、经济、社会视角，论述了这一宗教所具有的适应当代及未来生活的教义宽容与实践弹性。本书不同于一般的论文集，它由一个内在的思想框架联系起来，整书浑然一体。

正确阐明新疆历史 田卫疆等著，新疆人民出版社2001年、2002年出版。《新疆干部学习读本》之一。本书主要论述了新疆历史、新疆民族史和新疆伊斯兰教史。附有大事年表。

正确阐明新疆伊斯兰教史 马品彦著，新疆人民出版社2001年出版。《新疆干部学习读本》之一。本书介绍了伊斯兰教在新疆的早期传播、伊斯兰教在新疆的发展、清朝政府的政教分离政策和近代新疆的伊斯兰教等内容。

中国回族金石录 余振贵、雷晓静主编，宁夏人民出版社2001年出版。《中国回族古籍丛书》之一。全国古籍整理出版规划领导小组赞助出版。本书选编了圣旨敕谕碑记、捐资助学碑记、功德纪念碑记、人物碑记、回民墓地碑记等10类，共440篇回族碑记，反映了回族的发展演变和主要特点。所收资料的年限，上起唐宋时期，下至1949年建国前。凡涉及回族的中文、阿拉伯文、波斯文以及其他各种文化的资料和口碑资料均属收录范围。此书是研究中国回族的要籍之一。

中国南方回族文化教育资料选编 德尔基彭错、郭嵩明主编，四川民族出版社2001年出版。中国南方回族古籍丛书之一。本书辑录了南方11个省、市、自治区有关回族文化教育的资料200多篇（条）。资料来源于11个省、市、自治区的古籍、方志、族谱、文集、手稿、期刊和报纸等。

2002年

阿拉伯语语言研究 周文巨编，上海外语教育出版社2002年出版。本书是一本阿拉伯语言研究论著，内容包括阿拉伯语和汉语之间的音位、音节、声调、语调、音变、轻重音和词法等方面的对比，影响阿拉伯语言风格的语音手段；用现代语言学理论看待阿拉伯字母和剖析阿拉伯语，阐述阿拉伯语同义词、反义词、多义词、外来词，介绍阿拉伯语词典和构词手段，叙述阿拉伯语的强调手段和语篇粘合方式等，围绕阿拉伯语表达手段进行分析，涉及面广泛，除静态描写和结构分析外，大量采取横向比较，探讨阿拉伯语和汉语的异同。本书对阿拉伯语专业师生、语言研究工作者有较大的参考价值。

阿拉伯政治外交与中阿关系 王保华、齐明敏、张宏著，外语教学与研究出版社2002年出版，上下册。本书为阿拉伯语专业师生、政治外交与中阿关系的参考书。全书分上下两册，上册注重理论，下册侧重实践。上册共18章，每章含正文、注释、提示、背景介绍、思考题、讨论题、翻译、摘要、概述和写作练习阅读材料等内容。其主要内容有政治外交的基本知识、阿拉伯国家的政治情况、著名的阿拉伯区域组织、中东问题、阿拉伯国家与各大国的关系、中阿关系等。下册内容主要有阿拉伯国家概况、外交文书、新闻公报、领导人讲话、答记者问等各种与政治外交有关的文章。其中一些内容附汉语参考译文，另一些内容不附汉语译文，可作为翻译练习材料和扩大知识面的阅读材料。本书侧重介绍阿拉伯国家的基本国情、政治外交情况及中阿关系。

阿拉伯语修辞 《阿拉伯语修辞》编写组编，外语教学与研究出版社2002年出版。本书是北京外国语大学阿拉伯语系为阿语专业高年级学生编写的教材。本书注意介绍传统阿语修辞学的概貌，也注意对阿语修辞理论做实事求是的探讨。在研究内容上作了一定增删，增加了一些属于修辞学范围而传统修辞学不曾作研究的内容，删掉了一些传统修辞学提及而不属于修辞学范围或实用价值不大的内容。本书保持传统阿语修辞学的体系，（句式修辞、形象修辞、藻饰修辞），也沿用了这种划分方法，对现代阿拉伯语也作了简要介绍。

百年中国穆斯林 丁宏、张国杰著，宁夏人民出版社2002年出版。本书对一百年来大量的穆斯林历史资料进行全方位、多角度的研究，从纷繁无序的历史资料中梳理经纬，把20世纪一百年中国穆斯林所经历的风风雨雨和自强不息的历史，特别是把新中国成立以来中国穆斯林在党的领导下发生的重大变化，展现在人们面前。

波斯历史文化与伊朗穆斯林风情礼仪 王锋、陈冬梅著，民族出版社2002年出版。中国和伊朗是亚洲东部和西部的两个正在崛起的发展中国家，它们都有各自光辉而灿烂的文明，对人类的进步和发展、对人类文化都产生过重大的影响。本书作者从自己的亲身感受出发，站在21世纪人类文化走向的大背景中，在历史、文化、宗教、哲学、美学和考古学的宏大范围内，全面考察了丝绸之路和中伊之间文化交流的历史和现状，并侧重对鲜为人知的伊朗社会现象作了多角度、多层面的综合考察和研究。全书分为上、中、下三编，融学术性、知识性、趣味性、纪实性、可读性于一炉，形象客观地反映了伊朗人民的过去和今天丰富多彩的生活。本书对于了解和认知当今伊朗社会的现实及其未来走向，促进中伊之间的文化交流，有一定参考价值。

大厂回族史话 杨宝军著，中央民族大学出版社2002年出版。本书从大厂的历史地理环境，到回回民族的迁徙定居、人口分布，从族系家谱的考辨，到民情习俗、宗教信仰的介绍，从经济文化的发展，到历史人物、重大事件的概述，都经过"去粗取精、去伪存真、由此及彼、由表及里"的梳理整合，较系统、全面地展现了古往今来大厂的面貌，给人以条理清晰、轮廓分明之感。

黑龙江回族 谷文双著，哈尔滨出版社2002年出版，《黑龙江流域民族历史与文化丛书》之一。本书内容包括人口、族称与源流、社会变革、民族关系、经济、教育、文化、习俗习惯、宗教信仰、发展与展望等。

回回旧事类记 吴建伟主编,宁夏人民出版社2002年出版。本书收录了从唐代开始到清代末年为止的有关伊斯兰文化和回族历史的资料,计有720余条目。条目的作者全部是汉族文人学士。绝大部分条目是从稗官野史搜求出来的,有笔记、小品、书札、碑铭、方志、诗词、小说及各种类书、政书等各式各样的著录形式,几乎涉及到了中国古代所有的文体。因二十五史中的有关资料比较系统集中,容易获得,故本书省略了这部分资料。本书编辑体例采取"分门隶事,各以类聚"的方法,把众多古籍中的原文,按照不同的内容性质,分门别类地加以摘抄、编排。720多个条目,把它分为9大类,即源渊、宗教信仰、中阿交流、商贸、仕宦、艺文、科技、谐谑和排挤粗暴。每一大类之下,按照条目的多少,又分出若干次一级小类。如"中阿交流"之下,又分出"陆路朝贡、战争、出使西方"4个小类。在同一个小类中,排列材料时,按朝代的先后顺序来处理,唐宋在前,元明清置后。所摘抄的原文,根据需要,有的是整段、整篇,有的只是零散的片言只语。此资料是研究回族历史、经济、文化、宗教等方面的重要史料。

回族爱国主义传统教育读本 周瑞海、马金宝著,宁夏人民出版社2002年出版。本书介绍了回族爱国主义思想的由来和发展特点,回族人民在科技上对祖国的贡献,近代回族反帝爱国斗争,历史上回汉民族的友好关系等内容。

回族的习俗 杨淑玲、李文治著,宗教文化出版社2002年出版。本书共分20个部分,其内容包括回族的缘起与分布、回族共同的心理状态、中国共产党的民族政策、回族的用水习惯、回族的饮食习俗、回族的服饰、回族的居住与民居等。

教诲录:来自伊斯兰世界的人生启示 [波斯]昂苏尔·玛阿里著,王雪译,吉林人民出版社2002年出版。作者以睿智深邃的思想、诱导劝诫的口气、言简意赅的语言,论述了在这个表面祥和安静而内部却永远充满欺伪狡诈的世界里,如何既保持令世人所称道的美德,又能运用智谋在尘世的争斗中永远处于上风的入世谋略。书中充满了意味深长的警言隽语,如"并非任何情况都有求于好人,有时也有求于坏人,但这要以不伤好人为条件,否则你就会因同坏人打交道而破坏了同好人的友谊。要能在同坏人交往中提高威信,并且能发展同好人的友谊。"此书曾被伊朗著名学者巴哈尔宣称为"伊斯兰文明的百科全书"。这是一部影响世界的伊斯兰文化经典之作。

马德新及其伊斯兰思想研究 孙振玉著,兰州大学出版社2002年出版。《明清回族伊斯兰四大译著家及其思想研究丛书》之一。本书介绍了马德新及其对伊斯兰教思想的研究,内容包括马德新的家世、师传、生平和译著,马德新与云南回民起义,马德新论圣人之教,马德新的人道同一说等。

民族领袖:卡扎菲传 [英]戴维·布伦蒂、[英]安德罗·莱西特著,马福云译,时代文艺出版社2002年出版。《20世纪军政巨人百传》之一。本书叙述了卡扎菲的生平,同时也介绍了他所奉行的政策和利比亚国家的状况。

宁夏文史资料(第26辑) 政协宁夏回族自治区委员会文史和学习委员会编,宁夏人民出版社2002年出版。存稿选编之二。本书收《马鸿逵统治宁夏见闻》、《马鸿逵逸闻》、《好人不当兵、好铁不打钉》、《马鸿逵逃渝见闻》、《孙马之战亲历记》等文章。

圣训珠玑 [埃及]穆·福·阿卜杜勒·巴基编,马贤译,宗教文化出版社2002年出版。本书是先知穆罕默德在不同时间、地点,针对不同具体问题而发表的言论或所做的行为示范,后经门弟子、再传门弟子甚至三传门弟子口授,多人采集辑录而成。

唐代中国与大食穆斯林 [法]张日铭著,姚继德、沙德珍译,宁夏人民出版社2002年出版。本书全面运用中国唐宋文献和古代阿拉伯、波斯文献,以及西方、日本学者的研究成果,系统论述了公元7至10世纪初近300年间(618年至907年)唐王朝与阿拉伯大食帝国、吐蕃之间的政治、军事、外交,以及中国与波斯湾地区海上丝路的文化交流关系。对于研究西域史、唐代中国交通史、伊斯兰教在中国的最初传播、中国穆斯林的形成,以及唐代中国的对外贸易提供了重要学术参考。书后附录了涉及有关唐代与西域各国、大食、波斯、天竺、吐蕃、南诏,以及南海地区关系的重要史料,为本书增色不少。

天方神韵 伊斯兰古典文明:宗教与文明 许晓光编著,四川人民出版社2002年出版。在长达数千年的历史长河中,人类究竟创造过哪些灿烂辉煌的古典文明?这些古典文明的全貌到底是怎样的?它们给人类社会留下了哪些宝贵遗产?这些文明在世界历史上有何重要地位?最终产生过什么影响?这些都是许多朋友十分感兴趣而又急于了解的问题。本书奉献在读者面前的,就是目前世界上硕果仅存的古典伊斯兰文明的概貌。包括了伊斯兰文明的起源和繁荣状况,以及这种文明的历史地位和深远影响。重点介绍和阐述了伊斯兰教怎样产生,伊斯兰帝国的形成及其辉煌时代,伊斯兰教为什么神秘色彩十分淡薄,穆斯林有什么生活习俗,西洋味十足的伊斯兰哲学,饶有趣味的伊斯兰语言文学,令人惊叹的伊斯兰建筑奇迹,穆斯林的绘画、装饰和音乐艺术,硕果累累的伊斯兰史学和地理学,独具特色的伊斯兰教育,穆斯林在自然科学上的巨大贡献等内容。本书既有学术性,又有趣味性,适合于中等以上文化程度并对世界古典文明感兴趣的所有读者。包括学校教师和大学生、人文学科研究者、政府机关工作人员、有意于拓展海外业务的企业家、旅游部门及涉外宾馆饭店的从业人员等。

天方正学 蓝熙著,全国图书馆文献缩微复制中心2002年印行。蓝熙又名蓝子羲。全书七卷,用儒术解释伊斯兰教"道统",认为回儒"道本同源"。内容另有天方道统图、阿拉伯字母图、墓志等。

文明的关键词:伊斯兰文化常用术语疏证 敏春芳编著,民族出版社2002年出版。《西北民族学院语言文学学科建设文库》之一。本书收录伊斯兰宗教文化的常用术语约600个,分为伊斯兰教、基本信仰、思想学说、伦理道德、基本学科、《古兰经》篇章结构、经堂语词汇构成形式等24个部分。本书按照工具书的体例,将穆斯林日常生活中常用语汇集编辑,并作了简单明了的解释。是一本研究回族语言和文化的工具书。

西北回族教育史 张学强著,甘肃教育出版社2002年出版。《西北少数民族教育研究丛书》之一。本书分六章,分别叙述了西北回族与西北回族教育,唐、宋、元时期西北回族先民的教育,明清时期的西北回族经堂教育,清代甘宁青伊斯兰苏菲门宦的教义及功修礼仪,民国时期西北回族教育的发展,陕甘宁边区的回族教育。西北回族教育史的研究是民族教育研究及西北回族教育研究中的一个重要组成部分,它不仅能进一步推动民族教育学及回族学的学科发展,更为重要的是,通过历史研究为当今发展西北地区回族教育服务，这是研究的一个基本出发点。

西北回族幼儿教育研究　马以念主编，甘肃教育出版社2002年出版。本书是《西北少数民族教育丛书》之一。本书的主要内容有：1.介绍对西北回族幼儿教育的调查过程，其中包括研究工作的背景（调查研究所设计的工具、调查所获得的相关数据、调查访谈录以及收集所设计的工具）、通过调查所获得的相关数据、调查访谈录以及收集的回族幼儿园现行教育的相关资料。2.根据调查材料，就回族传统教育观念与回族幼儿教育实践的关系、民办回族幼儿园教师的成长、回族幼儿社会性教育中同伴交往的特点、回汉儿童教养方式与儿童健康等问题进行了比较细致的探讨。这些研究都努力保持了研究的客观性，正视了民族教育的一些难点问题，力求用心理学、民族学、社会学、教育学和幼儿教育的新理念去寻求问题的答案。

新疆烈士传：热血河山（第十二辑）　李世勋主编，新疆人民出版社2002年出版。本书赞颂了新疆维吾尔自治区近几年在反分裂斗争中英勇牺牲的28位革命烈士的光辉事迹。是对各族人民群众进行爱国主义和反对民族分裂教育的好教材。

新疆伊斯兰建筑风采　新疆维吾尔自治区伊斯兰教协会、乌鲁木齐中青人文化传媒有限公司编，新疆美术摄影出版社2002年出版。汉维对照本。本书集中展示了中国传统文化和当地民族文化与伊斯兰文化长期交融形成的中国伊斯兰建筑特点和风格，体现了维吾尔等各族人民的超人智慧和精湛技艺。

伊斯兰教在中国　周燮藩、沙秋真著，华文出版社2002年出版。本书对伊斯兰教进行了概述，然后分别讲述了伊斯兰教在中国唐宋时期、蒙元时期、明清时期、民国时期以及中国当代的发展情况。

伊斯兰伦理研究　杨捷生著，宗教文化出版社2002年出版。中国对伊斯兰教的研究，长期以来局限于宗教信仰的单一方面。把它作为一种文化、一种哲学思想、一种社会意识形态来研究，是最近几年的事情。作者根据中国历史和社会的实际情况，对信仰伊斯兰教的中国各少数民族在现代化的过程中，在伦理道德方面的各种情况，进行了科学客观的分析，大胆提出个人的观点和看法，富有新意和创造性。中国伊斯兰文化研究是一个大课题，了解伊斯兰、了解中国穆斯林，有利于充分调动和发挥中国广大穆斯林同胞的积极性，促进我国精神文明和物质文明的建设，促进西部大开发战略的实施，从而促进包括伊斯兰文化在内的中华民族文化的全面发展和繁荣，这也是中国各个民族人民的共同心愿。

伊斯兰与国际热点　金宜久、吴云贵著，东方出版社2002年出版。《世界民族与宗教研究书系》之一。本书主要内容有：1.导言。概略地讨论伊斯兰教与国际政治的概念、伊斯兰教的发展模式、伊斯兰世界、近现代伊斯兰教的发展与演变以及伊斯兰教与国际政治相关后果论等问题。2.选择伊斯兰世界具有代表性的13个国家，分别是论述这些国家的政教关系问题。主要包括伊斯兰教在这些国家的传播，20世纪60年代末70年代初以来各国的伊斯兰复兴以及80年代和90年代的政教关系问题。3.论述冷战时期地区冲突和战争。4.论述冷战时期的伊斯兰世界。本书讨论的问题仍属于地区政治问题。它讨论在国际政治的两极格局下，一些伊斯兰国家是如何既分别依附于美苏两个超级大国，又是如何对美苏在伊斯兰世界的激烈争夺做出或强或弱的反应的。5.从不同侧面论述冷战后的伊斯兰世界。苏联解体，东欧剧变，两极格局不复存在，国际政治向多极化发展和演变。最后，本书将对当代国际政治中的伊斯兰因素问题的总体概论作为结束语。

遮蔽的伊斯兰：西方媒体眼中的穆斯林世界　［巴勒斯坦］爱德华·萨衣德著，阎纪宇译，台北县立绪文化事业公司2002年出版。《新世纪丛书》之一。主要介绍阿拉伯地区和伊斯兰教。

中国南方回族经济商贸资料选编　段金录、姚继德主编，云南民族出版社2002年出版。中国南方回族古籍丛书之五。本书收集了大量的史料和当事人或知情人的回忆，清晰地勾画出了中国南方三大地域回族先民经济活动的鲜明的地域特色。

中国清真女寺史　水镜君等著，三联书店2002年出版。《三联哈佛燕京学术丛书》之一。本书介绍了女性宗教文化的兴起、女性宗教文化的发展、传统教规与女性的性健康、女性的经济管理、安拉与现代性、社区选择和宗教皈依等内容。

2003年

阿拉伯语速成（初级）　马忠厚、史希同编著，外语教学与研究出版社2003年出版。上下册。是适用于大学一年级本科生的教材。

阿拉伯语速成（中级）　马忠厚等编著，外语教学与研究出版社2003年出版。上下册。是初级《阿拉伯语速成》（1、2册）的续篇。与之配套的有录像、录音、阅读（《初级听与读》、《中级听与读》）、口语（《阿拉伯语基础口语》）及书法（《行书字帖》）。

安拉的子民：回族　高发元著，云南人民出版社2003年出版。本书为《20世纪中国民族家庭实录》之一，《实录》包括《走出大山看世界：毛南族》、《来自伏尔加河畔：塔塔尔族》、《东西方文化交汇的家庭：俄罗斯族》、《飘雪的兴安岭　鄂伦春族》、《积石山的沧桑：保安族》、《戈壁人家：裕固族》、《希列鸟神曲：高山族》、《亲情和亲人：基诺族》、《莽林内外：景颇族》等分册。本书主要叙述回族的文化、习俗、宗教等内容。

波斯文学史　张鸿年著，北京大学出版社2003年出版。本书为《东方文化集成：伊朗、阿富汗文化编》丛书之一，是"北京大学创建世界一流大学计划"资助国家社会科学基金"十五"规划项目。本书所论述的是达里波斯语文学发生发展的历史，重点介绍了10世纪至15世纪波斯文学高峰时期的诗人、作家和他们的作品，此外，也论及了1905年至1911年立宪运动前后涌现出的诗人作家。

波斯语汉语谚语汉语波斯语成语词典　曾延生编，商务印书馆2003年出版。本词典收入常用波斯谚语4000余条、汉语成语近7000条。本书作者认为大部分波斯谚语源于古今的波斯文学名篇和伊朗民间故事和传说，他们正确反映了不同历史时期流行于伊朗人民中特有的精神、思想、理念、信仰和风俗习惯，是生活在伊朗高原这片广大土地上人民的文化和文明的结晶。

穿行内陆亚洲：伊斯兰教建筑与人文之旅　［英］罗伯特·拜伦著，顾淑馨译，广西师范大学出版社2003年出版。本书记录了罗伯特·拜伦追寻拜占庭时期伊斯兰古建筑的一次著名旅行。1933年，拜伦从意大利的威尼斯出发，途经塞浦路斯、巴勒斯坦、伊拉克、波斯和阿富汗，行程11个月，历尽艰辛，最后终于抵达奥萨斯（即中国古籍中的阿姆河的发祥地)。拜伦此行的主要目的,是探访神奇的卡布斯墓塔。传说中,11世纪的卡布斯王的玻璃灵柩就安放在此塔的顶部,成为荒漠奇观。拜伦和他的旅伴克里斯多夫沿途遍访拜占庭时期伊斯兰教建筑遗存,并记录了所见的风景与建筑、政情民风和所闻的奇闻逸事。数十年来,本书在东方学、建筑艺术史和游记文学领域一直占有重要地位。

辞章之道:伊玛目阿里·本·艾比·塔利卜言论集 [伊拉克]穆罕默德·本·侯赛因·谢里夫·莱迪选编,麦哈穆德·谢姆苏丁·张志华译,宗教文化出版社2003年出版。本书是伊斯兰学术界五大圣训经之一,是伊玛目阿里的言论集,收录了其学说、信函、指令、训诫、言论、箴言、遗训、格言。

当代沙特阿拉伯王国社会与文化 朱威烈著,上海外语教育出版社2003年出版。本书为教育部人文社会科学重点研究基地基金资助项目、上海市哲学社会科学十五规划课题研究成果。本书从文明多样性的角度对伊斯兰教对沙特社会的深刻影响进行了探讨,字里行间流露出不同文明相互尊重、求同存异、共同进步的精神,有其独到见解,也洋溢着时代精神。

当代新疆简史 党育林、张杰玺主编,当代中国出版社2003年出版。《中华人民共和国地方简史丛书》之一。本书主要记述了新疆和平解放、人民政权在新疆的建立、稳步实行民主改革、恢复国民经济、生产资料所有制的社会主义改造、民族区域自治在新疆的实施等内容。

当代伊斯兰原教旨主义运动 蔡佳禾著,宁夏人民出版社2003年出版。本书站在时代的角度,从发展的视野阐述了伊斯兰原教旨主义运动产生的基本原因,作为意识形态的伊斯兰原教旨主义,以及伊斯兰原教旨主义运动对当代国际关系的影响等。

尕勒莽的子孙们:撒拉族 高永久、马志良等著,云南人民出版社、云南大学出版社2003年出版。本书记述了撒拉族的生活、社会发展等内容。

河南回族 马迎洲撰文,白学义摄影,民族出版社2003年出版。摄影集。回族是我国56个民族大家庭中的重要一员,河南回族人口已达百万,仅次于宁夏和甘肃。本书介绍了回族民俗文化历史、节日庆典、回族服饰、饮食习俗、婚庆礼仪、丧葬习俗、民居、传统武术、教育、医疗卫生等内容。

回回词曲三百首 吴建伟、李小凤选注,宁夏人民教育出版社2003年出版。本书共收古代回族作者的词曲共205首,其中词184首,曲121首。每一首诗和词曲都作出注释和简评。本书根据古代回回作者的词、曲数量较少的特点,为保留资料而将词和曲同列并置。词、曲二者相比较,就其在文学史发展历程中的原因和地位而言,是有同有异的。大致可以这样说,词无论抒情叙事,都贵储蓄,并以典雅凝重为上,在艺术手法上注重意在言外的效果;但曲却贵自然流畅,袒露直率,在用词造句上不避俚俗,以口气逼真、能庄能谐、清新活泼的风格取胜。此书是《回回古诗三百首》的延伸。

回族服饰文化 陶红等著,宁夏人民出版社2003年出版。回族服饰是回族特有的文化现象,回族服饰文化是一个历史悠久、绚烂多彩、积淀丰厚的宝库。回族服饰的发展变化及多种形态,潜移默化地受到时代、地域以及周边兄弟民族习惯等影响,但在根本上或者说整体上,是受到伊斯兰文化对回回民族的深厚影响。书中对回族的衣饰、头饰、鞋饰、佩饰、婚礼与丧葬服饰、舞台表演服饰及学生服都做了详细介绍,并对回族服饰文化的审美特征进行了探讨。

回族穆斯林常用语手册 何克俭、杨万宝编著，宁夏人民出版社2003年出版。本书汇编了回族穆斯林常用语，书后附录《回族禁猪及其他禁忌习俗》和《穆斯林常用数字、星期、月份对照表》。

回族学论坛：西部大开发与回族学展望（第一辑） 中国回族学会编，宁夏人民出版社2003年出版，全2册。本书收集了《西北回族社区传统文化的现代阐释》、《黔西北的回族教育》、《新时期甘肃伊斯兰教教派问题思考》等31篇有关回族学研究的论文。

回族学研究文集 丁明俊著，民族出版社2003年出版。《西北第二民族学院学术文库》之一。本书收录作者过去十多年发表的有关回族历史与伊斯兰文化方面的文章，全书分为回族历史篇、伊斯兰文化篇、回族人物篇、民族宗教篇等几部分。

慧镜斋文萃 李松茂著，宗教文化出版社2003年出版。本书是对回族历史、伊斯兰教史进行研究的文集，涉及综合研究、以往观点与成果研究、断代史、地区史研究、伊斯兰文化等领域。

马石头阿文书法集 马石头著，宁夏人民出版社2003年出版。本书为《阿拉伯文书法艺术》第一卷。作者是我国著名阿拉伯文青年书法家马石头的阿文书法集，16开本。收录作者曾经在各大媒体上发表过的中国体阿文书法50多幅，具有很高的观赏性与收藏价值，内文共40页，全部用铜版纸印刷。

麦达艺海 林松译，宁夏人民出版社2003年出版。为《阿拉伯世界名著》丛书之一。本书是一本博采有关颂词的诗文汇辑，主要围绕穆圣诞辰的庆祝与怀念活动，广泛采集了大量富于传奇色彩的、引人入胜的传说故事。

穆罕默德 金大业著，中国少年儿童出版社2003年出版。《世界大人物丛书》之一。本书以生动的情节、丰富的史料，记述了阿拉伯民族的伟大领袖穆罕默德的一生。他创立了在世界上产生广泛影响的伊斯兰教，并为阿拉伯的发展和壮大做出了重要贡献。

宁夏回族 王正伟主编，五洲传播出版社2003年出版。本书介绍宁夏回族的历史、文化、宗教及现在宁夏回族人民生活发展的巨大变化。

宁夏回族自治区地图册 张红主编，中国地图出版社2003年出版。本书是一本介绍宁夏回族自治区概况的图册，由序图、市县图、城市图及旅游景点图四个部分组成。序图部分主要反映全省的自然环境和总貌；市县图较详细地标示了各市（区）、县的水系、居民地、道路、旅游点等内容，并有文字简介；城市图反映城市的街区结构、机关、企事业单位分布；景点图为宁夏回族自治区著名旅游景点的平面图，并配有文字说明。宁夏回族自治区简称宁，位于我国西北、黄河中段地区，面积6.6万平方公里，人口530万，是我国回族主要聚居区。

宁夏科技统计年鉴（2003年） 朱尼等主编，宁夏回族自治区统计局、宁夏回族自治区科学技术厅、宁夏回族自治区教育厅编，宁夏回族自治区统计局2003年出版。本书是一本综合反映宁夏科学技术发展情况的资料性年刊，收录了2002年及以前年份科技发展等方面大量统计数据以及近年来科技发展的主要数据。

宁夏胜览 潘梦阳著，宁夏人民出版社2003年出版。本书是在"大力开发西部"的大背景下，用朴实的语言介绍了宁夏的独特风光、众多的名胜古迹、淳朴的回族风情、神秘的西夏王国以及各种享誉中外的名优特产等。

清代边疆史料抄稿本汇编 石光明主编，国家图书馆分馆编，线装书局2003年出版（全50册）。《清代边疆史料抄稿本汇编》第11卷、12卷为（清）清高宗御制《钦定石峰堡纪略》，主要记录了剿灭田五等人的过程。

适合时代的呼图白集 ［沙特］萨利哈·福扎尼编著，萨利哈·福扎尼哈吉·穆萨·金宏伟编译，宗教文化出版社2003年出版。本书主要内容为劝诫穆斯林要坚定信仰，遵守教义教规，其目的是为了规范穆斯林的道德和言行，劝善戒恶，全书共分八章，阐述几十个问题，并加编者评注。

通往永恒的路：埃及神话 （美国）时代生活图书公司编，刘晓晖译，中国青年出版社2003年出版。《大视野文库·神话与人类丛书》之一。本书是一本关于古埃及神话传说的图书，讲述的是人们想象中的现实与未来两个世界发生的事。

西北地区回族史纲 王伏平、王永亮著，宁夏人民出版社2003年出版。作为对西北地区回族史的全面研究，该书分类编纂，以"文化撞击"、"护教与保族"、"谋生之路"、"念经与念书"等为诸章标题，对西北地区回族史进行了多方面论述。

先知的土地 伊斯兰世界（公元570-1405）：生活在遥远的年代 美国时代-生活图书公司编著，周尚意、杜正贞、马敏译，山东画报出版社2003年出版。本书讲述在穆斯林的西班牙时期，哈里发宫廷中令人仰慕的生活情景，同时还讲述了中世纪伊斯兰世界中那些富有传奇色彩的男男女女的故事。该书是根据当代文献、回忆录、宗教文件、政府文件和历史资料等编写的。书中记述了平民的生活，如书记员如何施展其宗教书法艺术、猎人们如何跃马紧追猎物、舞步轻盈的舞女等。书中还绘制了各种各样的地图、城市、建筑物的复原图，书后附大事年表。

新编卧尔兹演讲集（第二辑） 中国伊斯兰教教务指导委员会编，宗教文化出版社2003年出版。本书包括伊斯兰要求我们谨守中道、伊斯兰教五功之一的斋戒，做一个信仰完善的穆斯林，不要妄断"哈俩里"与"哈拉目"，做一个两世吉庆的穆斯林等内容。

新疆回族文学史 李竟成著，新疆大学出版社2003年出版，全12册。《金蔷薇作家丛书》之一。本书从文学史的角度，对元代以来直至当代新时期回族文学的产生和发展进行详尽的论述，记述其文学产生发展的历史文化背景、不同时期的文化特征等。

循化撒拉族自治县地图 国家测绘局、青海测绘局编制，青海测绘局2003年出版。附循化撒拉族自治县城区图及简介。内部用图。

伊斯兰教常识问答 马贤著，上海辞书出版社2003年出版。本书按照伊斯兰教的历史发展、基本教义、民俗传统、伦理道德、学术文化及中国伊斯兰教的特点之脉络，在严格遵循伊斯兰教基本教义进行阐述的同时，也注意向读者介绍在伊斯兰教研究领域中一些中外学者的主要观点和重要史料，其中也有作者对一些问题的认识和看法。

伊斯兰教与北京清真寺文化 佟洵编著，中央民族大学出版社2003年出版。本书主要介绍了北京地区的清真寺及其建筑艺术、北京地区伊斯兰教著名学者和阿訇以及北京地区伊斯兰教的历史。

伊斯兰思想史纲 马通著，宁夏人民出版社2003年出版。本书论述了世界三大一神教的关系、哈尼夫与希拉山洞、"穆斯哈福"与《古兰经》定本、教法学家与圣训、伊斯兰文化对世界文化的贡献等九个问题。

伊斯兰文化在中国 丁明仁著,宗教文化出版社2003年出版。本书作者系上海外国语大学教授阿拉伯语的回族教师,曾去阿拉伯国家工作。作者在写此书前曾得到白寿彝教授的教诲:"做学问是一辈子的事情,没有平坦的路可走,要不怕苦难,积累资料。你这个题目很好,它的内容是极其丰富的。你问我怎么写,你初次涉猎,手头有多少资料就写多少,认识到什么程度就写到什么程度。实事求是,不要贪大求全,治学是逐步渐进的,要不断深化。"此书就是在这样一个背景下写出来的。书中对伊斯兰教如何传入中国,伊斯兰文化如何在中国传播,以及中国穆斯林的语言文字、建筑风格、精神生活、服饰、饮食文化、工艺美术、音乐舞蹈艺术、体育活动等内容,作了详略不一的介绍。

伊斯兰宗教哲学史 王家瑛著,民族出版社2003年出版。该书是国内第一部比较详细地阐述伊斯兰宗教哲学之历史的学术著作,具有较高学术价值,弥补了我国学术界在伊斯兰宗教哲学研究方面的空白,有较重要的学术意义。该书系统、全面地研究和阐释了伊斯兰宗教整个历史发展过程中的哲学思想,上起伊斯兰教的创立及最权威文献《古兰经》,下至现代的各个伊斯兰教派的哲学思想,其中包括逊尼派、什叶派、穆太齐赖派、苏菲派及其所属的各支派及教团和代表人物。该书阐明了各个思想阶段、思想流派的主要哲学观点的特色和内容,在研究上具有严整和规范的优点。尤其对苏菲派的神秘主义教义进行了过去著作中很少见到的、有独特意义的论述,使该书更具学术创新特色。

元代回族史稿 杨志玖著,南开大学出版社2003年出版。元代回族史是指元代中国境内信奉伊斯兰教的回回人的历史活动。当时的回回人,主要包括阿拉伯人、波斯人以及中亚的突厥各族。"回回"一词是从回纥、回鹘一音转化而来,在元代用以指信奉伊斯兰教的西域人,有时也用以泛指一切西域人或色目人,不一定全是伊斯兰教的信徒,要具体分析。元代回族史是中国回族史的一部分,也是中国回族史上很重要的一个篇章。本书分概说编、正名编、东来编、地位编、文化编、人物编和华化编七章,分别对元代回族的历史、政治、经济、文化等方面进行了深入研究。本书作者是著名历史学家杨志玖教授,其一生从事元代回族史研究。本书是一部研究元代回族史的权威性著述。

中国回回民族史(上下) 白寿彝编,中华书局2003年出版。本书是到目前为止规模最大、内容最丰富、体例最完善的一部巨著,具有集大成性质。全书共分四编。1.序说,总结和评述了近百年来,我国对回回族史的研究概况;2.综述,是以时间为经的中国回回族史说概貌;3.专论,是对综述的补充,它在某些具体问题上展开了深入探讨;4.传记,选取了从元代到当代共150名回族人的传略,展示了回回民族在中华民族大家庭中的贡献。本书的出版,在学术界产生了巨大影响。

中国美术分类全集·中国建筑艺术全集(16) 伊斯兰教建筑 中国现代美术全集编辑委员会编,中国建筑工业出版社2003年出版。中国古代的伊斯兰教建筑既是中国古代建筑独特体系中的一个重要组成部分,又具有其自身的鲜明特点。它是中国古代多民族、多地域、多传统的建筑艺术创作之结晶。本卷着重介绍了中国伊斯兰教建筑的造型、布局、装饰等艺术特色,并通过对中国各地区伊斯兰教建筑的分析,总结和归纳了中国伊斯兰教建筑杰出的艺术成就。

中国南方回族社会团体资料选编 马建钊、孙九霞、张菽晖主编，四川民族出版社2003年出版。本书收集的资料范围广，内容丰富，种类繁多。收集的范围从一省一县一镇到一村一学校；资料的内容从国家和民族的大事到生活琐事，诸如民间博彩的规定及其物件、民间的请帖等等都在收录内容之列；而资料的种类更是形形色色不拘一格，凡报章杂志、章程、公告、公函、呈文批复、会议纪要以及族谱等等，应有尽有，无所不包。与抗日战争有关的资料占相当大的比例。抗日战争爆发后，回族同胞立即将中国回族公会改为中国回民抗日救国协会，1939年1月更名为中国回教救国协会，南方各省均成立分会。其成立的宗旨是"发扬教义，团结回族民众协力救国"，其任务是用回教教义阐扬救国真谛、宣传长期抗战意义、组织同胞实行协同抗战。在中国回教救国协会领导之下，组织各种战时服务团体，如战时服务队、青年服务团等等。他们或担任救护、侦察、情报、运输、慰劳、掩护等；或组织师生游行、演讲，宣传抗日，张贴标语、号召抵制日货等；或号召募捐，支援前方将士；或动员组织青年报名，参加抗日部队等等，为研究回族在抗日战争中的历史作用提供了具体而生动的素材。此外，书中还有若干土地革命时期的资料和与德国、埃及和阿富汗等国际穆斯林友好交往的资料，也值得珍视。

中国伊斯兰教百科全书 中国伊斯兰教百科全书编辑委员会编，四川辞书出版社2003年出版。本辞典按经训典籍、教义学说、教法制度、教派学派、中外人物、著作文献、文化教育、各国伊斯兰教、节日礼俗等分为18类，收条目4000余条。全书按本学科的体系和知识结构层次，分别设立大、中、小和参见条四类不等的条目。其内容包括：伊斯兰教传播、发展的历史和现状、基本信仰、经训典籍、教义学说及社会思潮、教法制度和礼仪、派别与社团组织、中外人物、历史事项、圣地寺院和古迹、各国伊斯兰教及传播地区、文化教育、主要穆斯林民族、常用术语等部分。

2004年

阿拉伯图案艺术 程全盛编著，宁夏人民出版社2004年出版。本书汇聚了阿拉伯、波斯及东南亚等伊斯兰国家具有阿拉伯风格的图案艺术作品1000多幅。其主要内容涉及图案纹样、建筑装饰、雕刻图案、工艺品图案、织物图案、装饰画图案、单色图案和书法造型等。

阿拉伯现代文学史 仲跻昆著，昆仑出版社2004年出版。本书被称为《东方文化集成》，共分为五编：第一编总论，简介了阿拉伯古代文学作品，并对阿拉伯世界的现代历史、文化背景及各文学门类的发展、流变及其有代表性、有影响的流派和作家诗人及作品作了综合介绍。其余四编则对阿拉伯世界诸国的现代文学分地区、国别进行了介绍，第二编是尼罗河流域的埃及与苏丹，第三编是沙姆地区的黎巴嫩、叙利亚、约旦、巴勒斯坦，第四编是马格里布地区的阿尔及利亚、摩洛哥、突尼斯、利比亚，第五编是伊拉克、也门及海湾六国。书中对阿拉伯各国现代文学的渊源、流变、现状、重要的文学流派、作家诗人及其代表作都作了详略有致的分析和介绍。

阿拉伯小说选集（第二卷） 时延春主编，世界知识出版社2004年出版。本书收录了《风流赛义德》、《南风》、《艾布·胡雷拉的心语》和《泽赫拉的故事》。本书已译成英、法、德、西等多种语言。

阿拉伯小说选集（第四卷） 时延春主编，世界知识出版社2004年出版。本书收录《女儿桥》、《苏尔坦》和《人质》三篇。其中《女儿桥》记载的是移民叶尔孤卜和他女儿们的历史以及有关他们的各种消息。他们居住在靠近舍马绥奈村横跨约旦河的一座桥附近。这座桥后来就叫叶尔孤卜女儿桥。村里的乡亲们说阿拉伯语。村东南是塔卜理亚村，以其宽广的湖面、温暖的气候和温和的人群而闻名。

阿拉伯小说选集（第五卷） 时延春主编，世界知识出版社2004年出版。本书作者是利比亚著名作家易卜拉欣·库尼，他的作品主要讲述沙漠自然景观、沙漠居民、沙漠动物的故事，着力刻画沙漠居民崇尚绝对自由的生活理念，描写沙漠人面对大漠沧桑变幻的平淡、冷静和满足，作品充满了哲理。本书收入其经典小说《拜火教》。拜火教是一种宗教信仰，依其主要宗教仪礼特征而名。又称琐罗亚斯德教，以其创始人古波斯先知之名而命之。3世纪中叶东传入中国，4世纪中叶传入中原。它崇拜最高主神阿胡拉·玛兹达。认为他是万物之主，也是光明、慈善的主宰，先创造了天体，而后创造了万物之灵，再由"灵"演生出万物，其善体现在万物之中；它相信真理神圣而永恒，真理先于万物而存在，并将永存，而琐罗亚斯德是真理的预言者和最高神的朋友；它主张善恶二元论，相信善神与恶神经过长期而反复的较量之后，最终善行将战胜邪恶，光明将代替黑暗。本书所讲的故事正是基于拜火教的教义而写的，它通过人们对沙漠之中建造新城的种种看法，深刻描绘出人们对宗教的坚定信仰和内心对神的崇拜。人们的对话无不显示着这种宗教的教义，可以说是拜火教的一部活的教科书。

阿拉伯语听说教程 张宏、孙雁清编，外语教学与研究出版社2004年出版。阿拉伯语听说教程分上下两册。上册主要由一些简短的故事连缀而成。内容丰富多彩，故事情节动人，对话幽默风趣，语言简洁实用。适合大学本科一年级第二学期至二年级的学生及具有同等水平的自学者学习，下册适合三、四年级的学生及具有同等水平的自学者使用。

百年撒拉族研究文集 马成俊、马伟主编，青海人民出版社2004年出版。本书收集上百年来研究撒拉族的数百篇学术论文，研究内容涉及撒拉族历史、政治与经济、语言、宗教、文学、民族风情、教育、文化艺术等各个方面。

波斯和伊斯兰美术 罗世平、齐东方著，中国人民大学出版社2004年出版。这是一部在中国乃至世界范围内出版的由中国学者编纂完成的《世界美术全集》，因此也是一部具有开拓性、原创性和鲜明学术特色的观察和研究古今中外重大美术现象及美术发展概况的图文资料集成。本书以普及世界美术史知识为主要目的，对美术史研究中的一些学术问题因篇幅限制，只做了简要介绍。

布哈里圣训实录精华 ［埃及］穆斯塔发·本·穆罕默德·艾玛热编，穆萨·宝文安哈吉、买买提·赛来哈吉译，中国社科出版社2004年出版。本书是伊斯兰教先知穆罕默德的言行汇编，不仅反映了伊斯兰教的宗教思想，也反映了阿拉伯半岛的社会历史、政治、经济、军事、文化等和民情风俗等，真实地反映了当时的社会关系和意识形态。

大夏寻踪：西夏文物辑萃 中国国家博物馆、宁夏回族自治区文化厅编，中国社会科学出版社2004年出版。本书精选具有代表性的190余件展品。西夏政权是由我国古代党项民族建立的，立国近200年（1038-1227），位于西北，领域包括今宁夏、甘肃大部、陕西北部及内蒙古西部的广大地区。西夏国地处中西文化交流的丝绸古道,其文化是受中原文化影响的多元文化,同时表现出很强的民族特色。本书文字部分为我国西夏史专家的专题文章,图录部分分西夏文字、西夏工艺、西夏佛教、西夏建筑四大类,全面真实地展示西夏文化的独特魅力和中华古国文化的丰富多彩。

海外回族和华人穆斯林概况 刘宝军等著,民族出版社2004年出版。侨居海外的回族同胞和华人穆斯林,尽管人口比例小,居住分散,处境困难,但也在特定的时空背景下为社会、为人类积极进取,尽力奉献。本书概括介绍了海外回族和华人穆斯林的信息,搜罗了海外回族和华人穆斯林在有关地区社团的地址、电话、传真、网址等联系方式,是集知识性、资料性为一体的实用手册。

黑色上帝:犹太教、基督教和伊斯兰教的起源 [英]朱利安·鲍尔迪著,谢世坚译,广西师范大学出版社2004年出版。本书介绍了犹太教、基督教和伊斯兰教的产生、发展过程。

临夏回族自治州史话 马志勇主编,甘肃文化出版社2004年出版。《甘肃史话丛书》之一。临夏回族自治州是一个多民族聚居区,有回、汉、东乡、保安、撒拉、土、藏等民族,总人口189.29万人,其中少数民族占总人口的56.41%,人口密度为227人/平方公里,辖临夏市、临夏及永靖、和政、康乐、广河、东乡、积石山县,总面积8169平方公里,这里是丝绸之路和唐蕃古道的交汇处,也是茶马互市的中心。临夏州有新石器时代的马家窑文化、齐家文化和辛甸文化等遗存。本书全面介绍了临夏州的社会发展史和文化源流。

刘智及其伊斯兰思想研究 梁向明著,兰州大学出版社2004年出版。本书全面论述了著名回族学者刘智的学术经历、学术成果和学术思想。

民国时期广州穆斯林报刊资料辑录(1928-1949) 马强编,宁夏人民出版社2004年出版。民国时期广州穆斯林创办有七种刊物,资料价值弥足珍贵,迄今尚无人做过专门研究。本辑收录的文章,主要以反映当时广州穆斯林社会生活状况为主。除对广州所办刊物中的文章做了重点梳理外,作者还查阅了散见于其它相关刊物中的资料,是研究民国时期广州穆斯林的第一手文本。书分6个部分:1.对伊斯兰教现状的评论。2.时事评论。3.文化教育专题。4.广州穆斯林事务专题。5.刊物社务、信函等。6.国内各地穆斯林、伊斯兰教情况介绍。书后附录《民国时期广州穆斯林文人的忧患意识》和《民国广州穆斯林创办刊物文章题录》。

穆圣后裔 高发元著,云南人民出版社2004年出版。本书介绍了纳忠及其家族的历史,同时对中国回族的历史、社会生活等也作了叙述。

宁夏回族历史与文化 刘伟主编,宁夏人民出版社2004年出版。本书主要内容有:宁夏回族历史、宁夏回族经济状况、饮食文化、服饰文化、建筑文化、节日文化、婚丧文化、宗教文化、文学艺术、教育文化和学术、体育卫生等。宁夏回族丰厚的历史文物和特殊的人文景观、古朴的民族民间习俗构成了宁夏回族语言文化资源优势,鲜明的民族风格、浓郁的地方特色、淳朴的民间风情、讲究清洁、美味可口的清真饮食,这都为宁夏发展文化产业提供了丰富的资源。本书是一部比较完整、富有特色的研究宁夏回族区域历史与文化的专著。

人类学视野中的回族社会 马平主编,宁夏人民出版社2004年出版。《中国回族伊斯兰研究中心丛书》之一。本书是关于回族社会发展研究的文集，收录了《"回回"历史解释与文化表述》、《甘肃河州回族脚户习俗调查》、《谈回族研究中的性别意识》等论文。

撒拉族：青海循化县石头坡村调查　朱和双、谢佐主编，云南大学出版社2004年出版。《中国民族村寨调查丛书》之一。本书介绍了撒拉族的概况与历史、生态环境、人口、经济、婚姻、家庭、民间文学、风俗习惯、教育、科教卫生、宗教。

撒拉族风情　谢佐主编，马伟编写，青海人民出版社2004年出版。本书介绍撒拉族的历史源流、宗教、节日、村落、民居、服饰、饮食、婚俗、葬礼、礼仪、禁忌等。

撒拉族史　芈一之著，四川民族出版社2004年出版。《青海民族学院学术系列丛书》、《中国少数民族专史丛书》之一。青海民族学院院长基金资助项目。本书内容包括撒拉族的由来，撒拉民族的形成及其早期的社会经济概况，中央王朝对撒拉族的统治和撒拉族封建领主制社会状况等。

撒拉族语言文化论　韩建业著，青海人民出版社2004年出版。《青海民族学院学术系列丛书》之一。青海民族学院院长基金资助项目。本书对主要集中在青海地区的撒拉族语言的语音、词汇、句法等内部结构规律进行介绍的同时，对其所负载的风俗文化、民间文化等文化内涵进行了研究。

什叶派现代伊斯兰主义的兴起　吴冰冰编，中国社会科学出版社2004年出版。什叶派是伊斯兰教两大主要派别之一。现代伊斯兰主义，亦称伊斯兰原教旨主义、伊斯兰复兴运动，是当代国际政治中的热点问题。本书以什叶派现代伊斯兰主义的兴起为核心，全面讨论了什叶派的历史演变、基本信仰、基本制度以及当代热点问题。这是一部在我国此学术研究领域填补空白之作。本书的研究对象是"什叶派现代伊斯兰主义的兴起"。政治行动主义是什叶派现代伊斯兰主义的重要主张之一，这一主张的可以追溯到什叶派初期阿里和侯赛因的政治行动主义以及近代政治运动时期什叶派效仿的政治行动主义。因此，什叶派现代伊斯兰主义的兴起是联系什叶派古代、近代与现代的纽带。与此同时，什叶派现代伊斯兰主义的兴起也是伊斯兰与西方文化思潮相交汇的产物。尽管什叶派现代伊斯兰主义提出"不要东方、不要西方、只要伊斯兰"的主张，但是它事实上并不是对西方思想的简单排斥，而是吸收了包括自由主义、社会主义和民族主义在内的西方社会政治思想的很多因素。在伊斯兰教内部，什叶派现代伊斯兰主义的兴起是联系逊尼派和什叶派的桥梁。什叶派现代伊斯兰主义吸收了逊尼派现代伊斯兰主义思想家的思想，同时，霍梅尼领导的伊朗伊斯兰革命的胜利又推动了包括逊尼派在内的整个伊斯兰世界现代伊斯兰主义运动的发展。可以说，什叶派现代伊斯兰主义的兴起阶段是历史与现实、东方与西方、什叶派与逊尼派的交汇点，具有重要的理论和现实意义。

首届赛典赤研究国际会议论文集　高发元主编，云南大学出版社2004年出版。本文集围绕中国元初著名回回穆斯林政治家赛典赤进行研究，涉及其功绩与思想研究、其与伊斯兰的关系研究、其家世研究等。

天方夜谭精粹：中古阿拉伯民间故事集　李炳轩著，中国书籍出版社2004年出版。这部故事集历来被称为"中古阿拉伯世界的百科全书"，它深入而广泛地展现了中古阿拉伯社会的生活内容，题材涉及阿拉伯社会的各个阶层，故事中的人物上至安拉、哈里发、大臣、贵族，下至渔夫、农民、村妇、商人、航海家，从饮食男女到治国安邦，可谓无所不包，恰似一面中古阿拉伯社会的镜子。透过这面镜子，可以窥见当时阿拉伯社会的风土人情，体味他们的道德观和宗教情结。本书为中英文对照本。

西北回族社区现代化实践的新探索 束锡红、刘天明、刘光宁著，商务印书馆2004年出版。国家社科基金"九五"项目。本书选取经济程度不同发展层次上的五个西北回族社区为个案，分别从社区的人口变迁、空间关系变迁、经济结构变迁、文化变迁等方面进行了研究。

西突厥史料 ［法］沙畹编著，冯承钧译，中华书局2004年出版。本书是以一位西方汉学家的眼光，来审视与编纂、考订中国古代文献中的突厥史料，并将它们与西方人中世纪著述中的相关记载参证对照。

伊斯兰法：传统与现代化（修订版） 高鸿钧著，清华大学出版社2004年出版。《比较法学》丛书之一。本书系统地研究了伊斯兰法的历史与现状，内容涉及伊斯兰法的产生、发展、主要渊源、特点、法学及法学家的作用，以及现代改革、复兴、宪政和人权等。作者在修订版中对全书内容做了较大幅度的修改。本书从法律史的视角考察了伊斯兰法的基本内容，从比较法的视角概括了伊斯兰法的主要特点，从法理学的视角分析了伊斯兰法的理论与实践，尤其关注当代伊斯兰法的最新动向。本书适合大专院校、科研机构的师生，以及法律实务部门的工作人员，也适用于对法学特别是对外国法、比较法学抱有兴趣的一般读者。

伊斯兰教在西海固：回族研究丛书 马宗保著，宁夏人民出版社2004年出版。本书论述的重要内容有：西海固地区的人文地理概念、伊斯兰教在西海固的传播、西海固伊斯兰教发展史、西海固伊斯兰教现状调查、各教派的宗教思想、宗教实践模式的共性与特色、宗教设施与宗教器物、宗教群体和宗教组织、西海固伊斯兰教宗教制度的功能、西海固穆斯林宗教生活的变迁、积极引导宗教与社会主义社会相适应等。

伊斯兰经济制度论纲 王正伟著，民族出版社2004年出版。该书是在作者的博士论文基础上修订而成。书中认为伊斯兰经济制度是一种特殊的经济形态，既不同于资本主义经济，也不同于社会主义经济，而是一种建立在"伊斯兰教法源"基础之上的独特的伊斯兰经济。首先深入地分析了伊斯兰经济的"法律基础"及其"变化和适应"，并对"伊斯兰经济哲学"作了专门剖析；进而系统地分析阐述了"伊斯兰经济制度"的特殊性、财产权、生产与消费、企业组织、财政金融，特别是"伊斯兰银行业的原则与功能"等问题；在个案分析研究中对"伊朗经济伊斯兰化"历史过程的阐述更可以加深人们的了解和认识。对"伊斯兰国家石油制度的变迁"的论述，不仅对研究中东伊斯兰国家经济具有重要意义，而且也对现今全球经济发展具有战略指导意义。

伊斯兰艺术 郭西萌编著，河北教育出版社2004年出版。《世界艺术宝库》之一。本书简述伊斯兰教创立和发展，并以图文并茂的形式介绍各历史时期世界各地伊斯兰建筑艺术，镶嵌画、壁画、细密画艺术，书法艺术，及织毯、陶瓷、金属工艺等。

元代回族文学家 张迎胜著，人民出版社2004年出版。本书是有史以来第一本系统评述中国元代回族文学家的专著，是中国少数民族文学研究的新成果。作者运用翔实的资料，阐发了回回民族的来源、回回民族的形成等问题，对高克恭、萨都剌、马祖常、马九皋、迺贤、泰不华等6位著名的元代回族文学家，进行了专章论述，对于野夫等12位其他元代回族诗文作家和不忽木等11位其他元代回族散曲作家,也作了简略介绍。

云南回族歌谣 崎松编,云南民族出版社2004年出版。本书收录了流传于滇南、滇西、滇东等回族地区的歌谣近百首,其内容分为"党的颂歌"、"社会歌谣"、"习俗歌谣"、"儿童歌谣"、"山歌情歌"等。这些歌谣受汉族和周边民族的影响,在形式风格上与汉族民歌大同小异,但在歌词内容上却与回族人民的历史、生活环境、宗教信仰、风俗习惯、生产生活紧密相联。它们从不同的方面反映了回族人民的社会生活和精神风貌。其主题以歌颂党、讴歌社会主义、赞美幸福生活、歌唱劳动生产、倾诉旧社会劳动人民的疾苦、歌唱善良正义、鞭笞邪恶愚昧、歌唱忠贞爱情,反对玩世不恭、背信弃义等内容为主,涉及面广泛,语言通俗,生活气息浓厚。

云南回族五十年 高发元著,云南大学出版社2004年出版。本书记述了解放50年(1949-1999)来特别是改革开放以来云南回族人民的生活、文化等方面取得的巨大成就和变化。

云南伊斯兰教 马开能、李荣昆著,宗教文化出版社2004年出版。《云南宗教知识丛书》之一,该丛书由云南省宗教事务局、云南省社会科学院宗教研究所编。本书内容涉及伊斯兰教在云南的兴起和传播、伊斯兰教在云南的发展、伊斯兰教的经典、信仰与义务、清真寺、教派、宗教教育、节日和纪念日等。

中国的天方学:刘智哲学研究 沙宗平著,北京大学出版社2004年出版。北京市社会科学理论著作出版基金资助项目。刘智是建构中国伊斯兰教义学体系的集大成者,本书对伊斯兰教传入中国的历史及其与中国本土文化融合的过程进行研究与论述,讨论了伊斯兰教的教义、宗教哲学理论等。

中国花儿新论 陈元龙主编,甘肃文化出版社2004年出版。本书是《临夏回族自治州民族民间文化系列丛书》之十一。"花儿"作为一门优秀的民族民间文化艺术,已深深植根于临夏各族人民的文化生活中,成为不可或缺的重要组成部分。为了更好地弘扬优秀传统文化,中国民间文艺家协会命名临夏回族自治州为"中国花儿之乡"。为此,2004年召开了中国传统音乐学会第十三届年会暨第一届花儿国际学术研讨会临夏座谈会等系列研讨会,本书收录了三次研讨会上具有代表性的论文27篇。

中国回族思想家评述 吴艳冬著,宗教文化出版社,2004年出版。本书是探讨与研究回族思想发展轨迹及其代表人物的专著。从书中的记述可以看到,回族的思想轨迹和这个民族的历史一样源远流长;回族思想家的独到见解及其文论译著,既是回族文化又是中华民族文化的宝贵财富;那些对历史进步与民族发展做出过贡献的回族思想家,是当之无愧的民族精英。

中国伊斯兰教 米寿江、尤佳著,五洲传播出版社2004年出版。早在公元7世纪中叶,伊斯兰教便传入中国。经过唐、宋、元、明、清及民国时期(618-1949)1300多年的传播和发展,中国信仰伊斯兰教的人口近2000万。在中国的传播过程中,不同历史时期的称呼也有所不同。唐代(618-907)称之为"大食教",明代(1368-644)称之为"天方教"、"回回教",明末至清(1616-1911)称之为"清真教",民国时期(1912-1949)称之为"回教"。1949年中华人民共和国成立后,1956年国务院下发《关于伊斯兰教名称的通知》决定:"伊斯兰教是一种国际性宗教。伊斯兰教也是国际通用的名称，今后对伊斯兰教一律不要使用'回教'这个名称，应该称伊斯兰教。"此后，中国的大陆地区通行了伊斯兰教的名称，而港、澳、台地区仍一直延用"回教"的旧称。在中国56个民族中，有回、维吾尔、哈萨克、东乡、柯尔克孜、撒拉、塔吉克、乌孜别克、保安、塔塔尔等10个民族的群众普遍信仰伊斯兰教，在蒙古、藏、白、傣等民族中，也有少量群众信仰伊斯兰教。

最后的先知：穆罕默德的生命面貌　［土耳其］法土拉·葛兰著，林长宽、黄怀秋译，台湾希泉出版社2004年出版。本书除了叙述穆罕默德的生平之外，对一些非教徒对伊斯兰的刻板印象作了说明，诸如从穆罕默德本身的婚姻，去对照伊斯兰里对于多妻的规定；又如从穆罕默德的军事成就，去解释伊斯兰里关于"圣战"的本质等问题。本书有英、日、德、俄等译本。

2005年

阿拉伯现代文学选读　陆培勇编，上海外语教育出版社2005年出版。本书是教育部普通高等教育"十五"国家级规划教材和上海市重点学科建设项目、上海外国语大学阿拉伯语系高年级文学选读课教材，也是《阿拉伯文学史》的配套教材。本书分为古代作品和现代作品两部分，主要收入了古代和现代有代表性的诗歌、散文、演讲、小说等34部作品，其中包括《桉树路》（短篇小说）、《我的心告诫我》（散文）、《雨之歌》（诗歌）、《小耗子》（短篇小说）、《邮差》（散文）、《尼罗河》、《布鲁尼亚森林》（诗歌）、《一个非同寻常的人》（长篇小说）、《向北迁徙的时节》、《悲惨的女性》（散文）、《主就是爱》（短篇小说）等。

阿拉伯现代文学作品选读（修订本）　陆培勇等编，上海外语教育出版社2005年出版。本书是上海外国语大学阿拉伯语言文学专业本科高年级文学选读课教材，教育部普通高等教育"十五"国家级规划教材和上海市重点学科建设项目。本教材共选编20世纪以来阿拉伯文学史上有代表性的34部作品。体裁大致划分为小说、散文、诗歌等。所选作品力求能够体现作者的创作特色和时代风貌，通过对作品的社会背景、思想内容、艺术特色、写作技巧等方面的理解和欣赏，向读者展示一个相对完整的"阿拉伯现代文学"概貌。本教材在编写体例和选材角度上都有所创新，形式以欣赏为主，经典与通俗作品兼顾，作品评析和语言、句型解释并举，对一些难句、段落配以汉语注释。

阿里巴巴与四十大盗　拉伯编，中国致公出版社2005年出版。《阿里巴巴与四十大盗》是《天方夜谭》中非常著名的故事，讲述打柴为生的贫穷兄弟哥哥高西睦和弟弟阿里巴巴遇到强盗的故事。阿里巴巴的勇敢和马尔基娜的机智给我们留下了深刻的印象。《天方夜谭》原名《一千零一夜》，是一部中世纪阿拉伯民间故事集，产生年代约为9世纪，被口头流传的年代则在8世纪阿巴斯王朝的前期。《天方夜谭》中共收集了134个故事。

埃及与中东　陈建民主编，北京大学出版社2005年出版。《国际问题论丛》之一。本书内容包括埃及的崛起、埃及与大国在中东的角逐、埃及和阿拉伯国家、阿以冲突与埃以关系、埃及与伊朗的关系等共7章内容。

白话天方典礼　刘智著，马宝光、马子强译，中州古籍出版社2005年出版。《天方典礼》是中国伊斯兰教教义著作，亦名《天方典礼择要解》，清代著名伊斯兰教学者刘智著，全书20卷。1至4卷为《原教卷》，概述伊斯兰教的信仰要义，包括兴教史、教义学说及六大基本信仰。5至9卷讲述伊斯兰教的法定功修，即"五功"（念、礼、斋、课、朝）。10至13卷讲述伊斯兰教的"五典"，即夫妇、父子、君臣、兄弟、朋友间的关系及道德规范。14至20卷为"民常"，即居、用、服、食和婚姻、丧葬等宗教礼法。本书将古文译为白话文，并对艰深的词义作了详略不一的注释。

波斯语教程　滕慧珠编著，北京大学出版社2005年出版。本书为《国家外语非通用语种本科人才培养基地教材》。共20课，每课包括课文、生词、注释、提问练习、翻译练习和阅读材料，注释包括作者简介、重要的背景知识等。

波斯语三百句　李湘编著，北京大学出版社2005年出版。本书共30课，包括了日常生活中的问候、语言、家庭、日期、时间、打电话、买衣服、饭馆、入境、看病、问路、银行、旅游等内容。

当代中东热点问题的历史探索：宗教与世俗　杨灏城、朱克柔著，人民出版社2005年出版。本书以沙特阿拉伯、苏丹、土耳其、伊朗和埃及五国为例，着重探讨当代中东一个令人瞩目的问题，即伊斯兰原教旨主义与世俗主义的关系。此外，本书最后两章的内容是关于犹太教正统派与犹太复国主义运动和以色列世俗政权的关系。

吊庄式移民开发：回族地区生态移民基地创建与发展研究　王朝良著，中国社会科学出版社2005年出版。本书以宁夏南部回族聚居区为调查基地，客观翔实地描述了移民吊庄的孕育创生过程，系统总结了其基本建设成就，综合利用扶贫开发部门资料以及课题组第一手问卷调查资料，分析评价了吊庄建设的经济效益、社会效益和生态效益。作者应用系统论的观点，将移民吊庄视为一个特定的社会经济系统，进而分解为环境资源、特色产业、社会人文、组织管理、科技智力、基础产业等六个子系统，提出了建设可持续发展型乡村的目标和模式。

古阿拉伯和伊斯兰世界　[意]巴勃著，明天出版社2005年出版。主要内容有：伊斯兰教产生以前的阿拉伯半岛南部，伊斯兰教产生以前的阿拉伯半岛北部，伊斯兰教产生以前的宗教，穆罕默德生平，新宗教的传播，穆斯林军队，倭马亚王朝，阿拔斯王朝，伊斯兰化的西班牙。

古兰经译注（中阿文对照）　伊斯梅尔·马金鹏译注，宁夏人民出版社2005年出版。本书由中国伊斯兰教协会审定。本书是对《古兰经》汉译注释，共译解注文11000余条，尤其对有关历史事件的背景、一些词语的含义及典故等均有注释。

花儿集萃：河州花儿卷　陇崖主编，甘肃文化出版社2005年出版。《临夏回族自治州民族民间文化系列丛书》之一。本书是河州地区花儿歌手传唱的歌词笔录。

花儿集萃：花儿曲令卷　马忠贤、马丰春主编，甘肃文化出版社2005年出版。《临夏回族自治州民族民间文化系列丛书》之一。本书精选了临夏回族自治州的传统花儿、宴喜曲、小调、新编花儿四种花儿曲目。临夏回族自治州是中国两大类型花儿，即"河州花儿"和"莲花山花儿"的发祥、传承和兴盛之地。

花儿集萃：莲花山花儿卷　陇崖主编，甘肃文化出版社2005年出版。《临夏回族自治州民族民间文化系列丛书》之一。本书是莲花山地区花儿歌手传唱的歌词笔录。

回族史话　丁国勇著，宁夏人民出版社2005年出版。本书叙述了回族在我国的分布区域和人口（1990年统计为860万）。现有回族的三分之二人口居住在农村，三分之一居住在城镇。农村的回民一般聚居在几个乡和村，城镇的回族一般聚居在某街巷或段。回族是回回民族的简称。"回回"这一名称，最早出现在北宋的文献里，它所指的是唐代以来居住在安西（今新疆南部及葱岭以西部分地区）一带的"回纥人"（回鹘人）。回回就是现在所说的回族人民的先世。一般认为，回族是由国外多种民族成分在长期的历史中形成的，伊斯兰教对回族的形成起了凝聚和纽带作用。回族主要来源是13世纪初蒙古西征时作为被征服者东迁的信仰伊斯兰教的中亚细亚各族人、波斯人和阿拉伯人，学者估计大概有30至40万人。回族的另一个来源，是唐宋时期久居中国东南沿海的阿拉伯、波斯商人。

回族文化论集 罗彦莲著，宁夏人民出版社2005年出版。《五色丝带丛书》之一。本书主要内容包括海瑞研究、回族民俗文化研究、回族女童教育研究、回族妇女教育与反贫困研究和回族妇女社会参与等。

简明阿拉伯伊斯兰史 钱学文著，宁夏人民出版社2005年出版。本书主要内容有：前伊斯兰时期的阿拉伯人和阿拉伯半岛、半岛南部的阿拉伯王国和半岛北部的阿拉伯王国及前伊斯兰时期的宗教信仰；先知穆罕默德时期、正统哈里发时期、正统哈里发的产生、阿布·伯克尔、欧麦尔·本·赫塔卜、奥斯曼·本·阿凡、阿里·本·阿布·塔里布；倭马亚王朝、倭马亚王朝的建立、倭马亚家族及历任哈里发、倭马亚王朝的崩溃、伊斯兰国家机构的发展和健全、伊斯兰时期的社会状况；阿拔斯王朝、阿拔斯王朝的巩固与发展、走向全盛的时期、政教分离与兄弟民族对阿拔斯王朝政治的控制、蒙古人的入侵与阿拔斯王朝的崩溃、阿拉伯诸王朝、安达卢西亚的倭马亚王朝、法蒂玛王朝、马格里布的小王朝、阿尤布王朝、马穆鲁克王朝、伊斯兰文化、伊斯兰文化的渊源、阿拉伯帝国的翻译运动、伊斯兰文化的特点、伊斯兰文化的传播与影响、经典、教义、教派、清真寺、《古兰经》等。

剑桥插图伊斯兰世界史 ［英］弗朗西斯·鲁宾逊著，安维华、钱雪梅译，世界知识出版社2005年出版。《剑桥插图世界历史系列》丛书之一。本书是一部讲述从先知穆罕默德直至现代的伊斯兰世界文明史的恢宏巨著，含意深邃、深入浅出、生动流畅的文字表达，配以繁富的插图和史料，引领读者感受穆斯林文明的巨大魅力。究竟何谓伊斯兰？无论是在历史上还是在今天，它为何会有如此大的影响？为何相互猜忌一直是伊斯兰世界与西方关系的特征？今日宗教与政治的原教旨主义根源到底何在？作者以出神入化的笔触勾勒出伊斯兰文明的发展脉络，对穆斯林社会的经济根基、社会规范、认知的形成与传承，艺术上的伟大成就等进行了全面的梳理，并着重探讨了伊斯兰世界与西方之间错综复杂的关系，以及它对东西方文化产生的广泛而深远的影响。因此，本书是一部融权威性和可读性于一体的精品著作，通篇闪耀着真知灼见，配合每页文字的插图说明赋予这部书更丰富的内容，有极高的文化价值和参考价值。

昆明伊斯兰教史 昆明市宗教事务局、昆明市伊斯兰教协会编，云南大学出版社2005年出版。本书分为七章，介绍了昆明伊斯兰教的基本情况，元明时期伊斯兰教在昆明的传播和发展，清代伊斯兰教在昆明的曲折发展，昆明地区的主要清真寺及文物等。

马本斋与回民支队在冀鲁豫 阴元昆编著，中共党史出版社2005年出版。《山东革命文化丛书·抗日战争时期》第45集。《山东省社会科学规划研究项目文丛》重点项目。本书分《铁军转战冀鲁豫》、《把根扎在鲁西北》、《大平原上摆战场》、《英名永留人间》等部分，记述了马本斋和他领导的回民支队驰骋平原进行抗日斗争的故事。

美国与伊斯兰世界 高祖贵著，时事出版社2005年出版。"9·11"事件后，美国与伊斯兰世界的关系成为影响国际局势变化的首要因素。本书就美国与伊斯兰世界在政治、经济、文化等方面的问题进行了全面细致的分析和评论，提出美国与伊拉克、伊朗、沙特、中亚国家关系的发展，决定着美国与伊斯兰世界关系的前景，进而影响世界秩序和国际格局的未来。

穆斯林的葬礼 霍达著，人民文学出版社2005年出版。本小说写一个穆斯林家族三代人半个多世纪的生活，歌颂回族人民自强不息的民族性格。小说讲述古都京华老字号玉器行"奇珍斋"的主人梁亦清，原是回族低层的琢玉艺人，他家有两个女儿，长女君璧长于心计，次女冰玉娇小任性。一天有位长者带名少年去麦加朝圣路过梁家，少年被精美玉器所吸引，决定留下当学徒，这就是本书主人公韩子奇。师徒两人正为一件订货劳作，这是专做洋人买卖的"汇远斋"定做的"郑和航海船"。郑和是回族的英雄，他们决心做好这件光耀民族精神的作品，三年的精雕细刻将在中秋佳节完成。不料梁亦清突然晕倒在转动着的玉砣上，宝船被毁，人也丧命。为了抵债，韩子奇到"汇远斋"当了学徒，苦熬三年终成行家。他回到奇珍斋娶了长女君璧，决心重振家业，十年之后名冠京华，又得贵子取名天星，幸福度日。可是日寇侵华战争爆发，韩子奇担心玉器珍品被毁，随英商亨特来到伦敦。妻妹冰玉不顾姐姐反对，偷出家门执意随姐夫远行。在伦敦冰玉与亨特之子奥立佛相恋，可是奥立佛在伦敦大轰炸中却不幸丧生。韩子奇与梁冰玉在海外相依为命十年，旷男怨女终于结合并生下女儿新月。战后一同回国，姐姐收留新月为自己女儿，冰玉远走他乡。新月逐渐长大成人，以优异成绩考上北京大学西语系。上学后与班主任楚雁潮发生爱情，因楚系汉族而遭梁家反对，他们的爱情却在阻挠中愈加炽热。可是红颜薄命，新月因严重心脏病不幸逝世，楚雁潮悲痛欲绝。本书作者为回族，1945年生，北京人，中央文史研究馆馆员。除本书外，还著有长篇小说《补天裂》、《未穿的红嫁衣》，中篇小说《红尘》，报告文学《万家忧乐》、《国殇》、《小巷匹夫》、《民以食为天》，影视剧本《鹊桥仙》、《我不是猎人》、《龙驹》等。

青海撒拉族史料集 韩建业编，青海人民出版社2005年出版。《青海少数民族古籍丛书》之一。本书在体例上采取了资料类编形式，分族源，社会政治，经济，教育，民俗，清乾隆四十六年（1781）反清起义，清咸丰、同治年间反清斗争，清光绪二十一年（1895）反清斗争，论文摘录及附录类。

清真大典（第十三册） 周燮藩、沙秋真主编，中国宗教历史文献集成编纂委员会编纂，黄山书社2005年出版。本书为《中国宗教历史文献集成》之一，全120册。影印本。本册收录杨仲明译解《古兰经大义》民国三十六年（1947）北平伊斯兰出版公司铅印本、刘锦标译编《古兰经选本译笺注》民国二十九（1940）年奉天文化清真寺铅印本、《大亥帖》北京蓝靛厂清真寺藏清抄本、《汉阿对照古兰经选》旧抄本、《亥听》旧抄本、虎嵩山编译《侯赛尼大词典》现代石印本等。

清真食品产业发展理论与对策 葛忠兴主编，民族出版社2005年出版。国家民委

2004年11月在陕西西安市召开了"中国清真食品产业发展研讨会",本书即为该研讨会的论文集。清真食品是我国维吾尔、哈萨克、东乡、柯尔克孜、撒拉、塔吉克、乌孜别克、保安、塔塔尔、回族共10个少数民族的生活所需,涉及人口2030多万人。清真食品生产供应工作,历来是我国民族贸易和民族特需用品生产的重要内容。这是一本系统介绍我国清真食品产业发展状况、探讨我国清真食品产业发展理论和对策的专著,内容翔实丰富,观点客观新颖,具有较强的普及性和可读性。

圣门再传弟子的生活形象 [波斯]阿布杜·热哈曼·帕夏著,马会云译,2005年内部出版物。本书收入早期伊斯兰关于圣门再传弟子的28个故事。

实用阿拉伯语100句 蔡伟良、陈杰编著,上海世界图书出版公司2005年出版。《实用外语口语100句系列丛书》之一。本书由两个部分组成:第一部分是最基本、最常用的日常阿拉伯语用语约100句;第二部分是15个基本情景对话,内容包括寒暄、海关入境、问路、订票、宾馆、邮局等。

世界三大宗教及其流派 于可主编,湖南人民出版社2005年出版。本书主要介绍了基督教、佛教、伊斯兰教这三大宗教的创立及其历史,以及这三大教在我国的传播发展及其主要教派。

丝绸之路上的穆斯林文化 马通著,宁夏人民出版社2005年出版。丝绸之路是连接东亚、西亚和地中海的一条世界贸易的古道,德国地理学家李希和芬首命其名。这条贸易古道分陆路和海路,陆路惯称丝绸之路或草原之路或沙漠之路,海路多称香料之道或陶瓷之道。丝绸之路的开通,使中国与中亚、西亚、南亚的原有道路得以衔接起来,不仅中国的丝绸源源不断地沿着这些道路输往西方,而且中亚和西亚的珍贵特产也开始大量涌入中国内地。同时,丝绸之路不仅是丝绸传播的道路,也是蚕丝业技术传播的道路。公元6世纪时,中亚和波斯等地已学会了丝绸织造技术,随之也传到了西方。公元7世纪至8世纪,造纸技术传到中亚、西亚和欧洲,继而火药、指南针也经由阿拉伯人、波斯人传到了西方。书中只介绍了陆路和海路的主要路线、国家和交易的主要物资。本书根据历史资料,比较细致地介绍了丝绸之路上的穆斯林文化。

天方性理(白话译丛) 刘智著,马宝光、李三胜译,新民书局2005年出版。《天方性理》为清代著名伊斯兰教学者刘智所著,该书分《本经》和《图传》(《图说》)。《本经》共5章,辑译了80多种阿拉伯文和波斯文经籍的有关论述。《图传》系仿效北宋理学家周敦颐以《太极图》解说世界本体的方式与《本经》互相阐发。全书共5卷,每卷列12说,每说一图一传,共60篇。其体例为"因经立图以著经之理,因图立说以传图之意",使读者能"观图以会意,观文以释经"。书中主要内容论述了伊斯兰教关于宇宙起源、"大世界"(天)与"小世界"(人)、性与理之间的关系。其理论基础是以伊斯兰教"凯拉姆学"(即认主学)为主,融合了苏菲派哲学思想的"神智论"、"人主合一论"、中国宋明理学的性理论与传统儒学的社会伦理思想,其理论核心是"三一论",即"真一"独一无二,造化天地万物、主宰天地万物。"数一"是由"真一"经过"先天理化"而产生的元气、阴阳、四元(气、火、水、土)三子(金、木、活类)、天星、地海、金石、草木及人类。"体一"是人通过认识自身,认识客观世界而达到认识"真一"。在论述中,作者以"真一"比附理学的"理",以"数一"和"体一"比附理学的"性"。理学认为"理"或"天理"是最高范畴,系宇宙万物的本原，而作者则认为理之上犹有"真一"。"数一"、"体一"都来自"真一"。突出了伊斯兰教的"认主独一论"，从而构建了中国伊斯兰教的宗教哲学体系，也扩大了性理学说研究的内容和范围。该书自康熙四十九年由黑鸣风等在宁波刻印，后有成都、昆明刊本及马福祥刊印本行世。

挑战与回应：中东民族主义与伊斯兰教关系评析 刘中民著，世界知识出版社2005年出版。民族主义和伊斯兰教作为中东现代和传统意识形态的代表，其错综复杂的关系对中东政治发展进程产生了重要影响，但对于中东民族主义与伊斯兰教关系这样一个涉及中东历史发展走向的重大问题，国内外的研究尚十分薄弱，迄今尚无专著问世，论文也屈指可数。鉴于此，本书对中东民族主义与伊斯兰教的互动关系进行了深入研究。本书探讨了中东民族主义对待伊斯兰教的态度，揭示了不同民族主义形态与伊斯兰教关系的共性与个性特征，分析了中东民族主义对伊斯兰教的冲击；本书就伊斯兰教对民族主义的挑战所做出的回应问题，重点探讨了伊斯兰原教旨主义对民族主义的思想冲击；本书还从民族国家构建、政治合法性、政治制度与政策体制、政治民主化等角度分析了中东民族制度与政治体制，政治民主化等角度分析了中东民族主义与伊斯兰教关系对中东政治现代化影响，并指出在未来中东政治发展进程的很长时期内，仍将交织着中东民族主义与伊斯兰教的复杂矛盾，缓解和消除中东民族主义与伊斯兰教之间的紧张关系仍将是中东穆斯林国家政治现代化所面临的一项长期课题。

夏地民俗 李东东主编，宁夏人民出版社2005年出版。本书介绍了回族、汉族的宗教信仰、服饰、饮食、婚嫁、丧葬、节日、禁忌、生活习惯、语言文字等民俗文化。

新阿拉伯语汉语大词典 王培文主编，商务印书馆2005年出版。本书共收词80000多条，其中标题词目60000多条。该词典除吸收阿拉伯国家目前常用的词典的精华之外，还有三个方面的特点：其一，对所有动词精心分义，并按其主次表明顺序，重要的均配以例词或例句；其二，对重要的和难用的虚词，均配以简明的语法分析和例词或例句；其三，吸收尚未收入国外词典而又在生活中应用的新词或新义（包括某些国家的一些方言）。书末附有《阿拉伯字母同数字对照表》、《特殊阴阳性名词表》、《动词变化及其派生词表》和《门捷列夫元素周期表》等。

新编卧尔兹演讲集（第3辑） 中国伊斯兰教教务指导委员会编，宗教文化出版社2005年出版。本书包括伊斯兰教是和平的宗教，伊斯兰教是团结宽容的宗教，伊斯兰教是仁慈的宗教，做一个知感真主恩典的穆斯林，穆斯林应该和睦邻里等内容。

伊斯兰世界的艺术：艺术与文明书系 ［英］欧文著，刘运同译，广西师范大学出版社2005年出版。本书是一部熔伊斯兰世界文化、艺术于一炉的艺术概观，作者采取了一种侧重主题、相对松散的编排方式，讨论了从公元5世纪左右到17世纪末，包括西班牙、摩洛哥、阿富汗在内的广阔地域出现的艺术品和艺术现象。在书中，作者试图把艺术放到当时的社会、经济和文化环境中来考察，力求探究一种艺术品或艺术现象出现的原因，并对伊斯兰世界的艺术做出总结和评价。作为一部艺术史著作，本书首先论述了伊斯兰世界艺术的起源及伊斯兰教的兴起和伊斯兰国家的形态等，进而分章节详细探讨了一系列的复杂关系：清真寺、宫殿及宫殿内的生活还有它们各自的装饰和陈设与整个伊斯兰社会的关系；金属、陶瓷、纺织编织、玻璃、玉石等多种工艺门类的艺术家、行业协会和工艺技术三者之间互动互为的关系；在文学与艺术的关系中探讨了文学家对"美"的看法、书法艺术和书籍彩色插图；当时人们关于色彩、视角、形式等的理论以及天文学和占星术、科学和魔术的发展与艺术发现上的种种变化间的关系和伊斯兰世界艺术与中国和西方的交融互动的关系等。

云南伊斯兰教史 姚继德、李荣昆、张佐著，云南大学出版社2005年出版。本书为《云南宗教系列专史》之一。《云南宗教系列专史》是国内第一套地域宗教系列专史，填补了这方面的空白。这对推动中国宗教史、世界宗教史的深入研究，促进东西方宗教历史文化的学术交流有重要意义。本书不但吸收了《云南宗教概况》、《云南省志·宗教志》、《云南宗教史》中有关伊斯兰教的内容，还吸收了近年国内外学者研究云南伊斯兰教历史文化的新成果，坚持客观纪实的原则，记述了伊斯兰教在云南的历史及特点。

张家川回族的社会变迁研究 虎有泽著，民族出版社2005年出版。本书论述的主要内容有张家川回族的概况、经济生活、婚姻与家庭、文化教育、宗教生活、回汉民族关系、社会分层和文化适应与现代化等。

郑和与回族伊斯兰文化 吴海鹰主编，宁夏人民出版社2005年出版。《中国回族伊斯兰研究中心丛书》之一。本书收入33篇文章，包括《郑和下西洋时期伊斯兰文化的传播对海上丝绸之路的贡献》、《郑和下西洋对伊斯兰世界文化的影响和贡献》、《郑和与印度尼西亚穆斯林》、《郑和对中国伊斯兰文化的贡献》等。

中国回族研究论集（第1卷） 马宗保主编，宁夏大学回族研究中心编，民族出版社2005年出版。论文集。本书分为"宗教·哲学"、"古籍·历史"、"文化·教育"、"社会·经济"、"人物·论坛"、"域外穆斯林"、"图书评介"和"简讯"等栏目。收录了30多篇论文。

中国穆斯林朝觐实用手册 杨志波主编，宁夏人民出版社2005年出版。本书是中国第一部全面介绍穆斯林朝觐的实用性手册。朝觐是伊斯兰教的五大功修之一。公元632年伊斯兰教的先知穆罕默德亲率10多万穆斯林到麦加朝觐，千百年来世界各地的穆斯林不辞辛劳，纷至沓来，朝觐天房。近30年来，每年伊斯兰教历12月前往麦加朝觐者约200多万，其中21世纪以来每年约有1万多中国穆斯林不远万里前往朝觐。本书详细阐述了朝觐的渊源、种类、方式，并按伊斯兰教法规定，全面而细致地介绍了朝觐的程序、主要念词等朝觐知识；介绍了中国和沙特阿拉伯王国有关朝觐的组织和服务机构，讲明了申请报名办法、行前准备和旅游外事常识；同时为使朝觐者做好准备工作，书中还概述了圣地麦加、麦地那城市及主要圣迹遗址和沙特阿拉伯国家的历史、人文风情；还对朝觐期间需熟悉的常用语也作了专门的解释。本书最具特色的是书中所有有关伊斯兰专用语、念词等都附有阿拉伯文、中文注音、意译及注释，是朝觐者赴麦加朝觐、外事生活的指南用书。本书由中国伊斯兰教协会、宁夏大学回族研究中心和宁夏人民出版社组织伊斯兰教专家、学者合力精心撰写编辑而成，有关宗教事务部门的专家进行了专门审读，同时邀请了熟悉经训的阿訇协助编审，具有很高的权威性和实用价值，是伊斯兰学研究者和普通读者系统了解朝觐的首选和必备图书。

中国伊斯兰教 张广林编著，五洲传播出版社2005年出版。伊斯兰教传入中国已有1300多年的历史。从遥远的阿拉伯传到东方文明古国的那一刻起，它就不断地与周围的环境适应和融合，并在发展过程中始终保留着自己的基本特点，从而形成了具有中国特色的伊斯兰教。本书就伊斯兰教在中国的发展、传播，以及中国穆斯林"大分散，小集中"的居住特点、中国穆斯林在不断发展过程中形成的特点等作了比较全面的叙述。

中国伊斯兰教建筑 路秉杰、张广林编著，上海三联书店2005年出版。清真寺的功能在于它能够满足穆斯林的宗教生活，能够让他们在其中进行礼拜仪式和学习。本书比较详尽地介绍了清真寺建筑的基本形制，对伊斯兰教建筑受汉文化及其他民族文化的影响、伊斯兰文化的包容性和适应性，以及保护古老伊斯兰建筑的良好风尚等也作了比较详细的论述。

足音：青海回族精选作品集（1） 冶福龙、马文慧主编，民族出版社2005年出版。本书收录了近年回族作家和作者发表的有代表性的人物通讯、散文、书序和书评等。这些作品展现了青海回族的历史、人物、社会等方面的风采，同时也反映了青海回族学人对如何促进青海回族更快发展的忧思，以及对青海回族文化教育落后现状的反思。

2006年

阿拉伯国家概况 郭依峰著，世界知识出版社2006年出版。本书对阿拉伯国家，即埃及、叙利亚、苏丹、利比亚、突尼斯、阿尔及利亚、摩洛哥、伊拉克、约旦、黎巴嫩、沙特阿拉伯、也门、科威特、卡塔尔、巴林、阿曼、阿拉伯联合酋长国、索马里、吉布提、毛里塔尼亚等国家的地理、历史、政治、经济、文化等方面作了一般性介绍。作者认为中东地区、阿拉伯世界是一块神秘莫测之地，在这里，神话传说与现实社会交汇，流血冲突与多元文化交织。这是一个举世瞩目的地区，也是新闻媒体曝光率最高的地区。中东地区的居民以信奉伊斯兰教的阿拉伯民族为主，因此，"阿拉伯世界"构成中东地区的主体。在当前世界格局中，阿拉伯世界和中东地区战略地位突出，热点问题集中，是各方争夺的焦点。书中还介绍了源远流长的中阿关系。这是一本集知识性和史料性于一体的著作。

阿拉伯语经贸谈判 杨建荣、杨言洪著，对外经济贸易大学出版社2006年出版。本书为教育部高教司与高等学校外语专业教学指导委员会资助项目《阿语经贸复合型人才培养课程体系与教学内容改革研究》的子项目。我国自1978年实行改革开放政策以来，对外贸易与经济合作事业迅速发展，迄今已成为世界上最富有经济发展活力的地区。经过15年"马拉松"式的艰苦谈判，我国终于正式加入世界贸易组织，成为其中的一员。可以相信，随着时间的推移，未来我国涉外经济活动的领域和规模将会日益扩大。本书主要涉及关于交货期的谈判、关于交货事宜的谈判、运输方式的分类、海洋运输、铁路运输、航空运输、集装箱运输、国际多式联运、大陆桥运输、其他运输方式、班轮运输、租船运输、包机运输、集中托运、航空急件传送方式、交货时间、装运地、目的地、分批装运、转运、装运通知、滞期、速遣条款、装运单据等内容。

阿拉伯哲学 ［英］彼得·亚当森著，三联书店2006年出版。本书是英国剑桥大学出版社20世纪90年代刊行的《剑桥哲学研究指针》丛书之一。本书共19篇，大多以著名的哲学家为主题，如肯迭、法拉比、阿维森纲、字萨里、阿维罗伊，或是以一些重要的哲学流派为线索，比如新柏拉图主义、伊斯玛仪派、照明学派、伊斯兰神秘主义等，并对阿拉伯-伊斯兰哲学传统中更为广泛的一些内容，如逻辑学、伦理与政治哲学、自然哲学、心理学、形而上学等进行了全面的介绍，同时还涉及到阿拉伯哲学与西方其他哲学传统的交流与融合。书后附有参考书目。

阿拉丁与神灯　艾米编译，中国妇女出版社2006年出版。《青少年百部成长经典》丛书之一。阿拉伯童话插图本。

超越禁城的神圣：原始宗教道教、佛教、基督教、伊斯兰教　佟洵等编著，光明日报出版社2006年出版。北京不但有威严的皇家禁城，也是多种宗教和平共存、多种宗教建筑比较集中的城市。北京地区宗教建筑的一个基本特点是佛、道、儒三教合流。佛教、道教、伊斯兰教、基督教（含天主教），乃至民间信仰的小宗教等，在北京地区都可以找到相应的建筑或一定的遗迹。本书系统地介绍了北京地区佛、道、儒、伊斯兰教、基督教（含天主教）在北京的传播和各类宗教建筑的情况。

传统与现代性：印尼伊斯兰宗教音乐文化　蔡宗德著，台湾桂冠图书公司2006年出版。本书详细介绍了印度尼西亚的伊斯兰教音乐的历史、文化、特点等内容。

当代阿拉伯问题研究　张宏著，人民出版社2006年出版。本书是一部关于当代阿拉伯问题研究的理论专著，全书分阿拉伯政治经济、语言文学、社会文化三大部分，详细介绍了阿拉伯国家的相关概况，适合阿拉伯问题研究人员参考学习。本书主要分为三大部分：阿拉伯政治经贸、阿拉伯社会文化、阿拉伯语言文学。第一部分主要涉及阿拉伯世界的政治外交与经济贸易。既探讨了阿拉伯的总体情况及发展趋势，又讨论了阿拉伯的核心问题：巴以问题；既涉及美国在中东和阿拉伯世界的战略，又对阿拉伯大国埃及的旅游业进行展望；既探究世界热点伊拉克问题，又研究了海湾阿拉伯国家合作委员会的经贸发展。第二部分主要探讨阿拉伯国家的社会与文化。内容涉及当代阿拉伯社会的基本特征、阿拉伯伊斯兰文化的特点及其发展趋势，对阿拉伯问题的文化思考、对网络穆斯林民间论坛的研究、对中国与阿拉伯世界从现代和传统的角度来对比研究，中阿文化交流的潜力与发展前景。第三部分主要探讨阿拉伯的语言和文学。既研究阿拉伯语的语言规律，又探讨阿拉伯语的教学方法；既研究语言的运用，又探讨语言与文化的关系；既研究阿拉伯的女性文学，又对中、英、阿文学的爱情悲剧进行对比研究。

工业文明的挑战与中东近代经济的转型　王三义著，中国社会科学出版社2006年出版。山西大学社科出版基金资助。本书对中东近代社会经济的转型进行了系统、全面的梳理，讨论了近代中东国家遭遇的挑战、中东的社会经济条件与基础、近代的西化改革、早期近代工业和城市化的发展、近代经济转型的动力与条件以及近代经济转型的跨地区比较等方面的问题。

古兰经译解　王静斋译注，东方出版社2006年出版。本书由中国伊斯兰教协会审定。本书对《古兰经》中的伊斯兰教义、教法、哲学、伦理道德和典章制度等，作了翻译和详细注释。

黄河与宁夏水利　宁夏政协文史和学习委员会、宁夏回族自治区水利厅编，宁夏人民出版社2006年出版。上下册。全面论述了宁夏地区治理黄河的计划和全区水利的发展及其规划。

回族传统法文化研究　马克林著，中国社会科学出版社2006年出版。本书的主要论点是：回族传统法文化是中华法文化体系的有机组成部分之一，它体现着伊斯兰法文化的某些影响和特征，对深入认识中华法文化的多样性、包容性等具有独特价值；回族传统法文化在规范回族社会秩序、增强回族凝聚力、传承回族文化等方面具有重要作用，它是回族文化体系的重要组成部分，这方面的研究将拓展认识回族文化的视野；回族传统法文化作为一种传统，仍具有较为深刻的现实影响，对它的深入探讨有助于正确面对和处理回族社会法制现代化中传统与现代性的关系问题。

回族对联 马广德著，宁夏人民出版社2006年出版。回族有悬匾挂联的传统习俗。一般有清真寺、拱北、道堂、回族名胜古迹等的楹联，也有穆斯林家庭和日常社会生活中的寿联、挽联等类型的对联，文体分为阿拉伯文和汉文。本书集作者十余年的搜集，从宗教、民族、哲学、文学等多学科的角度对回族对联进行了分析，做了一次前所未有的全面、系统的整理和研究，集资料性、思想性、科学性为一体，达到了一定的学术高度。本书结构合理，行文朴实，是一部开拓了回族文化研究新领域的学术著作。也可以说，这部书向世人开启了一扇回族文化之窗，人们可以从这个窗口看到回族人民丰富多彩的文化生活和精神世界。

回族对伟大祖国的贡献 喇敏智主编，甘肃民族出版社2006年出版。本书是一部融知识性、可读性与学术性一体，具有较高收藏价值的著作。本书着重突出回族从近代至当代的贡献和作为，特别是在维护国家安全统一、抵御外侮、保卫国家、开发资源、发展经济、繁荣中华文化、推进科技进步，及发展教育、艺术、体育、卫生等事业方面的突出贡献，分总论、文化篇、政治篇、经济篇、精神篇，体例新颖，文字流畅，酣畅淋漓地展示了一个不平凡的民族辉煌业绩和骄人贡献，读来令人耳目一新，是我国第一部系统论述回族对祖国历史和现实贡献的专著。

回族近现代报刊目录提要（上下册） 雷晓静主编，宁夏人民出版社2006年出版。回族近现代报刊，被当代回族学学者称为中国近现代回族历史文化发展的长卷、回族百科全书。本书编者在检索翻阅了大量回族伊斯兰教历史报刊原刊或复印件的基础上，辑录出1908-1953年间，国内知名回族近现代报刊54种，涉及110卷，有1145期内容的详细目录，并提供了这54种报刊的相关图片和报刊提要。本书首次系统地整理编录了建国前的回族历史报刊目录，填补了民族报刊史上无系统整理近现代回族报刊文论的空白，是国内外伊斯兰教专家、学者、民族文化研究工作者和民族宗教部门不可缺少的工具书，也是编写中国伊斯兰教史、回族文化史和各地民族史志的宝贵参考材料。

回族历史与文化暨民族学研究 马启成著，中央民族大学出版社2006年出版。本书是中央民族大学民族学与社会学学院近年来规划出版的民族学社会学教材与研究系列丛书之一。本书分四编：第一编是回族学与回族历史研究，包含回族学学科的理论建设、回族的族源及其形成、回族志、回族学术史、族教关系、有关回族人物评述等；第二编是中国伊斯兰文化研究，包括伊斯兰教在中国的传播和发展、中国伊斯兰教教志、中国伊斯兰文化的基本特征、对有关穆斯林学者的评述和书评；第三编是西部及宁夏地区的研究，包括黄河水利开发、宁南山区农业基础建设、中国少数民族地区的贫困与文化脱贫；第四编是民族与宗教方面的研究，包括宗教起源与发展演变规律及其文化功能、新疆地区宗教、中国民族学的成就、民族节日文化、民族高等教育等方面的研究等。

回族民俗文化 新疆维吾尔自治区对外文化交流协会编，新疆美术摄影出版社2006

年出版。《中国新疆民族民俗文化系列丛书》之一。本书介绍了回族的主要民族文化习俗，是了解回族民俗文化的重要参考书。

回族伊斯兰习惯法研究　杨经德著，宁夏人民出版社2006年出版。回族伊斯兰习惯法作为社会结构要素之一，它在国家法原则的规范和约束之下存在，对其他社会结构要素的存在同样具有必要性和有效性，因此，它也是功能性的社会控制工具之一。但是，回族伊斯兰习惯法的功能发生根据和具体功能表现形式与国家法有所不同。与国家法相比，它主要表现为规范功能的内容和形式齐全，而公共功能的内容和形式残缺，在总体功能上弱于国家法，并且有变形的特征。而且，它的规范功能和公共功能的侧重也与国家法有着根本的区别。本书着重论述了回族伊斯兰习惯法对国家法以及对其他社会结构要素的功能问题，并对回族伊斯兰习惯法在特定条件下对其他社会结构要素的消解作用，进行了初步论述。

简明中国伊斯兰教史　马平主编，宁夏人民出版社2006年出版。伊斯兰教文明是世界文明之一，它与中华文明、印度文明、巴比伦文明等相映成辉，为人类文明进步作出了巨大贡献，迄今依然对中国穆斯林社会、世界穆斯林社会乃至整个人类社会产生着重要影响。伊斯兰教在中国的形成与发展，大体经历了四个重要的时期：1.唐、五代、宋时期，基本上是伊斯兰教传入的初期，也即伊斯兰教在中国的萌芽时期。2.元明至清前期，基本上是伊斯兰教在中国迅速发展的时期。3.清中后期，是伊斯兰教在中国遭遇到的处境最为险恶的历史时期。4.民国至新中国建立，伊斯兰教在中国进入了一个新的复苏时期。本书主要内容是关于中国伊斯兰教在唐、五代、宋、元、明、清、民国时期以及新中国成立后等不同的历史时期，在经济、政治、宗教制度改革、新文化运动、教派门宦、文学艺术等方面的发展变革历史。

近代伊斯兰复兴运动的先驱：瓦哈卜及其思想研究　马福德著，中国社会科学出版社2006年出版。本书为《伊斯兰文化丛书》之一。主要叙述了瓦哈卜宗教改革思想产生的时代背景、18世纪奥斯曼帝国统治下的伊斯兰世界、崛起的欧洲、18世纪的阿拉伯半岛、瓦哈卜及其宗教改革、瓦哈卜与第一沙特国、瓦哈卜及其家族、瓦哈卜宗教改革的主要内容及舆论准备、瓦哈卜的思想渊源、圣训学派、罕百里法学派、伊本·泰米叶、瓦哈卜在信仰与法学领域改革思想的基本内涵、重申"陶赫德"思想、反对探究安拉的属性、呼吁重启法学创制之门、瓦哈卜在其他领域改革思想的基本内涵、批判苏菲神秘主义、坚持劝善戒恶原则、瓦哈卜思想影响及其评价等内容。

开元天宝遗事安禄山事迹唐宋史料笔记　中华书局编，中华书局2006年出版。安禄山（703-757）本名阿荦山（一作轧荦山），为营州（今辽宁朝阳）人，父为胡人，母为突厥人，幼时父死，后来其母嫁给突厥将军安波注的哥哥安延偃，随之姓安，名叫禄山。他在30岁前一直在边疆地区经商。30岁那年步入军旅，4年后做到平卢将军。天宝元年（741）他一跃成为朝阳古城的最高军事统帅平卢军节度使。此后飞黄腾达，49岁时，身兼三镇节度使，同时兼领平卢、河北转运使、管内度支、营田、采访处置使。天宝十四年发动叛乱，使强大的大唐帝国开始走下坡路。叛乱后称帝，做了二年瞎眼皇帝，被其子谋杀。本书记述了安禄山一生的经历。

科学与幽默相遇——希腊文化-伊斯兰文明：漫画科学流脉　[韩]郑慧溶著，21世纪出版社2006年出版。本书是《漫画科学流脉》丛书之一。这套丛书以通俗易懂的漫画为主要形式,在漫画中书写科学史,增加了不少趣味性,并且将整个科学史以年表的形式展示出来,同时根据文明的类型和不同年代分成天文学、地理学、数学、物理学等类别来讲述,使读者能够系统地理解和掌握。这套书是适合从小学生到成人阅读的教育漫画。

流动的精神社区:人类学视野下的广州穆斯林哲玛提研究 马强著,中国社会科学出版社2006年出版。本书为《伊斯兰文化丛书》之一。主要论述了都市社会中的穆斯林哲玛提研究、历史图景中的哲玛提、哲玛提的离散与整合、现代社区与网络哲玛提、哲玛提中的多元族群及族群认同、哲玛提中的文化认同、哲玛提中的崇拜仪式及民俗变迁、激荡在传统与现实中的哲玛提等内容。

马本斋的故事 马龙著,中国社会出版社2006年出版。《英雄故事丛书》之一。本书生动讲述了革命英雄人物马本斋的动人故事。收录《说家史》、《改圣书》、《走沧州》、《入凶宅》等故事。

美的世界:伊斯兰艺术 刘一虹、齐前进著,宗教文化出版社2006年出版。本书内容包括:世界宗教艺术瑰宝伊斯兰、承前启后兼容并蓄的伊斯兰艺术概观、伊斯兰艺术的最高表现之建筑艺术等。

美国与"大中东" 安维华、钱雪梅著,世界知识出版社2006年出版。本书从"大中东"的角度分析了美国对本地区的战略与政策,说明本地区各热点的内在联系,凝聚了作者多年思考与探索的成果,其中既有对热点问题鞭辟入里的剖析,又有理论上的精辟概括与阐发;既有逻辑上的严谨论证,又有对来龙去脉的生动描述。

穆斯林爱国主义教程(试用本) 中国伊斯兰教协会编,宗教文化出版社2006年出版。中国穆斯林历来就有爱国爱教的优良传统。中国穆斯林的爱国主义传统是从伊斯兰教传入中国形成中国穆斯林民族前后,在中国大地上逐步发展起来的。中国穆斯林的先民,不仅忠实于自己的信仰,实践伊斯兰教义、教律中要求的各种功修,做一个合格的穆斯林,而且对中国传统文化中的仁爱思想、尊老爱幼、和为贵的思想,讲求孝悌等道德观念,与伊斯兰教经典中提倡的"和平"、"顺从"、服从执者以及道德修养结合起来,从而形成了中国穆斯林源远流长的爱国主义传统。中国穆斯林在自身的发展中也深刻认识到:第一,中国各族穆斯林历来就有爱国爱教的传统;第二,爱国爱教是中国各族穆斯林必须始终坚持的宗旨;第三,加强团结,反对分裂是中国各族穆斯林共同的要求。

穆斯林诗人哲学家伊克巴尔 刘曙雄著,北京大学出版社2006年出版。伊克巴尔是20世纪南亚穆斯林最伟大的诗人,同时也是南亚穆斯林最伟大的哲学家和思想家。作为诗人,伊克巴尔始终关注穆斯林的命运。除了诗人的浪漫,他兼具哲学家的思辨和思想家的睿智。他在其不朽的诗作《自我的秘密》和《无我的奥秘》中提出了"自我"和"完人"的学说,从而建立了自己独特的哲学思想体系。继而在1930年全印穆斯林阿拉哈巴德年会上提出了在印度西北部建立穆斯林独立国家的思想,这一思想成为巴基斯坦的立国之本。如果说诗歌创作是一种手段,那么实现印度穆斯林的民族独立则是他的政治理想。他毕生从事诗歌创作,通过诗歌阐述他的理想并付诸实践。他生前被称为"民族诗人"、"穆斯林诗人",逝世后被授予"真理的代言人"和"民族的医生"称号。伊克巴尔的诗歌作品及其哲学社会思想的丰富内涵,成为穆斯林的宝贵精神财富。伊克巴尔在南亚波斯语诗歌和乌尔都语诗歌史上耸立起一座高峰。他的美学思想基于伊斯兰教信仰，又融入了反对帝国主义和殖民主义的时代精神和主张正义、追求人类大同的呼唤。他的"自我"学说闪烁着人类认识自己和掌握自己的哲学光芒。伊克巴尔不仅具有思想家的胆略，而且有着锲而不舍和矢志不渝的毅力。他是现代伊斯兰世界的一位卓越的思想家。

宁夏回族建筑艺术 刘伟著，宁夏人民出版社2006年出版。本书为《宁夏社会科学院文库》之一。中国各地都有一些古老的清真寺建筑，许多清真寺建筑年代十分久远，是伊斯兰教建筑的瑰宝。由于伊斯兰教在中国形成了自己的特色，反映在清真寺建筑上也与阿拉伯国家有所不同，中国的清真寺一般沿用了中国古典砖木结构的建筑形式。同时又保留了伊斯兰教独有的特征，建筑设计者遵照穆斯林的信仰和生活习惯，在建筑物的装饰上尽量突出伊斯兰教的特点。在清真寺内开展经堂教育是中国穆斯林几百年来的传统。每座清真寺都设有讲堂，是阿訇给"海里凡"讲经的地方。伊斯兰教在中国的传教活动主要是在清真寺里进行。因此，中国的清真寺不仅是穆斯林的宗教活动场所，也是伊斯兰教宗教教育的场所。本书主要介绍了宁夏地区清真寺等建筑的历史、艺术特色等。

宁夏回族自治区国民经济和社会发展第十一个五年规划纲要 宁夏回族自治区人民政府编，宁夏人民出版社2006年出版。详细记载了宁夏回族自治区经济发展和第十一个五年规划的发展计划和纲要。

宁夏司法行政志 王道周主编，宁夏回族自治区司法厅编，中央文献出版社2006年出版。本书全面翔实地记述了宁夏司法行政工作71年的历史和现状。全书紧紧围绕宁夏司法行政工作的改革和发展这条主线记述各类司法实践活动，纵贯司法行政事业的方方面面。

宁夏文史资料集萃：人物卷（第27辑） 宁夏回族自治区政协文史和学习委员会编，宁夏人民出版社2006年出版。本书人物按先烈遗风、领导风采、风雨同舟、戎马生涯、艺术人生、梨园春秋、各界翘楚、旧政要员分为八个类目。

牛街：一个城市回族社区的变迁 良警宇著，中央民族大学出版社2006年出版。《民族学与社会学博士文库》之一。中央民族大学国家"十五"、"211工程"建设项目，福特基金会资助。本书分清真寺、生计、婚姻与家庭、文化接触、拆迁、前景五个章节介绍了牛街回族聚居区的变迁经历。

清代方略全书（32—33卷） 方略馆编，北京图书馆出版社2006年出版，全200册。全国古籍整理出版规划领导小组资助出版。《清代方略全书·钦定石峰堡纪略》为第32、33卷。内容是清政府关于平定乾隆四十九年（1784）宁夏和甘肃地区的回民起义的皇帝谕令及大臣奏稿，它们对研究西北地方史、回族历史和中国伊斯兰史具有一定价值。

清代同治年间陕西回民起义史 韩敏著，陕西人民出版社2006年出版。本书记述了清代同治年间陕西回民起义的全过程，内容包括从清代同治元年陕西回民起义爆发到光绪三年白彦虎5000军眷撤退至俄国境内的16年反清斗争史事。

清真食品经济 吴俊主编，宁夏人民出版社2006年出版。本书将"清真食品"与社会、文化、政治、民间风俗习惯、大众一日三餐等置于民族经济上进行探讨和研究。

全书分"继承与发展"、"探索与创新"、"清真荟萃"3编共26章。

神奇的阿拉伯世界：阿拉伯地理 马骏著，广东地图出版社2006年出版。伊斯兰教的发祥地沙特阿拉伯是一个神奇的地方，拥有悠久的民族历史、灿烂的科学文化、独特的风土民情、干旱的自然环境，战争也从未间断，让人们不禁对这一国家充满疑惑。本书作者根据收集、整理的大量地理素材、资料和文献，从地理学的角度介绍了阿拉伯国家的自然、人文方面的历史和现状，内容包括中东成为世界焦点的分析、阿拉伯民族历史、文化科学、风土民情、旅游景点、自然环境，以及石油工业经济、战争与生态灾难等等，并对阿拉伯世界各国分别作了介绍。

天方夜谭 仲跻昆、郅溥浩等译，漓江出版社2006年出版。《天方夜谭》又名《一千零一夜》，阿拉伯半岛地区民间故事选集。

土耳其与美国关系研究 肖宪、伍庆玲、吴磊等著，时事出版社2006年出版。《教育部人文社会科学重点研究基地重大项目成果丛书》之一，《中东与美国》系列丛书之"国际问题与港澳台问题研究"部分。本书对二战以来美土关系的发展演变进行了深入的研究，对影响美土关系的各种因素、当前美土关系中存在的主要问题和发展前景进行了分析与探讨。

王岱舆刘智评传 孙振玉著，南京大学出版社2006年出版。《中国思想家评传丛书》之一。本书针对王岱舆、刘智、马德新三位回族历史人物的生平和思想及其贡献进行了较为系统的评述，并以之为典型个案，深入地探讨了回回理学多方面的积极意义。王岱舆（约1584—1670），名涯，别号"真回老人"，金陵（今江苏省南京市）人，回族，中国明末清初著名的伊斯兰教学者和经师。其先祖系西域人，明洪武年间来华朝贡，因精于天文历算，被授职钦天监，赐居京师（今南京）。王岱舆生于南京，自幼习阿拉伯文、伊斯兰教经籍，后攻读中国经史及宋明理学兼及佛道著作。被誉为"学通四教"（指佛、儒、道与伊斯兰教）的"回儒"。他毕生致力于伊斯兰教经籍的研究与译著，还与人公开辩论，阐释伊斯兰教的义理，批驳"理气空无之论"。他是中国伊斯兰教史上第一个"以中土之汉文，展天方之奥义"的学者，其贡献主要有：1.他首先提出了"真一"、"数一"、"体一"三个基本概念。2.在宇宙论方面，他认为"真主（真一）乃无始之原有"。3.在教义学方面，他以认主学为纲，阐述伊斯兰哲理，然后将基本教义、宗教功修、宗教伦理、教法制度、生死观、两世论等综合概述，构建了中国伊斯兰教教义学说。4.为了"明真一，显正道之光明，驱异端之谬讹"，他除著书立说外，还以非凡的理论勇气，与人"盘道"（即讲经辩论），大胆阐发伊斯兰教的教义，其谈锋所及，涉及儒、道、佛各家时，以维护伊斯兰教义为己任，比较评论，侃侃而谈，颇具思辨特色，一时传为佳话。他的言论及著作，使伊斯兰教文化步入中国思想论坛，开一代新风。王岱舆是中国伊斯兰教学术研究的先驱者，他将伊斯兰教教义与中国传统文化主要是宋明理学相结合，阐明了伊斯兰教的本体论、宇宙论、认识论，为建立中国伊斯兰教哲学与教义学的框架，奠定了理论基础。他的理论紧密结合中国社会实际，表现出伊斯兰教传播过程中与中国传统文化的交融互补，开中国伊斯兰教研究之先河。后世学者说他"发人之所未发，言人之所不敢言，正教光辉，因之昭著"。主要译著有《正教真诠》、《清真大学》、《希真正答》。

现代撒拉族社会研究 赵春晖著，民族出版社2006年出版。《西北少数民族学术研究文库》之一，兰州大学"985工程"资助项目。本书通过对撒拉族在新时期的经济结构、组织结构、文化教育、宗教结构、婚姻家庭等的剖析，探索撒拉族在大量社会资源的重新分配及重组过程中原有社会利益格局的变迁，揭示新时期撒拉族社会的内在本质、运行规律及发展趋势。

新疆回族民俗　《新疆回族民俗》编委会编，宁夏人民出版社2006年出版。本书较系统地研究了新疆回族民俗产生、演变和发展。编著者怀着对回回民族的真挚情感和严谨的治学态度，从新疆回族民俗生成的特殊历史文化背景之中，阐述自己的观点、见解和思想，客观真实地反映出新疆回族民俗和其他地区回族民俗的异同，使读者看到新疆回族民俗与世界穆斯林民俗大同的源流和小异的细微差别，从而认识到人类文明、社会文化之间的相互作用和影响。

新疆历史人物　谷苞主编，新疆人民出版社2006年出版。《新疆社会史丛书》之一。本书按历史时间顺序共编入了116篇文章，介绍了130余位新疆历史人物的事迹。

一千零一夜　李晓林、唐明刚译写，吉林文史出版社2006年出版。《世界经典名著阅读之旅》丛书之一。阿拉伯民间故事。本书收录了《渔夫的故事》、《神奇的木马》、《懒汉改过》、《真假国王》、《海底公主》、《鱼肚里的珍珠》等12个民间故事。

一千零一夜　绎林编译，甘肃文化出版社2006年出版。《千年智慧故事书》系列之一。阿拉伯民间故事。本书包括阿里巴巴和强盗的故事、阿拉丁和神灯的故事、公主和王子的故事、渔夫和国王的故事、王子和女妖的故事等。

伊朗伊斯兰教史　王宇洁著，宁夏人民出版社2006年出版。《世界宗教研究所文库》之一，《回族学丛书·博士论坛系列》之一。本书通过对16世纪以来伊朗伊斯兰教历史的追溯，展现其独特面貌背后的内容；并对今天在世界范围内观察伊斯兰教时产生的一系列问题作出解答：历史上曾经孕育出灿烂的非伊斯兰文化的伊朗，如何转变为今日什叶派穆斯林的精神祖国？原本产生于阿拉伯地区的什叶派，如何在今天常被认为是"伊朗式"的伊斯兰教？在20世纪后期中东地区伊斯兰复兴的浪潮中，为何唯独以什叶派穆斯林为主体的伊朗发生了伊斯兰革命，并能够在伊玛目隐遁的状态下，在当代建立一个教法学家治理的伊斯兰政府？本书的导论是对什叶派伊斯兰教所作的一个概述，对什叶派在借助伊朗这个国家发展壮大之前的历史进行了阐述，时间跨度从什叶派传系的第一位伊玛目阿里开始，到15世纪萨法维人在伊朗建立什叶派王朝、以隐遁伊玛目之名进行统治前。同时还对什叶派伊斯兰教的教义、教法学、宗教体制进行了介绍。第一章到第四章基本是按照萨法维王朝、恺加王朝、巴列维王朝到伊朗伊斯兰共和国的时间顺序展开的，从什叶派在伊朗被确立为国教始，到20世纪后期它再次被确立为国教止，对宗教与伊朗的政治命运之间互相形塑的关系作了梳理。第四章还对同样有什叶派穆斯林的邻国，包括伊拉克、黎巴嫩进行了比较研究。以王朝更迭为主线展开历史陈述，与什叶派伊斯兰教在伊朗奠基、发展、受到贬抑，并再次兴盛的节拍相吻合。结语部分从历史和理论角度出发，对爆发伊斯兰革命并成功建立政教合一政体的原因予以分析，为思考伊斯兰教与政治的关系问题提供参考。书后附录《十二伊玛目生平》。

伊朗与美国关系研究　杨兴礼、冀开运、陈俊华著，时事出版社2006年出版。《教育部人文社会科学重点研究基地重大项目成果丛书》之一，《中东与美国》系列丛书之"国际问题与港澳台问题研究"部分。本书通过分析研究伊朗与美国关系演变的历史过程,揭示了影响两国关系的地缘政治、历史文化、社会经济、贸易投资、军事外交等各种因素中隐含的国家利益博弈,展望了两国关系的发展前景,得出了具有新意的结论。

伊斯兰建筑史图典(7-19世纪) 王小东编著,中国建筑工业出版社2006年出版。本书是一部以图画方式全面介绍伊斯兰建筑的历史资料。作者以其独特的视角对伊斯兰建筑九大文化圈,详细介绍了每个文化圈的主要建筑活动和代表性建筑。本书具有信息量大、实用性强以及图文并茂的特点。适合作为国内建筑师理论研究和设计实践的基础资料,亦可作为大专院校建筑学专业师生深入了解伊斯兰建筑历史的教学参考书。

伊斯兰教史 金宜久主编,江苏人民出版社2006年出版。该书是《宗教史丛书》之一。本书是一部伊斯兰教世界通史,以时间为经,以地区和国别为纬,全面系统地介绍了伊斯兰教产生、发展和流传的历史。全书所记时限始于伊斯兰教兴起前的阿拉伯社会状况,止于当今伊斯兰教在各国的情况和特点。所记内容按教派分化展开,广泛涉及伊斯兰教的经籍、教法、教义、人物、教制、教职等等,同时兼及伊斯兰教的节日、礼俗、圣地、遗迹、建筑、文学、艺术等等。在对伊斯兰教作全面考察的同时,书中还对伊斯兰教与政治、社会、经济、文化的关系,作了深刻的分析,对一些重要史事和学术问题也提出了不少新的见解。

伊斯兰教文化150问 金宜久主编,东方出版社2006年出版。伊斯兰教与佛教、基督教并称为世界三大宗教,它与犹太教和基督教又同是一神教。然而伊斯兰教又有自身明显的特点。例如,它作为较为彻底的一神教,反对偶像崇拜、反对多神信仰,在其寺院中从不置坛设像。本书在确定论题方面,尽量考虑到伊斯兰教的特点,有所侧重地介绍伊斯兰教文化方面的知识。本书包括的内容,除伊斯兰教的基本信仰、礼仪、节日、经训外,以较多的篇幅介绍伊斯兰教法、伊斯兰教的神秘主义、伊斯兰教传统的宗教学科和世俗的自然学科;同时,还涉及伊斯兰哲学、伦理、文学、艺术、绘画、经济、建筑、书法等方面的知识。本书涉及一些民族(如突厥、蒙古等)对伊斯兰教发展的影响,以及伊斯兰对这些民族自身发展及其语言文字(如乌尔都语、波斯语等)的影响;还涉及伊斯兰教与其他宗教(如犹太教、基督教、琐罗亚斯德教、诺斯替教、印度教、锡克教等)和学说(如新柏拉图学派的"流溢说")的相互影响。由于伊斯兰教是一个入世的宗教,它与人们的社会生活有着极其密切的联系,尤其是在当代的社会政治生活中,在伊斯兰世界和地区,伊斯兰教与社会政治的关系是人们无法回避的。一些学者甚至把伊斯兰教称之为"革命的伊斯兰教"、"政治的伊斯兰教",也有些学者把这些地区的一些活动称之为"政治的伊斯兰化"、"伊斯兰的政治化"等等。为了使读者对伊斯兰教有深层次的了解,本书还就伊斯兰教与当前国际政治生活有关的问题以及伊斯兰教的社会思潮和社会运动做了扼要的介绍。在地区性伊斯兰教方面,本书偏重于南亚和中亚地区;更多地介绍中国伊斯兰教则是不言而喻的。中国伊斯兰教有着不同于其他地区伊斯兰教的特点和品格。

伊斯兰世界文物在中国的发现与研究 阿卜杜拉·马文宽著,宗教文化出版社2006年出版。伊斯兰文化是在西方吸收了希腊、罗马、埃及文化,在东方汲取了伊朗、印度、中国文化的基础上而形成的，是中世纪文化发展的一个高峰。本书所述伊斯兰文物中，有些体现出某些中国文化的因素，另有些则为中国文化所吸收。本书通过双方文物的对比研究可从一个侧面展示出伊斯兰世界与中国的文化交流。本书着重介绍20世纪以来出土和发现的7世纪至15世纪从国外输入到中国的大量伊斯兰文物。这为研究伊斯兰世界文化及其与中国的关系提供了极为珍贵的实物资料。这些中国出土的伊斯兰玻璃大多数为完整器，而且是不可多得的艺术精品，能给人以美的享受，并具有精确的年代可考，具有很高的学术价值。

伊斯兰文化散论　丁俊著，甘肃人民出版社2006年出版。本书是作者论述伊斯兰历史、宗教、民俗、经济、文学等方面的论文集。

伊斯兰文化新论（修订本）　马明良著，宁夏人民出版社2006年出版。本书综合运用文化学、宗教学、社会学、哲学的相关理论，用一种独特的视角、新颖的方法和别具一格的表述语言，将伊斯兰文化放在一个广阔的人类文化大背景之下，对其进行了全方位的考察和分析，并且在分析其特点时往往与其他文化如西方文化、中国文化等做比较，找出它们的异同，从而形成了自己的鲜明的学术风格。本书在相对意义上构建了伊斯兰文化研究的新框架和新体系，拓展了我国宗教学的领域，丰富了我国宗教学的内涵；同时在伊斯兰经济文化、法文化、伦理文化、教育文化、生态文化、婚姻家庭文化等领域，有所突破，有所创新。

伊斯兰文化与中国本土文化的整合　张宗奇著，东方出版社2006年出版。本书作者在多次深入民族地区实地调查和体验生活、多方面获取资料以及在中东地区对外国伊斯兰文化亲身考察的基础上，试图对中国伊斯兰文化作出宏观的整体分析和阐释。全书从文化间相整合产生新文化这一角度出发，较为清晰地阐明了中国伊斯兰文化与中国本土文化这两个具有世界意义的文化体系于中国本土上，在中国社会、历史和文化的大环境中相整合而产生的一种全新文化；她是中国传统文化中有机的不可分割的一部分，同时又是中国人民，特别是中国穆斯林各民族人民对世界文化的一大贡献。作者力求从多学科，特别是历史学、宗教学、民俗学和文学的角度，对前人没有研究或研究不足的问题，提出自己的研究心得，体现出较强的学术新意。

伊斯兰文明与中华文明的交往历程和前景　马明良著，中国社会科学出版社2006年出版。本书为《伊斯兰文化丛书》之一。本书分上下二篇。上篇内容包括：1.论述伊斯兰文明与中华文明的历史轨迹和现实走向。2.伊斯兰文明的奠基时期、巩固时期、发展时期、全盛时期、衰落时期和复兴初期。3.中华文明的历史轨迹和现实走向，其中包括中华文明的发生和定型时期、发展时期、全盛时期、继续发展时期、由盛而衰而兴时期。4.伊斯兰文明与中华文明的交往历程，包括伊斯兰文明与中华文明在唐宋元时期的政治、经贸、文化和军事交往，唐宋时期伊斯兰国家与中国之间的使节往来、商贸活动和文化交流。5.伊斯兰文明与中华文明的深层交往，包括明清时期的"以儒诠经"活动、王岱舆等几位主要穆斯林学者的文化背景和知识结构、伊斯兰文明与中华文明在宇宙生成理论和认识论领域的沟通与交融、伊斯兰文明与中华文明在伦理道德领域的整合、伊斯兰文明与中华文明在交往中表现出的异同。6.近现代伊斯兰文明与中华文明的广泛交往，包括伊斯兰教新文化运动、中国与伊斯兰国家之间的友好交往。7.当代伊斯兰文明与中华文明的全面交往，其中包括政治、经贸、文化等方面的交流。下篇主要论述的内容有：1.伊斯兰文明与中华文明的交往前景，其中包括伊斯兰文明全球化的特征、全球化的影响和价值视野。2.全球生态危机与环境问题、解决全球生态环境的努力、伊斯兰文明与中华文明的生态环境理念及其当代价值。3.世界和平问题、过往战争的灾难、全球和平努力、当代世界战争的危险和隐患、伊斯兰文明与中华文明的和平理念及其当代意义。4.伊斯兰文明的全球伦理问题等。

早期文明的史诗：中东神话 薛祖仁译，中国青年出版社2006年出版。《大视野文库·神话与人类丛书》之一。本书配有丰富的图片，介绍了古代的近东、神的领域、英雄辈出的国度、巴力的王国、美索不达米亚人的文化遗产等内容。

中东国家的现代化历程 哈全安著，人民出版社2006年出版。南开大学世界现代化进程研究创新基地成果，教育部人文社会科学"十五"规划项目，南开大学世界现代化进程研究创新基地资助出版。本书概述了中东封建社会的历史传统，论述了土耳其、埃及、伊朗、沙特阿拉伯等国的现代化历程，还包括关于现代化进程中若干问题的思考。

中东问题与美国中东政策 赵伟明著，时事出版社2006年出版。《教育部人文社会科学重点研究基地重大项目成果丛书》之一，《中东与美国》系列之"国际问题与港澳台问题研究"部分。本书通过研究二战后美国的中东政策和美国与中东国家的关系，推而广之，找出美国对外政策和对外关系中带有普遍性和规律性的东西，从而为我国政府制定相应政策提供依据。

中东之旅 张奋泉编著，广东旅游出版2006年出版。世界之旅黄金版。本书包括中东之旅纲要、尼罗河的赠礼埃及、古老奥斯曼帝国的继承者土耳其共和国、古波斯帝国的继承者伊朗等内容。

中国阿拉伯语教育史纲 丁俊著，中国社会科学出版社2006年出版。本书为《伊斯兰文化丛书》之一。内容包括：1.20世纪之前阿拉伯语教育的回顾。比较详细地论述了早期的中阿关系、我国最早的外国语学校回回国子学、阿拉伯语在中国的早期传播与应用、阿拉伯语经堂教育的兴起与发展、阿拉伯语经堂教育的成绩与缺陷等。2.对20世纪前半叶的阿拉伯语教育、新式学校教育的兴起与发展、成达师范的阿拉伯语教育、上海伊斯兰师范的阿拉伯语教育、赴阿拉伯国家留学生的派遣、教学科研活动的开展、中国穆斯林阿拉伯语研习活动中的爱国主义传统等内容作了全面论述。3.20世纪后半叶的阿拉伯语教育，其中详细论述了阿拉伯语教育成功进入高等院校、20世纪50年代和70年代高校的阿拉伯语教育、改革开放后高校的阿拉伯语教育、伊斯兰教经学院的阿拉伯语教育、民间学校的阿拉伯语教育、留学生的派遣和对外交流、相关科研学术活动的开展和台湾地区的阿拉伯语教育等。

中国边缘穆斯林族群的人类学考察 丁明俊著，宁夏人民出版社2006年出版。该书是2003年国家社会科学基金项目《蒙藏等民族地区的伊斯兰教研究》的最终成果。本课题采用人类学族群理论研究方法，以选点、调查、记录、取样、拍照、查阅地方史志等田野工作为基础，通过观察民族交往、文化互动，论述了受相邻民族强势文化影响，处在异文化包围之中的穆斯林民族在物质文化、精神文化、生活习俗、社会结构及语言方面的变化等内容。

中国回族抗日救亡史稿 周瑞海著，社会科学文献出版社2006年出版。本书为《中国社会科学院中日历史研究中心文库》之一。在日本入侵、国难当头的严重时刻，回回民族作为中华民族的一员，响亮地喊出"天下兴亡，穆民有责"、"争教必先争国"、"救国就是救教"、"国权一日不恢复，则宗教就增加一日的坠落"等口号，怀抱满腔热情，与汉族及其他兄弟民族一道，投入抗日救亡洪流，在血与火的洗礼中谱写了一曲精诚报国的篇章。回族抗日是回族在反对外国侵略斗争中规模最大、时间最长、范围最广、形式最多、立场最为坚定、态度最为彻底的一次空前的民族解放战争，因而也是回族历史上最为光荣、最为自豪和最为骄傲的一页。本书从不同角度、不同层面全方位论述了回族抗日救亡斗争的整个过程，并始终把回族人民的抗日斗争同其宗教信仰以及中华民族的命运紧密联系在一起，因而不仅内容丰富，而且读来尤感真切。书后附录有《回族人民抗日歌曲》、《回族抗日英雄和爱国志士》、《著名人物抗战录附录》、《绥西抗日烈士名录》和《回族抗日救亡大事记》。

中国穆斯林企业　吴晓静编，朝华出版社2006年出版。回族企业名录和企业介绍。

中国南方回族古籍资料选编补遗　马建钊、张菽晖编，民族出版社2006年出版。本书是《中国南方回族古籍丛书》（《中国南方回族谱牒选编》、《中国南方回族碑刻匾联选编》、《中国南方回族历史人物资料选编》、《中国南方回族文化教育资料选编》、《中国南方回族经济商贸资料选编》、《中国南方回族社会团体资料选编》、《中国南方回族清真寺资料选编》）之八。主要是收录湖南、广西、福建、湖北、安徽、四川、江西、云南、贵州、广东10个省、自治区前七册书的遗漏资料。收集的内容，下限为中华人民共和国成立之前。本书体例按照前七册书的内容，分为谱牒、碑刻匾联、历史人物、文化教育、经济商贸、社会团体、清真寺七部分。

中国宁夏回族教育　蔡国英著，科学出版社2006年出版。本书内容包括中国宁夏回族教育的历史研究、中国回族教育的文化学解读、中国回族教育的历史反思、中国宁夏回族教育发展的比较分析、中国宁夏回族教育的特殊性分析、中国宁夏回族教育未来发展的借鉴与启示、中国宁夏回族教育公共政策的实证分析、中国宁夏回族教育发展的探索与思考等。

中华回族　李贵华编著，民族出版社2006年出版。本书是一部展示回族历史文化和民俗风情的大型画册，图片全部来源于回族作者在全国各地拍摄的第一手资料。本画册内容丰富，用大量珍贵的镜头记录了历代知名人物所撰写、题词的匾额、碑刻，宏观地展示了独具回族特色的清真寺建筑艺术，表现了回族群众丰富多彩的日常生产生活和具有伊斯兰传统特色的文化艺术。

中世纪阿拉伯伊斯兰文化　蔡伟良著，上海外语教育出版社2006年出版。本书主要介绍了顶峰时期阿拉伯穆斯林在宗教、哲学、文学、艺术、音乐等领域所取得的辉煌成就。

2007年

阿拉伯文学大花园　薛庆国著，湖北教育出版社2007年出版。作者为解放军洛阳外语学院阿拉伯语专业教授，著述有《阿拉伯语修辞》、《自传的回声》、《纪伯伦全集·游子》、《纪伯伦全集·先知·沙与沫》、《纪伯伦爱情书简》、《天方夜谭》、《阿拉伯文学选读》、《阿拉伯现代文学作品选读》等，并在国内外发表学术论文20余篇。本书为《世界文学大花园》丛书之一。《世界文学大花园》丛书包括法国、英国、美国、俄罗斯、德国、意大利、西班牙、拉丁美洲、北欧、东欧、日本、印度、阿拉伯共国家及地区文学13册。该书共9章,收入选文93篇,图片250幅。从阿拉伯古代文学的贾希利叶时期一直写到阿拉伯的现代文学,不仅将阿拉伯文学的各个发展时期作了科学的划分和归纳,而且用深入浅出的语言和精心择选的作品为读者描绘了阿拉伯民族深厚的文化底蕴和博大精深的文学艺术遗产。除《一千零一夜》之外,很多为中国读者所不熟悉的古代阿拉伯文学珍品和现代阿拉伯文学的杰出代表纪伯伦、塔哈、马哈福兹、阿杜尼斯、赛义德的高质量作品,书中都有多方面的介绍。

传承与认同:河南回族历史变迁研究 胡云生著,宁夏人民出版社2007年出版。中原工学院学术出版基金资助项目。本书共11章,内容包括河南回族唐宋时期的源流传说、元代河南回回小集中居住方式的形成、明清以来河南回族聚居区的历史变迁等。

当代伊朗社会与文化 刘慧著,上海外语教育出版社2007年出版。《当代中东国家社会与文化》丛书之一。"教育部人文社会科学重点研究基地重大项目成果丛书·国际问题与港澳台问题研究"图书之一。上海市哲学社会科学"十五"规划课题上海市重点学科建设项目资助出版。本书介绍了伊朗的自然概貌、历史、宗教、文化、政治、经济、教育、科技、社会、卫生、艺术、外交等。

地北天南叙古今 黄仁宇著,三联书店2007年出版。本书收录了《拉班追击战》、《成都军校生活的回忆》、《从绿眼睛的女人说起》、《再叙瑞典》、《萨达姆》等20余篇文章。

谍战中东:中央情报局反恐战争中一名前线特工的真实故事 [美]罗伯特·贝尔著,许大壮、张惢然等译,解放军出版社2007年出版。本书是另一场冷战中一个前线战士的回忆录,这场冷战的对手是恐怖组织网络。

多元平衡与"准联盟"理论研究 孙德刚著,时事出版社2007年出版。《上海外国语大学中东研究所基地丛书》之一。上海市哲学社会科学"十五"青年课题研究成果,教育部人文社会科学重点研究基地资金资助项目。本书包括国际安全研究与联盟理论、准联盟现象及其宏观考察、影响准联盟关系构建的变量、海湾战争时期反伊多边准联盟关系等九章内容。

2005年宁夏回族自治区1%人口抽样调查资料 宁夏回族自治区统计局编,中国统计出版社2007年出版。记载了宁夏回族自治区2005年对区内1%人口抽样调查的详细结果。本书分概要、民族、年龄、教育、就业、婚姻、家庭、生育、老年人口、死亡、住房11卷,附有2005年宁夏回族自治区1%人口抽样调查主要数据公报。

甘青宁回族女性传统社会文化变迁研究 骆桂花著,民族出版社2007年出版。本书为《西北少数民族学术研究文库》之一。本书从民族学的视角出发,着力探讨甘青宁回族女性传统文化研究中所涉及的诸多层面,并运用田野调查和个案研究方法,对甘青宁回族女性传统社会文化的变迁进行探讨与反思,深入分析了甘青宁回族传统社会变迁进程中回族女性的文化自觉与现代化转型。

古兰经在中国 林松著,宁夏人民出版社2007年出版。本书全面介绍了《古兰经》在中国翻译、研究的概况。对中国的《古兰经》译本,按出版的时间顺序分别进行了全面、详实的评价。还根据各种译本的风格特色,运用简明精炼的词语,进行了归纳总结。

国王山努亚和他的一千零一夜：乌木马的故事、朱特和两个哥哥的故事 孔祥永主编，孟欢、田璐译，天津人民出版社2007年出版。天方夜谭故事精选，英汉对照本。

海上丝绸之路研究之四：伊斯兰教与阿拉伯碑铭研究论文集 陈达生、曲鸿亮、王连茂主编，福建教育出版社2007年出版。《海上丝绸之路研究》由中国与海上丝绸之路研究中心、福建省海上丝绸之路研究会、法国远东学院福州中心主办。本书收录了陈达生伊斯兰教与阿拉伯碑铭研究论文数篇，其中有《泉州清真寺史迹新考》、《关于元末泉州伊斯兰教研究的几个问题》等。

汉语阿拉伯语常用词分类词典（新增补本） 北京大学外国语学院阿拉伯语系与外文出版社阿拉伯文部编，外文出版社2007年出版。本书是在1999年出版的《汉语阿拉伯语常用分类辞典》的基础上编纂而成的，新增改革开放以来有关经济、金融、电子、高科技词语近万条，10万余字，并附有《外国公司驻华办事处》（通讯地址等一览表）和《中国近几年来发布的各类法律法规》等。本辞典分为16类：政治、工业、农业、财贸、交通运输、国际关系与外交、军事、文化教育、法律、自然科学、体育、医疗卫生、民族与宗教、旅游、常用成语和谚语、附录。附录包括中国行政区域、主要山脉、河流湖泊、岛屿、历史年代表、主要节日、党政机关、社会团体、在华外国公司与企业集团，世界各国、各地区、首都、与中国建交日期，世界七大洲、四大洋、主要河流、湖泊、海洋、岛屿、山脉、沙漠，联合国机构，度量衡和中国穆斯林常用语等15项。本辞典适合从事阿拉伯语口、笔译的工作者及在校高年级学生应用。

呼和浩特回族史料（第七集） 代林主编，政协呼和浩特市回民区委员会、《呼和浩特回族史料》编辑委员会编，政协呼和浩特市回民区委员会2007年印行。本集是综合性史料，刊载文章27篇，记载了回族同胞在不同历史时期对社会和国家的贡献及经济、历史、文化、教育、宗教和人物等方面内容。

华彩乐章：古代西方与伊斯兰建筑 萧默著，机械工业出版社2007年出版。《世界建筑艺术史丛书》之一。本书全面论述了伊斯兰建筑的文化内涵和伊斯兰建筑的艺术风格。

简明伊斯兰哲学史 张秉民编著，宁夏人民出版社2007年印行。本书通贯古今，内容完整。以时间为线索，上溯伊斯兰哲学产生以前的古代阿拉伯时期，下迄伊斯兰近现代哲学的发展和演变，从公元7世纪伊斯兰教经典《古兰经》问世，到伊斯兰哲学形成、发展，再至今天的状况，完整地再现伊斯兰哲学产生的整个历史过程，多角度多层次地展现了伊斯兰哲学在各个历史时期发展的丰富内容，向人们描绘了一幅从古代到近现代伊斯兰哲学发展的完整画卷，形成了一部完整的伊斯兰哲学简史，实现了历时性和共时性的结合，视野宽广，立论公允。作为一部反映整个伊斯兰哲学历史发展过程的著作，本书对错综复杂的伊斯兰哲学从历史演变、发展脉络、基本规律和特征的角度做了层次鲜明的梳理，特别注重从历史、社会、政治、文化等不同方面探讨伊斯兰哲学产生的背景，把不同流派和代表人物的哲学思想都放到当时的历史背景下进行考察，既从横向角度探讨阐述各个历史时期伊斯兰哲学本身所包含的多层面内容，又从纵向角度揭示其思想渊源、社会历史变迁和文化传统。

卡布斯教诲录 ［波斯］昂苏尔·玛阿里著，张晖译，宁夏人民出版社2007年出版。

《波斯经典文丛》系列之一。本书论述了人生信仰、伦理道德、社会生活、风俗习惯、科学文化、经济军事、国家管理、哲学思想等各方面的问题。

玛斯纳维启示录　［波斯］莫拉维著，张晖编译，宁夏人民出版社2007年出版。《波斯经典文丛》之一。本书是波斯13世纪著名苏菲长老兼诗人莫拉维的代表作，也是苏菲神秘主义诗歌的集成之作。将宗教的教义、教理融入诗歌之中是本书的一大特点。

蒙古突厥史诗人生仪礼原型　乌日古木勒著，民族出版社2007年出版。学术著作出版基金资助项目。本书通过对蒙古-突厥史诗求子、英雄特异诞生、英雄接受考验和英雄再生四组母题的人生仪礼民俗模式原型的探讨，进一步阐明了蒙古-突厥史诗的特征及其起源问题。

纳赛尔　张桂珍著，中国少年儿童出版社2007年出版。《世界大人物丛书》之一。本书记述了埃及杰出领袖纳赛尔的一生。他领导"七·二三"革命，推翻了法鲁克王朝，成立了埃及共和国。他是不结盟运动创始人之一，为阿拉伯民族解放运动和亚非人民团结反霸事业做出了巨大贡献。

全球化背景下的伊斯兰极端主义　李群英著，中国政法大学出版社2007年出版。本书对全球化背景下的伊斯兰极端主义问题进行了全面梳理，对伊斯兰极端主义兴起的历史渊源、发展历程、兴盛的规律以及未来的发展趋势进行了总结盘点，对伊斯兰极端主义兴起的理论以及全球化对伊斯兰世界的冲击进行了理论分析。作者得出的结论是：伊斯兰复兴运动在一个相当长的时间内仍将存在。但是，从世界发展的潮流和社会现实来看，伊斯兰复兴运动走向衰落的趋势是不可避免的。因此，伴随着伊斯兰复兴运动而兴起的伊斯兰极端主义运动也将在一定时间内存在，由于伊斯兰极端主义的活动危害极大而且它们的活动往往都具有跨国性质，因而国际社会亟需加强国际合作。正如联合国前秘书长安南所说：恐怖主义是一种全球性的威胁。因此，各国在打击恐怖主义的国际合作中，不能只基于本国的国家利益和地缘政治考虑来评估具体的恐怖主义及其形式，而必须从全球安全的角度，对恐怖主义的本质、内涵达成共识。

柔巴依集　［波斯］奥马尔·哈亚姆著，杜拉克等插图，黄杲炘译，湖北教育出版社2007年出版。波斯帝国中世纪诗歌选集。世界名著插图本。本文对菲茨杰拉德的生平和他的诗译《欧玛尔·海亚姆之柔巴依集》的产生背景和经过进行了梳理，并侧重分析了后者在诗集中所反映的思想和创作的特色。

秦腔名家（西安文史资料第26辑）　西安市政协文史资料委员会编，陕西人民出版社2007年出版。本书共收录了陕西和西北地区秦腔界的编、导、演及音乐、舞美等知名人士70多名，上至清末民初，下至上个世纪80年代之后的梅花奖获得者，展现了他们不同的艺术成就和艺术风格。

西方霸权语境中的阿拉伯-伊斯兰问题研究　马丽蓉著，时事出版社2007年出版。拥有强势传媒的西方国家以引导全球议题、设置传播框架及营制舆论环境等方式掌控了国际传媒的话语霸权，我们所接受的国际事件，亦多掺杂了西方霸权政治及其学术的立场和观点，臆造、妄论在所难免，"恐伊症"蔓延全球即为此种文化霸权之产物。在美阿关系已成为影响国际政治重要因素、西方传媒搅动国际问题研究这一立言背景下，本书将阿拉伯-伊斯兰问题置于全新语境下进行诠释，以期达到辨析真伪、还原本我的研究目的。

1945-1950年的中东　[英]乔治·柯克著，复旦大学历史系世界史教研室译，上海译文出版社2007年出版，全11册。《国际事务概览·第二次世界大战》之十一。本书共分三编，对第二次世界大战后犹太复国主义者的各种活动与组织，巴勒斯坦的争夺战与"以色列国"的形成，英国战后中东政策所招致的一系列失败，阿拉伯世界的矛盾与分裂，美、苏对战后中东的势力扩张等，都有系统而扼要的论述。

一千零一夜　[英]约翰·特维改写，夏祖煋翻译，商务印书馆2007年出版。英汉对照本。《中国学生英语文库·世界经典文学简易读物》丛书之一。

一千零一夜　中国戏剧出版社编，中国戏剧出版社2007年出版。《学生课外阅读经典文库》之一，插图本。阿拉伯民间故事。本书包括阿里巴巴和强盗的故事、阿拉丁和神灯的故事、公主和王子的故事、渔夫和国王的故事、王子和女妖的故事等。

一千零一夜　仲跻昆、刘光敏译，长江文艺出版社2007年出版。插图本。阿拉伯半岛地区民间故事选集。

一千零一夜　[阿拉伯]佚名著，郅溥浩等译，光明日报出版社2007年出版。《六角丛书·中外名著榜中榜》之一。

一千零一夜神话故事　解传广译，罗姣姣绘画，中国少年儿童出版社2007年出版。美绘版。《中国孩子必读经典故事丛书》之一。本书收入神话故事包括《阿拉丁与神灯》、《阿里巴巴与四十大盗》、《辛伯达航海记》、《木匠和鸟兽》等。

伊斯兰教邮票欣赏　潘明权著，宗教文化出版社2007年出版。本书收集了世界60多个国家和地区的珍贵伊斯兰教邮票，展示了伊斯兰教中美好而丰富的精神、文化、艺术。

伊斯兰文化与阿拉伯国家对外关系　李伟建著，时事出版社2007年出版。无论从历史还是从现实看，文化的作用在阿拉伯国家对外关系中表现得非常突出。书中认为，对阿拉伯世界的国际关系产生过重要影响并且至今仍发挥着一定作用的阿拉伯民族主义有着鲜明的伊斯兰文化烙印，旷日持久的阿以冲突蕴含着深刻的文化内涵。

伊斯兰文化哲学史　王家瑛著，宗教文化出版社2007年出版。本书主要内容：1.拥有世界人口近五分之一的伊斯兰文化，与儒家文化、佛教文化和基督教文化并列为当今世界四大文化体系。2.文化的精髓在于其哲理，所以，伊斯兰文化的精华则为伊斯兰哲学。伊斯兰文化与哲学的诞生地在阿拉伯半岛，始祖为先知穆罕默德（约570–632），其文化与哲学的神圣经典是《古兰经》。3.阿拉伯半岛在历史上很久以前就有人类栖息。早在公元前30世纪的巴比伦铭文中就提到了半岛南部的马喀恩王国和麦鲁赫王国。"阿拉伯人"一词最早见于公元前9世纪，用以指称阿拉伯半岛北部沙漠地区的游牧民族贝都因人；在古希腊人、罗马人的观念里，概指包括沙漠绿洲和西南部经济文化发达地区在内的整个阿拉伯半岛的居民。伊斯兰教诞生之前的阿拉伯哲学主要是指阿拉伯半岛上阿拉伯人的哲学。

伊斯兰哲学　张秉民主编，宁夏人民出版社2007年出版。本书描述了完整的伊斯兰哲学简史，把握了伊斯兰哲学的精神内涵，还涉及伊斯兰早期哲学思想及长达700多年的奥斯曼帝国时期的哲学思想，填补了以往研究伊斯兰哲学著作的空白。

战时中东　[英]乔治·柯克著，上海外国语大学英语系翻译组译，上海译文出版社2007年出版，全11册。本书共分四编，叙述和分析了第二次世界大战时期中东地区的形势发展，阐述了中东成为枢纽战场的原因。对阿拉伯民族主义与帝国主义的斗争，犹太复国主义的产生和发展，苏美为争夺石油资源而在这一地区扩展势力范围等，都有比较详细的记载。

中东枭雄　时延春著，上海辞书出版社、汉语大词典出版社2007年出版。《见证历史：共和国大使讲述》丛书之一。本书真实再现了包括穆巴拉克、阿拉法特、萨达姆、阿萨德父子等在内的十余位风云人物的生动个性和传奇生涯，勾画了当今国际政治舞台上中东画卷的轮廓。

中东油气区油气地质特征　白国平编著，中国石化出版社2007年出版。《国外含油气盆地研究系列丛书·亚洲卷》。本书系统阐述了中东油气区的基础地质特征、油气地质特征和勘探潜力，采用石油地质综合分析的研究方法，讨论了该区成为世界上油气最富集地区的原因。

中国回族文学史　朱昌平、吴建伟主编，宁夏人民出版社2007年出版。这是一部从内容到风格都独具回回特色的汉语文学史巨著，此书的出版填补了全国尚无研究回族文学通史的空白。本书论述了历代回回作者的文学活动及作品。编者在钩沉索幽、广搜博采的基础上，几乎涉及了历史上所有的回族名人，经过比较、鉴别，遴选出最为优秀的学者收入本书。本书收入了上起五代、宋，下迄清末以及近代约一千年间有代表性的回族作者及作品的评介，集中提供一批比较系统的回族文人、诗词及其散文作品的基础性材料以及简要介评，借以促进人们在阅读欣赏的同时，关注对回族文学的搜集保存和传播研究，比较全面地反映了回族文学成果、文学经验和文学发展的历史。

中国回族研究论集（第二卷）　马宗保主编，宁夏大学回族研究中心编，宁夏人民出版社2007年出版。论文集。本书分文化、宗教、历史、遗迹、法律、教育、经济、社会、海外回族华人、文学、艺术等栏目，共收论文30篇。

中国少数民族古籍总目提要·土族卷撒拉族卷　张公瑾主编，分卷主编李克郁、马玉芬，国家民族事务委员会全国少数民族古籍整理研究室编，中国大百科全书出版社2007年出版。本书收录土族和撒拉族的古籍条目2942条。内容包括历史、宗教、政治、经济、文学、艺术等诸多方面，真实记录了这两个民族的历史发展进程和文化发展轨迹。

中国伊斯兰百科全书　宛耀宾主编，《中国伊斯兰百科全书》编辑委员会编，四川辞书出版社2007年出版。该辞典参照当代世界编纂百科全书的通例和经验，在条目选择、知识结构体系、条目分类、编纂方式及检索系统等方面力求简明、完备和科学化。条目的收集范围，古今中外兼有，以伊斯兰教基本知识体系为核心，兼收与伊斯兰文化有密切关系的学科知识，由世界伊斯兰教和中国伊斯兰教两大部分条目组成。全书按本学科的体系和知识结构层次，分别设立大、中、小和参见条四类不等的条目。大条是全书的主要骨架，体现知识的系统性、综合性和学术性；中条体现知识的层次性和覆盖面；小条体现知识的广泛性和普及性；参见条体现可检索性和可读性。各类条目，有纲有目，纵横交错，相辅相成。其基本内容包括：伊斯兰教传播、发展的历史和现状，基本信仰，经训典籍，教义学说及社会思潮，教法制度和礼仪，派别与社团组织，中外人物，历史事项，圣地寺院和古迹，各国伊斯兰教及传播地区，文化教育，主要穆斯林民族，常用术语等部分。在伊斯兰文化方面，介绍了伊斯兰教的宗教学科、哲学、伦理、史学、文学、艺术、建筑、语言、文字、书法及各门自然科学等方面的知识。思想、文化史为全书主线，贯穿于各类条目中。

回族研究图书总目

（简　目）

A

阿古柏伯克传　[英]包罗杰著，商务印书馆翻译组翻译，商务印书馆1976年出版。
阿汉翻译教程　高彦德、朱立才编，北京现代出版社1995年出版。
阿拉伯埃及近代文学史　[埃及]绍武基·戴伊夫著，李振中译，人民文学出版社1980年出版。
阿拉伯的智慧信仰与务实的交融　高惠珠著，浙江人民出版社1996年出版。
阿拉伯电影史　张文建著，中国电影出版社1992年出版。
阿拉伯风情录　时延春著，世界知识出版社1986年出版。
阿拉伯概况　陈万里编著，上海外语教育出版社1988年出版。
阿拉伯各国近代史　[苏联]雷斯涅尔等编著，三联书店1958年出版。
阿拉伯国家概况　郭依峰著，世界知识出版社2006年出版。
阿拉伯国家简史　彭树智主编，福建人民出版社1991年出版。
阿拉伯近现代哲学　蔡德贵著，山东人民出版社1996年出版。
阿拉伯商人　顾晓鸣、黎瑞刚著，江西人民出版社1997年出版。
阿拉伯史纲　郭应德著，经济日报出版社1997年出版。
阿拉伯书法艺术　周顺贤、袁义芬编著，宁夏人民出版社1988年出版。
阿拉伯书法艺术赏析　米广江编，宁夏人民出版社1998年出版。
阿拉伯通史　纳忠著，商务印书馆1997年出版。
阿拉伯通史　[美]希提著，马坚译，商务印书馆1979年出版。
阿拉伯图案艺术　程全盛编著，宁夏人民出版社2004年出版。
阿拉伯文行书字帖　马忠厚、米广江、杨智敏编，外语教学与研究出版社1998年出版。
阿拉伯文学大花园　薛庆国著，湖北教育出版社2007年出版。
阿拉伯文学简史　伊宏著，海南出版社1993年出版。

阿拉伯文学简史　[英]汉密尔顿·阿·基布著，陆孝修、姚俊德译，人民文学出版社1980年出版。
阿拉伯文学史　蔡伟良、周顺贤著，上海外语教育出版社1998年出版。
阿拉伯现代文学史　仲跻昆著，昆仑出版社2004年出版。
阿拉伯现代文学选读　陆培勇编，上海外语教育出版社2005年出版。
阿拉伯现代文学与神秘主义　李琛著，社会科学文献出版社2000年出版。
阿拉伯现代文学作品选读（修订本）　陆培勇等编，上海外语教育出版社2005年出版。
阿拉伯小说选集（第一卷）　时延春主编，世界知识出版社2004年出版。
阿拉伯小说选集（第二卷）　时延春主编，世界知识出版社2004年出版。
阿拉伯小说选集（第三卷）　时延春主编，世界知识出版社2004年出版。
阿拉伯小说选集（第四卷）　时延春主编，世界知识出版社2004年出版。
阿拉伯小说选集（第五卷）　时延春主编，世界知识出版社2004年出版。
阿拉伯伊斯兰文化史：近午时期（1）　[埃及]艾哈迈德·爱敏著，朱凯、史希同译，商务印书馆2001年出版。
阿拉伯伊斯兰文化史：近午时期（3）　[埃及]艾哈迈德·爱敏著，朱凯等译，商务印书馆1997年出版。
阿拉伯伊斯兰文化史：黎明时期　[埃及]艾哈迈德·爱敏著，纳忠译，商务印书馆2001年出版。
阿拉伯伊斯兰文化史：正午时期（1）　[埃及]艾哈迈德·爱敏著，史希同等译，商务印书馆2001年出版。
阿拉伯伊斯兰文化史：正午时期（2）　[埃及]艾哈迈德·爱敏著，赵军利译，商务印书馆1999年出版。
阿拉伯伊斯兰文化史纲　孙承熙著，昆仑出版社2001年出版。
阿拉伯语词汇学　国少华编，外语教学与研究出版社1998年出版。
阿拉伯语汉语成语谚语辞典　杨言洪主编，对外经济贸易大学出版社1995年出版。
阿拉伯语汉语词典　北京大学东方语言文学系阿拉伯语教研室编，商务印书馆1989年出版。
阿拉伯语汉语翻译教程　刘开古、朱威烈编著，上海外语教育出版社1991年出版。
阿拉伯语汉语经济贸易词典　王培文编，中国学术出版社1984年出版。
阿拉伯语基础教程答案　张甲民、景云英编著，北京大学出版社1993年出版。
阿拉伯语基础语法　纳忠编，外语教学与研究出版社1987年出版。
阿拉伯语经贸谈判　杨建荣、杨言洪著，对外经济贸易大学出版社2006年出版。
阿拉伯语实用口语　北京外国语大学阿语系编，外语教学与研究出版社2001年出版。
阿拉伯语速成（初级）　马忠厚、史希同编著，外语教学与研究出版社2003年出版。
阿拉伯语速成（中级）　马忠厚等编著，外语教学与研究出版社2003年出版。
阿拉伯语听说教程　张宏、孙雁清编，外语教学与研究出版社2004年出版。
阿拉伯语修辞　《阿拉伯语修辞》编写组编，外语教学与研究出版社2002年出版。
阿拉伯语应用文　沈冠珍、王伟编，上海外语教育出版社1986年出版。

阿拉伯语语法　陈中耀编著，上海外语教育出版社1998年出版。

阿拉伯语语言学　周烈编著，外语教学与研究出版社1995年出版。

阿拉伯语语言研究　周文巨编，上海外语教育出版社2002年出版。

阿拉伯哲学　陈中耀著，上海教育出版社1995年出版。

阿拉伯哲学　[英]彼得·亚当森著，三联书店2006年出版。

阿拉伯哲学：从铿迭到伊本·鲁西德　[伊拉克]穆萨·穆萨威著，张文建、王培文译，商务印书馆1997年出版。

阿拉伯哲学史　蔡德贵著，山东大学出版社1992年出版。

阿拉伯哲学史　李振中、王稼英著，北京语言学院1995年出版。

阿拉伯正宗烹调大全　马葳编译，轻工业出版社1990年出版。

阿拉伯政治外交与中阿关系　王保华、齐明敏、张宏著，外语教学与研究出版社2002年出版。

阿拉伯中古史简编　郭应德著，北京大学出版社1987年出版。

阿拉丁和神灯　孔祥永主编，田璐、孟欢翻译，天津人民出版社2007年出版。

阿拉丁与神灯　艾米编译，中国妇女出版社2006年出版。

阿里巴巴与四十大盗　拉伯编，中国致公出版社2005年出版。

埃及近现代简史　[埃及]穆罕默德·艾尼斯、赛义德·拉加卜·哈拉兹合著，埃及近现代简史翻译小组译，商务印书馆1980年出版。

埃及与中东　陈建民主编，北京大学出版社2005年出版。

安拉的子民：回族　高发元著，云南人民出版社2003年出版。

B

巴基斯坦短篇小说选　[巴勒斯坦]阿赫默德·纳迪姆·卡斯米等著，山蕴编译，人民文学出版社1990年出版。

巴基斯坦短篇小说选　[巴勒斯坦]阿赫默德·纳迪姆·卡斯米等著，山蕴等译，贵州人民出版社1984年出版。

巴基斯坦简史：前穆斯林时期（第1卷）　[巴基斯坦]I·H·库雷希主编，A.H.达尼著，四川大学外语系翻译组译，四川人民出版社1974年出版。

巴基斯坦简史：苏丹统治下的穆斯林政权（第2卷）　[巴基斯坦]I·H·库雷希主编，M·卡比尔著，四川大学外语系翻译组译，四川人民出版社1974年出版。

巴基斯坦简史：莫卧儿帝国（第3卷）　[巴基斯坦]Sh·A·拉希德著，I·H·库雷希主编，四川大学外语系翻译组译，四川人民出版社1975年出版。

巴基斯坦简史：外国统治和穆斯林民族主义的兴起（第4卷）　[巴基斯坦]拉希姆著，[巴基斯坦]I·H·库雷希主编，四川大学外语系翻译组译，四川人民出版社1976年出版。

巴勒斯坦阿拉伯人和以色列　[巴勒斯坦]亨利·卡坦著，西北大学伊斯兰教研究所译，北京人民出版社1975年出版。

白崇禧传　程思远著，华艺出版社1995年出版。

白崇禧传　夏天编著，四川人民出版社1995年出版。

白崇禧传奇　苏理立著，广西人民出版社1988年出版。
白话天方典礼　刘智著，马宝光、马子强译，中州古籍出版社2005年内部出版。
白寿彝民族宗教论集　白寿彝著，北京师范大学出版社1992年出版。
白衣女侠　[黎巴嫩]陶菲格·尤素福·阿瓦德著，马瑞瑜译，世界知识出版社1984年出版。
百年撒拉族研究文集　马成俊、马伟主编，青海人民出版社2004年出版。
百年中国穆斯林　丁宏、张国杰编，宁夏人民出版社2002年出版。
拜占庭的智慧：抵挡忧患的经世之略　龚方震著，浙江人民出版社1994年出版。
宝珠：金汤瓶　李树江主编，宁夏人民出版社2000年出版。
保安语简志　布和、刘照雄编著，民族出版社1982年出版。
保安族　马少青著，民族出版社1989年出版。
比较宗教：伊斯兰教　[埃及]艾罕迈德·谢立比著，李建平译，埃及复兴出版社1993年出版。
波斯古代诗选　张鸿年编选，外国文学名著丛书编辑委员会编，人民文学出版社1995年出版。
波斯和伊斯兰美术　罗世平、齐东方著，中国人民大学出版社2004年出版。
波斯历史文化与伊朗穆斯林风情礼仪　王锋、陈冬梅著，民族出版社2002年出版。
波斯人信札　[法]孟德斯鸠著，罗大冈译，人民文学出版社1984年出版。
波斯诗圣菲尔多西　潘庆舲著，重庆出版社1990年出版。
波斯文学故事集　[伊朗]扎赫拉·恒拉里著，张鸿年译，山西人民出版社1984年出版。
波斯文学史　张鸿年著，昆仑出版社2003年出版。
波斯语汉语词典　北京大学东方语言文学系波斯语教研室编，商务印书馆1981年出版。
波斯语汉语谚语汉语波斯语成语词典　曾延生编，商务印书馆2003年出版。
波斯语基础教程　李湘主编，北京大学出版社1991年出版。
波斯语教程　滕慧珠编著，北京大学出版社2005年出版。
波斯语三百句　李湘编著，北京大学出版社2005年出版。
波斯哲理诗　张鸿年译，文津出版社1991年出版。
布哈里圣训实录精华　马宏毅编译，北京黎明学社1950年出版。
布哈里圣训实录精华　[埃及]穆斯塔发·本·穆罕默德艾玛热编，穆萨·宝文安哈吉、买买提·赛来哈吉译，中国社会科学出版社2004年出版。
布哈里圣训实录全集（第2部）　[中亚布哈拉人]布哈里辑录，康有玺译，经济日报出版社2001年出版。
不屈枭雄：萨达姆传　[英]福阿德·马塔尔著，吉力译，中共中央党校出版社，2000年出版。

C

踩在几片文化上：张承志新论　马丽蓉著，宁夏人民出版社2001年出版。

灿烂的阿拔斯文化　蔡伟良编著，上海外语教育出版社1997年出版。
沧州回族　吴丕清著，中央民族大学出版社1999年出版。
超越禁城的神圣：原始宗教道教、佛教、基督教、伊斯兰教　佟洵等编著，光明日报出版社2006年出版。
朝觐途记　马德新著，马安礼译，宁夏人民出版社1988年出版。
陈经畬　郑勉之编著，宁夏人民出版社1989年出版。
痴醉的恋歌：波斯柔巴依集　[波斯]哈亚姆等著，张晖译，漓江出版社1991年出版。
初潭集　李贽著，中华书局1984年出版。
穿行内陆亚洲：伊斯兰教建筑与人文之旅　[英]罗伯特·拜伦著，顾淑馨译，广西师范大学出版社2003年出版。
传承与交融：阿拉伯文化　纳忠、朱凯、史希同著，浙江人民出版社1993年出版。
传承与认同：河南回族历史变迁研究　胡云生著，宁夏人民出版社2007年出版。
传统的回归：当代伊斯兰复兴运动　肖宪著，中国社会科学出版社1994年出版。
传统与现代的整合：云南回族历史文化发展论纲　纳麒著，云南大学出版社2001年出版。
传统与现代性：印尼伊斯兰宗教音乐文化　蔡宗德著，台湾桂冠图书2006年出版。
传统与现实：土耳其的伊斯兰教与穆斯林　孙振玉著，民族出版社2001年出版。
辞章之道：伊玛目阿里·本·艾比·塔利卜言论集　[伊拉克]穆罕默德·本·侯赛因·谢里夫·莱迪选编，麦哈穆德·谢姆苏丁·张志华译，宗教文化出版社2003年出版。
从穆罕默德看伊斯兰教　陈克礼著，出版社不详，1960年出版。
聪明的阿卜杜：金汤瓶　李树江主编，宁夏人民出版社2000年出版。
崔伟传　马国强著，甘肃文化出版社1995年出版。

D

大阿訇　唐英超著，华艺出版社1989年出版。
大厂回族史话　杨宝军著，中央民族大学出版社2002年出版。
大陆与情感　张承志著，山东画报出版社1998年出版。
大夏寻踪：西夏文物辑萃　中国国家博物馆、宁夏回族自治区文化厅编，中国社会科学出版社2004年出版。
当代阿拉伯文学词典　朱威烈主编，译林出版社1991年出版。
当代阿拉伯问题研究　张宏著，人民出版社2006年出版。
当代国际伊斯兰潮　肖宪著，世界知识出版社1997年出版。
当代回族经济掠影　马寿千、赵宏庆著，中央民族大学出版社1997年出版。
当代回族文学（上编）　杨继国、何克俭著，宁夏《回族文学史》编写组宁夏大学回族文学研究所编，宁夏人民出版社1994年出版。
当代回族文学现象研究（全4册）　王锋著，作家出版社2001年出版。
当代沙特阿拉伯王国社会与文化　朱威烈著，上海外语教育出版社2003年出版。
当代新疆简史　党育林、张杰玺主编，当代中国出版社2003年出版。

当代伊朗社会与文化　刘慧著，上海外语教育出版社2007年出版。
当代伊斯兰阿拉伯哲学研究　蔡德贵主编，人民出版社2001年出版。
当代伊斯兰教　金宜久主编，东方出版社1995年出版。
当代伊斯兰原教旨主义运动　蔡佳禾著，宁夏人民出版社2003年出版。
当代中东热点问题的历史探索：宗教与世俗　朱克柔著，人民出版社2005年出版。
当代中东政治伊斯兰：观察与思考　曲洪著，中国社会科学出版社2001年出版。
当前我国伊斯兰教研究的几个问题　李松茂著，中央民族学院历史系1982年内部出版。
道里邦国志　[阿拉伯]伊本·胡尔达兹比赫著，宋岘译，中华书局2001年出版。
地北天南叙古今　黄仁宇著，三联书店2007年出版。
第四次中东战争　[西德]格哈尔德·康策尔曼著，康幼南译，商务印书馆1975年出版。
第一位伊斯兰女王：莎吉雷杜　[黎巴嫩]乔治·宰丹著，杨期锭、元慧译，世界知识出版社1987年出版。
吊庄式移民开发：回族地区生态移民基地创建与发展研究　王朝良著，中国社会科学出版社，2005年出版。
谍战中东：中央情报局反恐战争中一名前线特工的真实故事　[美]罗伯特·贝尔著，许大壮、张悫然等译，解放军出版社2007年出版。
丁鹤年　丁生俊著，宁夏人民出版社1982年出版。
丁鹤年诗辑注　丁生俊编注，天津古籍出版社1987年出版。
东突厥史料　Liu Mau-Tsai著，台北新文丰出版股份有限公司2005年出版。
动荡的中东　王铁铮等著，西北大学出版社1993年出版。
多元平衡与"准联盟"理论研究　孙德刚著，时事出版社2007年出版。

E

2005年宁夏回族自治区1%人口抽样调查资料　宁夏回族自治区统计局编，中国统计出版社2007年出版。
二十世纪中国文学与伊斯兰文化　马丽蓉著，安徽教育出版社2000年出版。

F

发菜姑娘：金汤瓶　李树江主编，宁夏人民出版社2000年出版。
废墟之间：记住我吧　[埃及]尤素福·西巴伊著，内蒙古人民出版社1986年出版。
风流赛义德　[苏丹]塔依卜·萨利赫著，张甲民、陈中耀译，山西人民出版社1984年出版。

G

尕勒莽的子孙们：撒拉族　高永久、马志良等著，云南人民出版社、云南大学出版社2003年出版。
甘青宁回族女性传统社会文化变迁研究　骆桂花著，民族出版社2007年出版。

甘肃回族调查资料汇集　中国科学院民族研究所甘肃少数民族社会历史调查组编印，1964年内部出版。

甘肃回族史　马通著，甘肃民族出版社1994年出版。

甘肃回族五次反清斗争资料　谢再善译注，西北民族学院研究所1981年编印。

甘肃文史资料选辑（第1辑）　政协甘肃省委员会文史资料和学习委员会编印，1963年出版。

甘肃文史资料选辑（第1辑）　政协甘肃省委员会文史资料和学习委员会编印，1986年出版。

甘肃文史资料选辑（第2辑）　政协甘肃省委员会文史资料和学习委员会编印，1963年出版。

甘肃文史资料选辑（第2辑）　政协甘肃省委员会文史资料和学习委员会编印，1987年出版。

甘肃文史资料选辑（第3辑）　政协甘肃省委员会文史资料和学习委员会编印，1963年出版。

甘肃文史资料选辑（第3辑）　政协甘肃省委员会文史资料和学习委员会编印，1987年出版。

甘肃文史资料选辑（第4辑）　政协甘肃省委员会文史资料和学习委员会编印，1964年出版。

甘肃文史资料选辑（第4辑）　政协甘肃省委员会文史资料和学习委员会编印，1987年出版。

甘肃文史资料选辑（第5辑）　政协甘肃省委员会文史资料和学习委员会编印，1965年出版。

甘肃文史资料选辑（第5辑）　政协甘肃省委员会文史资料和学习委员会编印，1987年出版。

甘肃文史资料选辑（第6辑）　政协甘肃省委员会文史资料和学习委员会编印，1979年出版。

甘肃文史资料选辑（第7辑）　政协甘肃省委员会文史资料和学习委员会编印，1979年出版。

甘肃文史资料选辑（第8辑）　政协甘肃省委员会文史资料和学习委员会编印，1980年出版。

甘肃文史资料选辑（第9辑）　政协甘肃省委员会文史资料和学习委员会编印，1981年出版。

甘肃文史资料选辑：甘肃解放前五十年大事记（第10辑）　政协甘肃省委员会文史资料和学习委员会编印，1981年出版。

甘肃文史资料选辑：纪念辛亥革命七十周年专辑（第11辑）　政协甘肃省委员会文史资料和学习委员会编印，1981年出版。

甘肃文史资料选辑（第12辑）　政协甘肃省委员会文史资料和学习委员会编印，1982年出版。

甘肃文史资料选辑（第13辑）　政协甘肃省委员会文史资料和学习委员会编印，

1982年出版。

甘肃文史资料选辑（第14辑）　政协甘肃省委员会文史资料和学习委员会编印，1983年出版。

甘肃文史资料选辑：革命史专辑（第15辑）　政协甘肃省委员会文史资料和学习委员会编印，1983年出版。

甘肃文史资料选辑：马鸿逵史料专辑（第16辑）　政协甘肃省委员会文史资料和学习委员会编印，1983年出版。

甘肃文史资料选辑（第17辑）　政协甘肃省委员会文史资料和学习委员会编印，1984年出版。

甘肃文史资料选辑（第18辑）　政协甘肃省委员会文史资料和学习委员会编印，1984年出版。

甘肃文史资料选辑（第19辑）　政协甘肃省委员会文史资料和学习委员会编印，1984年出版。

甘肃文史资料选辑（第20辑）　政协甘肃省委员会文史资料和学习委员会编印，1985年出版。

甘肃文史资料选辑：马鸿宾史料专辑（第21辑）　政协甘肃省委员会文史资料和学习委员会编印，1985年出版。

甘肃文史资料选辑：马鸿宾史料专辑（第22辑）　政协甘肃省委员会文史资料和学习委员会编印，1985年出版。

甘肃文史资料选辑（第23辑）　政协甘肃省委员会文史资料和学习委员会编印，1986年出版。

甘肃文史资料选辑：马仲英史料专辑（第24辑）　政协甘肃省委员会文史资料和学习委员会编印，1986年出版。

甘肃文史资料选辑（第25辑）　政协甘肃省委员会文史资料和学习委员会编印，1987年出版。

甘肃文史资料选辑（第26辑）　政协甘肃省委员会文史资料和学习委员会编印，1987年出版。

甘肃文史资料选辑（第27辑）　政协甘肃省委员会文史资料和学习委员会编印，1987年出版。

甘肃文史资料选辑：甘青闻见记（第28辑）　政协甘肃省委员会文史资料和学习委员会编印，1988年出版。

甘肃文史资料选辑（第29辑）　政协甘肃省委员会文史资料和学习委员会编印，1989年出版。

甘肃文史资料选辑：黄正清与五世嘉木样专辑（第30辑）　政协甘肃省委员会文史资料和学习委员会编印，1989年出版。

甘肃文史资料选辑：民族宗教专辑（第31辑）　政协甘肃省委员会文史资料和学习委员会编印，1990年出版。

甘肃文史资料选辑：陇原创业的人们（第32辑）　政协甘肃省委员会文史资料和学习委员会编印，1991年出版。

甘肃文史资料选辑：工业经济专辑（第33辑）　政协甘肃省委员会文史资料和学习委员会编印，1991年出版。

甘肃文史资料选辑：经济专辑（第34辑）　政协甘肃省委员会文史资料和学习委员会编印，1992年出版。

甘肃文史资料选辑：路易·艾黎在甘肃（第35辑）　政协甘肃省委员会文史资料和学习委员会编印，1992年出版。

甘肃文史资料选辑：陇原创业的人们（第36辑）　政协甘肃省委员会文史资料和学习委员会编印，1993年出版。

甘肃文史资料选辑（第37辑）　政协甘肃省委员会文史资料和学习委员会编印，1993年出版。

甘肃文史资料选辑：近现代名人在甘肃（第38辑）　政协甘肃省委员会文史资料和学习委员会编印，1994年出版。

甘肃文史资料选辑：陇原创业的人们（第39辑）　政协甘肃省委员会文史资料和学习委员会编印，1994年出版。

甘肃文史资料选辑：近现代名人在甘肃（第40辑）　政协甘肃省委员会文史资料和学习委员会编印，1995年出版。

甘肃文史资料选辑：市州县文史资料集萃（工商经济编）（第42辑）　政协甘肃省委员会文史资料和学习委员会编印，1996年出版。

甘肃文史资料选辑：市州县文史资料集萃（人物故事编）（第43辑）　政协甘肃省委员会文史资料和学习委员会编印，1996年出版。

甘肃文史资料选辑：市州县文史资料集萃（综合编）（第44辑）　政协甘肃省委员会文史资料和学习委员会编印，1996年出版。

甘肃文史资料选辑：市州县文史资料集萃：政治军事编（第45辑）　政协甘肃省委员会文史资料和学习委员会编印，1996年出版。

甘肃文史资料选辑：中国裕固族（第46辑）　政协甘肃省委员会文史资料和学习委员会编印，1997年出版。

甘肃文史资料选辑：甘肃戏剧新成就（第48辑）　李天昌主编，政协甘肃省委员会文史资料和学习委员会编印，1999年出版。

甘肃文史资料选辑：中国保安族（第49辑）　政协甘肃省委员会文史资料和学习委员会编印，1999年出版。

甘肃文史资料选辑：中国东乡族（第50辑）　政协甘肃省委员会文史资料和学习委员会编印，1999年出版。

甘肃文史资料选辑：中国人民政治协商会议（第51辑）　政协甘肃省委员会文史资料和学习委员会编印，2000年出版。

甘肃文史资料选辑：光彩之路（第52辑）　李天昌主编，政协甘肃省委员会文史资料和学习委员会编印，2000年出版。

甘肃文史资料选辑：镍都金昌（第53辑）　政协甘肃省委员会文史资料和学习委员会编印，1999年出版。

甘肃文史资料选辑：嘉峪关文史资料（第54辑）　政协甘肃省委员会文史资料和学

习委员会编印，2000年出版。

甘肃文史资料选辑：油城玉门（第55辑） 政协甘肃省委员会文史资料和学习委员会编印，2001年出版。

甘肃文史资料选辑：铜城白银（第56辑） 政协甘肃省委员会文史资料和学习委员会编印，2002年出版。

甘肃文史资料选辑（第57辑） 政协甘肃省委员会文史资料和学习委员会编印，1997年出版。

甘肃文史资料选辑：甘肃水利的开发与利用（第57辑） 政协甘肃省委员会文史资料和学习委员会编印，2002年出版。

甘肃文史资料选辑：地方文史（第58辑） 政协甘肃省委员会文史资料和学习委员会编印，2003年出版。

甘肃文史资料选辑：甘肃丝绸之路旅游文化史料专辑（第59辑） 政协甘肃省委员会文史资料和学习委员会编印，2004年出版。

甘肃文史资料选辑：甘肃丝绸之路旅游文化史料专辑（第60辑） 政协甘肃省委员会文史资料和学习委员会编印，2005年出版。

甘肃伊斯兰教史料文摘 甘肃省图书馆编，甘肃省图书馆1980年油印成册。

高等学校阿拉伯语教学大纲 基础阿拉伯语教学大纲研订组编，北京大学出版社2001年出版。

工业文明的挑战与中东近代经济的转型 王三义著，中国社会科学出版社2006年出版。

古阿拉伯和伊斯兰世界 ［意］巴勃著，卫平、童怀林译，明天出版社2005年出版。

古埃及神话 朱立福、康曼敏编译，湖南少年儿童出版社1989年出版。

古埃及神话故事 王海利编著，吉林人民出版社2001年出版。

古代埃及与古代两河流域 日知选译，商务印书馆1962年出版。

古代波斯医学与中国 宋岘著，经济日报出版社2001年出版。

古典伊斯兰世界 哈全安著，中国青年出版社1999年出版。

古莱氏贞女 ［黎］乔治·宰丹著，李唯中译，新疆人民出版社1989年出版。

古兰经（多文种对照本） 马振武编，宗教文化出版社1995年出版。

古兰经百问 陈广元、冯今源、铁国玺著，今日中国出版社1994年出版。

古兰经分类全编 ［阿拉伯］穆罕默德·穆斯塔法·穆罕默德编，刘建荣译，内部资料，1999年印行。

古兰经译解 王静斋译注，东方出版社2006年出版。

古兰经译注（中阿文对照） 伊斯梅尔·马金鹏译注，宁夏人民出版社2005年编印。

古兰经韵译 林松译，中央民族学院出版社1988年出版。

古兰经在中国 林松著，宁夏人民出版社2007年出版。

古兰经知识宝典 林松著，四川人民出版社1995年出版。

古兰经：中阿文对照详注译本 闪目氏·仝道章译注，江苏省伊斯兰教协会1999年出版。

古兰经专用字典 赵连合编，2004年内部出版。

古兰释义8000题　杜文秀著，孙俊山点校，中国回族伊斯兰教古籍珍贵文献编辑组1995年印行。
广西回族历史与文化　马明龙著，广西民族出版社1998年出版。
广州伊斯兰古迹研究　中元秀、马建钊、马逢达编，宁夏人民出版社1989年出版。
归真总义　真回老人著，天津古籍出版社1987年出版。
郭隆真　黄庭辉著，宁夏人民出版社1983年出版。
国王山努亚和他的一千零一夜：乌木马的故事、朱特和两个哥哥的故事　孔祥永主编，孟欢、田璐译，天津人民出版社2007年出版。

H

哈德成　马孟良编著，云南民族出版社1990年出版。
哈菲兹抒情诗选　[伊朗]沙姆思·奥丁·穆罕默德·哈菲兹著，邢秉顺译，外国文学出版社1981年出版。
海固回民起义与回民骑兵团　中共宁夏回族自治区委员会党史研究室编，宁夏人民出版社1991年出版。
海上丝绸之路研究之四：伊斯兰教与阿拉伯碑铭研究论文集　陈达生、曲鸿亮、王连茂主编，福建教育出版社2007年出版。
海外回族和华人穆斯林概况　刘宝军编，民族出版社2004年出版。
汉语阿拉伯语常用词分类词典（新增补本）　北京大学外国语学院阿拉伯语系与外文出版社阿拉伯文部编，外文出版社2007年出版。
汉语阿拉伯语常用词分类辞典　北京大学外国语学院阿拉伯语系与外文出版社阿拉伯文部编，外文出版社1999年出版。
汉语阿拉伯语成语词典　北京大学阿拉伯-伊斯兰文化研究所、北京大学阿拉伯语言文化教研室编，华语教学出版社1991年出版。
汉语波斯语词典　曾延生主编，北京大学伊朗文化研究所、伊朗德黑兰大学德胡达大词典编纂所编，商务印书馆1997年出版。
河北省回族和伊斯兰教代表会议专刊　河北省民族事务委员会办公室、河北省伊斯兰教协会筹委会办公室编，1958年印行。
河南回族　马迎洲撰文、白学义摄影，民族出版社2003年出版。
河南回族群众反映分类汇集　中南行政委员会民族事务委员会编印，1953年印行。
黑龙江回族　谷文双著，哈尔滨出版社2002年出版。
黑色上帝：犹太教、基督教和伊斯兰教的起源　[英]朱利安·鲍尔迪著，谢世坚译，广西师范大学出版社2004年出版。
呼和浩特回族史料（第1集）　《呼和浩特回族史料》编辑委员会编，政协呼和浩特市回民区委员会1989年印行。
呼和浩特回族史料（第2集）　《呼和浩特回族史料》编辑委员会编，政协呼和浩特市回民区委员会1992年印行。
呼和浩特回族史料（第3集）　《呼和浩特回族史料》编辑委员会编，政协呼和浩特市回民区委员会2000年印行。

呼和浩特回族史料（第4集）　《呼和浩特回族史料》编辑委员会编，政协呼和浩特市回民区委员会1996年印行。
呼和浩特回族史料（第5集）　《呼和浩特回族史料》编辑委员会编，政协呼和浩特市回民区委员会2003年印行。
呼和浩特回族史料（第6集）　《呼和浩特回族史料》编辑委员会编，政协呼和浩特市回民区委员会2004年印行。
呼和浩特回族史料（第7集）　《呼和浩特回族史料》编辑委员会编，政协呼和浩特市回民区委员会2007年印行。
湖北回族　答振益著，中央民族大学出版社1993年出版。
花儿集萃：河州花儿卷　陇崖主编，甘肃文化出版社2005年出版。
花儿集萃：花儿曲令卷　马忠贤、马丰春主编，甘肃文化出版社2005年出版。
花儿集萃；莲花山花儿卷　陇崖主编，甘肃文化出版社2005年出版。
华彩乐章：古代西方与伊斯兰建筑　萧默著，机械工业出版社2007年出版。
环游克尔白　杨光荣著，甘肃民族出版社1994年出版。
荒芜英雄路：张承志随笔　张承志著，东方出版中心1994年出版。
凰城：金汤瓶　李树江主编，宁夏人民出版社2000年出版。
黄河与宁夏水利　宁夏政协文史和学习委员会、宁夏回族自治区水利厅，宁夏人民出版社2006年出版。
黄金草原（一、二卷）　[古代阿拉伯] 马苏第著，耿升译，青海人民出版社1990年出版。
回坊风情录　冯福宽著，陕西人民教育出版社1989年出版。
回鹘史编年　冯志文、吴平凡编，新疆大学出版社1992年出版。
回回词曲三百首　吴建伟、李小凤选注，宁夏人民教育出版社2003年出版。
回回古诗三百首　丁文庆、吴建伟注评，民族出版社1999年出版。
回回古文观止　吴建伟主编，宁夏人民出版社2000年出版。
回回旧事类记　吴建伟主编，宁夏人民出版社2002年出版。
回回历史与伊斯兰文化　叶哈雅·林松等著，今日中国出版社1992年出版。
回回民族的历史和现状　白寿彝等编著，民族出版社1957年出版。
回回民族底新生　白寿彝著，东方书社1951年出版。
回回民族问题（1）　民族问题研究会编，1941年出版，1980再版。
回回民族问题（2）　民族问题研究会编，1947年出版，1982再版。
回回民族问题（3）　民族问题研究会编，1958年出版。
回回天文学史研究　陈久全著，广西科学技术出版社1996年出版。
回回通考录　王景生著，北京清真出版社1927年出版。
回回药方考释　宋岘考释，中华书局2000年出版。
回回原来　佚名撰，马廷树编辑，民国年间线装铅印本。
回回民族的历史和现状　中国回民文化协进会办公室编印，1957年出版。
回回族源考论　高嵩著，西北大学出版社1991年出版。
回教常识问答　陈克礼编，月华文化服务社1951年出版。

回教法学史 胡祖利原著，庞士谦译，月华文化服务社1950年出版。
回教概论 谢松涛著，台北大学出版部1982年出版。
回教黎明史 定中明著，台北文化大学华冈出版部1973年出版。
回教民族运动史 陈捷著，商务印书馆1933年出版。
回教浅说 马天英著，重庆中国回教救国协会1941年印。
回教认识的派别：认主学家的派别 安俩补原著，庞士谦译，月华文化服务社1951年出版。
回教哲学 ［埃及］穆罕默德·阿布笃著，1934年出版。
回教哲学史 第·博雅著，台湾商务印书馆1971年出版。
回教真相 ［叙利亚］侯赛因·吉斯尔著，马坚译，1938年1月初版，此后曾多次再版，1951年修订后出第四版。
回历纲要 马坚编译，中华书局1955年出版。
回民的黄土高原 张承志著，青海人民出版社1993年出版。
回民名将马本斋 马国超著，湖南少年儿童出版社2005年出版。
回民起义 白寿彝著，神州国光出版社1952年出版。
回民起义 中国史学会主编，上海书店出版社2000年出版。
回民支队 刘树强绘画，河北美术出版社2006年出版。
回族 马启成、高占福、丁宏著，民族出版社1995年出版。
回族 马国荣著，新疆美术摄影出版社1996年出版。
回族爱国主义传统教育读本 周瑞海、马金宝著，宁夏人民出版社2002年出版。
回族传承文化实录 王正伟著，宁夏人民出版社2001年出版。
回族传统道德概论 马绍周、隋玉梅编著，宁夏人民出版社1998年出版。
回族传统法文化研究 马克林著，中国社会科学出版社2006年出版。
回族当代文艺人物辞典 宁夏大学回族文学研究所编纂，宁夏人民出版社1989年出版。
回族的习俗 杨淑玲、李文治著，宗教文化出版社2002年出版。
回族东乡族撒拉族保安族民族关系研究 丁宏著，中央民族大学出版社2006年出版。
回族对联 马广德著，宁夏人民出版社2006年出版。
回族对伟大祖国的贡献 喇敏智主编，甘肃民族出版社2006年出版。
回族风情录 罗韵希、王正伟、马建春、李仁、马达等编著，四川民族出版社1994年出版。
回族服饰文化 陶红等著，宁夏人民出版社2003年出版。
回族歌谣 宁夏回族自治区文联筹委会编，宁夏人民出版社1959年出版。
回族简史 《回族简史》编写组编，宁夏人民出版社1978年出版。
回族简史简志合编（初稿） 中国科学院民族研究所宁夏少数民族社会历史调查组编，中国科学院民族研究所1963年印行。
回族杰出人物 黄成俊主编，陕西人民教育出版社1999年出版。
回族近现代报刊目录提要（上下册） 雷晓静主编，宁夏人民出版社2006年出版。
回族抗日斗争史论集 河北省民族事务委员会编，河北人民出版社1991年出版。

回族历史与文化暨民族学研究　马启成著，中央民族大学出版社2006年出版。
回族民间故事　昌吉回族自治州文联回族文学编选组编，新疆人民出版社1984年出版。
回族民间故事集　李树江主编，宁夏人民出版社1988年出版。
回族民间文学史纲　李树江编著，宁夏人民出版社1999年出版。
回族民俗文化　新疆维吾尔自治区对外文化交流协会编，新疆美术摄影出版社2006年出版。
回族民俗学概论　王正伟著，宁夏人民出版社1999年出版。
回族穆斯林常用语手册　何克俭、杨万宝编著，宁夏人民出版社2003年出版。
回族人物志　白寿彝主编，宁夏人民出版社2000年出版。
回族商业史　赖存理著，中国商业出版社1988年出版。
回族社会历史调查资料　国家民委民族问题五种丛书云南省编辑组编，云南民族出版社1988年出版。
回族史话　丁国勇著，宁夏人民出版社2005年出版。
回族史论稿　杨怀中著，宁夏人民出版社1991年出版。
回族史论集　中国社会科学院民族研究所、中央民族学院民族研究所回族历史组编，宁夏人民出版社1984年出版。
回族史指南　李松茂著，新疆人民出版社1995年出版。
回族文化论集　罗彦莲著，宁夏人民出版社2005年出版。
回族文化论集　马旷源著，中国文联出版公司1998年出版。
回族文化史　纳文汇、马兴东著，云南省民族研究所编，云南民族出版社2000年出版。
回族文化新论　杨华、杨启辰著，宁夏人民出版社2001年出版。
回族文学创作论　杨继国著，宁夏人民出版社1995年出版。
回族文学论丛：回族文学纵与横（第7辑）　李树江主编，宁夏人民出版社1998年出版。
回族心理素质与行为　马平著，宁夏人民出版社1998年出版。
回族学刊：全国第十一次回族史讨论会暨全国回族学会成立大会论文集（第1辑）　高发元主编，云南回族研究委员会编，云南大学出版社2001年出版。
回族学论坛：西部大开发与回族学展望（第1辑）　中国回族学会编，宁夏人民出版社2003年出版。
回族学研究文集　丁明俊著，民族出版社2003年出版。
回族学与21世纪中国　中国回族学会编，宁夏人民出版社2003年出版。
回族伊斯兰教研究　李松茂著，宁夏人民出版社1993年出版。
回族伊斯兰习惯法研究　杨经德著，宁夏人民出版社2006年出版。
回族语言文化　杨占武著，宁夏人民出版社1996年出版。
慧镜斋文萃　李松茂著，宗教文化出版社2003年出版。
混乱时期的伊拉克（1930–1941年）　[前苏联] 格·伊·米尔斯基著，北京师范大学伊拉克史翻译小组译，人民出版社1972年出版。

J

积石山保安族东乡族撒拉族自治县志　董克义总编，积石山保安族东乡族撒拉族自治县志编纂委员会编，甘肃文化出版社1998年出版。
即学即用商务阿拉伯语会话1001句　罗林编，中国宇航出版社2006年出版。
集览　马廷树编辑，民国年间线装铅印本。收入《清真修道撮要》四种。
纪伯伦全集　[黎巴嫩]纪伯伦著，李唯中译，百花洲文艺出版社2007年出版。
加萨尼姑娘　[黎巴嫩]乔治·宰丹著，李唯中译，新疆人民出版社1991年出版。
坚决肃清伊斯兰教界中的败类　民族出版社编，民族出版社1959年出版。
简明阿拉伯伊斯兰史　钱学文著，宁夏人民出版社2005年出版。
简明阿拉伯语教程（第1册）　李生俊编著，北京大学出版社2007年出版。
简明汉语阿拉伯语词典　北京语言学院《简明汉语阿拉伯语词典》编写组编写，商务印书馆1988年出版。
简明伊斯兰史　马明良著，经济日报出版社2001年出版。
简明伊斯兰哲学史　张秉民编著，宁夏人民出版社2007年出版。
简明中国伊斯兰教史　马平主编，宁夏人民出版社2006年出版。
剑桥插图伊斯兰世界史　[英]弗朗西斯·鲁宾逊著，安维华、钱雪梅译，世界知识出版社2005年出版。
江苏省伊斯兰教历史与发展研讨会论文汇编　江苏省伊斯兰教协会编，内部出版物，2003年印行。
教典诠释　马坚译，重庆文通书局1951年出版。
教诲录：来自伊斯兰世界的人生启示　[波斯]昂苏尔·玛阿里著，王雪译，吉林人民出版社2002年出版。
街魂　[埃及]纳吉布·马哈福兹著，关偰译，漓江出版社1991年出版。
介绍回族人民的斗争概况（1919–1949年）　民族研究所编，1959年内部印行。
今日沙特阿拉伯　[英]霍布德著，梁丙添译，商务印书馆1981年出版。
金草地　张承志著，北岳文艺出版社2001年出版。
金雀·金汤瓶　李树江主编，宁夏人民出版社2000年出版。
金字塔下的罪恶　[德] H·G·康萨利克著，郝平萍、李岷阳译，群众出版社2003年出版。还有群众出版社1990年版。
近代西北回族社会组织化进程研究　霍维洮著，宁夏人民出版社2000年出版。
近代伊斯兰复兴运动的先驱：瓦哈卜及其思想研究　马福德著，中国社会科学出版社2006年出版。
近代伊斯兰思潮　张秉民著，宁夏人民出版社1999年出版。
穆斯林民族的觉醒：近代伊斯兰运动　吴云贵著，中国社会科学出版社1994年出版。
近现代回族爱国斗争史话　张怀武著，宁夏人民出版社1996年出版。
近现代伊斯兰教思潮与运动　吴云贵、周燮藩著，社会科学文献出版社2000年出版。

K

卡布斯教诲录　［波斯］昂苏尔·玛阿里著，张晖译，宁夏人民出版社2007年出版。
卡里来和迪木乃　［阿拉伯］伊本·穆加发著，林兴华译，人民文学出版社1999年出版。
开元天宝遗事安禄山事迹唐宋史料笔记　中华书局编，中华书局年2006年出版。
康雍乾经营与开发北疆　袁森坡著，中国社会科学出版社1991年出版。
考证回教历史　马良骏著，新疆人民出版社1994年出版。
科学与幽默相遇——希腊文化——伊斯兰文明：漫画科学流脉　郑慧溶著，21世纪出版社2006年出版。
克兰经选本译笺注　刘锦标著，民国二十九年（1940年）奉天文化清真寺铅印本。
昆明伊斯兰教史　昆明市宗教事务局、昆明市伊斯兰教协会编，云南大学出版社2005年出版。

L

兰州回族与伊斯兰教　兰州市政协委员会文史资料委员会编，1988年出版。
历史上的阿拉伯人　［英］伯纳·路易著，马肇椿、马贤译，中国社会科学出版社1981年出版。
辽宁回族史话　马文清等著，辽宁民族出版社2001年出版。
临夏回族自治州史话　马志勇主编，甘肃文化出版社2004年出版。
刘智及其伊斯兰思想研究　梁向明著，兰州大学出版社2004年出版。
流动的精神社区：人类学视野下的广州穆斯林哲玛提研究　马强著，中国社会科学出版社2006年出版。
鲁达基海亚姆萨迪哈菲兹作品选　潘庆舲等译，人民文学出版社1998年出版。
绿苑钩沉：张巨龄回族史论选　张巨龄著，民族出版社2001年出版。
绿野沉思：李佩伦文集　李佩伦著，山西古籍出版社1994年出版。
略论西突厥史中的若干问题　林干著，兰州大学出版社1989年出版。
论英雄和英雄崇拜　［英］托马斯·卡莱尔著，张志民、段忠桥译，中国国际广播出版社1988年出版。
骆驼泉：撒拉族民间故事集　马学义搜集整理，中国民间文学艺术研究会青海分会编，青海人民出版社1982年出版。

M

马本斋　晓章编著，中国国际广播出版社1996年出版。
马本斋　马国超著，河北人民出版社1998年出版。
马本斋的故事　马龙著，中国社会文献出版社2006年出版。
马本斋与回民支队在冀鲁豫　阴元昆编著，中共党史出版社2005年出版。
马步芳家族统治青海四十年　陈秉渊著，青海人民出版社1986年出版。
马德新及其伊斯兰思想研究　孙振玉著，兰州大学出版社2002年出版。

马石头阿文书法集　马石头著，宁夏人民出版社2003年出版。
马苏第《黄金草原》一书有关突厥和吐蕃民族的记载　耿升编译，《甘肃民族研究》1986年编印。
玛斯纳维启示录　[波斯]莫拉维著，张晖编译，宁夏人民出版社2007年出版。
麦达艺海　林松译，宁夏人民出版社2003年出版。
曼苏尔：金汤瓶　李树江主编，宁夏人民出版社2000年出版。
美的世界：伊斯兰艺术　刘一虹、齐前进著，宗教文化出版社2006年出版。
美国与伊斯兰世界　高祖贵著，时事出版社2005年出版。
蒙古突厥史诗人生仪礼原型　乌日古木勒著，民族出版社2007年出版。
孟村回族自治县概况　孟村回族自治县概况编写组编，河北人民出版社1983年出版。
民国时期广州穆斯林报刊资料辑录（1928-1949）　马强编，宁夏人民出版社2004年出版。
民族领袖：卡扎菲传　[英]戴维·布伦蒂等著，马福云译，时代文艺出版社2002年出版。
明实录清实录：撒拉族史料摘抄　青海民族学院政治教育系民族史编写组编，青海人民出版社1963年出版。
穆巴拉克传　朱金平著，东方出版社1998年出版。
穆巴拉克传　[埃]安瓦尔·穆罕默德著，王贵发译，中国和平出版社1994年出版。
穆罕默德　金大业著，中国少年儿童出版社2003年出版。
穆罕默德　王俊荣、沙秋真著，辽海出版社1998年出版。
穆罕默德传　[英]罗伊斯顿·派克著，张春霞译，中共中央党校出版社2000年出版。
穆罕默德传　[埃及]穆罕默德·胡泽里著，秦德茂、田希宝译，宝文安、居乃海·拜克里校，宁夏人民出版社1983年出版。
穆罕默德传　梅益盛辑译，全国图书馆文献缩微复制中心2001年印行。
穆罕默德传略　马志程、阿衡白奴编著，月华文化服务社1950年印行。
穆罕默德的宝剑　马坚译，清真书报社1953年出版。另有天津进步日报社1956年的版本。
穆罕默德的故事：金汤瓶　李树江编，宁夏人民出版社1999年出版。
穆罕默德和伊斯兰　中央民族学院研究室编印，1974年油印本。
穆罕默德生平　[埃及]穆罕默德·侯赛因·海尔卡著，王永方、赵桂云等译，新华出版社1986年出版。
穆圣的故事　[埃及]麦赫穆德·萨里姆著，王彤译，中国社会科学出版社1993年出版。
穆圣后裔　高发元著，云南人民出版社2004年出版。
穆斯林爱国主义教程（试用本）　中国伊斯兰教协会编，宗教文化出版社2006年出版。
穆斯林赤子之恋　哈步青著，贵州民族出版社1999年出版。
穆斯林的彩虹　马德俊著，电子科技大学出版社1993年出版，2005年再版。

穆斯林的儿女们　查舜著，人民文学出版社1988年出版。
穆斯林的葬礼　霍达著，人民文学出版社2005年出版。
穆斯林会话　刘麟瑞、杨有漪等编，上海外语教育出版社1992年出版。
穆斯林诗人哲学家伊克巴尔　刘曙雄著，北京大学出版社2006年出版。
穆斯林之歌　冯福宽著，陕西人民出版社1991年出版。
穆宛塔圣训集　余崇仁译，2000年内部出版。

N

纳吉布·马哈福兹短篇小说选　［埃及］纳吉布·马哈福兹著，葛铁鹰等译，华夏出版社1989年出版。
纳赛尔　张桂珍著，中国少年儿童出版社2003年出版。
纳赛尔　郭春生编著，中国国际广播出版社1996年出版。
纳赛尔传　［英］罗伯特·斯蒂文思著，王威等译，世界知识出版社1992年出版。
纳赛尔和萨达特时代的埃及　杨灏城、江淳著，商务印书馆1997年出版。
难中英杰　［埃及］伊赫桑·阿卜杜·库杜斯著，仲跻昆、刘光敏译，江苏人民出版社1983年出版。
脑威圣训四十段　庞士谦译，北平伊斯兰出版公司印刷，1947年出版。
尼罗河畔的悲剧　［埃及］纳吉布·迈哈富兹著，李维中等译，花山文艺出版社1984年出版。
宁夏回族　丁国勇主编，宁夏人民出版社1993年出版。
宁夏回族　王正伟主编，五洲传播出版社2003年出版。
宁夏回族建筑艺术　刘伟著，宁夏人民出版社2006年出版。
宁夏回族历史与文化　刘伟主编，宁夏人民出版社2004年出版。
宁夏回族自治区地图册　张红主编，中国地图出版社2003年出版。
宁夏回族自治区国民经济和社会发展第十一个五年规划纲要　宁夏回族自治区人民政府编，宁夏人民出版社2006年出版。
宁夏回族自治区国民经济和社会发展第十一个五年规划　宁夏回族自治区发展和改革委员会编，宁夏人民出版社2007年出版。
宁夏回族自治区经济地理　蓝玉璞主编，新华出版社1990年出版。
宁夏回族自治区畜禽疫病志　《宁夏回族自治区畜禽疫病志》编写组编，宁夏人民出版社1993年出版。
宁夏科技统计年鉴（2003）　朱尼等主编，宁夏回族自治区统计局、宁夏回族自治区科学技术厅、宁夏回族自治区教育厅编，宁夏回族自治区统计局2003年印行。
宁夏清真小吃　宁夏清真小吃编委会编，宁夏人民出版社2000年出版。
宁夏三马　宁夏回族自治区政协文史资料研究委员会主编，中国文史出版社1988年出版。
宁夏胜览　潘梦阳著，宁夏人民出版社2003年出版。
宁夏司法行政志　王道周主编，宁夏回族自治区司法厅编，中央文献出版社2006年出版。

宁夏文史（第1辑）　宁夏回族自治区文史研究馆编，1988年印行。内部发行。
宁夏文史（第2辑）　宁夏回族自治区文史研究馆编，1986年印行。内部发行。
宁夏文史（第3辑）　宁夏回族自治区文史研究馆编，1988年印行。内部发行。
宁夏文史（第4辑）　宁夏回族自治区文史研究馆编，1989年印行。内部发行。
宁夏文史（第7辑）　宁夏回族自治区文史研究馆编，1990年印行。内部发行。
宁夏文史（第8辑）　宁夏回族自治区文史研究馆编，1991年印行。内部发行。
宁夏文史（第9辑）　宁夏回族自治区文史研究馆编，1991年印行。内部发行。
宁夏文史（第13辑）　宁夏回族自治区文史研究馆编，1997年印行。内部资料。
宁夏文史（第14辑）　宁夏回族自治区文史研究馆编，1998年印行。内部资料。
宁夏文史（第15辑）　宁夏回族自治区文史研究馆编，1999年印行。内部资料。
宁夏文史（第16辑）　宁夏回族自治区文史研究馆编，2000年印行。内部资料。
宁夏文史（第17辑）　宁夏回族自治区文史研究馆编，2001年印行。内部资料。
宁夏文史（第19辑）　宁夏回族自治区文史研究馆编，1990年印行。内部发行。
宁夏文史（第21辑）　宁夏回族自治区文史研究馆编，2005年印行。内部资料。
宁夏文史（第25辑）　政协宁夏回族自治区委员会文史和学习委员会编，宁夏人民出版社2001年出版。
宁夏文史资料（第1册，原1-8辑）　宁夏回族自治区文史研究馆编，1985年内部发行。
宁夏文史资料（第2册，原9-11辑）　宁夏回族自治区政协文史资料委员会编，宁夏人民出版社1988年出版。内部发行。
宁夏文史资料（第9期）　中国人民政治协商会议宁夏回族自治区委员会文史资料研究委员会编，1981年内部发行。
宁夏文史资料：辛亥革命七十周年纪念专辑（第10期）　中国人民政治协商会议宁夏回族自治区委员会文史资料研究委员会编，1981年内部发行。
宁夏文史资料（第11期）　中国人民政治协商会议宁夏回族自治区委员会文史资料研究委员会编，1982年内部发行。
宁夏文史资料（第12期）　中国人民政治协商会议宁夏回族自治区委员会文史资料研究委员会编，1984年内部出版。
宁夏文史资料（第13辑）　宁夏回族自治区政协文史资料研究委员会编印，1984年内部发行。
宁夏文史资料（第14辑）　宁夏回族自治区政协文史资料研究委员会编印，1985年内部发行。
宁夏文史资料：在抗战的日子里：纪念抗日战争和世界反法西斯战争胜利四十周年专辑（第15辑）　中国人民解放军宁夏军区政治部、宁夏回族自治区政协文史资料研究委员会编，宁夏人民出版社1986年出版。
宁夏文史资料：解放宁夏回忆录（第16辑）　中国人民解放军宁夏军区政治部、宁夏回族自治区政协文史资料研究委员会编，宁夏人民出版社1986年出版。
宁夏文史资料（第18辑）　宁夏回族自治区政协文史资料研究委员会编，宁夏人民出版社1987年内部发行。

宁夏文史资料：宁夏回族与伊斯兰教（第18辑）　宁夏回族自治区政协文史资料研究委员会编，宁夏人民出版社1987年出版。

宁夏文史资料：宁夏老字号（第20辑）　宁夏回族自治区政协文史资料委员会编，宁夏人民出版社1997年出版。

宁夏文史资料（第21辑）　政协宁夏回族自治区委员会文史资料委员会编，宁夏人民出版社1998年出版。

宁夏文史资料：纪念政协文史资料工作创建40周年（第22辑）　政协宁夏回族自治区委员会文史和学习委员会编，宁夏人民出版社1999年出版。

宁夏文史资料（第23辑）　政协宁夏回族自治区委员会文史和学习委员会编，宁夏人民出版社1999年出版。本书为庆祝中华人民共和国和人民政协成立五十周年纪念册。

宁夏文史资料：宁夏考古记事（第24辑）　政协宁夏回族自治区文史和学习委员会、宁夏回族自治区文化厅编，宁夏人民出版社2001年出版。

宁夏文史资料（第26辑）　政协宁夏回族自治区委员会文史和学习委员会、宁夏回族自治区文化厅编，宁夏人民出版社2002年出版。

宁夏文史资料集萃：人物卷　政协宁夏回族自治区文史和学习委员会编，宁夏人民出版社2006年出版。

宁夏伊斯兰教派概要　勉维霖著，宁夏人民出版社1981年出版。

宁夏政报　宁夏回族自治区人民委员会办公厅主办，1959年内部发行。

牛街：一个城市回族社区的变迁　良警宇著，中央民族大学出版社2006年出版。

P

盘根草：城市现代化背景下的回族社区　白友涛著，宁夏人民出版社2005年出版。

平暴英烈传　新疆革命烈士事迹编纂委员会，新疆维吾尔自治区民政厅编，新疆人民出版社1990年出版。

平民史诗　［埃］纳吉布·迈哈富兹著，李唯中、关称译，湖南人民出版社1984年出版。

Q

七十述怀　［黎巴嫩］米哈依尔·努欧曼著，王复、陆孝修译，甘肃人民出版社1993年出版。

凄楚的微笑　［叙］伊勒法·伊德莉比著，王复译，外国文学出版社1991年出版。

企业腾飞的翅膀：制造自动化　薛劲松著，辽宁科学技术出版社2000年出版。

蔷薇园　［波斯］萨迪著，水建馥译，人民文学出版社1959年出版。《文学小丛书》之一。

蔷薇园　《贵阳晚报》社编，贵州人民出版社1995年出版。

蔷薇园　［波斯］萨迪著，张鸿年译，湖南文艺出版社2000年出版，全18册。

亲历圣典的参悟：朝觐理念探究　哈吉·穆·奴伦丁·敏生光著，中央民族大学出版社1998年出版。

钦定兰州纪略　杨怀中标点，宁夏人民出版社1988年出版。

钦定石峰堡纪略　杨怀中标点，宁夏人民出版社1987年出版。

青海回族调查资料汇集　中国科学院民族研究所青海少数民族社会历史调查组编印，1964年内部出版。

青海回族民间故事　朱刚编，青海人民出版社1985年出版。

青海撒拉族史料集　韩建业编，青海人民出版社2005年出版。

青海三马　全国政协文史资料研究委员会、青海省政协文史资料研究委员会编，中国文史出版社1988年出版。

青海省回族撒拉族哈萨克族社会历史调查　国家民委民族问题五种丛书编辑委员会青海省编辑组编辑，青海人民出版社1985年出版。

青海省循化撒拉族自治县概况　循化撒拉族自治县概况编辑委员会编印，1963年内部出版。

青海王传奇马步芳祖孙三代盛衰记　程虎著，重庆出版社1993年出版。

清代边疆史料抄稿本汇编　石光明主编，国家图书馆分馆编，线装书局2003年出版。

清代方略全书（32、33卷）　方略馆编，北京图书馆出版社2006年出版。

清代回民起义　林干编著，新知识出版社1957年出版。

清代同治年间陕西回民起义史　韩敏著，陕西人民出版社2006年出版。

清代同治年间陕西回民起义研究　冯增烈等编，陕西三秦出版社1990年出版。

清代西北回民起义研究　吴万善著，兰州大学出版社1991年出版。

清代中国伊斯兰教论集　宁夏哲学社会科学研究所编，宁夏人民出版社1981年出版。

清洁的精神　张承志著，安徽文艺出版社1991年出版。

清末西北回民之反清运动　高文远著，宁夏人民出版社1998年出版。有台北学海出版社1988年版。

清实录穆斯林资料辑录　马塞北主编，宁夏人民出版社1988年出版。

清真大典（第13册）　周燮藩、沙秋真主编，中国宗教历史文献集成编纂委员会编纂，黄山书社2005年出版。

清真大学　王岱舆（真回老人）著，影印本，天津古籍出版社1987年出版。

清真认礼五时根由　马启荣编辑，金陵民国九年（1920）版，线装铅印本。

清真诗经译讲　穆罕默德·优素福·马良骏译著，林松校注，天津古籍出版社1992年出版。

清真食品产业发展理论与对策　葛忠兴主编，民族出版社2005年出版。

清真食品经济　吴俊主编，宁夏人民出版社2006年出版。

清真修道撮要：四种　马廷树编辑，民国年间线装铅印本。

清真箴言　马廷树编辑，金陵马廷树民国年间线装铅印本。

清真指南　马注著，余振贵标点，宁夏人民出版社1988年出版。

清真指南译注　马恩信等译注，云南省少数民族古籍整理出版规划办公室编，云南民族出版社1989年出版。

全球化背景下的伊斯兰极端主义　李群英著，中国政法大学出版社2007年出版。

泉州回族谱牒资料选编　泉州市泉州历史研究会编印，1980年内部出版。

泉州伊斯兰教研究论文选　福建省泉州海外交通史博物馆、泉州市泉州历史研究会编，福建人民出版社1983年出版。

劝世珠玑　哈桑·欧斯曼著，赵连合译，内部流通本。

R

热什哈尔　关里爷著，杨万宝、马学凯、张承志编译，三联书店1993年出版。

人类学视野中的回族社会　马平主编，宁夏人民出版社2004年出版。《中国回族伊斯兰研究中心丛书》之一。

人类早期文明的"木乃伊"：古埃及文化求实　[德]汉尼希、朱威烈等著，浙江人民出版社1992年出版。

人生箴言录　[黎巴嫩]纪伯伦著，秦悦译，漓江出版社1993年出版。

人祖阿丹：金汤瓶　李树江主编，宁夏人民出版社2000年出版。

认主独一：伊斯兰的一神论基本概念　[美]阿布·阿米纳·菲利浦斯著，买德麟译，台北市伊斯兰服务社1993年印行。

日本之回教政策　杨敬之著，商务印书馆1943年出版。

柔巴依集　[波斯]奥马尔·哈亚姆作，杜拉克等插图，黄杲炘译，上海译文出版社1982年出版。

柔巴依诗集　[波斯]奥马尔·哈亚姆著，张晖译，湖南人民出版社1988年出版。

S

撒拉族　陈云芳、樊祥森著，民族出版社1988年出版。

撒拉族风情　谢佐主编，马伟编写，青海人民出版社2004年出版。

撒拉族简史简志合编　中国科学院民族研究所青海少数民族社会历史调查组编，中国科学院民族研究所1963年印。

撒拉族：青海循化县石头坡村调查　朱和双、谢佐主编，云南大学出版社2004年出版。

撒拉族史　芈一之著，四川民族出版社2004年出版。

撒拉族语言文化论　韩建业著，青海人民出版社2004年出版。

萨达特回忆录　[埃及]安瓦尔·萨达特著，钟艾译，商务印书馆1976年出版。

萨达特回忆录：莫斯科同开罗之间的坚冰正在消融　[埃及]安瓦尔·萨达特著，辛华译，人民出版社1978年出版。

萨达特遇刺记　[埃及]穆罕默德·海卡尔著，发恩、黎启译，新华出版社1987年出版。

萨姬妲的爱与恨　[巴基斯坦]哈蒂嘉·玛斯杜尔著，袁维学译，世界知识出版社1986年出版。

萨拉丁　[黎巴嫩]乔治·宰丹著，顾正龙等译，新华出版社1981年出版。

赛典赤　洪源编写，中华书局1962年出版。

赛典赤·瞻思丁　马恩惠、朱昌平著，宁夏人民出版社1987年出版。

赛典赤·瞻思丁传　李清升著，李丹河等译，云南大学出版社2000年出版。

赛典赤·瞻思丁评传　李清升著，云南民族出版社1998年出版。

三宝太监下西洋记　（明）罗懋登著，石仁和校点，三秦出版社1996年出版。
沙特阿拉伯：一个产油国人力资源的发展　黄民兴著，西北大学出版社1998年出版。
闪族历史与现实：文化视角的探索　陆培勇著，甘肃人民出版社1998年出版。
陕西回民起义史　邵宏谟、韩敏著，陕西人民出版社1992年版。
陕西回民起义资料　邵宏谟、韩敏编，陕西省地方志编委会1987年版。
陕西回族史　冯福宽著，陕西省政协民族宗教委员会编，陕西人民出版社1997年出版。
陕西文史资料：同治年间陕西回民起义历史调查记录（第26辑）　马长寿主编，西北大学历史系民族研究室调查整理编写，陕西人民出版社1993年出版。
神奇的阿拉伯世界：阿拉伯地理　马骏著，广东地图出版社2006年出版。
神示的诗篇　张承志著，香港南粤出版1991年出版。《新探索丛书》之一。
神示的诗篇　张承志著，江苏文艺出版社1994年出版。
圣洁的圣训　杨天成编，内部资料，2005年印行。
圣洁的心旅：回族　林艺著，云南教育出版社1995年出版。
圣门再传弟子的生活形象　[波斯] 阿布杜·热哈曼·帕夏著，马会云译，2005年内部出版物。
圣学复苏精义　[阿拉伯] 安萨里著，[沙特] 萨里赫·艾哈迈德·沙米编，张维真译，商务印书馆2001年出版。
圣训经（上中下）　陈克礼选译，上册于1954年在北京印行，中下二册于1981年印行，民间出版物。
圣训珠玑　[埃及] 穆·福·阿卜杜勒·巴基编，马贤译，宗教文化出版社2002年出版。
圣言的倾听者：论一种宗教哲学的基础　[德] K·拉纳著，朱雁冰译，三联书店（香港）公司1992年、1994年、1995年出版。
圣裔的王冠：约旦王室　杨孝柏等著，中国戏剧出版社2001年出版。
什叶派现代伊斯兰主义的兴起　吴冰冰编，中国社会科学出版社2004年出版。
石嘴山市统计年鉴（1995-1996）　宋尧军、张云龙主编，宁夏回族自治区石嘴山市统计局1997年印行。
实用阿拉伯语100句　蔡伟良、陈杰编著，上海世界图书出版公司2005年出版。
实用阿拉伯语语法（上下）　余章荣主编，外语教学与研究出版社1997年出版。
世界三大宗教及其流派　于可主编，湖南人民出版社2005年出版。
适合时代的呼图白集　[沙特] 萨利哈·福扎尼编著，金宏伟编译，宗教文化出版社2003年出版。
首届赛典赤研究国际会议论文集　高发元主编，云南大学出版社2004年出版。
丝绸之路的音乐文化　周菁葆著，新疆人民出版社1987年、1988年出版。
丝绸之路的音乐文化　杜亚雄、周吉著，民族出版社1997年出版。
丝绸之路上的穆斯林文化　马通著，宁夏人民出版社2005年出版。
丝绸之路：中国波斯文化交流史　[法] 阿里·玛扎海里著，耿升译，新疆人民出版社1983年出版。

苏丹马赫迪起义　赵淑慧著，商务印书馆1985年出版。《外国历史小丛书》之一。

T

塔志圣训经　陈克礼译，内部资料，2000年印行。
唐代中国与大食穆斯林　［法］张日铭著，姚继德、沙德珍译，宁夏人民出版社2002年出版。
天方大化历史　［阿拉伯］海默第著，李廷相译，北京牛街清真书报社、北京万全书局合作于1919年印行。
天方典礼译注　刘智原著，纳文波译注，云南省少数民族古籍整理出版规划办公室编，云南民族出版社1990年出版。
天方历源　马德新（字复初）释，云南回教俱进会振学社，清光绪元年（1875）刻本，线装。
天方神韵：伊斯兰古典文明：宗教与文明　许晓光编著，四川人民出版社2002年出版。
天房史话　［黎巴嫩］谢赫阿里·海尔布塔里编，李光斌、李沁兰译，世界知识出版社1987年出版。
天方性理（白话本）　刘智著，刘介廉译著，台北黎明文化事业公司1978年印行。
天方性理（白话译丛）　刘智著，马宝光、李三胜译，新民书局2005年出版。
天方夜谭　仲跻昆、郅溥浩等译，漓江出版社2006年出版。
天方夜谭　佚名著，郅溥浩等译，译林出版社2001年出版。
天方夜谭精粹：中古阿拉伯民间故事集　李炳轩著，中国书籍出版社2004年出版。
天方正学　蓝熙著，清真书报社1925年印行。
天方正学　蓝熙著，全国图书馆文献缩微复制中心2002年印行。
天方至圣：穆罕默德传　刘智著，周致一编译，黑龙江人民出版社1996年出版。
天方至圣实录　刘智译，马福祥重译，中华书局1924年出版。
天方至圣实录　刘智著，中国伊斯兰教协会1984年编印。
天房史话　［黎］谢赫阿里·海尔布塔里著，李光斌、李沁兰译，世界知识出版社1987年出版。
天穆回族史论稿　高耀宽著，天津市北辰区文学艺术界联合会1994年印行。
天山下的"花儿"　新疆昌吉回族自治州博格达编辑部，新疆人民出版社1982年出版。
挑战与回应：中东民族主义与伊斯兰教关系评析　刘中民著，世界知识出版社2005年出版。
通往永恒的路：埃及神话　刘晓晖译，时代生活图书公司编，中国青年出版社2003年出版。
同心县：回族卷　李希著，民族出版社1999年出版。
同治年间陕西回民起义调查资料汇编　马长寿主编，陕西人民出版社1989年出版。
同治年间陕西回民起义历史调查记录　马长寿主编，陕西人民出版社1993年出版。
突厥社会性质研究　吴景山著，中央民族大学出版社1994年出版。

突厥史　林干著，内蒙古人民出版社1988年出版。
突厥史　薛宗正著，中国社会科学出版社1992年出版。
突厥语概论　李增祥编著，中央民族学院出版社1992年出版。
突尼斯民间故事　韩宝光译，中国民间文艺出版社1982年出版。
土耳其革命史　程中行编译，上海民智书局1928年出版。
土耳其革命史　柳克述著，商务印书馆民国十七年（1928）发行。
土耳其与美国关系研究　肖宪、伍庆玲、吴磊等著，时事出版社2006年出版。

W

王岱舆刘智评传　孙振玉著，南京大学出版社2006年出版。
巍山回族简史　马绍雄主编，云南民族出版社2000年出版。
巍山彝族回族自治县概况　巍山彝族回族自治县概况编写组，云南民族出版社1986年出版。
伟嘎耶教法经解：伊斯兰教法概论　[埃及] 布·沙·马赫穆德著，赛生发译，宁夏人民出版社1993年出版。
文明的关键词：伊斯兰文化常用术语疏证　敏春芳编著，民族出版社2002年出版。
无援的思想：张承志卷　张承志著，华艺出版社1995年出版。《抵抗投降书系》之一。又有湖南文艺出版社1999年版。
五彩缤纷的事业　马犁著，宁夏人民出版社1984年出版。《当代回族作家丛书》之一。
五花石：金汤瓶·回族民间传说故事丛书　李树江编，宁夏人民出版社1999年出版。
武坛之星：赵长军的武功和爱情　李新民著，陕西人民出版社1991年出版。

X

西安回族与清真寺　李健彪著，三秦出版社2004年出版。
西安清真大寺　马希明著，陕西人民美术出版社1988年出版。
西安文史资料：西京近代工业（第19辑）　西安市政协文史资料委员会编，陕西人民出版社1993年出版。
西安文史资料：西安近代中等教育（第21辑）　西安市政协文史资料委员会编，陕西人民出版社1998年出版。
西安文史资料：西京佛教（第22辑）　西安市政协文史资料委员会编，陕西人民出版社2000年出版。
西安文史资料：秦腔名家（第26辑）　西安市政协文史资料委员会编，陕西人民出版社2007年出版。
西北地区回族史纲　王伏平、王永亮著，宁夏人民出版社2003年出版。
西北地区资料索引：西北总论（第1辑第1册）　甘肃省图书馆编，1957年油印本。
西北地区资料索引：陕西省（第1辑第2册）　甘肃省图书馆编，1956年油印本。
西北地区资料索引：甘肃省（第1辑第3册）　甘肃省图书馆编，1957年油印本。
西北地区资料索引：青海省（第1辑第4册）　甘肃省图书馆编，1960年油印本。

西北地区资料索引：新疆（第1辑第5册）　甘肃省图书馆编，1956年油印本。
西北回民起义研究资料汇编　李范文、余振贵主编，宁夏人民出版社1988年出版。
西北回族革命简史　马霄石著，上海东方书社1951年出版。
西北回族教育史　张学强著，甘肃教育出版社2002年出版。
西北回族社区现代化实践的新探索　束锡红、刘天明、刘光宁著，商务印书馆2004年出版。
西北回族幼儿教育研究　马以念主编，甘肃教育出版社2002年出版。
西北伊斯兰教研究　甘肃省民族研究所编，甘肃民族出版社1985年出版。
西藏境内的门巴族、珞巴族和回族　吴从众著，中国藏学出版社1989年出版。
西陲要略　（清）祁韵士辑，商务印书馆1936年出版。记述清代新疆等地历史的资料。有多种版本。
西方霸权语境中的阿拉伯：伊斯兰问题研究　马丽蓉著，时事出版社2007年出版。
西突厥史料　[法] E·沙畹著，冯承钧译，中华教育文化基金董事会编辑委员会编辑，商务印书馆1934年、1935年出版。
西突厥史料　[法] E·沙畹编著，冯承钧译，中华书局2004年出版。
西突厥史料补阙及考证　岑仲勉著，中华书局1958年、2004年出版。
西域古代伊斯兰教综论　高永久著，民族出版社2001年出版。
夏地民俗　李东东主编，宁夏人民出版社2005年出版。
先知的土地：伊斯兰世界（公元570-1405）：生活在遥远的年代　美国时代生活图书公司著，周尚意、杜正贞、马敏译，山东画报出版社2003年出版。
咸阳王抚滇功绩　刘发祥辑，新兴武举马佑龄清光绪三年（1877）刻本。
现代撒拉族社会研究　赵春晖著，民族出版社2006年出版。
现代伊斯兰主义　陈嘉厚等著，经济日报出版社1998年出版。
现代政治与伊斯兰教　刘靖华编著，社会科学文献出版社1999年出版。
新阿拉伯语汉语大词典　王培文主编，商务印书馆2005年出版。
新编卧尔兹演讲集（第1辑）　中国伊斯兰教教务指导委员会编，宗教文化出版社2001年出版。
新编卧尔兹演讲集（第2辑）　中国伊斯兰教教务指导委员会编，宗教文化出版社2003年出版。
新编卧尔兹演讲集（第3辑）　中国伊斯兰教教务指导委员会编，宗教文化出版社2005年出版。
新编郑和航海图集　海军海洋测绘研究所、大连海运学院航海史研究室编制，人民交通出版社1988年出版。
新疆回族民间歌曲精选　马成翔编，新疆青少年出版社2001年出版。
新疆回族民俗　《新疆回族民俗》编委会编，宁夏人民出版社2006年出版。
新疆回族文学史　李竟成著，新疆大学出版社2003年出版。
新疆简史　新疆社会科学院历史研究所编著，新疆人民出版社1980年、1997年出版。
新疆金银币图说　林国明、马德和编著，韩嘉、王泰来改编，中国社会科学出版社1994年出版。

新疆历史人物　谷苞主编，新疆人民出版社2006年出版。

新疆烈士传（第1辑）　新疆维吾尔自治区民政厅编，新疆人民出版社1984年、1985年出版。

新疆烈士传（第2辑）　新疆维吾尔自治区民政厅编，新疆人民出版社1988年出版。

新疆烈士传（第3辑）　新疆维吾尔自治区民政厅编，新疆人民出版社1988年出版。

新疆烈士传（第4辑）　新疆维吾尔自治区民政厅编，新疆人民出版社1989年出版。

新疆烈士传（第5辑）　新疆维吾尔自治区革命烈士事迹编纂委员会、新疆维吾尔自治区民政厅编，新疆人民出版社1992年出版。

新疆烈士传：平暴英烈传　新疆维吾尔自治区革命烈士事迹编纂委员会、新疆维吾尔自治区民政厅编，新疆人民出版社1994年出版。

新疆烈士传：热血忠魂（第9辑）　新疆维吾尔自治区革命烈士事迹编纂委员会、新疆维吾尔自治区民政厅编，新疆人民出版社1997年出版。

新疆烈士传：热血河山（第22辑）　李世勋主编，新疆人民出版社2002年印行。

新疆伊斯兰建筑风采　新疆维吾尔自治区伊斯兰教协会、乌鲁木齐中青人文化传媒有限公司编，新疆美术摄影出版社2002年出版。

新疆纵横　杨策主编，中央民族学院出版社1991年出版。

新月之光：贵州伊斯兰文化　优素福·纳光舜著，贵州人民出版社2006年出版。

新中国的回回民族　丁毅民编著，民族出版社1958年出版。

信仰学注　[埃及]穆罕默德·塔哈伟著，白德宝译，上下册，2002年内部出版。

信主独一：伊斯兰教　张文建编著，世界知识出版社1999年出版。

醒回篇　虹山编辑，日本东京留东清真教育会事务所1908年编印。

醒回篇　留东清真教育会编，王希隆点校，兰州大学出版社1988年出版。

幸福花儿开四方　宁夏回族自治区文教厅、宁夏回族自治区文联筹委会编，宁夏人民出版社1959年出版。

绣像三宝太监下西洋通俗演义　罗懋登著，商务印书馆1925年出版。

续天方夜谭　[埃及]纳吉布·马哈福兹著，谢秩荣等译，中国文联出版公司1991年出版。

选译详解伟嘎业　王静斋编译，天津古籍出版社1986年出版。

选译详解伟嘎业（第1集）　[埃及]布·沙·马赫穆德著，王静斋编译，天津伊光报社民国二十年（1931）发行。

寻根定律圣训集　马林云译，内部出版物。

寻古　探幽　揽胜：走进临夏　陈云龙著，甘肃人民出版社2006年出版。

循化撒拉族自治县地图　国家测绘局、青海测绘局编制，青海测绘局2003年印行。

循化撒拉族自治县概况　《循化撒拉族自治县概况》编写组编，青海人民出版社1984年出版。

循化撒拉族自治县文化资源开发研究　冯敏主编，青海人民出版社2000年出版。

循化撒拉族自治县志　韦琼主编，循化撒拉族自治县志编纂委员会编，中华书局2001年出版。

Y

1945–1950年的中东　[英]乔治·柯克著，复旦大学历史系世界史教研室译，上海译文出版社2007年出版。

焉耆回族自治县概况　《焉耆回族自治县概况》编写组编，新疆大学出版社1986年出版。

一册山河　张承志著，作家出版社2001年出版。

一个大人物的小故事　黄云龙、赵龙根译，世界知识出版社1987年出版。

一脉相传阿拉伯人　李绍先、王灵桂著，北京时事出版社1997年出版。

一千零一夜　[英]约翰·特维改写，夏祖煃译，商务印书馆2007年出版。

一千零一夜　狄保法译，广州出版社2007年出版。

一千零一夜　李晓林、唐明刚译，吉林文史出版社2006年出版。

一千零一夜　绎林编译，甘肃文化出版社2006年出版。

一千零一夜　墨人编，中国戏剧出版社2007年出版。

一千零一夜　仲跻昆、刘光敏译，长江文艺出版社2007年出版。

一千零一夜　[阿拉伯]佚名著，郅溥浩等译，光明日报出版社2007年出版。

一千零一夜神话故事　解传广译，罗姣姣绘画，中国少年儿童出版社2007年出版。

伊本·胡尔达兹比赫《道里邦国志》中译本序言　张广达著，上海古籍出版社1995年出版。

伊朗（波斯）一瞥　马天英编译，上海伊斯兰文化供应社民国二十五年（1936）发行。

伊朗通史　[伊朗]阿宝斯·艾克巴尔·奥希梯扬尼著，叶奕良译，经济日报出版社1997年出版。

伊朗文学论集　何乃英、陶德臻编选，江西人民出版社1993年出版。

伊朗伊斯兰教史　王宇洁著，宁夏人民出版社2006年出版。《世界宗教研究所文库》之一。

伊朗与美国关系研究　杨兴礼、冀开运、陈俊华著，时事出版社2006年出版。

伊斯兰　[英]凯伦·阿姆斯特朗著，林宗宪译，台湾左岸文化事业公司2003年出版。

伊斯兰的起义：一首包括十二歌的长诗　[英]雪莱著，王科一译，上海译文出版社1978年出版。

伊斯兰的召唤　[埃及]伊斯梅尔著，内部出版物，1992年印行。

伊斯兰法：传统与现代化（修订版）　高鸿钧著，清华大学出版社2004年出版。《比较法学丛书》之一。

伊斯兰汉籍考　[英]莱斯利著，杨大业译，内部出版物，1994年印行。

伊斯兰和穆斯林　潘梦阳著，宁夏人民出版社1993年出版。

伊斯兰皇族　[美]詹姆士·克莱威尔著，杨佑方等译，贵州人民出版社1991年出版。

伊斯兰简史　陈万里编著，上海外语教育出版社1991年出版。

伊斯兰建筑　　[美]霍格著，杨昌鸣编，中国建筑工业出版社1999年出版。
伊斯兰建筑史图典（7-19世纪）　　王小东编著，中国建筑工业出版社2006年出版。
伊斯兰教　　[前苏联]别利亚耶夫著，陈寿朋译，民族出版社1959年出版。
伊斯兰教　　金宜久主编，宗教文化出版社1997年出版。
伊斯兰教常识问答　　马贤著，上海辞书出版社2003年出版。
伊斯兰教传入新疆考　　苏北海编，甘肃省图书馆1985年印行。
伊斯兰教创始人天方至圣穆罕默德传　　刘智著，周致一编译，黑龙江人民出版社1996年出版。
伊斯兰教的苏非神秘主义　　金宜久著，中国社会科学出版社1995年出版。
伊斯兰教典籍百问　　吴云贵著，今日中国出版社1994年出版。
伊斯兰教法概略　　吴云贵著，中国社会科学出版社1993年出版。
伊斯兰教法律史　　[英]诺·库尔森著，吴云贵译，中国社会科学出版社1986年出版。
伊斯兰教概论　　马邻翼著，上海书店1989年出版。《民国丛书》之一。
《伊斯兰教概论》等合印本　　马邻翼等著，上海书店1989年出版。
伊斯兰教各民族与国家史　　[德]卡尔·布罗克尔曼著，孙硕人等译，商务印书馆1985年出版。
伊斯兰教简明辞典　　郑勉之主编，江苏古籍出版社1993年出版。
伊斯兰教简史　　[巴基斯坦]赛义德·菲亚兹·马茂德著，吴云贵等译，中国社会科学出版社1981年、1985年出版。
伊斯兰教简史　　[法]昂里·马塞著，王怀德、周祯祥译，商务印书馆1978年出版。内部发行。
伊斯兰教简史　　[巴基斯坦]赛义德·菲亚兹·马茂德著，吴云贵等译，中国少年儿童出版社、中国青年出版社1996年出版。
伊斯兰教精义　　周仲义著，新加坡伊斯兰教阿哈默底亚国际教会新加坡分会1969年出版。
伊斯兰教历史百问　　沙秋真、冯今源著，台湾高雄佛光出版社1991年出版。
伊斯兰教历史百问　　易卜拉欣·冯今源、凯里麦·沙秋真著，今日中国出版社1989年出版。
伊斯兰教派历史概要　　[前苏联]叶·亚·别利亚耶夫著，王怀德译，宁夏人民出版社1980年出版。
伊斯兰教史　　任继愈总主编，金宜久主编，中国社会科学出版社1990年出版。
伊斯兰教史　　金宜久主编，江苏人民出版社2006年出版。
伊斯兰教史　　王怀德、郭宝华著，宁夏人民出版社1992年出版。
伊斯兰教史话　　方思一著，新疆人民出版社1980年出版。
伊斯兰教思想历程　　[日]井筒俊彦著，秦惠彬译，今日中国出版社1992年出版。
伊斯兰教文化150问　　金宜久主编，东方出版社2006年出版。
伊斯兰教文化面面观　　中国社会科学院世界宗教研究所伊斯兰教研究室编，齐鲁书社1991年出版。

伊斯兰教先知故事　白扎威著，马利章译，香港国际华人社1998年出版。

伊斯兰教先知：穆罕默德　王俊荣著，阿卜都吾甫尔译，新疆人民出版社2003年出版。维吾尔文。《历史人物故事丛书》第1辑。

伊斯兰教小辞典　金宜久主编，上海辞书出版社2001年出版。

伊斯兰教学　王俊荣、冯今源著，当代世界出版社2000年出版。

伊斯兰教义学　吴云贵著，中国社会科学出版社1995年出版。

伊斯兰教艺术百问　刘一虹、齐前进著，今日中国出版社1996年出版。

伊斯兰教邮票欣赏　潘明权著，宗教文化出版社2007年出版。

伊斯兰教与北京清真寺文化　佟洵编著，中央民族大学出版社2003年出版。

伊斯兰教与经济　张永庆、马平、刘天明编著，宁夏人民出版社1994年出版。

伊斯兰教与经济研究文集　张永庆主编，宁夏人民出版社1991年出版。

伊斯兰教与穆斯林世界　[美]托马斯·李普曼著，陆文岳、英珊译，新华出版社1985年出版。

伊斯兰教与中东现代化进程　彭树智主编，西北大学出版社1997年出版。

伊斯兰教育的民族化：经堂教育　王怀德、马希平著，陕西人民社1999年出版。

伊斯兰教育与科学　周国黎著，中国社会科学出版社1994年出版。

伊斯兰教在西海固：回族研究丛书　马宗保著，宁夏人民出版社2004年出版。

伊斯兰教在新疆发展之商榷　柏南著，甘肃省图书馆1985年印行。

伊斯兰教在中国　甘肃省民族研究所编，宁夏人民出版社1982年出版。

伊斯兰教在中国　周燮藩、沙秋真著，华文出版社2002年出版。

伊斯兰教哲学　[印]米尔萨·欧拉姆·阿哈默德著，陈君葆译，新加坡伊斯兰教国际出版社1991年出版。

伊斯兰教哲学百问　秦惠彬著，今日中国出版社1994年出版。

伊斯兰教知识读本　秦惠彬著，宗教文化出版社2000年出版。

伊斯兰经济思想　刘天明著，宁夏人民出版社2001年出版。

伊斯兰经济制度论纲　王正伟著，民族出版社2004年出版。

伊斯兰伦理研究　杨捷生著，宗教文化出版社2002年出版。

伊斯兰世界的艺术：艺术与文明书系　[英]欧文著，刘运同译，广西师范大学出版社2005年出版。

伊斯兰世界文物在中国的发现与研究　阿卜杜拉·马文宽著，宗教文化出版社2006年出版。

伊斯兰思想历程：凯拉姆神秘主义哲学　[日]井筒俊彦著，秦惠彬译，今日中国出版社1992年出版。

伊斯兰威胁：神话还是现实　[美]约翰·埃斯波西托著，东方晓等译，社会科学文献出版社1999年出版。

伊斯兰文化论丛　朱崇礼主编，西安市伊斯兰文化研究会编，宗教文化出版社1997年出版。

伊斯兰文化论集　朱崇礼主编，中国社会科学院宗教研究所、西安市伊斯兰文化研究会编，中国社会科学出版社2001年出版。

伊斯兰文化散论　丁俊著，甘肃人民出版社2006年出版。

伊斯兰文化新论（修订本）　马明良著，宁夏人民出版社2006年出版。

伊斯兰文化研究：第二届西安市伊斯兰文化研讨会论文汇编　朱崇礼编，宁夏人民出版社1998年出版。

伊斯兰文化与阿拉伯国家对外关系　李伟建著，时事出版社2007年出版。

伊斯兰文化与现代社会：东方文化与现代社会　秦惠彬主编，沈阳出版社2001年出版。

伊斯兰文化与中国本土文化的整合　张宗奇著，东方出版社2006年出版。

伊斯兰文化在中国　丁明仁著，宗教文化出版社2003年出版。

伊斯兰文化哲学史　王家瑛著，宗教文化出版社2007年出版。

伊斯兰文明　秦惠彬主编，中国社会科学出版社2000年出版。

伊斯兰文明与中华文明的交往历程和前景　马明良著，中国社会科学出版社2006年出版。

伊斯兰文学　元文琪著，中国社会科学出版社1995年出版。

伊斯兰先驱：索哈伯的故事　马顺译，橄榄枝出版社2002年出版。

伊斯兰信仰200问　［沙特］哈菲兹·哈克敏著，陶菲格·马建康译，内部流通读物。

伊斯兰艺术　郭西萌编著，河北教育出版社2004年出版。

伊斯兰艺术风格　［埃及］穆罕默德·高特卜著，一虹译，中国人民大学出版社1990年出版。

伊斯兰艺术鉴赏　［意］加布里埃尔·曼德尔著，陈卫平译，北京大学出版社1992年出版。

伊斯兰与国际热点　金宜久、吴云贵著，东方出版社2002年出版。

伊斯兰与回族研究文荟　吴艳冬著，宁夏人民出版社1998年出版。

伊斯兰与冷战后的世界　东方晓著，社会科学文献出版社1999年出版。

伊斯兰与塞内加尔社会　杨荣甲、田逸民著，世界知识出版社1984年出版。

伊斯兰与中国文化　杨怀中、余振贵主编，宁夏人民出版社1995年出版。

伊斯兰哲学　沙宗平著，中国社会科学出版社1995年出版。

伊斯兰哲学　张秉民主编，宁夏人民出版社2007年出版。

伊斯兰哲学史　［荷兰］第·博尔著，马坚译，中华书局1958年出版。

伊斯兰哲学史　［美］马吉德·法赫里著，陈中耀译，上海外语教育出版社1992年出版。

伊斯兰哲学研究　杨华、杨启辰著，宁夏人民出版社2001年出版。

伊斯兰宗教哲学史　王家瑛著，民族出版社2003年出版。

移居北方的时期　［苏丹］塔依布·萨利赫著，李占经译，外国文学出版社1983年出版。

以笔为旗　张承志著，中国社会科学出版社2004年出版。

雨中情马　［埃及］纳吉布·马哈福兹著，蒋和平译，杨孝柏校，文化艺术出版社1991年出版。

狱中四年　中共新疆维吾尔自治区党史工作委员会、新疆维吾尔自治区民政厅新疆烈士传编辑部编，新疆人民出版社1986年出版。
元代安西王及其与伊斯兰教的关系　王宗维著，兰州大学出版社1993年出版。
元代回族史稿　杨志玖著，南开大学出版社2003年出版。
元代回族文学家　张迎胜著，人民出版社2004年出版。
元史赛典赤·瞻思丁传　云南大学历史系民族历史研究室辑，1979年出版，油印线装本。
元咸阳王赛典赤·瞻思丁世家　尔萨·纳为信著，今日中国出版社1994年出版。
云南回民起义史料　荆德新编，云南民族出版社1986年出版。
云南回族歌谣　崎松编，云南民族出版社2004年出版。
云南回族历史与文化研究　马维良著，云南大学出版社1999年出版。
云南回族苗族百村社会经济调查　马占伦主编，政协云南省民族宗教委员会编，云南民族出版社1997年出版。
云南回族社会历史调查（1）　《民族问题五种丛书》云南省编辑组编，云南人民出版社1985年出版。
云南回族社会历史调查（2）　《民族问题五种丛书》云南省编辑组编，云南人民出版社1985年出版。
云南回族社会历史调查（3）　《民族问题五种丛书》云南省编辑组编，云南人民出版社1986年出版。
云南回族社会历史调查（4）　《民族问题五种丛书》云南省编辑组编，云南人民出版社1988年出版。
云南回族史　《云南回族史》编写组编著，云南人民出版社1989年出版。
云南回族史　杨兆钧著，云南民族出版社1989年出版。
云南回族五十年　高发元著，云南大学出版社2004年出版。
云南回族乡情调查：现状与发展研究　高发元主编，云南回族研究会编，云南民族出版社1992年出版。
云南回族研究　沙非亚编著，昆明市地方志学会编，内部出版物，1998年印行。
云南民族工作的实践和理论探讨　王连芳主编，云南人民出版社1995年出版。
云南伊斯兰教　马开能、李荣昆著，宗教文化出版社2004年出版。
云南伊斯兰教史　姚继德、李荣昆、张佐著，云南大学出版社2005年出版。

Z

在解放大西北的日子里：一个战士的日记　姚德怀著，陕西人民教育出版社1991年出版。
在中国信仰：回族题材散文卷　张承志著，湖南文艺出版社1999年出版。
早期文明的史诗：中东神话　薛祖仁译，中国青年出版社2006年出版。
斋月十七　[黎]乔治·宰丹著，美拉特汉译，新疆人民出版社1983年出版。
战斗的伊斯兰　[英]G·H·詹森著，高晓译，商务印书馆1983年出版。
战后中东四次战争　申钟编著，上海人民出版社1978年出版。
战时中东　[英]乔治·柯克著，上海外国语学院英语系翻译组译，上海译文出版社

2007年出版。

张承志：残月下的孤旅　何清著，山东文艺出版社1997年出版。

张承志文学作品选集：长篇小说卷　张承志著，海南出版社1995年出版。

张承志文学作品选集：散文卷　张承志著，海南出版社1995年出版。

张承志文学作品选集：新诗卷　张承志著，海南出版社1995年出版。

张承志文学作品选集：中短篇小说卷　张承志著，海南出版社1995年出版。

张承志文学作品选集：心灵史　张承志著，海南出版社1995年出版。

张家川回族的社会变迁研究　虎有泽著，民族出版社2005年出版。

遮蔽的伊斯兰：西方媒体眼中的穆斯林世界　〔巴勒斯坦〕爱德华·萨衣德著，阎纪宇译，台北县立绪文化事业公司2002年出版。

真功发微　（清）余浩洲撰，天津古籍出版社1987年出版。

真功发微译文二卷　（清）刘介廉撰，清光绪十九年（1893）刻本，线装。

真境花园　〔波斯〕萨迪著，杨万宝译，宁夏人民出版社2000年出版。

真正人生的救生艇　甘肃临夏阿校编辑组编辑，1999年印行。民间出版物。

真主的大地　〔巴基斯坦〕肖克特·西迪基著，刘曙雄、唐孟生译，北岳文艺出版社1986年出版。

真主的法度：伊斯兰教法　吴云贵著，中国社会科学出版社1994年出版。

真主的世界　〔埃及〕纳吉布·马哈福兹著，解传广译，宁夏人民出版社1993年出版。《新月译丛》之一。

震撼世界的伊斯兰教　〔德〕戈特沙尔克著，阎瑞松译，陕西人民出版社1987年出版。

征服黑暗的人　〔埃及〕凯马勒·迈拉赫著，李唯中译，湖南人民出版社1982年出版。

正教真诠、清真大学、希真正答　（明）王岱舆著，余振贵点校，宁夏人民出版社1996年出版。

正教真诠　真回老人著，清同治十二年（1873）真堂刻本。

正确阐明新疆历史　田卫疆等著，新疆人民出版社，2001年、2002年出版。

正确阐明新疆伊斯兰教史　马品彦著，新疆人民出版社2001年出版。

郑和下西洋论文集（第1集）　纪念伟大航海家郑和下西洋580周年筹备委员会、中国航海史研究会编，人民交通出版社1985年出版。

郑和下西洋论文集（第2集）　纪念伟大航海家郑和下西洋580周年筹备委员会、中国航海史研究会编，人民交通出版社1985年出版。

郑和与回族伊斯兰文化　吴海鹰主编，宁夏人民出版社2005年出版。

执著岁月：回族史与伊斯兰文化　李健彪著，西安出版社2000年出版。

至圣：穆罕默德生平　北京清真书报社编，北京清真书报社编辑部民国三十六年（1947）出版。又有1998年的民间复印本。

中东国家的现代化历程　哈全安著，人民出版社2006年出版。

中东国家通史：沙特阿拉伯卷　王铁铮著，商务印书馆2000年出版。

中东问题报刊资料索引汇编（1980-1985年）　王帼艳等编，宁夏社会科学院情报所、中东伊斯兰国家研究所内部出版，1986年出版。

中东问题报刊资料索引汇编（1986-1987年） 王帼艳等编，内部出版，1988年印行。

中东问题与美国中东政策 赵伟明著，时事出版社2006年出版。

中东枭雄 时延春著，上海辞书出版社、汉语大词典出版社2007年出版。

中东研究参考书目 张毓熙编纂，中国中东学会1987年印行。内部出版物。

中东艺术史：希腊入侵至伊斯兰征服 ［埃及］尼阿玛特·伊斯梅尔·阿拉姆著，朱威烈译，上海人民美术出版社1992年出版。

中东油气区油气地质特征 白国平编著，中国石化出版社2007年出版。

中东战争全史 ［日］田上四郎著，军事科学院外国军事研究部译，解放军出版社1985年出版。

中东之旅 张奋泉编著，广东旅游出版2006年出版。

中国阿拉伯语教育史纲 丁俊著，中国社会科学出版社2006年出版。

中国边缘穆斯林族群的人类学考察 丁明俊著，宁夏人民出版社2006年出版。

中国的穆斯林 中国伊斯兰协会编，民族出版社1955年出版。活页装。

中国的天方学：刘智哲学研究 沙宗平著，北京大学出版社2004年出版。

中国的伊斯兰教 冯今源著，宁夏人民出版社1991年出版。

中国的伊斯兰教 秦惠彬著，商务印书馆1997年出版。

中国花儿新论 陈元龙主编，甘肃文化出版社2004年出版。

中国回回历法辑丛 马明达、陈静辑注，甘肃民族出版社1996年出版。

中国回回民族史 白寿彝编，中华书局2003年出版。

中国回教史 傅统先著，宁夏人民出版社2000年出版。

中国回教史鉴 马以愚著，商务印书馆1948年出版。

中国回教史鉴 马以愚著，宁夏人民出版社2000年出版。

中国回教史研究 金吉堂著，宁夏人民出版社2000年出版。

中国回教小史 白寿彝著，商务印书馆民国三十三年（1944）出版。

中国回教小史、中国伊斯兰史纲要 白寿彝著，宁夏人民出版社2000年出版。

中国回族 胡振华主编，宁夏人民出版社1993年出版。

中国回族大词典 邱树森主编，江苏古籍出版社1992年出版。

中国回族大辞典 杨惠云主编，上海辞书出版社1993年出版。

中国回族教育史论集 第六次全国回族史讨论会、山东省民族事务委员会编，山东大学出版社1991年出版。

中国回族金石录 余振贵、雷晓静主编，宁夏人民出版社2001年出版。

中国回族抗日救亡史稿 周瑞海著，社会科学文献出版社2006年出版。

中国回族民间实用药方 马应乖主编，国际文化出版公司1993年出版。

中国回族名人辞典 丁毅民主编，宁夏人民出版社1995年出版。

中国回族社会经济 赖存理著，宁夏人民出版社1993年出版。

中国回族史 邱树森著，宁夏人民出版社1996年出版。

中国回族思想家评述 吴艳冬著，宗教文化出版社2004年出版。

中国回族文学史　朱昌平、吴建伟主编，宁夏人民出版社2007年出版。

中国回族文学作品选　《中国回族文学作品选》选编小组编，宁夏人民出版社1980年出版。

中国回族文学作品选：电影戏剧　《中国回族文学作品选》选编小组编，宁夏人民出版社1980年出版。

中国回族文学作品选：古代诗歌选注　《中国回族文学作品选》选编小组编，宁夏人民出版社1980年出版。

中国回族文学作品选：民间故事　《中国回族文学作品选》选编小组编，宁夏人民出版社1980年出版。

中国回族文学作品选：散文小说　《中国回族文学作品选》选编小组编，宁夏人民出版社1980年出版。

中国回族文学作品选：现代诗歌　《中国回族文学作品选》选编小组编，宁夏人民出版社1980年出版。

中国回族姓氏溯源　魏德新编著，新疆大学出版社1999年出版。

中国回族研究论集（第1卷）　马宗保主编，宁夏大学回族研究中心编，民族出版社2005年出版。

中国回族研究论集（第2卷）　马宗保主编，宁夏大学回族研究中心编，宁夏人民出版社2007年出版。

中国回族伊斯兰宗教制度概论　勉维霖主编，宁夏人民出版社1997年出版。

中国回族之最　余振贵主编，宁夏人民出版社1998年出版。

中国历代政权与伊斯兰教　余振贵著，宁夏人民出版社1996年出版。

中国美术分类全集：中国建筑艺术全集（16）　伊斯兰教建筑　中国现代美术全集编辑委员会编，中国建筑工业出版社2003年出版。

中国穆斯林朝觐纪实　铁维英、李学忠著，宁夏人民出版社1994年出版。

中国穆斯林朝觐实用手册　杨志波主编，宁夏人民出版社2005年出版。

中国穆斯林的礼仪礼俗文化　杨启辰、杨华主编，宁夏人民出版社1999年出版。

中国穆斯林的宗教生活　中国伊斯兰教协会编，1981年出版。

中国穆斯林居民文化　马平、赖存理编著，宁夏人民出版社1995年出版。

中国穆斯林企业　吴晓静编，朝华出版社2006年出版。

中国南方回族碑刻匾联选编　答振益、安永汉主编，宁夏人民出版社1999年出版。

中国南方回族古籍资料选编补遗　马建钊、张菽晖编，民族出版社2006年出版。

中国南方回族经济商贸资料选编　段金录、姚继德主编，云南民族出版社2002年出版。

中国南方回族社会团体资料选编　马建钊、孙九霞、张菽晖主编，四川民族出版社2003年出版。

中国南方回族文化教育资料选编　德尔基彭错、郭嵩明主编，四川民族出版社2001年出版。

中国宁夏回族教育　蔡国英著，科学出版社2006年出版。

中国清真女寺史　[英]玛利亚·雅绍克等著，三联书店2002年出版。

中国清真寺综览　吴建伟主编，宁夏人民出版社1995年出版。
中国清真寺综览续编　吴建伟主编，宁夏人民出版社1998年出版。
中国少数民族古籍总目提要·土族卷撒拉族卷　张公瑾主编，分卷主编李克郁、马玉芬，国家民族事务委员会全国少数民族古籍整理研究室编，中国大百科全书出版社2007年出版。
中国史学史论集　白寿彝著，中华书局1999年出版。
中国西北伊斯兰教的基本特征　马通著，兰州大学出版社1991年出版。
中国西北伊斯兰教基本特征　马通著，宁夏人民出版社2000年出版。
中国新疆地区伊斯兰教史　陈慧生主编，《中国新疆地区伊斯兰教史》编写组编著，新疆人民出版社2000年、2006年出版。
中国伊斯兰百科全书　宛耀宾主编，《中国伊斯兰百科全书》编辑委员会编，四川辞书出版社2007年出版。
中国伊斯兰教　米寿江、尤佳著，五洲传播出版社2004年出版。
中国伊斯兰教　张广林编著，五洲传播出版社2005年出版。
中国伊斯兰教百科全书　中国伊斯兰百科全书编辑委员会编，四川辞书出版社2003年出版。
中国伊斯兰教的历史发展和现状　杨启辰著，宁夏人民出版社1999年出版。
中国伊斯兰教基础知识　秦惠彬编著，宗教文化出版社2000年出版。
中国伊斯兰教简史　米寿江、尤佳编著，宗教文化出版社2000年出版。
中国伊斯兰教建筑　路秉杰、张广林编著，上海三联书店2005年出版。
中国伊斯兰教派门宦溯源　马通著，宁夏人民出版社2000年出版。
中国伊斯兰教派与门宦制度史略　马通著，宁夏人民出版社2000年出版。
中国伊斯兰教史　李兴华、秦惠彬、冯今源、沙秋真著，中国社会科学出版社1998年出版。
中国伊斯兰教史参考资料选编　李兴华、冯今源编，宁夏人民出版社1985年出版。
中国伊斯兰教史存稿　白寿彝著，宁夏人民出版社1983年出版。
中国伊斯兰教史纲要　白寿彝著，重庆文通书局1946年出版。
中国伊斯兰教史纲要参考资料　白寿彝著，重庆文通书局1948年出版。
中国伊斯兰教协会第一届第二次全体委员（扩大）会议专刊　中国伊斯兰教协会编，1956年内部出版。
中国伊斯兰教与传统文化　秦惠彬著，中国社会科学出版社1995年出版。
中国伊斯兰教著述目录索引　桑荣编，新疆社会科学院图书馆1998年印制，内部出版物。
中国伊斯兰探秘　金宜久著，东方出版社1999年出版。
中国伊斯兰文化　《文史知识》编辑部、国务院宗教事务局宗教研究中心合编，中华书局1996年出版。
中国伊斯兰文化类型与民族特色　马启成、丁宏著，中央民族大学出版社1998年出版。
中国伊斯兰文献著译提要　杨怀中、余振贵编，宁夏人民出版社1993年出版。

中华回族　阿里·李贵华编著，民族出版社2006年出版。
中世纪阿拉伯伊斯兰文化　蔡伟良著，上海外语教育出版社2006年出版。
中亚：马背上的文化　项英杰等著，浙江人民出版社1993年出版。
中亚浩罕国与清代新疆　潘志平著，中国社会科学出版社1991年出版。
中亚突厥史十二讲　［前苏联］威廉·巴托尔德著，罗致平译，中国社会出版社1984年出版。
诸马军阀集团与西北穆斯林社会　许宪隆著，宁夏人民出版社2000年出版。
总统与我：萨达特夫人自传　［埃及］贾汉·萨达特著，周仲安、陈寅章译，上海译文出版社1995年出版。
足音：青海回族精选作品集（1）　冶福龙、马文慧主编，民族出版社2005年出版。
最后的先知：穆罕默德的生命面貌　［土耳其］法土拉·葛兰著，林长宽、黄怀秋译，台湾希泉出版社2004年出版。
最后的遗嘱　［埃及］纳吉布·迈哈福兹著，孟凯译，上海译文出版社1986年出版。